城市轨道交通职业教育系列教材 —— 城市轨道交通工程技术

广东省高等职业教育品牌专业建设项目

地下铁道施工技术

主　编　○　蒋英礼
副主编　○　张向东　王道远
主　审　○　张厚美

西南交通大学出版社
·成　都·

图书在版编目（CIP）数据

地下铁道施工技术 / 蒋英礼主编. —成都：西南交通大学出版社，2016.5
城市轨道交通职业教育系列教材. 城市轨道交通工程技术
ISBN 978-7-5643-4698-0

Ⅰ. ①地… Ⅱ. ①蒋… Ⅲ. ①地下铁道 – 工程施工 – 高等职业教育 – 教材 Ⅳ. ①U231

中国版本图书馆 CIP 数据核字（2016）第 106898 号

城市轨道交通职业教育系列教材——城市轨道交通工程技术
地下铁道施工技术
主编　蒋英礼

责 任 编 辑	胡晗欣
封 面 设 计	何东琳设计工作室
出 版 发 行	西南交通大学出版社 （四川省成都市二环路北一段 111 号 西南交通大学创新大厦 21 楼）
发 行 部 电 话	028-87600564　028-87600533
邮 政 编 码	610031
网　　　　址	http://www.xnjdcbs.com
印　　　　刷	成都蓉军广告印务有限责任公司
成 品 尺 寸	185 mm×260 mm
印　　　　张	17.5
字　　　　数	436 千
版　　　　次	2016 年 5 月第 1 版
印　　　　次	2016 年 5 月第 1 次
书　　　　号	ISBN 978-7-5643-4698-0
定　　　　价	45.00 元

课件咨询电话：028-87600533
图书如有印装质量问题　本社负责退换
版权所有　盗版必究　举报电话：028-87600562

出版说明

城市轨道交通凭借快捷、准时、舒适、运量大、能耗低、污染小、占地少等优点，日益成为城市现代化建设进程中重要的公益性基础设施项目。城市轨道交通涉及面广、综合性很强，其发展状况已被当成一个城市综合实力和现代化程度的重要评判指标。由此，城市轨道交通建设正在我国兴起一个新的浪潮，社会对城市轨道交通专业人才的需求巨大，给城市轨道交通类专业的职业教育发展带来了良好契机。

西南交通大学出版社与国内诸多交通院校一直保持友好往来，并整合它们在轨道交通领域的尖端科技优势和人才集成优势，致力于为国家轨道交通教育事业做出贡献，形成了以"轨道交通"为核心的出版特色，在教育界、学界都拥有良好的口碑和较高的品牌知名度。

本套丛书从满足快速增长的城市轨道交通专业实用型人才培养需求出发，从校企结合教学直接面向岗位需求这一特点出发，精心组织国内相关专业优秀教育工作者或优秀教育工作高校，分"运营管理""工程技术""车辆""控制""供电技术"五大类系统地为读者呈现城市轨道交通教育课程全景。在编写时，力求体现如下特点：

◎ **适用性**

理论知识够用即可，在讲述专业知识的基础上，突出实际操作技能的训练，注重岗位关键能力的培养。

◎ **专业性**

图书的顶层设计从国家高职高专专业目录规范出发，内容编排紧密结合岗位应用实际，体现专业性和主流设备前沿特征，体现教学实际需求。同时，在编写或修改时，尽可能地让一线用人单位参与进来，根据生产现场实际提出建议。

◎ **生动性**

在架构设计和版式设计上，力求简洁生动，图文并茂；努力体现二维码技术等移动互联网时代元素在图书中的应用，尽可能把生产实际和研究成果，用立体生动的形式予以表达，便于读者理解掌握。

这套书可作为高等职业院校、中等职业学校城市轨道交通相关专业的教学用书，也可作为城市轨道交通企业新职工的培训教材。有关教材的课件资料等，可以联系我社使用。

联系电话：028-87600533

邮箱：swjtucbsfx@163.com

西南交通大学出版社

二〇一五年八月

前 言

本书是由西南交通大学出版社及全国十多所院校组成的高职高专轨道交通工程专业教材编审委员会组织编写的系列教材之一。按照高职高专相关专业的教学要求，为了适应现行的教学时数，编者根据长期从事地下铁道、隧道工程、地下工程等课程的教学经验，编写了这本地下铁道施工技术教材。

本书的特点是：① 全面系统地介绍了地下铁道的基本设计知识、施工技术、施工组织与管理等，注重对基础知识、基本理论的讲解，加强学生对基本技术技能的掌握，拓宽学生的专业知识面，进而提高学生分析问题和解决问题的能力；② 根据不同内容列出了地铁设计与施工的部分工程案例，具有很强的理论性、系统性和实用性；③ 根据技术技能能力培养需要，安排了地铁建筑设计、地铁监控量测报告和地铁工程施工方案与进度计划方案等项目实训。本书适合作为 60~80 学时的地下铁道、隧道工程等课程的教学用书，也可供相关专业的师生和一般工程技术人员使用和参考。

本书由广东交通职业技术学院蒋英礼任主编。全书共分 9 章，编写分工如下：蒋英礼编写第 1、2、3、4、5、8 章，河北交通职业技术学院王道远、袁金秀编写第 6 章，蒋英礼、甘肃交通职业技术学院钱治国编写第 7 章，广东交通职业技术学院张向东、蒋英礼编写第 9 章。本书在编写过程中还得到了新疆交通职业技术学院夏亮亮、青海交通职业技术学院王占银、广东交通职业技术学院王劲松和彭金水等老师的宝贵建议，广东交通职业技术学院李龙对部分图表、插图进行了编辑和修改。隧道专家、广州市盾建地下工程有限公司总工教授级高工张厚美担任本书的主审，感谢他对全书的审阅、修改并定稿。

本课程被评为教育部交通教育教学指导委员会精品课程和广东省精品资源共享课，为配合本教材教学与学习，使用者可登入网站浏览教学资源和下载教材配套课件，网址为：www2.gdcp.cn/gxkc/dxtd/。

由于编者水平有限，本书在内容选择、层次结构等方面难免有疏漏或不足，敬请广大读者批评指正，提出宝贵意见。

编 者

2016 年 6 月

目 录

第1章 绪 论 ··· 1
  1.1 城市轨道交通 ··· 1
  1.2 地下铁道概述 ··· 5
  1.3 地下铁道施工技术概述 ·· 11
  1.4 课程的培养目标与主要内容 ···································· 13
  思考题 ··· 14

第2章 地下铁道设计基础知识 ······································· 15
  2.1 地下铁道线路规划与设计 ······································ 16
  2.2 地下铁道车站建筑设计 ·· 32
  2.3 地下铁道构造设计 ··· 46
  2.4 地下铁道结构设计 ··· 57
  2.5 地下铁道建筑结构设计实例和项目实训 ······················· 62
  思考题 ··· 69

第3章 地下铁道施工方法 ··· 70
  3.1 地铁工程地质勘察及围岩分级 ································· 71
  3.2 地下铁道施工方法及选择 ······································ 76
  思考题 ··· 81

第4章 地铁明挖法施工 ··· 82
  4.1 敞口明挖法 ·· 84
  4.2 盖 挖 法 ··· 89
  4.3 基坑的围护结构 ··· 94
  4.4 基坑的支撑体系 ·· 120
  4.5 主体结构施工 ·· 125
  4.6 工程案例 ··· 127
  思考题 ·· 133

第5章 地铁浅埋暗挖法施工 ······································· 134
  5.1 浅埋暗挖法施工原则 ··· 137
  5.2 浅埋暗挖法施工方法及选择 ·································· 139
  5.3 浅埋暗挖法施工技术 ··· 144

5.4　工程案例 ··· 158
　　思考题 ··· 164

第6章　地铁盾构法施工 ··· 165
　　6.1　盾构的分类与选型 ··· 167
　　6.2　盾构的基本构造 ··· 169
　　6.3　盾构机原理 ··· 178
　　6.4　盾构法施工 ··· 180
　　6.5　盾构法施工地面沉降机理、预测和防治 ······································· 183
　　6.6　工程案例 ··· 189
　　思考题 ··· 191

第7章　地铁降水与防排水技术 ·· 192
　　7.1　地铁工程施工降水技术 ··· 193
　　7.2　地铁工程防排水技术 ··· 201
　　思考题 ··· 210

第8章　地铁监控量测及质量检测技术 ·· 211
　　8.1　地铁工程监控量测技术 ··· 212
　　8.2　地铁工程质量检测技术 ··· 223
　　8.3　工程案例与项目实训 ··· 234
　　思考题 ··· 240

第9章　地铁工程施工组织与管理 ·· 241
　　9.1　施工组织 ··· 242
　　9.2　施工管理与控制 ··· 257
　　9.3　工程案例与项目实训 ··· 268
　　思考题 ··· 271

参考文献 ··· 272

第1章 绪 论

※学习目标※

1. 知识目标
（1）了解城市轨道交通的特点及基本类型。
（2）熟悉地下铁道的分类。
（3）了解地下铁道施工技术的现状、发展趋势。
2. 能力目标
（1）能识别地下铁道的类型。

1.1 城市轨道交通

1.1.1 城市轨道交通的特点

城市中使用车辆在固定导轨上运行并主要用于城市客运的交通系统称为城市轨道交通。在中国国家标准《城市公共交通常用名词术语》中，将城市轨道交通定义为"通常以电能为动力，采取轮轨运输方式的快速大运量公共交通的总称"。

城市轨道交通是指具有固定线路，铺设固定轨道，配备运输车辆及服务设施等的公共交通设施。"城市轨道交通"是一个包含范围较大的概念，在国际上没有统一的定义。一般而言，广义的城市轨道交通是指以轨道运输方式为主要技术特征，是城市公共客运交通系统中具有中等以上运量的轨道交通系统（有别于道路交通），主要为城市内（有别于城际铁路，但可涵盖郊区及城市圈范围）公共客运服务，是一种在城市公共客运交通中起骨干作用的现代化立体交通系统。其特点有：

（1）城市轨道交通有较大的运输能力

城市轨道交通由于高密度运转，列车行车时间间隔短，行车速度快，列车编组辆数多而具有较大的运输能力。单向高峰每小时的运输能力最大可达到6万~8万人次（市郊铁道）；地铁达到3万~6万人次，甚至达到8万人次；轻轨1万~3万人次，有轨电车能达到1万人次，城市轨道交通的运输能力远远超过公共汽车。据文献统计，地下铁道每千米线路年客运量可达100万人次，最高达到1 200万人次，如莫斯科地铁、东京地铁、北京地铁等。城市轨道交通能在短时间内输送较大的客流，据统计，地铁在早高峰时1 h能通过全日客流的17%~20%，3 h能通过全日客流的31%。

（2）城市轨道交通具有较高的准时性

城市轨道交通由于在专用行车道上运行，不受其他交通工具干扰，不产生线路堵塞现象并且不受气候影响，是全天候的交通工具，列车能按运行图运行，具有可信赖的准时性。

（3）城市轨道交通具有较高的速达性

与常规公共交通相比，城市轨道交通由于运行在专用行车道上，不受其他交通工具干扰，车辆有较高的运行速度，有较高的启、制动加速度，多数采用高站台，列车停站时间短，上下车迅速方便，而且换乘方便，从而可以使乘客较快地到达目的地，缩短了出行时间。

（4）城市轨道交通具有较高的舒适性

与常规公共交通相比，城市轨道交通由于运行在不受其他交通工具干扰的线路上，城市轨道车辆具有较好的运行特性，车辆、车站等装有空调、引导装置、自动售票等直接为乘客服务的设备，城市轨道交通具有较好的乘车条件，其舒适性优于公共电车、公共汽车。

（5）城市轨道交通具有较高的安全性

城市轨道交通由于运行在专用轨道上，没有平交道口，不受其他交通工具干扰，并且有先进的通信信号设备，极少发生交通事故。

（6）城市轨道交通能充分利用地下和地上空间

大城市地面拥挤、土地费用昂贵。城市轨道交通由于充分利用了地下和地上空间的开发，不占用地面街道，能有效缓解由于汽车大幅增加而造成道路拥挤、堵塞，有利于城市空间合理利用，特别有利于缓解大城市中心区过于拥挤的状态，提高了土地利用价值，并能改善城市景观。

（7）城市轨道交通的系统运营费用较低

城市轨道交通由于主要采用电气牵引，而且轮轨摩擦阻力较小，与公共电车、公共汽车相比节省能源，运营费用较低。

（8）城市轨道交通对环境污染小

城市轨道交通由于采用电气牵引，与公共汽车相比不产生废气污染。由于城市轨道交通的发展，还能减少公共汽车的数量，进一步减少了汽车的废气污染。由于在线路和车辆上采用了各种降噪措施，一般不会对城市环境产生严重的噪声污染。

城市轨道交通（Rail Transit）具有运量大、速度快、安全、准点、保护环境、节约能源和用地等特点。世界各国普遍认识到：解决城市交通问题的根本出路在于优先发展以轨道交通为骨干的城市公共交通系统。

1.1.2 城市轨道交通的基本类型

根据以上分析的特点，城市轨道交通属绿色环保交通体系，符合可持续发展的原则，特别适用于大、中城市，是大、中城市公共交通的骨干。城市轨道交通种类繁多，技术指标差异较大，世界各国评价标准不一，并无严格的分类。

根据中国城市轨道交通协会统计，2014年年末，中国累计有22个城市建成投运城轨线路103条，运营里程2 934 km。在2 934 km运营里程中，地铁2 397 km，占总里程的81.7%；轻轨223 km，占总里程的7.6%；单轨88 km，占总里程的3.0%；现代有轨电车114 km，占总里程的3.9%；磁浮交通30 km，占总里程的1.0%；市域快轨82 km，占总里程的2.8%。城市轨道交通按运能范围、车辆类型及主要技术特征可分为地下铁道、轻轨交通、有轨电车、市郊铁路、单轨道交通、磁悬浮交通六类。现分述如下：

(1) 地下铁道

地下铁道简称地铁（Metro 或 Underground Railway 或 Subway 或 Tube），中国应用城市包括北京、上海、重庆、广州、深圳等。地铁是城市快速轨道交通的先驱。地铁是由电力牵引、轮轨导向、轴重相对较重、具有一定规模运量、按运行图行车、车辆编组运行在地下隧道内，或根据城市的具体条件，运行在地面或高架线路上的快速轨道交通系统。地铁的运能，单向在 3 万人次/h，最高可达 6 万~8 万人次/h。最高速度可达 120 km/h，旅行速度可达 40 km/h 以上，可 4~10 辆编组，车辆运行最小间隔可低于 1.5 min。驱动方式有直流电机、交流电机、直线电机等。地铁造价昂贵，每千米投资在 3 亿~6 亿元人民币。地铁有建设成本高、建设周期长的弊端，但同时又具有运量大、建设快、安全、准时、节省能源、不污染环境、节省城市用地的优点。地铁适用于出行距离较长、客运量需求大的城市中心区域。一般认为，人口超过百万的大城市就应该考虑修建地铁，如图 1.1.1 所示。

(2) 轻轨交通

轻轨（Light Rail Transit，简称 LRT），中国应用城市包括上海、重庆等。轻轨交通是在有轨电车的基础上改造发展起来的城市轨道交通系统，是反映在轨道上的荷载相对于铁路和地铁的荷载较轻的一种交通系统。轻轨是个比较广泛的概念，公共交通国际联会（UITP）在关于轻轨运营系统的解释文件中提到：轻轨是一种使用电力牵引、介于标准有轨电车和快运交通系统（包括地铁和城市铁路），用于城市旅客运输的轨道交通系统，如图 1.1.2 所示。

图 1.1.1　广州地铁

图 1.1.2　重庆轻轨

轻轨原来的定义是指采用轻型轨道的城市交通系统。当初使用的是轻型钢轨，现在已采用与地铁相同质量的钢轨。所以，国内外都以客运量或车辆轴重的大小来区分地铁和轻轨。轻轨是指运量或车辆轴重稍小于地铁的快速轨道交通。在中国《城市轨道交通工程项目建设标准》（试行本）中，把每小时单向客流量为 0.6 万~3 万人次的轨道交通定义为中运量轨道交通，即轻轨。

轻轨一般采用地面和高架相结合的方法建设，路线可以从市区通往近郊。列车编组采用 3~6 辆，铰接式车体。由于轻轨采用了线路隔离、自动化信号、调度指挥系统和高新技术车辆等措施，最高速度可达 60 km/h，克服了有轨电车运能低、噪声大等问题。

(3) 有轨电车

有轨电车（Tram 或 Streetcar）是使用电车牵引、轻轨导向、1~3 辆编组运行在城市路面线路上的低运量轨道交通系统。

有轨电车的历史比较久远，其前身是19世纪初期的有轨马车。世界上第一条有轨电车线于1888年5月在美国弗吉尼亚州里士满市开通。中国第一条有轨电车线于1906年在天津北大关至老龙头火车站（今天津站）建成通车。旧式有轨电车由于运能低、挤占道路、噪声大、舒适性差等问题，许多国家都对其进行了拆除或改造，如图1.1.3（a）所示。

现代有轨电车是一种地面公共交通，采用电力牵引及轮轨行走模式。车辆按每平方米站立6人计算，以2 min行车间隔考虑，每小时单向的运能最多可以达到12 000人次，如果线路的限界能够实现与道路交通良好隔离，且平均站间距保持在800 m左右，则其行驶速度可以达到20~25 km/h。适用于人口在50万~100万的中等规模的城市，目前我国沈阳、威海、佛山建有现代有轨电车，如图1.1.3（b）所示。

（a）旧式有轨电车　　　　　　　　　　（b）现代有轨电车

图1.1.3　有轨电车

（4）市郊铁路

所谓市郊铁路，指的是建在城市内部或内外结合部，线路设施与干线铁路基本相同，服务对象以城市公共交通客流，即短途、通勤旅客为主的铁路。

城市铁路通常是分成城市快速铁路和市郊铁路两部分。城市快速铁路是指运营在城市中心，包括近郊城市化地区的轨道系统，其线路采用电气化，与地面交通大多采用立体交叉。市郊铁路是指建在城市郊区，把市区与郊区，尤其是与远郊联系起来的铁路。市郊铁路一般和干线铁路设有联络线，设备与干线铁路相同，线路大多建在地面，部分建在地下或高架。其运行特点接近于干线铁路，只是服务对象不同，如图1.1.4所示。

图1.1.4　市郊铁路

市郊铁路是城市铁路的主要形式。市郊铁路是伴随着城市规模的扩大、卫星城的建设而发展起来的，通常使用电力牵引和内燃牵引，列车编组多为4～10辆，最高速度可达100～120 km/h。市郊铁路运能与地铁相同，但由于站距较地铁长，运行速度超过地铁，可达80 km/h以上。

（5）单轨交通

单轨也称作独轨（Monorail），中国应用城市包括重庆、上海等。单轨交通是指通过单一轨道梁支撑车厢并提供导引作用而运行的轨道交通系统，其最大特点是车体比承载轨道要宽。以支撑方式的不同分类，单轨通常分为跨座式和悬挂式两种：跨座式是车辆跨座在轨道梁上行驶；悬挂式是车辆悬挂在轨道梁下方行驶。

单轨的车辆采用橡胶轮，电气牵引，最高速度可达80 km/h，旅行速度30～35 km/h，列车可4～6辆编组，单向运送能力为1万～2.5万人次/h。由于单轨客车的走行轮采用特制的橡胶车轮，所以振动和噪声大为减少；两侧装有导向轮和稳定轮，控制列车转弯，运行稳定可靠。高架单轨因轨道梁仅为85 cm宽，不需要很大空间，可适应复杂地形的要求，同时对日照和城市景观影响小。单轨交通占地少、造价低、建设工期短，它的工程建筑费用仅为地铁的1/3。中国首条跨座式单轨线路于2005年在重庆建成运营，如图1.1.5所示。

（6）磁悬浮交通

磁悬浮交通（Magnific Levitation for Transportation），中国应用城市包括上海等。它是一种非轮轨黏着传动、悬浮于地面的交通运输系统。磁悬浮列车是利用常导磁铁或超导磁铁产生的吸力或斥力使车辆浮起，用以上的复合技术产生导向力，用直线电机产生牵引动力，使其成为高速、安全、舒适、节能、环保、维护简单、占地少的新一代交通运输工具，如图1.1.6所示。

图1.1.5　重庆单轨交通

图1.1.6　上海磁悬浮列车

1.2　地下铁道概述

1.2.1　地下铁道建筑组成

地下铁道（以下简称地铁）是一种规模浩大的交通性公共建筑。它是现在城市中重要的快速交通之一。地铁根据其功能、使用要求、设置位置的不同划分成车站、区间和车辆段三个部分。这三个部分的组合构成了一个完整的地铁线路运行系统。

车站是地铁系统中一个很重要的组成部分，地铁乘客乘坐地铁必须经过车站，它与乘客的关系极为密切；同时它又集中设置了地铁运营中很大一部分技术设备和运营管理系统，因此，它对保证地铁安全运行起着很关键的作用。所以车站位置的选择、环境条件的好坏、设计的合理与否，都会直接影响地铁的社会效益、环境效益和经济效益，影响到城市规划和城市景观。

区间是连接相邻两个车站的行车通道，它直接关系到列车的安全运行。区间设计的合理性、经济性对地铁总投资的影响很大，对乘客乘坐列车时的舒适感和列车运行速度的提高也有影响。

车辆段是地铁列车停放和进行日常检修维修的场所，它又是技术培训的基地，由各种生产、生活、辅助建筑及各专业的设备和设施组成。

1.2.2 地铁车站分类

地铁车站根据所处位置、埋深、运营性质、结构横断面形式、站台形式、换乘方式的不同进行分类。

1. 按车站与地面相对位置分类

① 地下车站：车站结构位于地面以下，见图 1.2.1（a）。
② 地面车站：车站位于地面，见图 1.2.1（b）。
③ 高架车站：车站位于地面高架桥上，见图 1.2.1（c）。

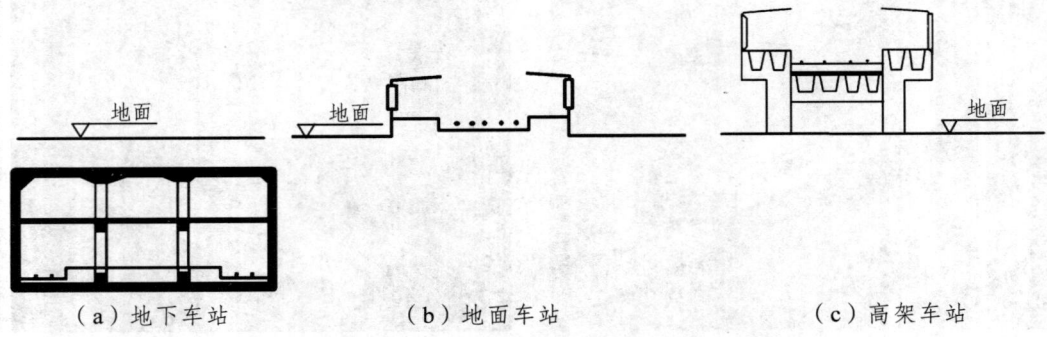

(a) 地下车站　　　　(b) 地面车站　　　　(c) 高架车站

图 1.2.1　按车站与地面相对位置分类图

2. 按车站埋深分类

① 浅埋车站：车站结构顶板位于地面以下的深度较浅。
② 深埋车站：车站结构顶板位于地面以下的深度较深。深埋车站一般设在地面以下稳定地层或坚固地层内。

3. 按车站运营性质分类

① 中间站（即一般站）：中间站仅供乘客上、下车之用；功能单一，是地铁最常用的车站。

② 区域站（即折返站）：区域站是设在两种不同行车密度交界处的车站。站内设有折返线和设备。根据客流量大小，合理组织列车运行。在两个区域站之间的区段上增加或减少行车密度。区域站兼有中间站的功能。

③ 换乘站：换乘站是位于两条及两条以上线路交叉点上的车站。它除具有中间站的功能外，更主要的是客流还可以从一条线上通过换乘设施转换到另一条线路上。

④ 枢纽站：枢纽站是由此站分出另一条线路的车站。该站可接、送两条线路上客流。

⑤ 联运站：联运站是指车站内设有两种不同性质的列车线路进行联运及客流换乘。联运站具有中间站及换乘站的双重功能。

⑥ 终点站：终点站是设在线路两端的车站。就列车上、下行而言，终点站也是起点站（或称始发站），终点站设有可供列车全部折返的折返线和设备，也可供列车临时停留检修。

如线路远期延长后，则此终点站即变为中间站，见图1.2.2。

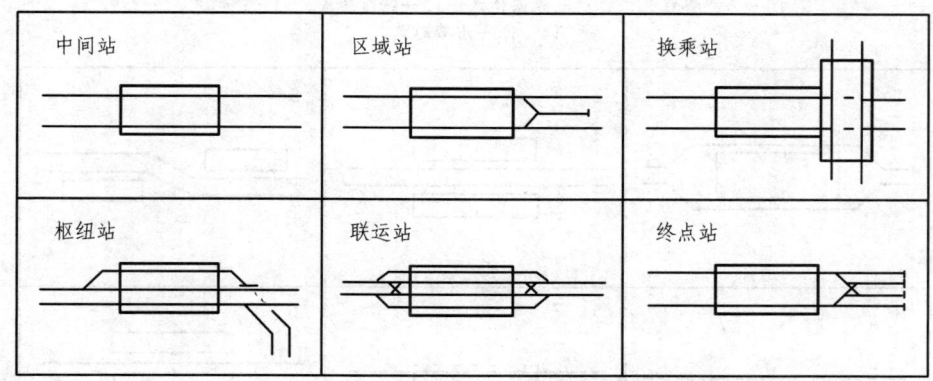

图1.2.2 按车站运营性质分类图

4. 按车站结构横断面形式分类

车站结构横断面形式主要根据车站埋深、工程地质水文地质条件、施工方法、建筑艺术效果等因素确定。在选定结构横断面形式时，应考虑到结构的合理性、经济性、施工技术和设备条件。

车站结构横断面形式，见图1.2.3，主要有下列4种。

① 矩形断面：矩形断面是车站中常选用的形式，一般用于浅埋车站。车站可设计成单层、双层或多层；跨度可选用单跨、双跨、三跨或多跨的形式。

② 拱形断面：拱形断面多用于深埋车站，有单拱和多跨连拱等形式。单拱断面由于中部起拱，高度较高，两侧拱脚处相对较低，中间无柱，因此建筑空间显得高大宽阔，如建筑处理得当，常会得到理想的建筑艺术效果。

③ 圆形断面：圆形断面用于深埋或盾构法施工的车站。

④ 其他类型断面：其他类型断面有马蹄形、椭圆形等。

5. 按车站站台形式分类

车站站台形式，见图1.2.4，主要有以下3类：

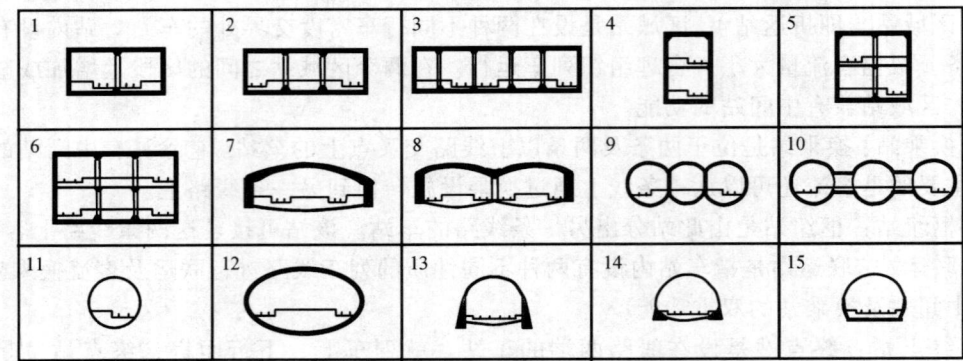

图 1.2.3　按车站结构横断面形式分类图

1~6—矩形断面；7, 8—拱形断面；9~11—圆形断面；12~15—其他类型断面；1—双跨框架侧式；
2—三跨框架岛式；3—五跨框架—岛—侧式；4—双层单跨框架重叠侧式；5—双层双跨框架相错侧式；
6—双层三跨框架重叠岛式；7—单拱—岛二侧式；8—双拱双岛式；9—三拱立柱岛式；
10—三拱塔柱岛式；11—单圆侧式；12—椭圆岛式；13—钟形式；
14, 15—马蹄形式

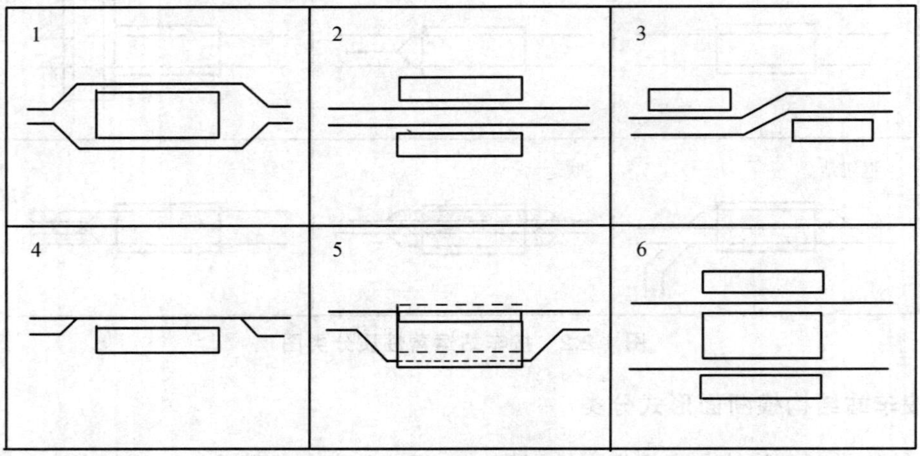

图 1.2.4　按车站站台形式分类图

1—岛式站台；2—平行相对式侧式站台；3—平行错开式侧式站台；4—上下重叠式站台；
5—上下错开式侧式站台；6—岛、侧混合式站台

① 岛式站台：站台位于上、下行行车线路之间，这种站台布置形式称为岛式站台。具有岛式站台的车站称为岛式站台车站（简称岛式车站）。岛式车站是常用的一种车站形式，如图1.2.5所示。

岛式车站具有站台面积利用率高、能灵活调剂客流、乘客使用方便等优点，因此，一般常用于客流量较大的车站。

有喇叭口（常用作车站设备用房）的岛式车站在改建扩建时，延长车站是很困难的。

② 侧式站台：站台位于上、下行行车线路的两侧，这种站台布置形式称为侧式站台。具有侧式站台的车站称为侧式站台车站（简称侧式车站）。侧式车站也是常用的一种车站形式，如图1.2.6所示。

侧式站台根据环境条件可以布置成平行相对式、平行错开式、上下重叠式及上下错开式等形式。

 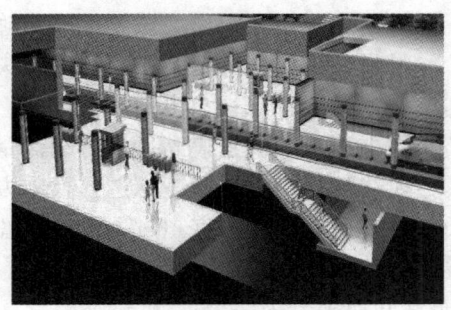

图 1.2.5 岛式车站　　　　　　　　图 1.2.6 侧式车站

侧式车站站台面积利用率、调剂客流、站台之间联系等方面不及岛式车站,因此,侧式车站多用于客流量不大的车站及高架车站。

当车站和区间都采用明挖法施工时,车站与区间的线间距相同,故无须喇叭口,减少土方工程量,改建扩建时,延长车站比较容易。

③ 岛、侧混合式站台:岛、侧混合式站台是将岛式站台及侧式站台同设在一个车站内,具有这种站台形式的车站称为岛、侧混合式车站(简称岛、侧混合式车站)。

岛、侧混合式站台可同时在两侧的站台上、下车,也可适应列车中途折返的要求。它可布置成一岛一侧式或一岛两侧式。西班牙马德里地铁车站中多采用岛、侧混合式车站。

6. 按车站间换乘形式分类

车站间换乘可按换乘方式及换乘形式进行分类,见图 1.2.7。不论采用何种分类,均应符合下列换乘的基本要求:

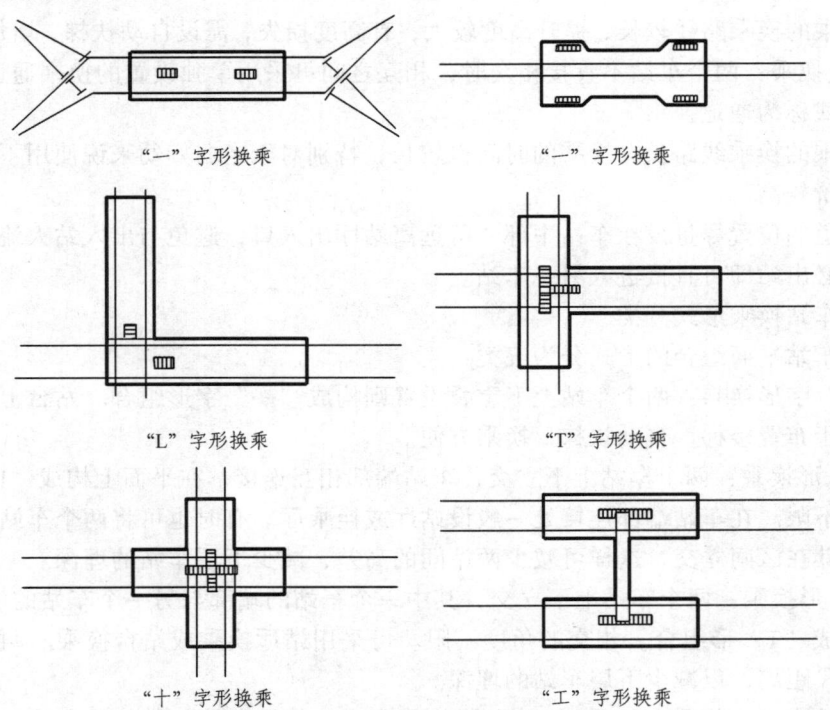

图 1.2.7　按车站间换乘形式分类图

① 尽量缩短换乘距离，做到线路明确、简捷、方便乘客。
② 尽量减少换乘高差，避免高度损失。
③ 换乘客流宜与进、出站客流分开，避免相互交叉干扰。
④ 换乘设施的设置应满足换乘客流量的需要。宜留有扩、改建余地。
⑤ 换乘规划时应周密考虑选择换乘方式及换乘形式，合理确定换乘通道及预留口位置。
⑥ 换乘通道长度不宜超过 100 m；超过 100 m 的换乘通道，宜设置自动步道。
⑦ 节约投资。

车站间换乘分为两类：

（1）按乘客换乘方式分类

① 站台直接换乘：站台直接换乘有两种方式，一种是指二条不同线路分别设在一个站台的两侧，甲线的乘客可直接在同一站台的另一侧换乘乙线，如香港地铁的太子、旺角站。另一种方式是指乘客由一个车站通过楼梯或自动扶梯直接换乘到另一个车站的站台的换乘方式。这种换乘方式多用于两个车站相交或上下重叠式的车站。当两个车站位于同一个水平面时，可通过天桥或地道进行换乘。

站台直接换乘的换乘线路最短，换乘高度最小，没有高度损失，因此对乘客来说比较方便，并节省了换乘时间。换乘设施工程量少，比较经济。

换乘楼梯和自动扶梯的总宽度应根据换乘客流量的大小通过计算确定。其宽度过小，则会造成换乘楼梯口部人流集聚，容易发生安全事故，宜留有余地。

② 站厅换乘：站厅换乘是指乘客由某层车站站台经楼梯、自动扶梯到达另一个车站站厅的付费区内，再经楼梯、自动扶梯到达另一线车站站台的换乘方式。这种换乘方式大多用于相交的两个车站。

站厅换乘的换乘路线较长，提升高度较大，有高度损失，需设自动扶梯，增加了用电量。

③ 通道换乘：两个车站不直接相交时，相互之间可采用单独设置的换乘通道进行换乘，这种换乘方式称为通道换乘。

通道换乘的换乘线路长，换乘的时间也较长，特别对于老弱妇幼来说使用不便。由于增加通道，造价较高。

换乘通道的位置尽量设在车站中部，可远离站厅出入口，避免与出入站人流交叉干扰，换乘客流不必出站即可直接进入另一车站。

（2）按车站换乘形式分类

按两个车站平面组合的形式分为五类：

① "一"字形换乘：两个车站上下重叠设置则构成"一"字形组合。站台上下对应，双层设置，便于布置楼梯、自动扶梯，换乘方便。

② "L"形换乘：两个车站上下立交，车站端部相互连接，在平面上构成"L"形组合。相交的角度不限。在车站端部连接处一般设站厅或换乘厅。有时也可将两个车站相互拉开一段距离，使其在区间立交，这样可减少两站间的高差，减少下层车站的埋深。

③ "T"形换乘：两个车站上下立交，其中一个车站的端部与另一个车站的中部相连接，在平面上构成"T"形组合。相交的角度不限。可采用站厅换乘或站台换乘。两个车站也可相互拉开一段距离，以减少下层车站的埋深。

北京地铁雍和宫换乘车站采用"T"形换乘形式。环线车站与另一线车站上下立交，站台直接换乘，乘客可通过环线车站一端的换乘楼梯直接下到另一线车站的站台，换乘线路短。

④ "十"字形换乘：两个车站中部相立交，在平面上构成"十"字形组合。相交的角度不限。"十"字形换乘车站采用站台直接换乘的方式。

北京地铁东四十条换乘车站采用"十"字形换乘形式。环线车站与另一线车站上下中部直接立交，站台直接换乘，两站间换乘楼梯均设在两站相交部位的站台上，乘客经换乘楼梯直接上下，换乘线路最短。

⑤ "工"字形换乘：两个车站在同一水平面平行设置时，通过天桥或地道换乘，在平面上构成"工"字形组合。"工"字形换乘车站采用站台直接换乘的方式。

1.3 地下铁道施工技术概述

1.3.1 地下铁道施工技术的现状

地铁修建过程中，主要涉及三种类型的土建工程：① 深基坑工程，主要用于车站、地下停车场和地下仓库；② 隧道工程，主要用于地铁区间线路修建；③ 高架桥梁结构工程。其中，较为典型的地下铁道则是前两者。众所周知，地下工程是埋设在土体或岩体中的以土体或岩体为介质和环境的工程结构物，其设计和施工受到工程地质条件和周围环境条件等因素的控制，施工难度大，需要考虑但却不可预见的因素众多，而其中的关键问题则是施工方法和技术。选择合理的施工技术和方法是决定地下工程成败的关键因素。通常需考虑的主要因素大体上可归纳为：① 工程的重要性，主要是工程投资规模和运营后的社会、经济和环境效益；② 工程的断面尺寸、埋深等；③ 工程所处的工程地质和水文地质条件；④ 施工条件，包括技术条件、装备情况、安全状况、施工中动力和原材料供应情况等；⑤ 有关地面沉降、环境污染等环境方面的要求和限制等。

其中，对地铁施工方法有决定影响的是地质水文条件和埋置深度。我国城市的地质条件按其地质特性可分为四大类：一是软土为主，如上海市，隧道和地下车站修筑在软土层中；二是软弱地层与岩层（风化岩层）交变，如南京、广州等地；三是以岩层为主，如重庆、青岛等地；四是以砂卵层为主，如成都、北京等地。由于地质条件不同，所采用的施工方法也不尽相同。同时，隧道施工方法的选择是一项"模糊"的决策过程，它依赖于有关人员的学识、经验、毅力和创新精神。对上述影响因素进行分析可以看出，地下工程施工及施工技术的选择应当牢固树立和坚持技术可行、安全可靠、经济合理、环境优好的理念和原则。

目前在地下铁道工程中，以明挖法、盾构法和浅埋暗挖法等应用较为广泛。目前地铁车站施工主要采用明挖法、盖挖法和浅埋暗挖法，地铁区间隧道主要采用盾构法和浅埋暗挖法。此外还有其他的一些方法如顶管法、沉管法、沉箱法、非开挖技术等。从地下工程相对于地面工程的特点出发，可将其施工方法和技术总结为"一个中心，两个基本点"。一个中心就是岩土体和工程结构的稳定与和谐，两个基本点就是开挖和支护，这三者之间联系密切，复杂相关。因此，无论是何种特定的施工方法，除了必须包括最基本的开挖技术和支护技术外，还必须具有相应的辅助技术。

1.3.2 城市地下工程施工技术分类

地下工程施工技术是以地层中构筑建筑物为目的，研究解决地下工程修建中的技术方案和措施，地下工程在各种地质条件下的施工方法、手段、工艺和工程实施中的技术、计划、质量、经济和安全管理措施。所包含的内容主要有地下工程的基本作业、辅助作业、环境控制和施工管理等，如图1.3.1所示。

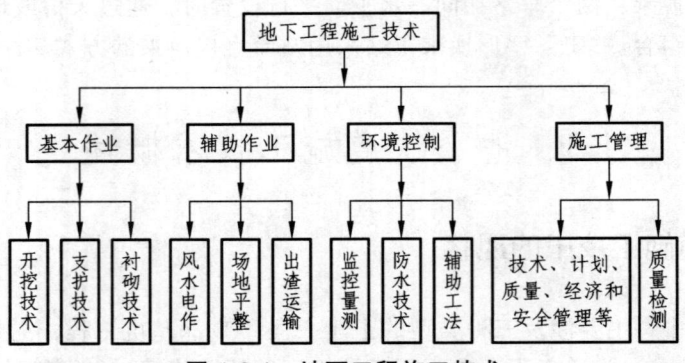

图 1.3.1 地下工程施工技术

隧道及地下工程的类型很多，工程特点各异，相应的施工方法和技术众多，隧道及地下工程施工技术的简要分类如图 1.3.2 所示。

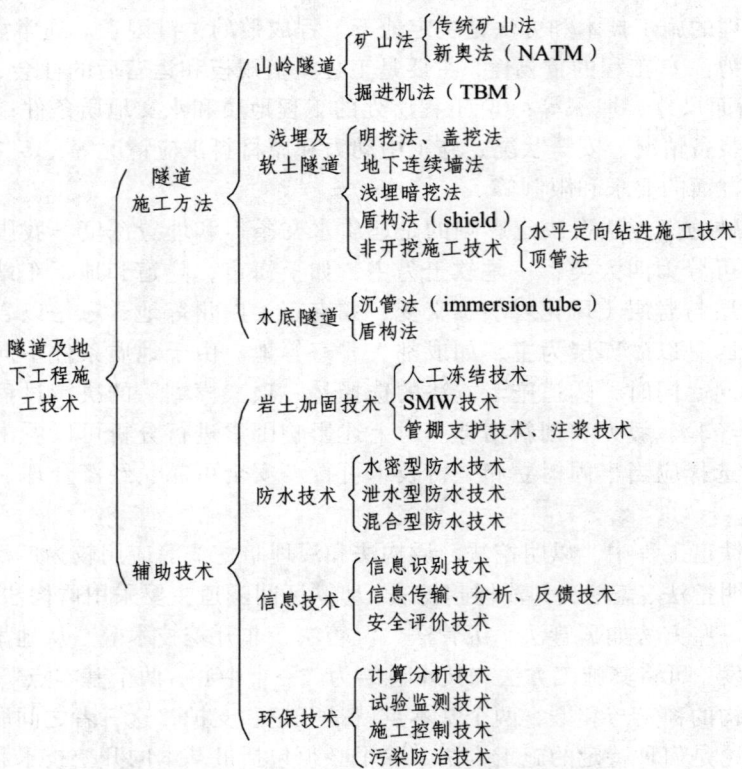

图 1.3.2 城市地下工程施工技术分类图

1.3.3 地下铁道施工技术的发展趋势

目前，城市地下工程施工技术发展迅速，各种方法和技术屡有创新和突破。从我国的实际情况出发，主要的发展趋势是：① 重视 TBM 和盾构机的引进、消化、应用和开发。开发的方向应当是降低成本、提高质量、加快施工速度、延长使用寿命等。此外，要使盾构技术产品化、系列化，盾构管片设计和施工符合自动化、省力化、高速化以及经济化的方向。② 隧道掘进机和混合型盾构掘进机的研制和应用。通过研发，使其更好地适应于复杂地质条件，使掘进机向着机械、电气、液压和自动控制一体化、智能化设备方向发展。③ 异形断面盾构掘进机的研究，如双圆盾构、自由断面盾构、局部扩大盾构、MMSF 盾构等，推广应用挤压混凝土衬砌（ECL）施工技术等。④ 大力发展浅埋暗挖技术、沉管技术、沉井技术、非开挖技术，促进中小口径顶管掘进机的标准化、系列化和推广应用。⑤ 开发多媒体监控和仿真系统、三维仿真计算机管理系统，实现管理信息化、自动化、智能化。⑥ 深入研究和充分利用信息技术，重视隧道动态设计与动态施工，不断积累和总结经验，及时修订相关规范和技术标准，提供施工技术水平。⑦ 制定相应的有关城市地下工程规划、勘察、设计、施工等技术和经济方面的法规、标准等，以保证有法可依、有章可循，引进、消化、吸收国外先进管理方法和经验，进行本土化改造和自主创新研发，从制度上给予科学合理的保证。⑧ 牢固树立和坚持技术可行、安全可靠、经济合理、环境友好的理念和原则，系统、灵活地运用各种可能技术手段，适应隧道及地下工程未来的大型化、深层化、综合化、复杂化等发展趋势。

1.4 课程的培养目标与主要内容

1. 本课程的培养目标

本课程的教学目标是培养地下铁道设计、修建技术、养护维护的核心能力，使学生掌握基本设计理论、方法和施工技术。通过地铁基本知识、地铁明挖法、矿山法、盾构法和施工组织与管理等知识的学习，努力在课程的教学过程中贯彻传授知识、培养能力与技能、提高素质的目标。

2. 本课程的主要内容

课程内容主要可归纳为两部分：地铁基本知识（地铁线路设计、车站建筑设计、结构设计）和施工与管理（地铁明挖法、浅埋暗挖法法、盾构法等）。

（1）地铁基本知识（本时段安排地铁建筑与结构课程设计一个）

介绍地铁线路设计、地铁车站建筑设计、地铁结构设计等技术内容。重点介绍地铁线路选线、线路平面和纵断面设计、地铁限界；地铁车站平面设计、地铁车站建筑设计；地铁车站结构与构造、区间隧道结构与构造等。该相关内容学习后完成地铁车站建筑设计课程设计，运用 AutoCAD 软件进行初步设计，并尽可能使用现代设计方法，以车站建筑设计技能训练为目标。

（2）地铁施工与管理（本时段安排地铁监控量测技术方案、地铁工程施工方案与进度计划方案等两个课程设计）

介绍地铁施工方法的选择、地铁明挖法、浅埋暗挖法、盾构法施工,以及地铁降排防水技术、监控量测技术等各种施工辅助方法、地铁工程施工组织与管理等技术内容,该相关内容学习后完成地铁施工方法及施工组织课程设计,分析各种施工工法的核心技术及主要控制难点,基本流程和对人员、设备、材料、场地等的要求,编制的基本内容等,以地铁工程施工综合技术训练和组织技术训练为目标。

3. 关于本课程的教授内容的界定

根据《地铁设计规范》(GB 50157—2013)对地铁的定义为:在城市中修建的快速、大运量、用电力牵引的轨道交通,列车在全封闭的线路上运行,位于中心城区的线路基本设在地下隧道内,中心城区以外的线路一般设在高架桥或地面上。其对地铁进行了较为详细、系统的注释,本课程的名称为"地下铁道施工技术",其"地下铁道"特指敷设在地下隧道内的线路的地铁,因此本书内容不涉及敷设在高架桥、地面上的线路的地铁。而对于地铁线路设在高架桥或地面上的地铁设计与施工技术可参照桥梁工程和铁道工程等相关书籍。

思考题

1.1 城市轨道交通的特点及类型有哪些?
1.2 简述地铁车站的分类。
1.3 按车站运营性质、车站间换乘、车站结构横断面形式分类,车站可各分为哪些类型,各种类型的车站分别有什么特点?
1.4 地下铁道施工技术这门课程主要包含几部分内容?

第2章 地下铁道设计基础知识

※学习目标※

1. 知识目标
(1) 了解地下铁道设计的基本知识。
(2) 明白地下铁道线路、建筑、构造与结构设计的基本技术标准。
2. 能力目标
能进行地下铁道的简单设计。

※知识链接※

地铁项目建设的特点是：工程预见性强，建设周期长，一般有 3~5 年（土建工程一般为 2~3 年）的建设工期。目前我国轨道交通建设，以地下线路为主的地铁工程，平均每千米造价在 5 亿元左右，高架线路工程平均每千米造价在 1.5 亿~2.5 亿元，不同城市因为地质条件、轻轨占比等的差异造成平均造价有所差异，但是每千米平均总价一般在 4 亿~5 亿元。

一般来说，线路从规划到运营的阶段是：前期研究阶段—勘察设计阶段—工程施工阶段—验收及运营阶段，如图 2.0.1 所示。

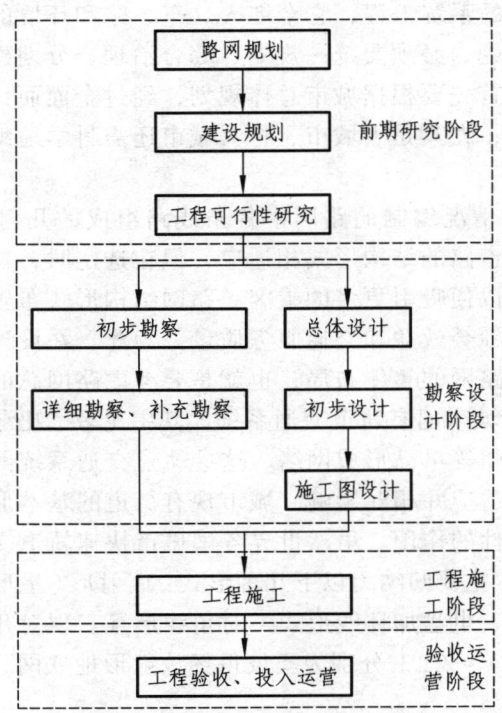

图 2.0.1 地铁工程建设流程图

地下铁道建设涉及众多技术领域,包括路网规划、线路设计、土建工程、建筑造型和装饰、机电运营设备等系统。地铁工程设计也包括众多技术领域,但主要包括线路设计、建筑设计、结构构造设计等。

以线路设计为例,地铁工程设计一般分为四个阶段:可行性研究阶段、总体设计阶段、初步设计阶段和施工图设计阶段。可行性研究阶段主要是通过线路多方案比选,完善线路走向、路由、敷设方式,稳定车站、辅助线等的分布,提出设计指导思想、主要技术标准、线路平纵剖面及车站的大致位置等;总体设计阶段是根据可行性研究报告及审批意见,通过方案比选,初步选定线路平面位置、车站位置、辅助线形式、不同敷设方式的过渡段的位置,提出线路纵剖面的初步标高位置等;初步设计阶段是根据总体设计文件及审查意见,完成对线路设计原则、技术标的等的确定,稳定线路平面位置,基本稳定车站位置及线路纵剖面设计;施工图设计阶段是根据初步设计文件、审查意见和有关专业对线路平纵剖面提出的要求,对部分车站位置及个别曲线半径等进行微调,对线路平面及纵剖面进行精确计算和详细设计,提供施工图纸和说明文件。

2.1 地下铁道线路规划与设计

2.1.1 轨道交通路网基本结构形式

城市交通是个多学科的系统工程,它牵涉人、车、路和环境的相互作用,关系非常复杂,要解决好城市交通问题,必须要统一规划、综合治理、分期建设,城市交通规划是城市规划的重要组成部分。首先要根据城市总体规划,经过全面而详细的交通调整,科学地编制好城市综合交通规划,尤其是大城市、特大城市还需科学地编制好城市快速轨道交通路网规划。

根据城市现状与规划情况编制的路网中各条线路组成的几何图形一般称路网结构形式,其形式一般要与城市道路的结构形式相适应,但在选定时,首先应考虑客流主方向,并为乘客创造便利条件,以便吸引更多的乘客。路网结构形式布置适当与否,直接关系到路网建成后的经济效益、社会效益和交通服务质量。为此,在设计路网时,不但要考虑各线的具体情况,更要考虑路网的整体布局,也就是要考虑路网总的结构形式是否合理。目前,世界上已有 100 多个城市建有轨道交通系统,其中伦敦、巴黎、柏林、纽约、东京、莫斯科、北京、上海、广州等早已形成网络。这些轨道交通系统网络虽然形式多种多样,但都是与各自城市结构相适应并相互影响。城市现有街道的基本形式及地理条件,对于轨道交通路网形成起了决定性的作用。虽然世界各国城市快速轨道交通路网结构形式比较繁杂,但从几何图形上考虑,主要归纳为以下几种形式:放射形(星形)、棋盘式(栅格网状)、放射形环状、放射形网状、棋盘加环线形式、对角线形等。现对几种典型的结构形式进行分析,见表 2.1.1。图 2.1.1~2.1.3 分别为圣彼得堡放射形地铁网、北京棋盘加环线形地铁网和广州棋盘式地铁网。

表 2.1.1 几种典型的结构形式分析

结构形式	图示	城市发展	特点	举例
放射形		引导城市向单中心结构发展	①所有线路均可直接换乘；②郊区与市中心联系方便；③一次换乘即可到达目的地；④换乘站客流量大，客流干扰严重；⑤各城市副中心之间联系不便，需到市中心换乘	捷克布拉格地铁；俄罗斯圣彼得堡地铁
放射网状		引导城市呈高密度面状开发，市郊区呈高密度线状开发，城市如手掌状向外延伸	①市中心区路线和换乘站密集而均匀，网络连通性好，乘客换乘方便；②郊区到市中心的出行方便，市中心区对市郊经济辐射距离较远；③市郊区之间发生联系时，必须到中心区换乘站换乘，导致乘客走弯路	中国台北地铁
放射形环状		引导城市如手掌状向外延伸	①整个路网连通性好；②有效地缩短市郊间乘客利用轨道交通出行的里程和时间；③起到疏散市中心客流的作用	莫斯科地铁
棋盘式		引导城市较均匀地向外扩展	①在内城区分布比较均匀；②存在回路，结构连通性好，乘客换乘的选择较多；③能提供很大的运输能力，客流分布比较均匀；④二次换乘多；⑤无到市中心的径向路线，市郊到市中心出行不便	墨西哥地铁；广州地铁
棋盘加环线形式		引导城市较均匀地向外扩展，环绕市中心的环线，可以引导城市副中心的形成和发展	①提高环线上乘客的直达性和减少换乘次数；②改善环外平行线间乘客的换乘条件，缩短了出行时间；③减轻了市中心的线路负荷，起到疏散客流作用	中国北京地铁

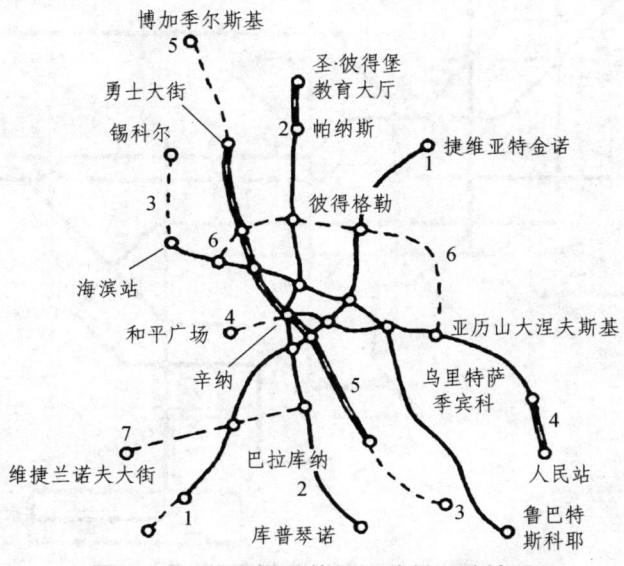

图 2.1.1 俄罗斯圣彼得堡放射形地铁网

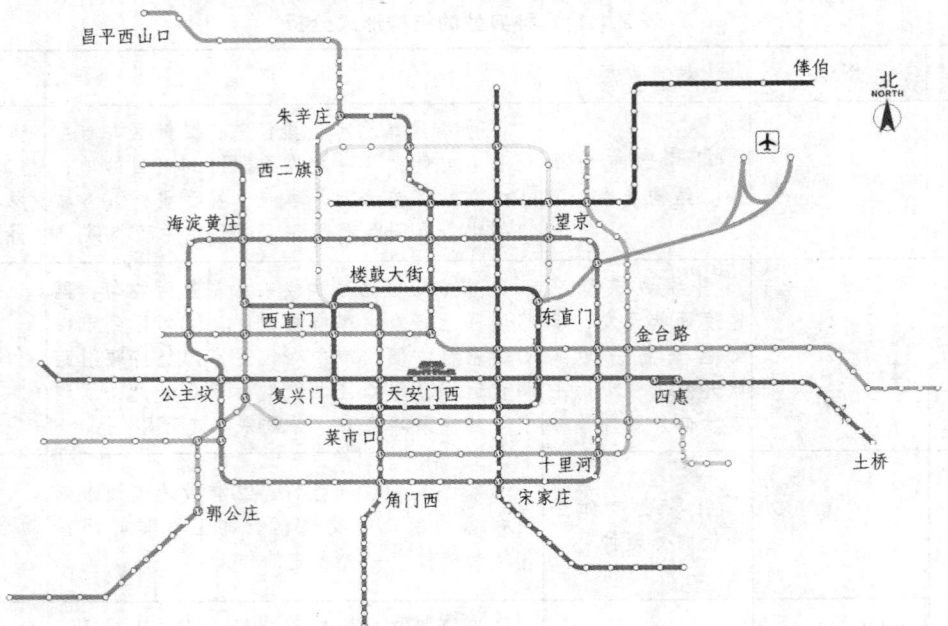

图 2.1.2　北京棋盘加环线形地铁网

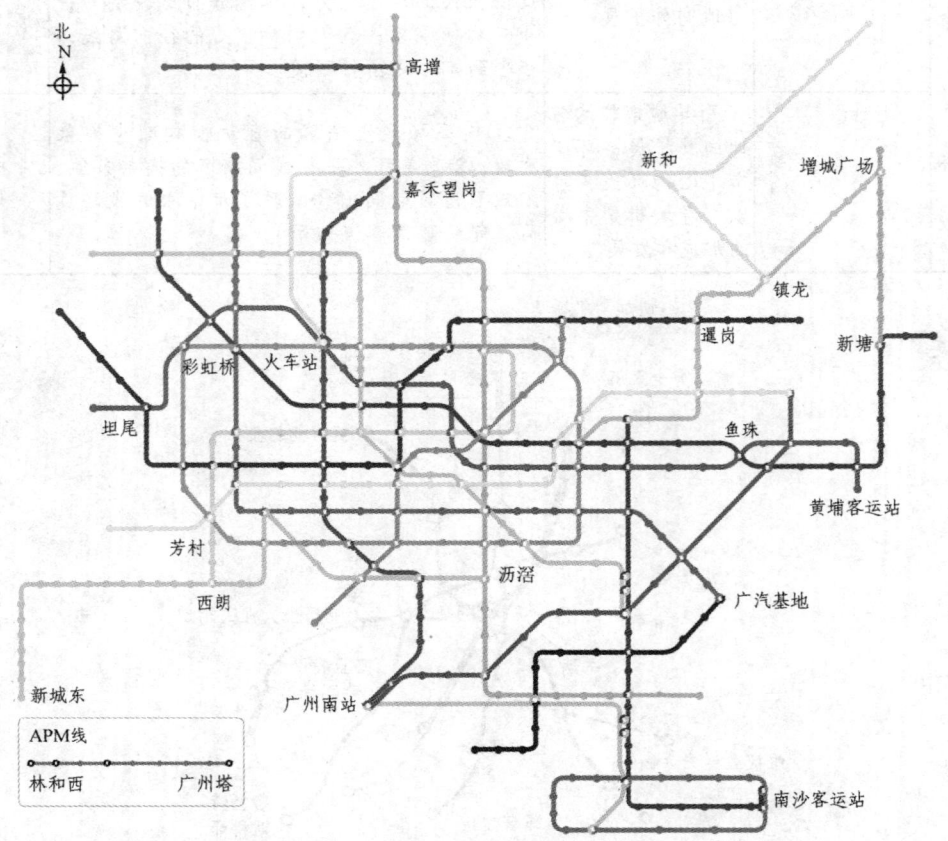

图 2.1.3　广州棋盘式地铁网

2.1.2 限界

限界是一种规定的轮廓线,这种轮廓线以内的空间是保证地铁列车安全运行所必需的空间。隧道的大小和桥梁的宽窄,都是根据限界确定的,限界越大,行车安全度越高,但工程量和工程投资也随着增加。所以,要确定一个既能保证列车运行安全,又不增大桥隧空间的经济、合理的断面是制定限界的任务和目的。

1. 地铁限界的种类与规定

地铁限界分为车辆限界、设备限界和建筑限界,如图2.1.4所示。

① 车辆限界根据所处区域、地段分:按隧道内外区域,分为隧道内车辆限界和隧道外车辆限界;按列车运行区域,分为区间车辆限界、站台计算长度内车辆限界和车辆基地内车辆限界;按所处地段分为直线车辆限界和曲线车辆限界。

② 设备限界按所处地段分为直线设备限界和曲线设备限界。

③ 建筑限界应分为隧道建筑限界、高架建筑限界、地面建筑限界。其中隧道建筑限界可按工程结构形式分为矩形隧道建筑限界(明挖法)、圆形隧道建筑限界(盾构法)和马蹄形隧道建筑限界(矿山法),如图2.1.5所示。

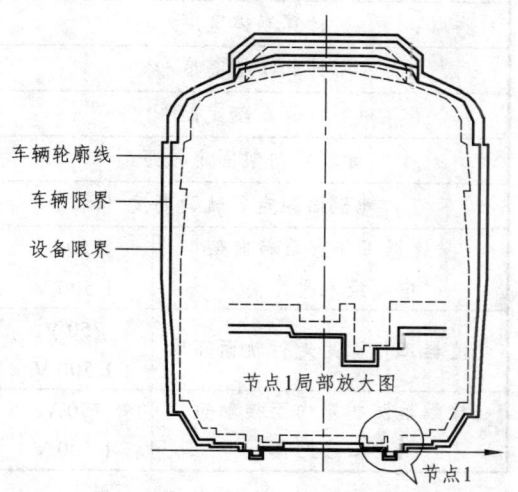

图 2.1.4 隧道内直线地段接触网受流车辆轮廓线、车辆限界和设备限界

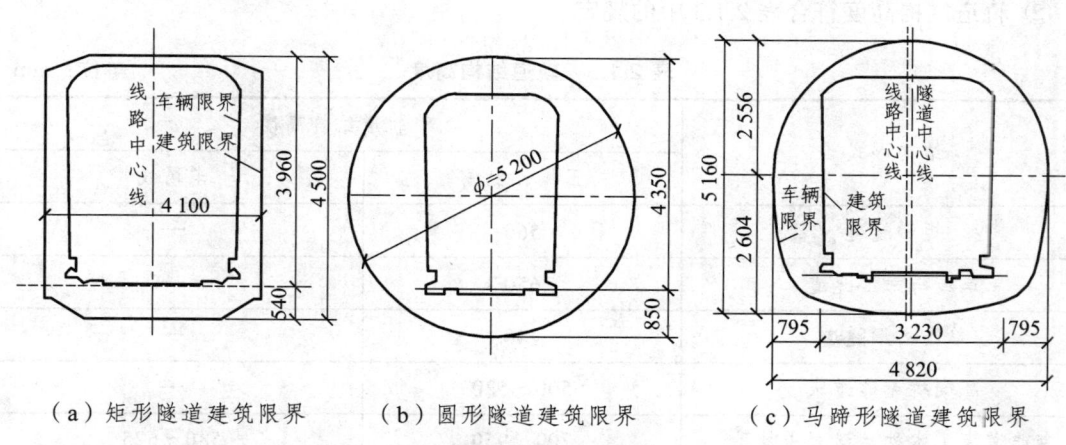

(a)矩形隧道建筑限界　　(b)圆形隧道建筑限界　　(c)马蹄形隧道建筑限界

图 2.1.5 隧道建筑限界(单位:mm)

2. 制定限界的基本参数

(1)车辆的基本参数

各型车辆基本参数应符合表2.1.2中的规定。

表 2.1.2 各型车辆基本参数

参　数		A 型	B 型		
			B_1 型		B_2 型
			上部受流	下部受流	
计算车体长度		22 100	19 000		
计算车体宽度		3 000	2 800		
计算车辆高度		3 800	3 800		
计算车辆定距		15 700	12 600		
计算转向架固定轴距		2 500	2 200/2 300		
地板面距走行轨面高度		1 130	1100		
受流器工作点至转向架中心线水平距离	750 V	1 418	1 401	—	
	1 500 V	—	—	1 470	—
受流器工作面距走行轨面高度	750 V	140	160	—	
	1 500 V	—	—	200	
接触轨防护罩内至接触轨中心线距离	750 V	≤74	≤86	—	
	1 500 V	—	—	≤86	

（2）限界的基本参数

① 接触导线距轨顶面安装高度：地上线路接触线距轨面的高度宜为 4 600 mm，困难地段不低于 4 400 mm；车辆基地的地上线路接触线距轨面高度宜为 5 000 mm；隧道内接触线距轨面的高度不低于 4 040 mm。

② 轨道结构高度符合表 2.1.3 中的规定。

表 2.1.3 轨道结构高度　　　　　　　　　　　　　　单位：mm

结构形式	轨道结构高度	
	正线、配线	车场线
矩形隧道	560	—
单线马蹄形隧道	650	—
单线圆形隧道	740	—
高架桥无砟道床	500～520	—
有砟道床（木枕/混凝土枕）	700～950	580～625
车场库内	—	500～600

③ 区间限界列车计算速度应为 100 km/h；过站限界列车计算速度应为 60 km/h。

④ 当区间设置疏散平台时，疏散平台应符合表 2.1.4 中的规定，且疏散平台高度（距轨顶面）应不大于 900 mm。

第 2 章 地下铁道设计基础知识

表 2.1.4 疏散平台最小宽度   单位:mm

设置位置	隧道内		隧道外	
	一般情况	困难情况	一般情况	困难情况
单线(设于一侧)	700	550	700	550
双线(设于中央)	1 000	800	1 000	800

3. 车站限界

(1)车站直线地段建筑限界

车站隧道断面多为矩形和直墙拱形,其限界见图 2.1.6。车站直线地段建筑限界应符合下列规定:

① 站台面不应高于车厢地板面,站台面距轨顶面的高度应符合以下规定:A 型车应为 $(1\,080\pm5)$ mm;B_1、B_2 型车应为 $(1\,050\pm5)$ mm。

② 站台计算长度内的站台边缘至轨道中心线的距离,应按不侵入车站车辆限界确定。站台边缘与车辆轮廓线之间的间隙,应符合下列规定:当车辆采用塞拉门时采用 $100^{+5}_{\ 0}$ mm;当车辆采用内藏门或外挂门时采用 $70^{+5}_{\ 0}$ mm。

③ 站台计算长度外的站台边缘至轨道中心线距离,宜按设备限界另加不少于 50 mm 安全间隙确定。

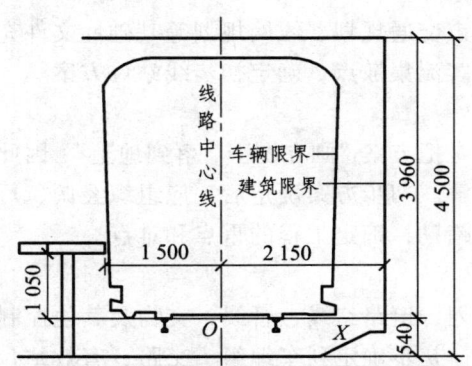

图 2.1.6 B_1、B_2 型车辆的车站直线地段建筑限界图(单位:mm)

(2)车站曲线地段建筑限界

车站曲线地段建筑限界,都应在直线地段车站的各有关尺寸基础上有关尺寸以及平面曲线半径和是否超高进行加宽。曲线车站站台边缘与车厢地板面高度处车辆轮廓线的水平间隙不应大于 180 mm。

2.1.3 线路选线

轨道交通的线路选线工作是地铁设计的"龙头",具有牵涉面广、复杂性强、劳动强度大、责任重大等特点,应做到宏观控制、微观分析、分层规划、可持续发展。

1. 线路选线主要设计原则

① 线路走向应符合城市总体规划、线网规划的要求，合理选择线路路径，并协调好与其他线路的衔接、换乘关系，使轨道交通充分发挥其交通骨干线路的作用。

② 坚持以人为本的设计理念，根据工程沿线的城市规划、地形、地貌、工程地质及水文地质条件、地面与地下建（构）筑物和地面交通状况等情况，在复杂地段进行多方案优化选取，合理选定线路走向及车站站址分布。

③ 线路总体方案应结合其他后续的轨道交通工程，整体构思统筹考虑、远近结合，并为后续工程的实施创造条件。

④ 车站位置应与轨道交通网、城市道路网及公共交通网相结合，保持合理站间距，确保较快旅行速度，提高服务质量。

⑤ 线路平面应在满足功能的前提下力求顺直，尽量采用较大的曲线半径。

⑥ 根据行车组织的要求，结合线路现场具体条件，合理设置辅助线，满足列车正常运行、折返能力和线网中各线联络功能的需求。

2. 线路选线工作的具体实施

轨道交通与城市规划、交通、水利、文物等各部门关系复杂，这决定了线路选线不可能一蹴而就，需要在反复的比较、优化中选出一条"适应规划、促进发展、社会效率和运营效益相结合"的最佳线位。具体实施步骤如下：

（1）确定初步线站位方案

在对城市总体规划、城市交通规划、线网规划等基础性文件充分研究的基础上，明确线路功能定位，结合沿线主要客流集散点，确定初步线站位方案。

（2）现场踏勘

线路选线的最终目标就是把方案"画在图上，落到地上"，因此需对轨道交通沿线的城市现状及规划特征进行深入了解。初步方案确定后，应组织经调、行车、建筑、结构、区间、暖通、车辆等相关专业沿线踏勘，确定工程的重点和难点。

（3）方案优化

结合踏勘情况，落实规划、道路红线、管线、文物及其他控制性建（构）筑物基础资料的收集。根据客流预测资料，初步确定列车编组、交路、有效站台长度、限界等边界条件，对初步线路方案进行优化调整。针对重要节点应做多方案比较，必要时应多次踏勘现场。

（4）征求规划部门意见

线路方案初步稳定后，由业主组织，向规划部门汇报全线线站位和场段、控制中心、主变电站等选址方案，并向市环保、交通管理、文物、园林、重要建筑物业主等征求意见，进行协调。根据相关部门意见，进一步完善线路、车站和场段方案。

（5）坐标定线

待可行性研究评审确定列车编组、交路等边界条件后，基本确定线路走向及车站分布方案。及时开展沿线各控制性建（构）筑物坐标、基础类型、埋深等测量工作，核实既有资料，结合道路红线，坐标定线，进一步稳定线路方案，确保工程的可实施性。

以上是正常的选线流程，在实际的设计过程中还应根据不同城市、不同地铁线的不同特点进行相应的线路设计，最终达到系统功能、工程造价、运营能力等综合性能最优的目的。

3. 车站分布

影响车站分布的因素有：

（1）（特）大型客流集散点

一般认为地铁上下车产生 3 万人次／h 或 20 万人次／d 及以上客流量的，称之为特大型客流集散点。（特）大型客流集散点往往是城市的政治、经济活动中心，是城市发展的窗口地段。该地段客流数量大、集中，对地面交通压力很大。地铁通过车站吸引这些客流能充分发挥自身的效能，并且对解决城市交通起到积极作用，所以地铁在大型集散点上必须设站。

（2）城市规模大小

城市规模大小包括城市建成区和规划区域面积及人口。城区面积大、人口多，线路上客流量大、乘距长时，地铁应以长距离乘客为主要服务对象，车站分布宜稀一些，以提高地铁乘客的交通速度。反之，车站分布宜密一些。

（3）城区人口密度

我国地域辽阔，分布在南北东西各地的城市人口密度差异很大，如 2014 年北京常住人口密度为 1 311 人/km^2，广州市常住人口密度达 1 100 多人/km^2（2013 年），其中广州市越秀区的常住人口密度为 33 754 人/km^2。人口密度大，同样吸引范围内发生的交通客流量就大，因此车站分布宜密一些。

（4）线路长度

一条线路的长度，短则几千米，短线路宜多设站，长线路宜少设站。

（5）城市地貌及建筑物布局

城市中的江、河、湖、山和铁路站场、仓库区等，人口密度低，甚至无人区时可以不设站，但若有开发条件，则应在主出入口处考虑设站。

（6）地铁路网及城市道路网状况

两条地铁线路交叉或地铁线路与城市主干道交叉时，为了乘客的方便，宜设车站。

（7）站间的合理距离

对于平均站间距离，世界上地铁的有两种一般做法：一种是小站间距，平均为 1 km 左右；一种是大站间距，平均 1.6 km 左右。我国香港地铁平均站间距为 1 050 m，其中港岛线仅 947 m；莫斯科地铁平均站间距为 1.7 km 左右。我国地铁在吸收全世界地铁建设的经验基础上，在《地铁设计规范》（GB 50157—2013）中规定："车站分布应以规划线网的换乘节点、城市交通枢纽点为基本站点，结合城市道路布局和客流集散点分布确定，车站间距在城市中心区和居民稠密区宜为 1 km 左右，在城市外围区宜为 2 km，超长线路的车站间距可适当加大。"

除上述各因素外，线路平面、纵剖面、车站站位的地形条件，城市公交车线路网及车站位置，也会对地铁车站分布数目造成一定影响。

4. 配线分布

按照轨道交通行车组织的要求，各车站可根据行车要求设置不同用途的线路，线路按其在运营中的作用分为正线、配线。配线是在运行过程中为列车提供收发车、折返、联络、安全保障、临时停车等功能服务，通过道岔与正线或相互联络的轨道线路。

配线按其性质可以分为折返线、渡线、联络线、临时停车线、出入线、安全线等。

（1）折返线、停车线与渡线

折返线是指在线路两端终点站或中间站供运营列车往返运行时的调头转线及夜间存车用。折返线应根据行车组织交路设计确定，起、终点站和中间站折返站应设置列车折返线。折返线布置应结合车站站台形式确定，可采用站前折返或站后折返形式（见图 2.1.7），并应满足列车折返能力要求。

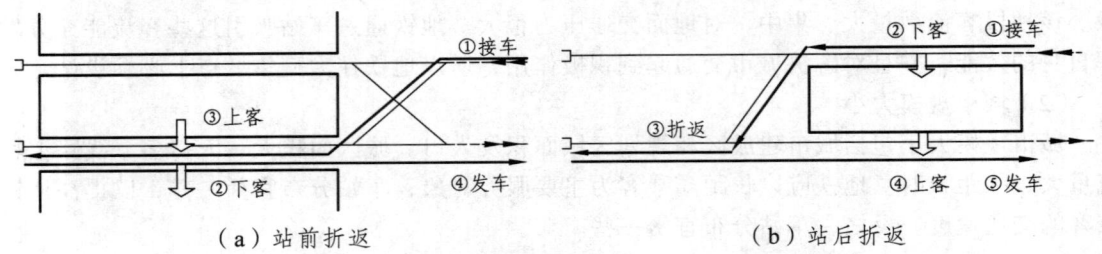

(a) 站前折返　　　　　　　　　　(b) 站后折返

图 2.1.7　折返形式

停车线具备故障车待避和临时折返功能，停车线尾端应设置单渡线与正线贯通。正线应每隔 5~6 座车站或 8~10 km 设置停车线，其间每相隔 2~3 座车站或 3~5 km 应加设渡线。

用道岔将上行线、下行线及折返线连接起来的线路称为渡线，有单渡线和交叉渡线之分。渡线单独设置时，用来临时折返列车，增加运营列车调度灵活性；在与其他配线合用时，能完成或增强其他配线的功能。当两折返线（停车线）之间相距 5 个车站，且工程不复杂时，宜在中间端再设一单渡线，平时可增加维修工程车折返的灵活性，一旦线路及设备发生故障时，可使运营中断地段缩短。

（2）联络线

地铁路网中的每条线路（除支线外）都是各自独立运行的系统，为了使路网形成有机的整体，能机动灵活地调用路网中各线的车辆，因此需要设置联络线。联络线是指为沟通两条独立运营路线而设置的连接线，为两线车辆过线服务。

联络线一般采用单线，设置地点由路网规划研究统一安排。设置位置（即设在两交叉线的哪一象限）应依据工程简单、施工干扰小、拆迁量少等原则选择。联络线的使用频率很低，正常情况下，一般每月仅使用 1~2 次。图 2.1.8 是联络线的实例。

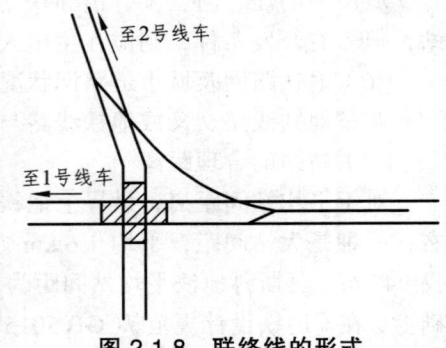

图 2.1.8　联络线的形式

（3）车辆基地出入线

出入线是正线与车辆段间的连接线，是车辆段与正线间的联络通道。

车辆基地出入线形式，按满足通过能力，节省工程费用的原则选择。出入线主要有两种典型形式（见图 2.1.9）：一是车辆段出入线与正线为平面交叉，二是车辆基地出入线与正线为立体交叉。车辆基地出入线与正线为平面交叉，连接简单，渡线短，工程造价低。它的主要缺点是平面有敌对交路，车辆段向正线取送列车的能力低，因此采用该出入线时要验算通过能力。当车辆基地出入线长，可在道岔后部增设安全线，如图 2.1.9（a）中虚线所示，将出段列车预先行驶到安全线道岔前端待命。车辆基地出入线与正线为立体交叉，出入段列车与正线列车没有敌对交路，取送列车能力大，使用灵活。通常将出入线与折返线合并设置，则使用更为方便，只是工程较复杂，造价较高。

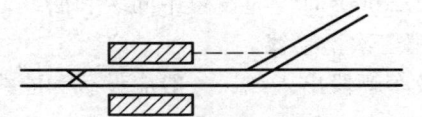 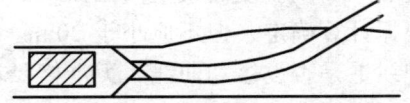

（a）车辆基地出入线与正线为平面交叉　　　（b）车辆基地出入线与正线为立体交叉

图 2.1.9　车辆基地出入线的典型形式

2.1.4　线路平面设计

1. 技术标准

（1）曲线半径

曲线半径（见图 2.1.10）宜按标准从大到小合理选用。实际工作中，最大半径一般很少超过 3 000 m。400 m 以下的曲线半径轮轨磨耗大、噪声大，应尽量少用，尤其位于两站中间更应少用。《地铁设计规范》（GB 50157—2013）规定曲线最小半径如表 2.1.5 所示。

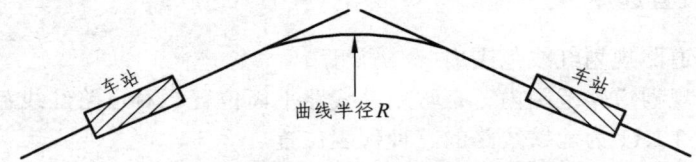

图 2.1.10　地下铁道曲线连接示意图

表 2.1.5　圆曲线最小曲线半径　　　　　　　　　　　　单位：m

线　路	A 型车		B 型车	
	一般地段	困难地段	一般地段	困难地段
正　线	350	300	300	250
出入线、联络线	250	150	200	150
车场线	150		150	—

车站站台宜设在直线上。当设在曲线上时，其站台有效长度范围的线路曲线最小半径应符合表 2.1.6 的规定。

表 2.1.6　车站曲线最小半径　　　　　　　　　　　　单位：m

车　型		A 型车	B 型车
曲线半径	无站台门	800	600
	设站台门	1 500	1 000

折返线、停车线等宜设在直线上。困难情况下，除道岔区外，可设在曲线上，并可不设缓和曲线，超高应为 0～15 mm。

（2）曲线连接

在正线上当曲线半径等于或小于 2 000 m 时，圆曲线与直线间应根据曲线半径及行车速度设置缓和曲线。复曲线上两圆曲线的曲率差大于 1/2 000 时，应设置中间缓和曲线，其长度应根据计算确定，但不应小于 20 m。缓和曲线采用三次抛物线。

配线上是否设缓和曲线，无严格要求，联络线及车辆段出入线，一般应设缓和曲线，车场线上不设缓和曲线。

正线及配线上两缓和曲线尾端的圆曲线、不设缓和曲线的圆曲线，最小长度一般不应小于 20 m。困难条件下，不得小于一个车辆的全轴距。

正线、联络线、车辆基地出入线上，两相邻曲线间，无超高的夹直线最小长度应符合表 2.1.7 所示。道岔缩短渡线，其曲线夹直线可缩短为 10 m。

表 2.1.7　夹直线最小长度　　　　　　　　　单位：m

正线、联络线、出入线	一般情况	$\lambda \geq 0.5 V$	
	困难时最小长度 λ	A 型车	B 型车
		25	20

2. 线路平面位置选择

（1）线路位于道路规划红线范围内

地铁位于城市规划道路范围内，是常用的线路平面位置，对道路红线范围以外的城市建筑物干扰较小。图 2.1.11 为地铁线路的三种代表位置。

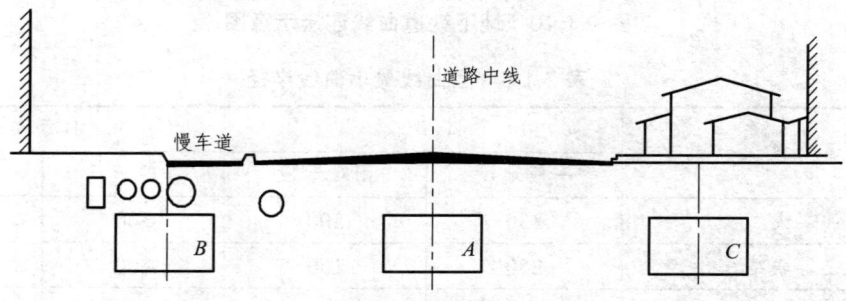

图 2.1.11　地下铁道线路设置位置示意图

① 如图 2.1.11 中的 A 位：地铁线路居道路中心，对两侧建筑物影响较小，地下管网拆迁较少，有利于地铁线路裁弯取直，减少曲线数量，并能适应较窄的道路红线宽度。缺点是当采用明挖法施工时，破坏了现有道路路面，对城市交通干扰较大。

② 如图 2.1.11 中的 B 位：地铁线路位于慢车道和人行道下方，能减少对城市交通的干扰和对机动车路面的破坏。

③ 如图 2.1.11 中的 C 位：地铁线路位于待拆的已有建筑物下方，对现有道路及交通基本上无破坏和干扰，地下管网也较少，但房屋拆迁及安置量大，只有与城市道路改造同步进行时，才十分有利。

（2）线路位于道路范围以外

在某些有利的条件下，地下线置于道路范围之外，可以达到缩短线路长度，减少拆迁，降低工程造价的目的。这些条件是：
① 地质条件好，基岩埋深很浅，隧道可以用矿山法在建筑物下方施工；
② 城市非建成区或广场、公园绿地（耕地）；
③ 老街改造区，可以同步规划设计，并能按合理施工顺序施工。

除上述条件外，若线路从既有多层、高层房屋建筑下面通过时且造价高昂，选线时要尽量避免。

（3）地铁与地面建筑物的安全距离

为了确保地铁施工时地面建筑物的安全，地铁与建筑物之间应留有一定距离，即安全距离。安全距离与施工方法、施工技术水平有密切关系。采用放坡明挖法施工时，其距离应大于土层破坏棱体宽度。北京地铁一期工程采用工字钢加护板支护，深水泵降低地下水位的明挖法施工，由于护板与土层之间有孔隙，施工过程中，在距基坑边 10 m 左右的地面，平行线路方向出现明显的裂缝；而在上海地铁一期工程施工中，由于采取了适当的措施，在距基坑边 2 m 以外的地面、房屋基本上没有受到损坏。

（4）线路位置比选

线路位置比选包括直线位置和曲线半径比选，比选内容为：
① 线路条件比选：包括线路长度、曲线半径、转角等。对于小半径曲线，在拆迁数量、拆迁难度、工程造价增加不多的情况下，宜推荐较大半径的方案，若半径大于或等于 400 m，则不宜增加工程造价来换取大半径曲线。
② 房屋拆迁比较：包括拆迁房屋数量、质量、使用性质、拆迁难度等的比较，质量差的危房可以拆。住宅房屋易拆迁，办公房次之，工厂厂房难拆迁；学校、医院等单位，一般要邻近安置；商贸房屋的搬迁，在市场经济的条件下，拆迁难度大。
③ 管线拆迁比较：包括上下水管网、地下地上电力线（管）、地下地上通信电缆线（管）、煤气管、热力管等的数量、规格和费用，拆迁难度比较。大型管道改移费用高，下水管改移难度大。
④ 改移道路及交通便道面积比较：包括施工时改移交通的临时道路面积及便桥，恢复被施工破坏的正式路面及桥梁等。
⑤ 其他拆迁物比较：不属于上述拆迁内容的其他拆迁。
⑥ 地铁主体结构施工方法比较：包括施工的难易度、安全度、工期、质量等方面的综合分析评价。

3. 车站站位选择

车站站位选择原则有：① 方便乘客使用；② 与城市道路网及公共交通网密切结合；③ 与旧城房屋改造和新区土地开发结合；④ 方便施工，减少拆迁，降低造价；⑤ 兼顾各车站间距离的均匀性。

一般车站按纵向位置分为跨路口、偏路口一侧、两路口之间三种，按横向位置分为道路红线内外两种位置选择，见图 2.1.12。

（1）跨路口站位

跨路口站位如图 2.1.12（a）所示。车站站位跨主要路口，并在路口的各个角上都设有出入口，乘客从路口任何方向进入地铁均不需过马路，增加乘客安全，减少路口的人、车交叉；与地面公交线衔接好，乘客换乘方便。

（2）偏路口站位

偏路口站位如图 2.1.12（b）所示。车站不易受路口地下管线影响，减少车站埋深，方便乘客使用，减少施工对路口交通的干扰，减少地下管线拆迁，降低工程造价。缺点是乘客集中于车站一端，降低地铁车站的使用效能，增加运营管理上的困难。将车站出入口伸过路口，或增加路口过街人行道（天桥），并与地铁出入口连通，或者将车站设计成上下两层式，可以改善偏路口车站的功能。

（3）站位设于两路口之间

站位设于两路口之间如图 2.1.12（c）所示。当两路口都是主路口且相距较近（一般小于 400 m），横向公交线路及客流较多时，可将车站设于两路口之间，以兼顾两路口。

（4）道路红线外侧站位

道路红线外侧站位如图 2.1.12（d）所示。一般在有利的地形条件下采用。当基岩埋深浅、区间可用矿山法暗挖、道路红线外侧有空地或危旧房区改造时，地铁可以与危旧房改造结合，将车站建于红线外侧的建筑区内，可以少破坏路面，少动地下管线减少交通干扰，充分利用城市土地。

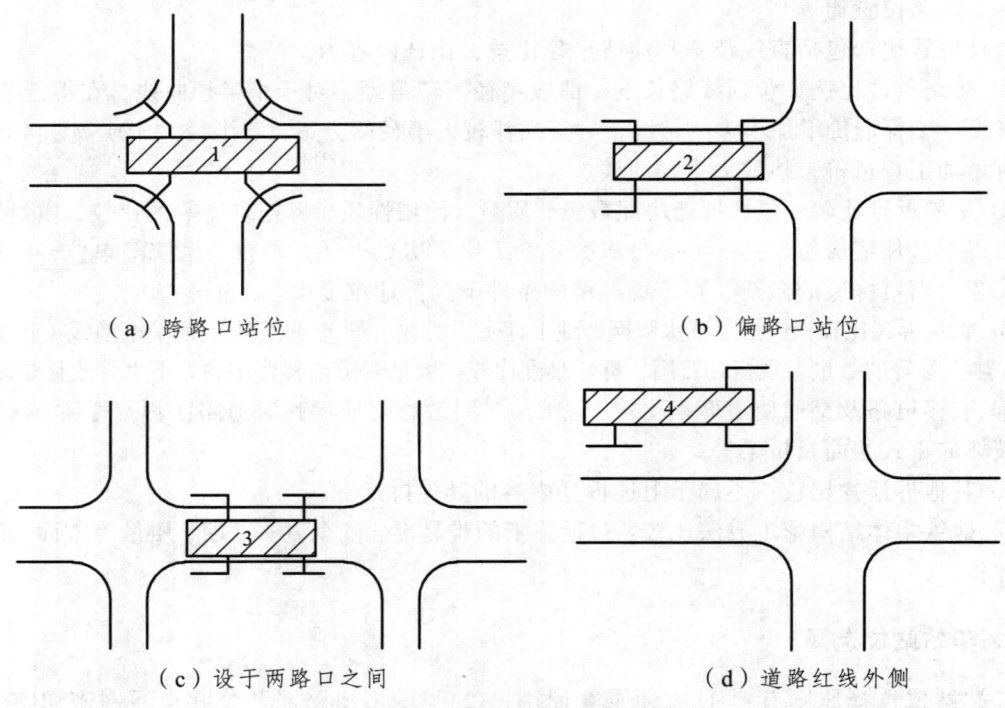

(a) 跨路口站位　　　　　　　　　　(b) 偏路口站位

(c) 设于两路口之间　　　　　　　　(d) 道路红线外侧

图 2.1.12　车站与路口位置关系

4. 左右线路的位置关系

地铁线路不论是在地下、高架或地面，左线与右线一般并列于同一街道范围内。在左右线并列条件下，依照两线间距离的大小与轨面高差有各种组合形式。

（1）左右线等高并列平行

左右线等高并列平行形式如图 2.1.13 所示。图 2.1.13（a）为线间距离为 3.6～5.0 m，适用于区间矩形隧道结构，敞口明挖方法施工或顶管法施工的线路；图 2.1.13（b）为线间距离在 11 m 及以上，适用于车站矩形框架隧道结构；图 2.1.13（c）为左右线分开，线间距离宜大于 2D（D 为隧道开挖直径），困难情况下，采取土壤加固措施后，最大可降至 1.4D，适用于单线单洞圆形或马蹄形隧道结构，盾构法施工或矿山法施工的线路上。

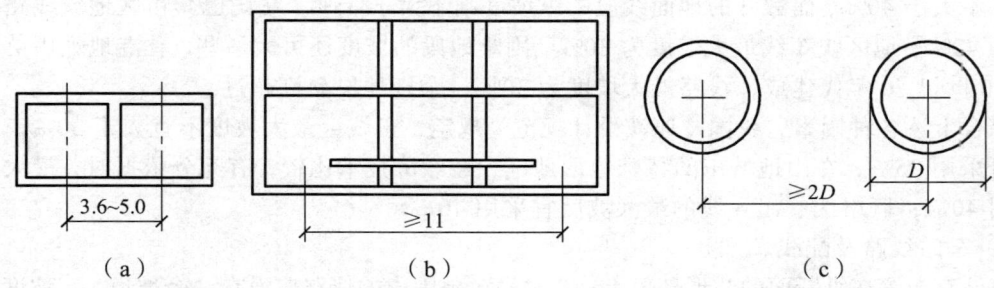

图 2.1.13　左右线等高并列平行的位置关系（单位：m）

（2）左右线上下重叠

明、暗挖法施工均可采用，适用于狭窄的街道下方布置线路，见图 2.1.14。

（3）左右线既不等高并列平行，又不上下重叠，但保持一定距离

采用暗挖法施工，适用于较窄的街道下方布置线路，香港地铁港岛线常有这种线路布置形式，由于上下行站台不等高，增加了车站的提升设备和高度，对乘客使用也欠方便，见图 2.1.15。

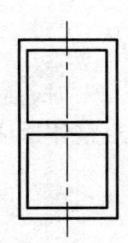　　　　　　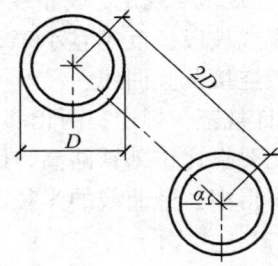

图 2.1.14　左右线上下重叠的位置关系　　　图 2.1.15　左右线上下错开的位置关系

2.1.5　线路纵剖面设计

线路纵剖面设计的一般原则：① 纵剖面设计应保证列车运行的安全、平稳及乘客舒适坡段应尽量长；② 线路纵剖面要结合不同的地形、地质、水文条件、线路敷设方式与埋深要求、隧道施工方法、地上地下建筑物与基础情况、线路平面条件等，进行合理设计；③ 尽量设计成符合列车运行规律的节能型坡道。车站一般位于纵剖面的高处，区间位于纵剖面的低处。除车站两端的节能坡道外，区间一般宜用缓坡，避免列车交替使用制动和给电牵引。

1. 技术标准

（1）最大坡度

① 区间线路。

地铁由于高密度行车和大运量，为保证行车安全与准点，设计原则要求列车在失去部分

（最大可以达到一半）牵引动力的条件下，仍能用另一部分牵引动力，将列车从最大坡度上启动，因此最大坡度阻力及各种附加阻力之和，不宜大于列车牵引力的一半。

苏联的地下铁道设计规范（1981年7月1日起执行）规定的地下线段以及隐蔽地面线段的坡度不大于40‰，而敞开的地面线段的纵坡度则不大于35‰。法国巴黎市区地铁线路最大坡度为40‰，地区快车线最大坡度为30‰，困难地段的坡度还可大一些。香港地铁用英国技术于20世纪70年代建成，线路最大坡度为30‰，个别地段允许超过。

综合上述各种因素，我国《地铁设计规范》规定，正线上最大坡度不宜大于30‰，困难地段可采用35‰，在山地城市的特殊地形地区，经经济技术比较，有充分依据时，最大坡度可采用40‰；联络线、出入线的最大坡度宜采用40‰。

② 车站线路及配线。

车站宜布置在纵断面的凸形部位上；车站站台范围内的线路应设在一个坡道上，坡度宜采用2‰，当具有有效排水措施或与相邻建筑物合建时，可采用平坡；具有夜间停车功能的配线，应布置在面向车挡或区间的下坡道上，隧道内的坡度宜为2‰；道岔宜设在不大于5‰的坡道上，在困难地段应采用无砟道床，尖轨后端为固定接头的道岔，可设在不大于10‰的坡道上。

（2）最小坡度

对于最小坡度，由于排水的需要，《地铁设计规范》规定宜采用3‰，困难条件下可采用2‰。

（3）坡段长度

《地铁设计规范》规定，线路纵向坡段长度不宜小于远期列车长度，同时应满足两相邻竖曲线间的夹直线坡段长度不宜小于50 m的要求。

（4）坡段连接及竖曲线

《地铁设计规范》规定，两相邻坡段的坡度代数差等于或大于2‰时，应设圆曲线形的竖曲线连接，此要求比市郊铁路高，因为地下铁道的道床多为混凝土整体道床，其弹性变形量比碎石道床小得多。竖曲线的半径不应小于表2.1.8的规定。

表2.1.8 竖曲线半径　　　　　　　　　　　　　　　　　　　　　　单位：m

线别		一般情况	困难情况
正　线	区间	5 000	2 500
	车站端部	3 000	2 000
联络线、出入线、车场线		2 000	

车站站台有效长度内和道岔范围内不得设置竖曲线，竖曲线离开道岔端部的距离应符合表2.1.9的规定。

表2.1.9 道岔两端与平、竖曲线端部的最小距离

项目	至平面曲线端或竖曲线端	
	正线	车场线
道岔型号	60 kg/m-1/9	50 kg/m-1/7
道岔前段/后端	5/5（m）	3/3（m）

2. 影响纵剖面设计的因素

纵剖面设计除考虑设计原则与标准、埋设方式、线路平面条件、结构类型外,下列因素也影响纵剖面设计,而且须在设计过程中逐一考虑。

(1)覆土厚度

在浅埋地下线中,往往希望隧道结构尽量贴近地面,但受各种因素限制,因此需要确定最小覆土厚度。地铁隧道结构顶板顶(防水保护层外)至地面间的最小厚度,除应考虑通过地下的管道及建筑物的要求外,还应根据下列因素来确定:

① 当地下线位于道路下方时,应考虑道路路面铺装的最小厚度要求,一般为 0.2~0.7 m。

② 当地下线位于城市公园绿地内时,考虑植被的最小厚度要求,可与城市规划及园林部门协商,一般草坪 0.2~0.5 m,灌木 0.5~1.0 m,乔木 1.5~2.5 m。

③ 在寒冷地带应考虑保温层最小厚度要求,可与通风采暖专业人员协商。

④ 当地下线位于经常水位下方时,可与隧道专业协商隔水层厚度要求,一般为 1 m 左右。

⑤ 在地下铁道作为战时人防工程时,应考虑防空工程的最小覆土要求。

(2)地下管线及建筑物

一般以改移地下管线较为适宜。工作中可与市政有关部门协商,下水管线与地下线纵剖面设计矛盾最突出,是纵剖面设计的重点。

地铁车站(包括车站出入口、通风道等)上方的地下管线,其横越管线宜改至车站两端区间,平行管线宜平移出车站范围,减小车站埋深。即使改移管线在经济上不太合算,也宜改移管线,以方便乘客出入和节省运营费。只有地下管线无法改移时,才考虑地铁车站加大埋深或移动站位。

地下隧道结构以明挖法通过地下管线或地下构筑物时,隧道与管道(构筑物)之间是否留土层,应根据地铁隧道结构受力要求确定,若无要求,可以不留土层,甚至两者共用结构。但对下水管线应有严格防水措施,严防污水渗入地铁结构内。对于大型管线或地下构筑物,应考虑隧道结构施工及管道悬吊施工操作的需要。

地下隧道以暗挖法通过地下构筑物、楼房基础(包括基础桩)时,两结构物之间应保持必要的土层厚度,其最小厚度在上海地铁按 2 m 考虑。

(3)地质条件

当地下线路遇到不良地质条件时(主要是淤泥质黏土及流砂土层),应尽量考虑躲避;若躲避有困难时,应采取工程措施。

(4)施工方法

地下线采用明挖法时,为减少土方开挖量,车站与区间线路埋深越浅越节省工程造价,线路纵剖面主要坡型是车站位于低位,区间位于高位,即所谓凹形坡。当采用暗挖法时,一般应选择较深的好地层,线路纵剖面主要是凸形坡,车站位于纵剖面高处。

(5)排水站位置

地下线排水站主要是排除隧道结构渗漏水和冲洗水,设于线路纵剖面的最低点,困难条件下,允许偏离不超过 10 m。排水站位置受很多因素制约,区间排水站要选择出水口的位置,为了检修,往往要求与区间通风道结合在一起;车站端部排水站受车站平面位置制约,至车站中心的距离往往是定数,因此纵剖面设计要考虑排水站的设置位置。

（6）防洪水位

在有洪水威胁的城市中修建地铁时，纵剖面设计要满足防洪要求。地面线路基、地下线的各种出地面口部，应按100年一遇的洪水位设计。

2.2 地下铁道车站建筑设计

2.2.1 地铁车站建筑设计的基本组成

地下铁道车站是地下铁道的交通枢纽，主要承担乘客上下车、候车和集散的作用，同时也是布置运营管理和技术设备的场所，是地下铁道设计中技术要求最复杂的部位，不仅结构功能复杂，而且技术要求难度较大，造价通常为同长度区间隧道的3~10倍。因此，地下铁道车站设计是一项十分重要的技术环节。

地下铁道车站由车站主体（站台、站厅，生产、生活用房），出入口及通道，通风道及地面通风亭等三大部分组成。地下铁道车站的总体功能布置如图2.2.1所示。

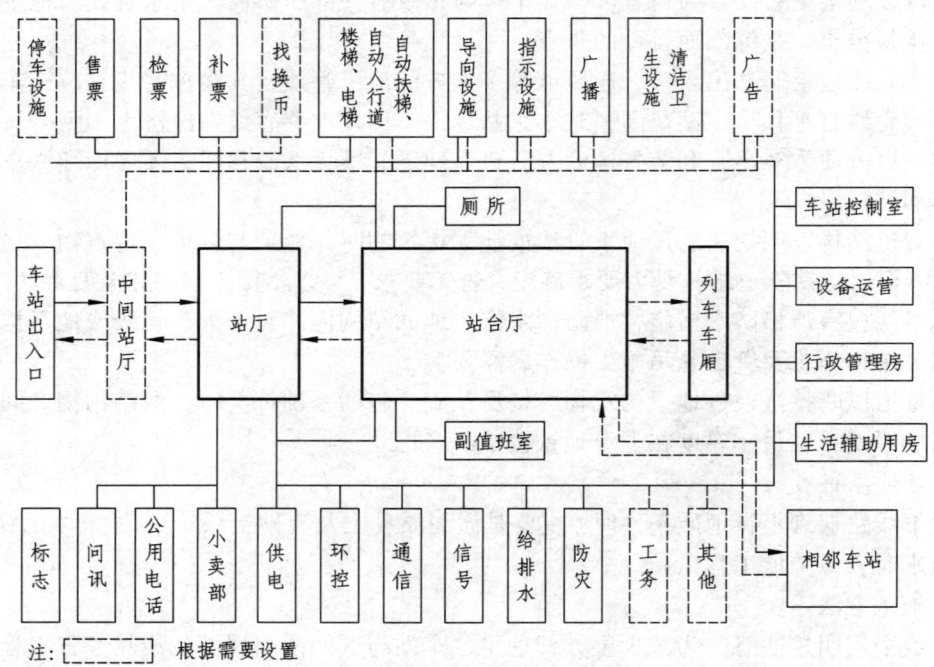

图 2.2.1 地铁车站功能分析图

车站建筑一般包括供乘客使用、运营管理、技术管理和生活辅助四大部分。

① 乘客使用空间：在车站建筑组成中占有很重要的位置，它是车站中的主体部分，此部分的面积占车站总面积50%左右。主要包括站厅、站台、出入口、通道、售票处、检票口、问讯、公用电话、小卖部、楼梯及自动扶梯等。

② 运营管理用房：为了保证车站具有正常运营条件和营业秩序而设置的办公用房。主要包括站长室、行车值班室、业务室、广播室、会议室、公安保卫、清扫员室。

③ 技术设备用房：为了保证列车正常运行、保证车站内具有良好环境条件及在事故灾害情况下能够及时排除灾害的不可或缺的设备用房。主要包括环控房、变电所、综合控制室、防灾中心、通信机械室、信号机械室、自动售检票室、泵房、冷冻站、机房、配电以及上述设备用房所属的值班室、FAS、BAS、AFC室、工区用房、附属用房及设施等。

④ 辅助用房：为了保证车站内部工作人员正常工作生活所设置的用房。主要包括厕所、更衣室、休息室、茶水间、盥洗室、储藏室等。

2.2.2 地铁车站总平面布局及车站平面构成

1. 车站总平面布局

车站建筑总平面布局主要解决在车站中心位置及方向确定以后，根据车站所在地周围的环境条件、城市有关部门对车站布局的要求，依据选定的车站类型，合理地布设车站出入口、通道、通风道等设施，以便使乘客能够安全、迅速、方便地进出车站。同时还要处理地铁车站、出入口及通道、通风道及地面通风亭与城市建筑物、道路交通、地下过街道或天桥、绿地等的关系，使之相互协调统一。

车站建筑平面布局的影响因素很多，设计中所遇到的问题也很复杂，有时受到客观条件的限制使方案很难达到理想的效果，而车站出入口的设置对车站总平面设计较为关键。其注意的基本原则有：

（1）车站出入口、地面通风亭位置的选定

① 车站出入口的位置，一般都选在城市道路两侧、交叉路口及有大量人流的广场附近。出入口宜分散均匀布置，出入口之间的距离尽可能大一些，使其能够最大限度地吸引更多的乘客，方便乘客进入车站，如图 2.2.2 所示。

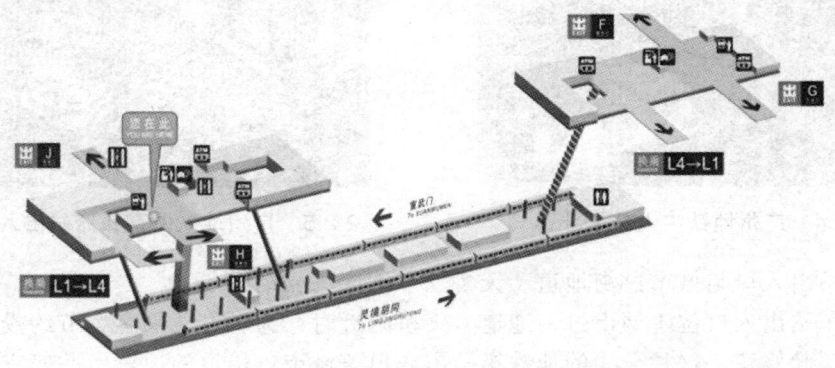

图 2.2.2　地铁车站分散均匀布置

② 单独修建的地面出入口和地面通风亭，其位置应符合当地城市规划部门的规划要求，一般都设在建筑红线以内。如有困难不能设在建筑红线以内时，应经过当地城市规划部门的同意，再选择其位置。地面出入口的位置不应妨碍行人通行。

③ 车站出入口宜设在火车站、公共汽车站、电车站附近，便于乘客换车。车站出入口与城市人流路线有密切的关系。应合理组织出入口的人流路线，尽量避免相互交叉和干扰。车站出入口不宜设在城市人流的主要集散处，以便减小出入口被堵塞的可能，如图 2.2.3 所示。

图 2.2.3 广州东站地铁站出入口布置

④ 车站出入口应设在比较明显的部位，便于乘客识别，如图 2.2.4 所示。

⑤ 车站出入口和地面通风亭不应设在易燃、易爆、有污染源并挥发有害物质的建筑物附近，与上述建筑物之间的防火安全距离应符合有关规范的规定。

⑥ 车站主要出入口应朝向地铁的主客流方向。大商场、大型公交车站、大中型企业、大型文体中心、大居住区等都是地铁乘客的主要来源地和主客流方向，如图 2.2.5 所示。

⑦ 有条件时，车站出入口可以与附近的地下商场等建筑物相连通，方便乘客购物和进入车站。车站出入口也可设在附近建筑物的首层，对乘客进、出车站十分方便。

图 2.2.4 广州地铁中大站 A 出入口

2.2.5 广州地铁体育西路站出入口布置

（2）车站出入口与城市过街地道、天桥、下沉广场相结合

当地铁车站出入口位于城市过街地道、天桥附近时，为了方便乘客，节约投资，可以将两者合并在一起修建。这种合建的地铁车站出入口兼城市过街地道的位置，一般宜设在车站的端部，这样布置可以不致影响车站的管理和对站内人流路线的干扰。从总的方面看，与城市过街地道、天桥结合的车站出入口，对城市建设和地铁运营都是有利的。

地铁车站出入口修建在城市下沉广场附近时，车站出入口可以直接设在下沉广场内，如下沉广场内设有商业网点，对乘客会十分方便。

（3）远、近工程应统一规划，统一设计

在进行车站建筑总平面布局时，应根据车站远期发展的需要，结合地区条件和具体情况，采取一次建成或者分期实施的方式修建。远、近期工程应统一规划、统一设计。

2. 车站平面构成

地铁车站的平面基本由站厅、出入口、站台、辅助用房四部分组成,如图 2.2.6 所示。

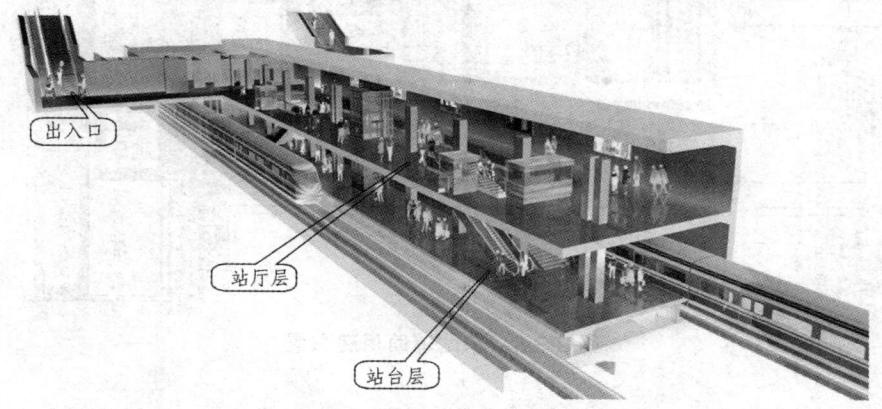

图 2.2.6 车站平面组成示意图

① 地面站厅或出入口:是地下铁道与地面的联络口,供乘客进、出车站用,还具有组织和分配人流的作用。

② 站厅层:立面位于站台与地面之间,一般在中二层部分,供售票、候车、小卖等用。侧式站台埋深较浅时,无法设中间站厅,可设地面站厅或以出入口代替中间站厅的作用。典型的车站站厅层布置如图 2.2.7 所示。

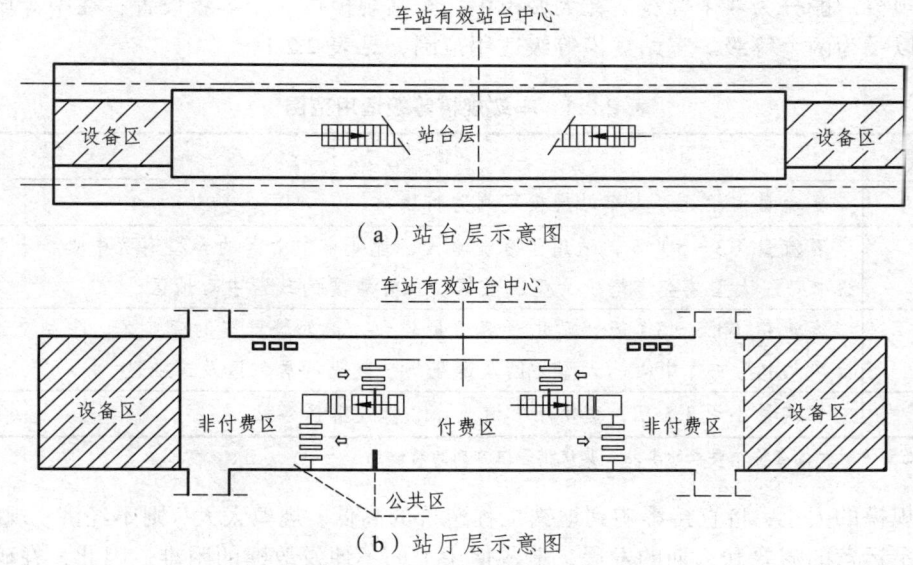

图 2.2.7 站厅层平层面图

③ 站台:供乘客乘降,分散上、下车客流。

④ 辅助用房:为保证地下铁道正常运行,除设置供乘客乘降用的站台外,还应有高压配电、低压配电、变压器室、牵引变电室、风机室、广播室、主副值班室、继电器室、信号工区及驻站通讯引入室、仓库、厕所、污水泵房、服务人员休息室等辅助用房,如图 2.2.8 所示。

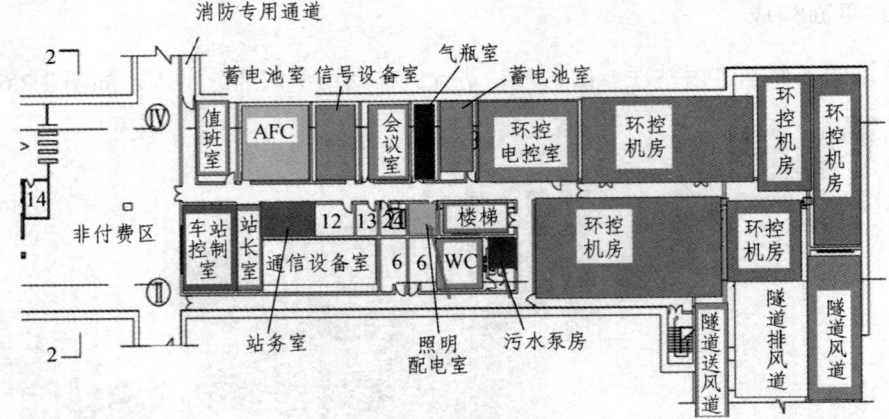

图 2.2.8 车站辅助用房布置

2.2.3 车站建筑设计

1. 车站规模

车站规模主要指车站外形尺寸大小、层数及站房面积多少。车站规模主要根据本站远期预测高峰小时客流量、所处位置的重要性、站内设备和管理用房面积、列车编组长度及该地区远期发展规划等因素综合考虑确定。其中客流量大小是一个重要因素。

车站规模一般分为3个等级。在大城市中，车站规模按3个等级设置；在中等城市中，其规模可以设为两个等级。车站规模等级适用范围，见表2.2.1。

表 2.2.1 车站规模等级适用范围

规模等级	适 用 范 围
特级站	客流量大于5万人车站规模可列为特级站
一级站	客流量（3~5）万，适用于客流量大，地处市中心区的大型商贸中心、大型交通枢纽中心、大型集会广场、大型工业区及位置重要的政治中心地区
二级站	客流量（1.5~3）万，适用于客流量较大，地处较繁华的商业区、中型交通枢纽中心、大中型文体中心、大型公园及游乐场、较大的居住区及工业区
三级站	客流量小于1.5万，适用于客流量小，地处郊区各站

注：客流量特别大，有特殊要求的车站，其规模等级可列为特级站。

车站规模的大小，将直接影响到地铁工程造价的高低。规模太大，则不经济；规模太小，又不能满足运营的需要和远期的发展，造成使用上的不便及改建的困难。因此，在确定车站规模等级的时候，应谨慎研究和考虑。

2. 站厅层设计

站厅的作用是将由出入口进入的乘客迅速地、安全地、方便地引导到站台乘车，或将下车的乘客同样地引导至出入口出站。对乘客来说，站厅是上下车的过渡空间。乘客在站厅内需要办理上下车的手续，因此，站厅内需要设置售票、检票、问讯等为乘客服务的各种设施。站厅内设有地铁运营、管理用房，如图 2.2.9 所示。站厅又具有组织和分配人流的作用。

图 2.2.9　地铁站厅层

（1）站厅的位置

站厅的位置与人流集散情况、所处环境条件、车站类型、站台形式等因素有关。站厅设计的合理与否，将直接影响到车站使用效果及站内的管理和秩序。站厅的布置有以下 4 种，见图 2.2.10：

① 站厅位于车站一端：这种布置方式常用于终点站，且车站一端靠近城市主要道路的地面车站。

② 站厅位于车站两侧：这种布置方式常用于侧式车站。客流量不大时多采用。

③ 站厅位于车站两侧的上层或下层：这种布置方式常用于地下岛式车站及侧式车站站台的上层，高架车站站台的下层。客流量较大者多采用。

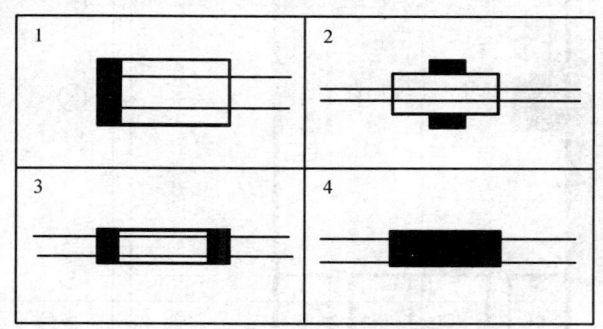

图 2.2.10　车站站厅布置示意图

1—站厅位于车站一端；2—站厅位于车站两侧；3—站厅位于车站两端的上层或下层；4—站厅位于车站上层

④ 站厅位于车站上层：这种布置方式常用于地下岛式车站和侧式车站。适用于客流量很大的车站。

（2）站厅层设计

根据车站运营及合理组织客流路线的需要，站厅划分为付费区及非付费区两大区域。付费区是指乘客需要经购票、检票后方可进入的区域，然后到达站台。非付费区也称免费区或者公用区，乘客可以在本区内自由通行。付费区与非付费区之间应分隔。

由于地铁车站一般修建在城市主要道路下面，站厅还具有过街通道的功能。因此，为了便于各个出入口的联系和穿行，可以在站厅的一侧或双侧设置通道。由此，也可以将站厅层分为 3 类，见图 2.2.11：

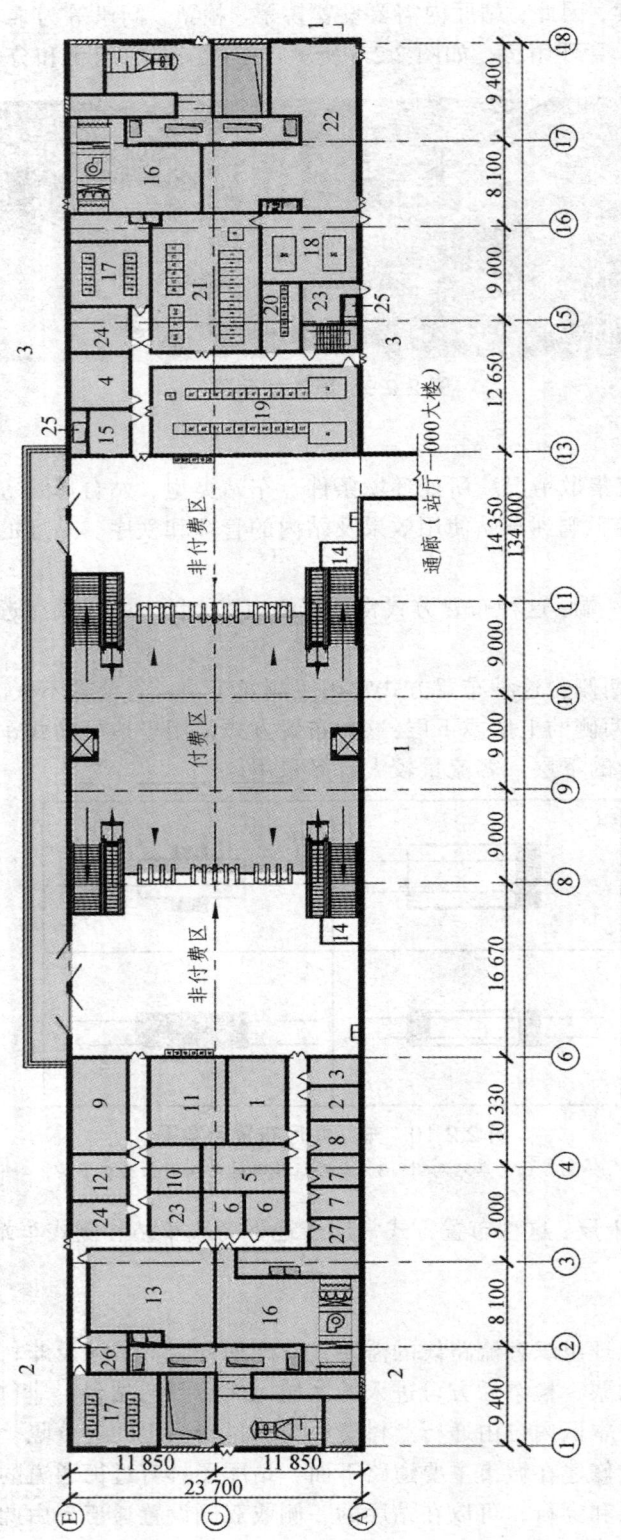

(a) 站厅层不能穿行（单位：mm）

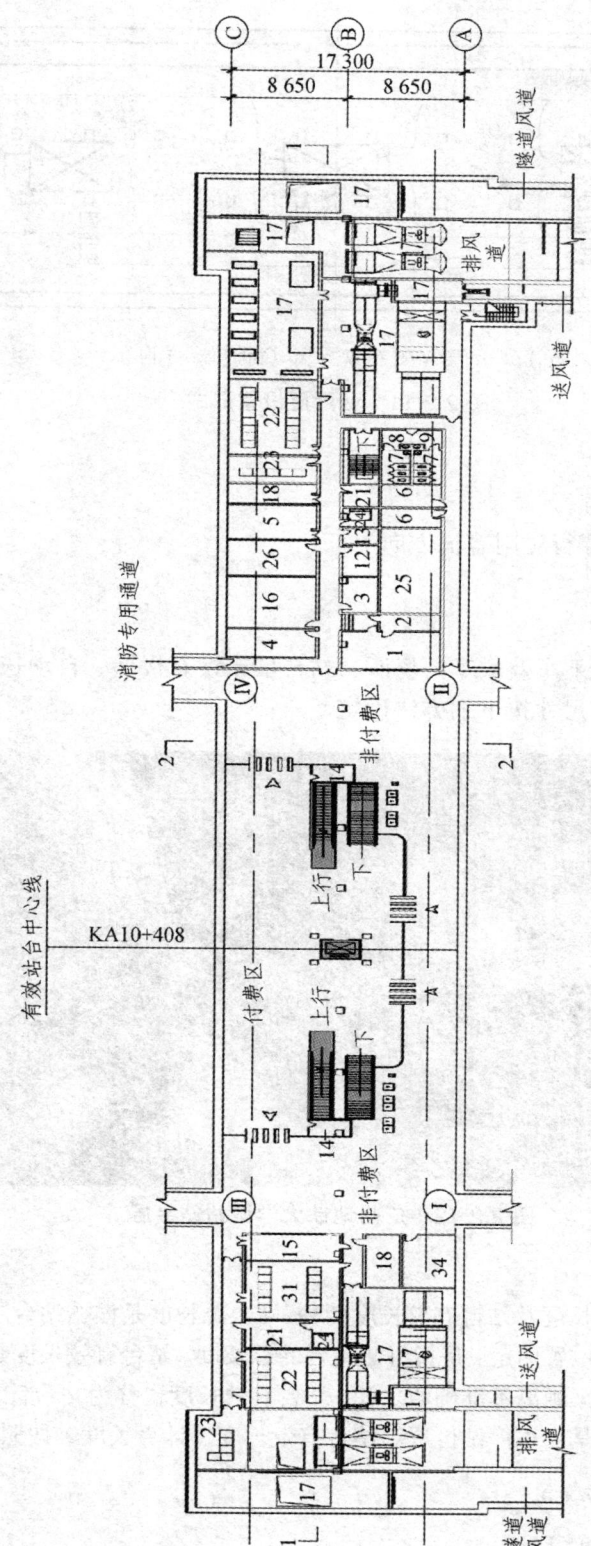

(b) 站厅层单侧可以穿行（单位：mm）

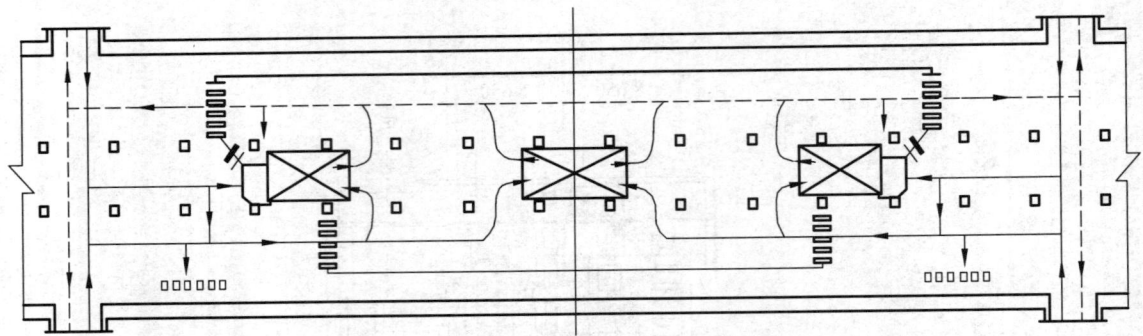

（c）站厅层双侧可以穿行（附客流方向）

图 2.2.11　站厅层设置形式

① 站厅层不能穿行。
② 站厅层单侧可以穿行。
③ 站厅层双侧可以穿行（附客流方向）。

3. 站台层设计

站台层是供乘客上、下车及候车的场所，站台层布设有楼梯、自动扶梯及站内用房，如图 2.2.12 所示。站台主要尺寸按下列方法确定。

图 2.2.12　广州地铁大学城站站台层

（1）站台长度

站台长度分为站台总长度及站台有效长度两种。站台总长度是根据站台层房间布置的位置以及需要由站台进入房门的位置而定，是指每侧站台的总长度。站台有效长度是指远期列车编组总长度与列车停站时允许停车距离不准确值之和，站台有效长度也称为站台计算长度，它是供乘客上、下车的有效长度，也是列车停站位置。站台有效长度（计算长度）按照下式计算：

$$L = s \cdot n + \delta \tag{2.2.1}$$

式中　L——站台有效长度（m）；

s ——列车每节长度（m）；

n ——列车的节数；

δ ——列车停车误差，当无站台门时应取 1～2 m；有站台门时应取 ±0.3 m 之内。

（2）站台宽度

站台宽度主要根据车站远期预测高峰小时客流量大小、列车运行间隔时间、结构横断面形式、站台形式、站房布置、楼梯及自动扶梯位置等因素综合考虑确定。为了保证车站安全运营和安全疏散乘客的基本需要，我国《地铁设计规范》（GB 50157—2013）中规定了车站站台的最小宽度尺寸，见表 2.2.2。

表 2.2.2 车站各部位的最小宽度（GB 50157—2013）

车站站台形式		最小宽度/m
岛式站台		8.0
岛式站台的侧站台		2.5
侧式站台（长向范围内设梯）的侧站台		2.5
侧式站台（垂直于侧站台开通道口设梯）的侧站台		3.5
站台计算长度不超过 100 m 且楼、扶梯不伸入站台计算长度	岛式站台	6.0
	侧式站台	4.0
通道或天桥		2.4
单向楼梯		1.8
双向楼梯		2.4
与上、下均设自动扶梯并列设置的楼梯（困难情况下）		1.2
消防专用楼梯		1.2
站台至轨道区的工作梯（兼疏散梯）		1.1

在确定站台宽度设计时，不仅考虑车站的上下车客流，还要考虑车站的结构差异，岛式和侧式车站站台宽度的计算见下式：

岛式站台宽度：

$$B_d = 2b + n \cdot z + t \tag{2.2.2}$$

侧式站台宽度：

$$B_c = b + z + t \tag{2.2.3}$$

$$b = \frac{Q_{上} \cdot \rho}{L} + b_a \tag{2.2.4}$$

$$b = \frac{Q_{上,下} \cdot \rho}{L} + M \tag{2.2.5}$$

式中　b ——侧站台长度（m），见图 2.2.13，取公式（2.2.4）和公式（2.2.5）计算结果的较大值；

n ——横向柱数（m）；

z ——柱子宽度（含装饰层厚度）（m）；

t——每组楼梯与自动扶梯宽度之和（含与柱子间所留孔隙）（m）；
$Q_上$——远期或客流控制期每列车超高峰小时单侧上车设计客流量（人）；
$Q_{上,下}$——远期或客流控制期每列车超高峰小时单侧上、下车设计客流量（人）；
ρ——站台上人流密度（m²/人），取（0.33~0.75）m²/人；
L——站台计算长度（m）；
M——站台边缘至站台门立柱内侧距离（m），无站台门时，取0；
b_a——站台安全防护带宽度（m），取0.4，采用站台门时用M替代b_a值。

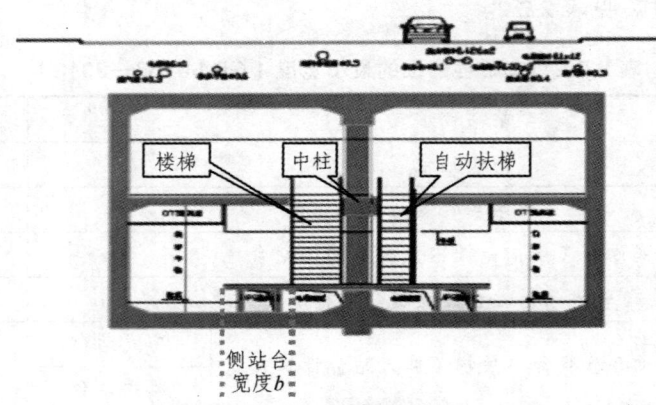

图 2.2.13　岛式车站站台布置

（3）站台高度

站台高度是指线路走行轨顶面至站台地面的高度。站台实际高度是指线路走行轨下面结构底板面至站台地面的高度，它包括走行轨顶面至道床底面的高度。站台高度的确定，主要根据车厢地板面距轨顶面的高度而定，如表2.2.3所示。

表 2.2.3　车站各部位的最小高度

名　称	最小高度/m
地下站厅公共区（地面装饰层面至吊顶面） 地下车站站台公共区（地面装饰层面至吊顶面）	3
高架车站站厅公共区（地面装饰层面至梁底面） 地面、高架车站站台公共区（地面装饰层面至风雨棚底面）	2.6
站台、站厅管理用房（地面装饰层面至吊顶面） 通道或天桥（地面装饰层面至吊顶面）	2.4
公共区楼梯和自动扶梯（踏步面沿口至吊顶面）	2.3

4. 车站主要设施

（1）客流通道口

客流通道口主要位于站厅层的公共区，分左右两侧布置，有利于地面道路出入口的均匀布置。有时车站位于地面十字交叉道路的下面，站厅通道通常以通向地面道路交叉口的4个方向布置，如图2.2.1所示4。通道口的通行总宽度必须大于站台至站厅楼梯（包括自动楼梯）的总宽度，以利于灾变时的紧急疏散。根据地铁设计规范规定，通道口最小宽度不能小于2.4 m。

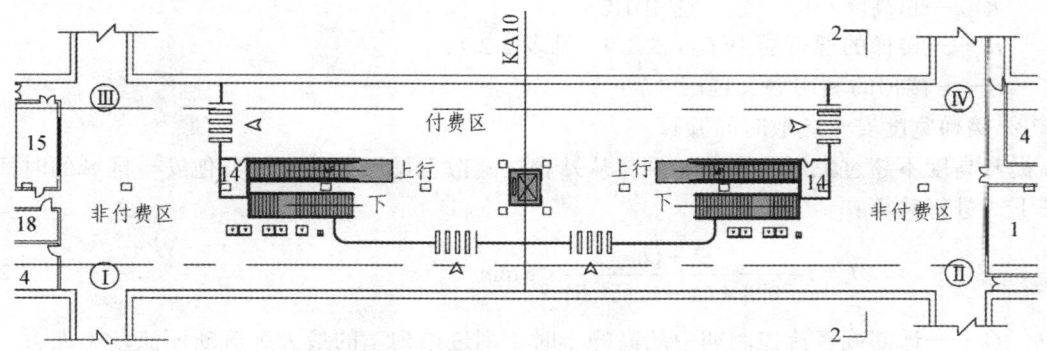

图2.2.14　地铁车站客流通道口布置

（2）楼梯、自动扶梯和电梯

地铁车站竖向交通形式主要有楼梯、自动扶梯和电梯，如图2.2.15所示。除设在出入口内的楼梯和自动扶梯外，站厅层至站台层供乘客使用的楼梯和自动扶梯应设在付费区内。楼梯、自动扶梯的最大通过能力见表2.2.4。站厅与站台联系的上下楼梯、自动扶梯要根据客流量和车站规模进行设计。

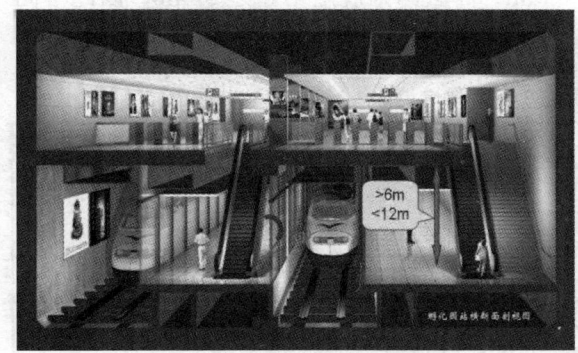

图2.2.15　地铁车站楼梯、自动扶梯的布置

① 自动梯台数：

$$n=\frac{NK}{n_1\eta} \qquad (2.2.6)$$

式中　N——预测的上行与下行的出站客流量（人/h）；
　　　K——超高峰小时系数，选用1.2～1.4；
　　　n_1——每小时输送客流的能力（人次/h），见表2.2.4；
　　　η——自动梯的利用率，选用0.8。

② 楼梯宽度：

$$m=\frac{N'K}{n_2\eta} \qquad (2.2.7)$$

式中　　N'——预测的上行与下行的进站客流量（人/h）；
　　　　K——超高峰小时系数，选用 1.2~1.4；
　　　　n_2——楼梯的通行能力（人次/h），见表 2.2.4；
　　　　η——楼梯的利用率，选用 0.7。

③ 楼梯宽度安全疏散时间验算。

提升高度不超过三层的车站，乘客从站台层疏散至站厅公共区或其他安全区域的时间，应按下式进行验算：

$$T = 1 + \frac{Q_1 + Q_2}{0.9[A_1(N-1) + A_2 B]} < 6 \min \quad (2.2.8)$$

式中　　Q_1——远期或客流控制期中超高峰小时 1 列进站列车的最大客流断面流量（人）；
　　　　Q_2——远期或客流控制期中超高峰小时站台上的最大候车乘客（人）；
　　　　A_1——一台自动扶梯通过能力[人/(min·m)]，取 8 100 人/(min·m)；
　　　　A_2——疏散楼梯（上行单向）的通过能力[人/(min·m)]，取 3 700 人/(min·m)；
　　　　N——自动扶梯数量；
　　　　B——疏散楼梯总宽度（m），每组楼梯的宽度应按 0.55 m 的整倍数计算；
　　　　1——人们遇灾变时所需的反应时间（一般为 1 min）。

车站楼梯的安全疏散时间我国规定不超过 6 min，而法国则规定不超过 5 min，因此不同的国家对其规定并不相同。

表 2.2.4　车站各部位的最大通过能力

部位名称		最大通过能力/(人次/h)
1 m 宽楼梯	下行	4 200
	上行	3 700
	双向混行	3 200
1 m 宽通道	单向	5 000
	双向混行	4 000
1 m 宽自动扶梯	输送速度 0.5 m/s	6 720
	输送速度 0.6 m/s	≤8 190
售票口	人工	1 200
	自动	300
检票口	人工检票口	2 600
	自动检票机 三杆式	1 200
	自动检票机 门扉式	1 800
	自动检票机 双向门扉式	1 500

（3）售、检票设施

售、检票设施是指乘客使用的售、检票系统，如图 2.2.16 所示。全国地铁车站售、检票可分别按通过的人数来计算，地铁规范对售、检票设施的最大通过能力的规定见表 2.2.4。

（a）检票机　　　　　　　　　　　（b）自动售票机

图 2.2.16　地铁检票、售票设施

① 售票。

人工售票亭、自动售票机（台）数：

$$N_1 = \frac{M_1 K}{m_1} \quad (2.2.9)$$

式中　M_1——使用售票机的人数或上行和下行上车的客流总量（按高峰小时计）；

K——超高峰系数，选用 1.2~1.4；

m_1——售票每小时售票能力，见表 2.2.4。

② 进出站检票口。

检票口检票机台数：

$$N_2 = \frac{M_2 K}{m_2} \quad (2.2.10)$$

式中　M_2——高峰小时进站客流量（上行和下行）或出站客流量总量；

K——超高峰小时系数，选用 1.2~1.4；

m_2——检票机每台每小时检票能力，见表 2.2.4。

（4）地铁车站出入口设计

① 出入口的设置。

a. 出入口数量：浅埋地下车站不宜少于 4 个，深埋车站不应少于 2 个，车站出入口至少为 2 个。

b. 出入口宽度：出入口宽度按车站远期预测超高峰小时客流量计算确定：

$$B_{tn} = \frac{QKb_n}{C_t N} \quad (2.2.11)$$

式中　B_{tn}——出入口宽度（n 表示出入口序号）（m）；

Q——车站高峰小时客流量；

K——超高峰系数（$K = 1.2 \sim 1.4$）；

b_n——出入口客流不均匀系数（$b_n = 1.1 \sim 1.25$，n 表示出入序号）；

C_t——通道通过能力，见表 2.2.4；

N——出入口数量。

c. 出入口楼梯宽度计算：

$$B = \frac{QKT}{C}(1+a_b) \quad (2.2.12)$$

式中　B——出入口楼梯宽度（m）；
　　　Q——车站高峰小时客流量；
　　　K——超高峰系数（$K=1.2\sim1.4$）；
　　　T——列车运行间隔时间；
　　　C_t——楼梯通过能力，见表2.2.4；
　　　a_b——加宽系数，采用0.15。

② 出入口口部设计。
a. 简单出入口：不设其他房间的出入口，仅供乘客出入车站，不设售检票设施。
b. 地面站厅：将车站的一部分用房如售检票设施、地面通风亭与出入口组合在一起修建。

2.3　地下铁道构造设计

2.3.1　地下铁道车站构造设计

1. 明挖法施工的车站构造设计

明挖车站可采用矩形框架结构或拱形结构。车站结构形式的选择应在满足功能要求的前提下，兼顾经济和美观，力图创造出与交通建筑相协调的气氛。

（1）矩形框架结构

矩形框架结构是明挖车站中采用最多的一种形式，根据功能要求，可以设计成单层、双层、单跨、双跨或多层多跨等形式。侧式车站一般采用多跨结构；岛式车站多采用三跨结构，站台宽度≤10 m时站台区宜采用双跨结构，有时也采用单跨结构；在道路狭窄的地段修建地铁车站，也可以采用上、下行线重叠的结构，图2.3.1为典型明挖矩形框架结构断面图。

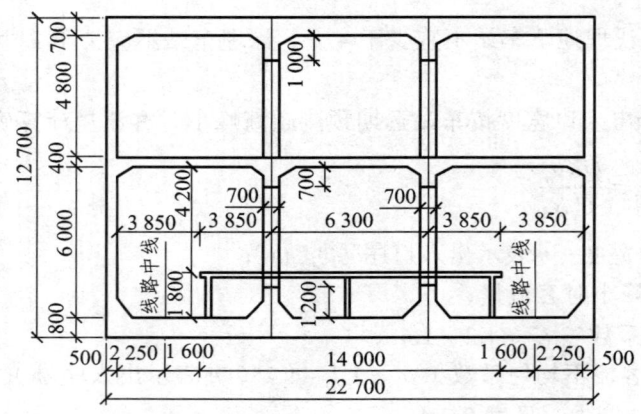

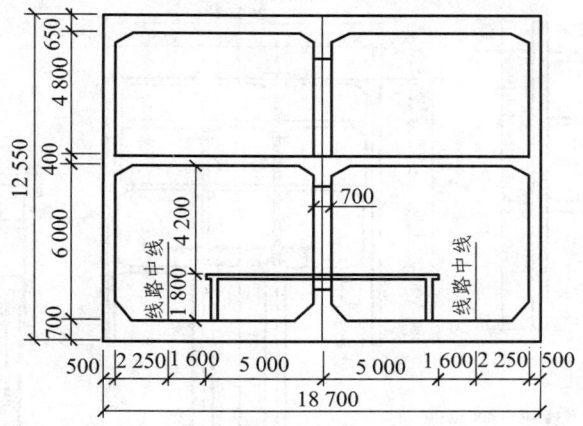

图 2.3.1 典型明挖主体结构断面（单位：mm）

现代城市的发展对地下铁道提出了新的要求，在很多情况下地铁车站不再是一个单纯的交通性建筑，与城市其他构筑物或建筑物合建的例子越来越多。这时车站结构又是这些结构物的基础或基础的一部分，或者成为集交通、餐饮娱乐、购物于一体的地下综合体。这时应统一规划、统一设计、统一施工，这样不仅可节约建设资金，而且也可减少施工对城市产生的负面效应。

（2）拱形结构

一般用于站台宽度较窄的单跨单层或单跨双层车站，可以获得良好的建筑艺术效果。莫斯科地铁在拱形覆土较薄的车站中采用的一种断面形式。结构由拱形顶板的变截面单跨斜腿刚架和平底板组成，墙角与底板之间采用绞接，并在其外侧设有与底板整浇的挡墙，用以抵抗刚架的水平推力。图 2.3.2 为拱形车站的横断面。

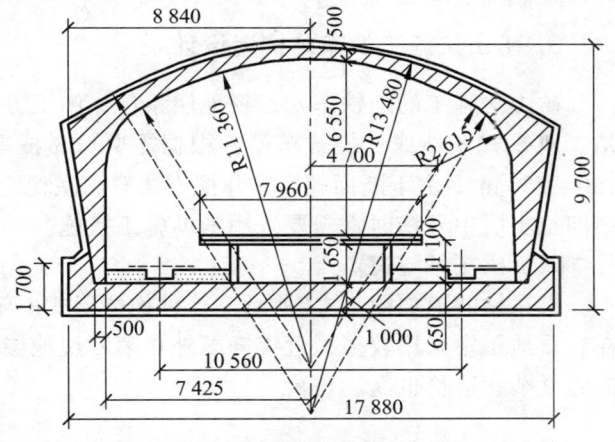

图 2.3.2 明挖拱形车站横断面（单位：mm）

2. 盖挖法施工的车站构造设计

盖挖车站基坑开挖与结构浇注顺序的不同，有 3 种基本的施工方法：盖挖顺作法、半逆作法和逆作法。从结构观点看，盖挖顺作法与明挖法并无不同，而半逆作法则与逆作法相近。图 2.3.3 示出了国内外一些典型盖挖逆作法车站的横断面。上海地铁 1 号线淮海路下面的常熟路站是我国首次用逆作法施工的地铁车站，地下连续墙既是基坑的侧壁支护，又是主体结构的侧墙，槽段之间采用十字钢板接头防渗抗剪，中间竖向临时支撑系统采用 H 型钢立柱和钢管打入桩基础。永安里站在我国首次采用桩墙组合结构作为车站永久结构的侧墙。天安门站边墙灌注桩和中间立柱均采用条形基础，不仅较常规方法缩短了桩长，避免了水下成桩的困难，而且减少了施工占路时间。比利时安特卫普地铁车站在暗挖的导洞内用顶管法修建顶板及人工开挖的边墙后，再用连续墙法修建地下水位以下的墙体。

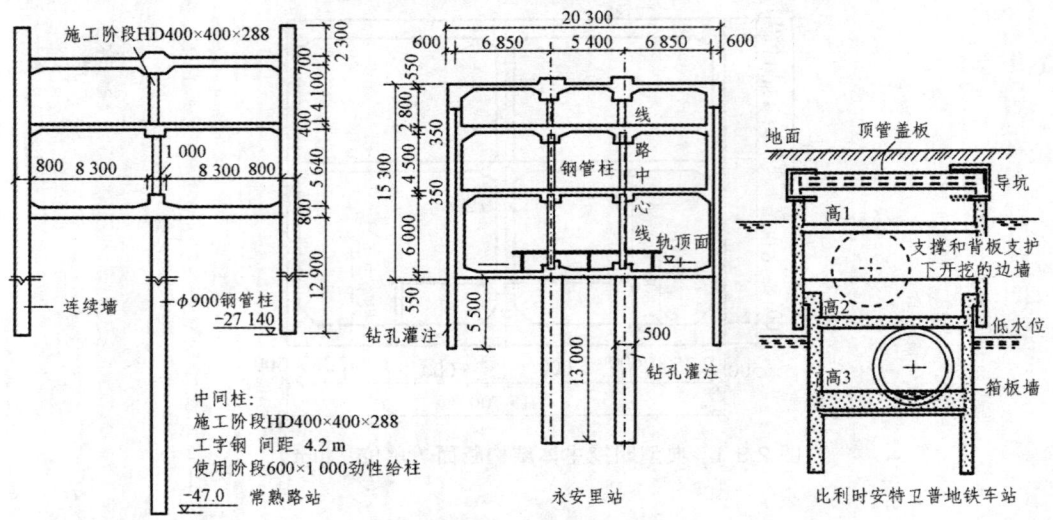

图 2.3.3 盖挖逆作法车站结构实例（单位：mm）

3. 矿山法施工的车站构造设计

矿山法施工的地铁车站，视地层条件、施工方法及其使用要求的不同，可采用单拱式车站、双拱式车站或三拱式车站，根据需要可做成单层或双层。此类车站的开挖断面一般为 $150 \sim 250 \ m^2$，由于断面较大，开挖方法对洞室稳定、地面沉降和支护受力等有重大影响，在第四纪土层中开挖时常需要采用辅助施工措施。

（1）拱车站隧道

拱车站隧道如图 2.3.4 所示。这种构造形式由于可以获得宽敞的空间和宏伟的建筑效果，在岩石地层中采用较多；近年来国外在第四纪地层中也有采用的实例，但施工难度大、技术措施复杂、造价也高。

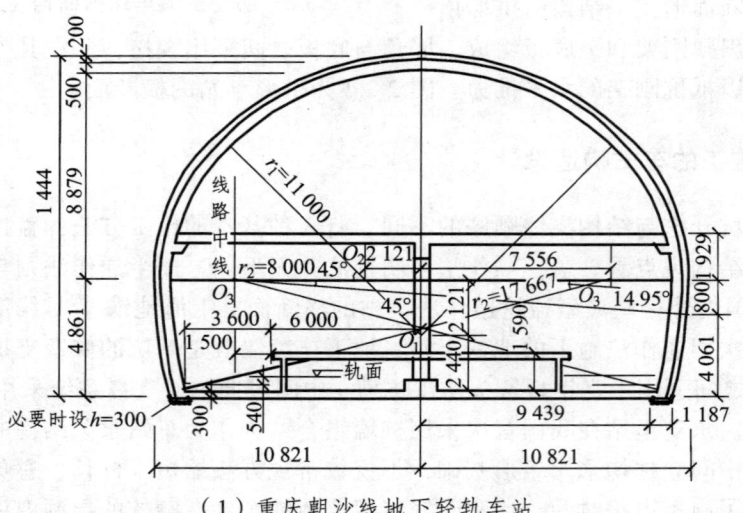

（1）重庆朝沙线地下轻轨车站

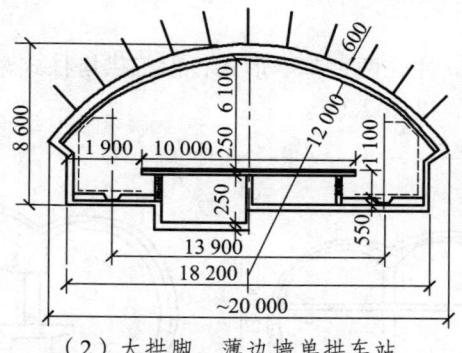

（2）大拱脚、薄边墙单拱车站

图 2.3.4　重庆地铁单拱车站方案（单位：mm）

（2）双拱车站隧道

双拱车站有两种基本形式，即双拱塔柱式和双拱立柱式。

双拱塔柱式车站：这种车站在两个主隧道之间间隔一定距离开有横向联络通道，双层车站还可在其中布置楼梯间。两个主隧道的净距一般不小于 1 倍主隧道的开挖宽度。图 2.3.5 示出了青岛地铁国棉九厂站的横断面。该站埋置于坚硬完整的花岗岩地层中（局部有破碎带），无地下水，上覆岩石厚度 9～11 m，采用复合式衬砌。横通道净宽 4.5 m，中心间距 21～23 m。

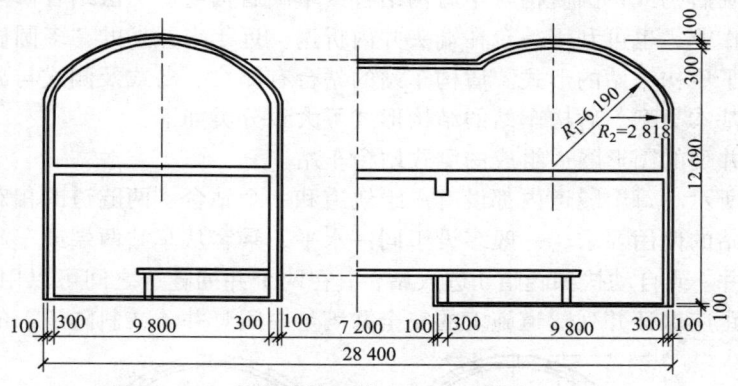

图 2.3.5　青岛地铁国棉九厂站（单位：mm）

双拱立柱式车站：双拱立柱式车站早期多用于石质较好的地层，图 2.3.6 示出了纽约地铁车站的实例。随着新奥法的出现，这种形式近年来在岩石地层中已经逐渐被单拱车站取代。

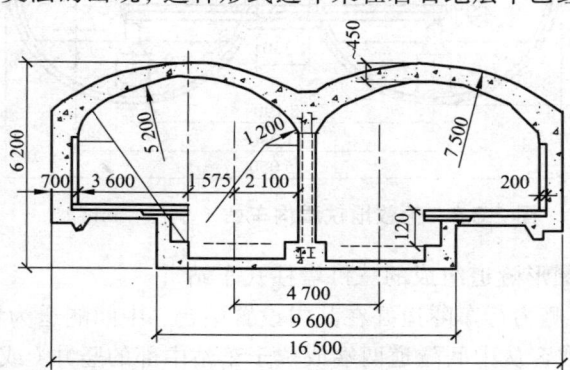

图 2.3.6　双拱立柱车站实例（单位：mm）

（3）三拱车站隧道

三拱车站亦有塔柱式和立柱式两种基本形式，但三拱塔柱式车站现已很少采用，土层中大多数采用三拱立柱式车站，见图 2.3.7。

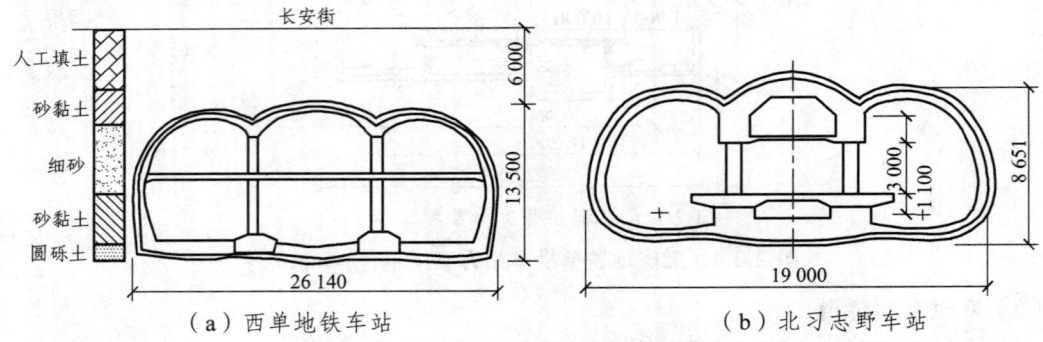

图 2.3.7　三拱立柱式车站实例（单位：mm）

4. 盾构法施工的车站构造设计

盾构车站的结构形式与所采用的盾构类型、施工方法和站台形式等关系密切。传统的盾构车站是采用单圆盾构或单圆盾构与半盾构结合或单圆盾构与矿山法结合修建的。单圆盾构可以是两台平行作业，也可利用一台在端头井内折返。近年来开发的"多圆盾构"等新型盾构，进一步丰富了盾构车站的形式。盾构车站的站台有侧式、岛式及侧式与岛式混用（称为复合式）的 3 种基本类型。盾构车站的结构形式可大致分类如下：

（1）由两个并列的圆形隧道组成的侧式站台车站

如图 2.3.8 所示。每个隧道内都设有一组轨道和一个站台。两隧道的相对位置主要取决于场地条件和车站的使用要求，一般多设于同一水平，乘客从车站两端或车站中部夹在两圆形隧道之间的竖井（或自动扶梯隧道）进入站台；在两个并列隧道之间可以用横向通道连通，两隧道之间的净距应保证并列隧道施工的安全并满足中间竖井（或斜隧道）的净空要求。

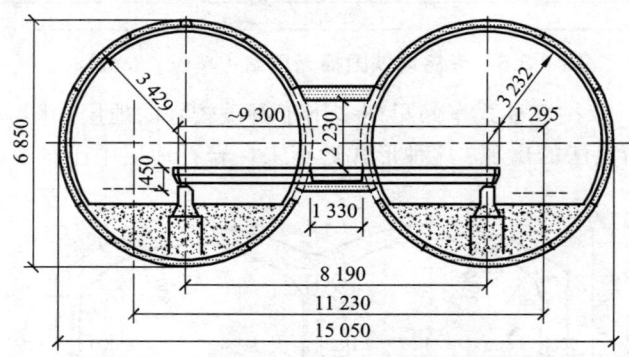

图 2.3.8　伦敦地铁盾构车站（单位：mm）

（2）由 3 个并列的圆形隧道组成的三拱塔柱式车站

如图 2.3.9 所示。两侧为行车隧道并在其内设置站台，中间隧道为集散厅，用横通道将 3 个隧道连成一个整体。乘客从中间隧道两端或位于车站中部的竖井（或斜隧道）进入集散厅。此种形式的车站在苏联的深埋地铁中采用较多。

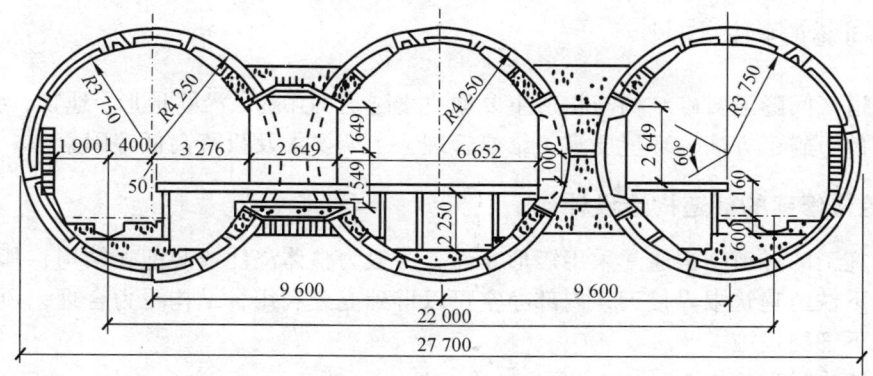

图 2.3.9 基辅地铁三拱塔柱式车站（单位：mm）

（3）柱式车站

传统立柱形车站为三跨结构，先用单圆盾构开挖两旁侧隧道，然后施工中间站厅部分，将它们连成一体。中间站厅视施工方法的不同，可以是拱形的或平顶的。两旁侧隧道的拱圈及中间隧道的拱圈（或平顶）支承在纵梁及立柱上。这种形式的车站也被称之为眼镜形车站，是一种典型的岛式车站（见图 2.3.10），乘客从车站两端的斜隧道或竖井进入站台。站台宽度应满足客流集散要求，一般不小于 10 m，站台边至立柱外侧的距离不小于 2 m。

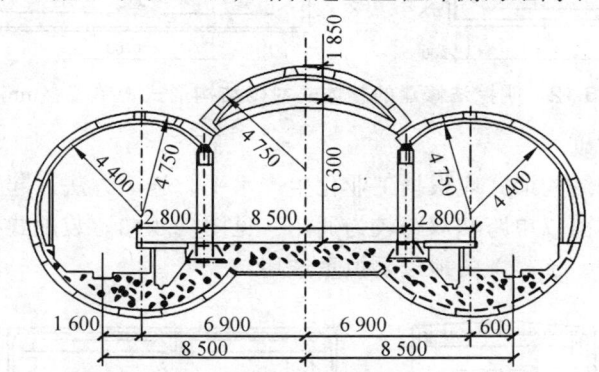

图 2.3.10 莫斯科地铁三拱立柱岛式车站（单位：mm）

图 2.3.11 为日本东京地铁 7 号线白金车站采用的盾构车站断面。车站隧道用三圆盾构修建。三圆盾构到达车站端头井后拆去其中央部分即形成两个开挖区间隧道的普通盾构。

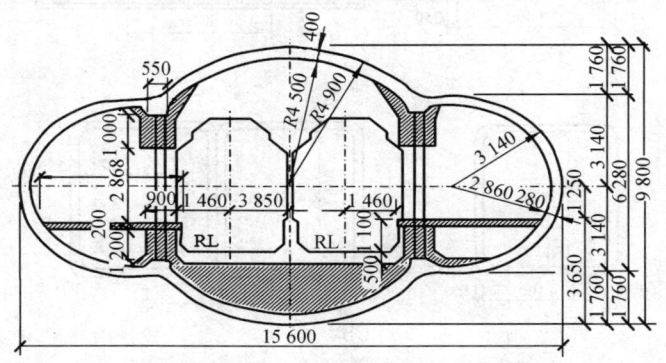

图 2.3.11 东京地铁 7 号线白金台侧式车站（单位：mm）

2.3.2 区间隧道构造设计

地下铁道区间隧道衬砌结构与构造主要取决于隧道的用途、沿线地形、地物、水文地质、工程地质条件、施工方法、环境要求、维修管理、工期要求及投资高低等因素。

1. 明挖法修建的隧道构造设计

明挖法施工的隧道结构通常采用矩形断面,一般为整体浇注或装配式结构,其优点是其内轮廓与地下铁道建筑限界接近,内部净空可以得到充分利用,结构受力合理,顶板上便于敷设城市地下管网设施。

（1）整体式衬砌结构

结构断面分单跨、双跨等形式,见图 2.3.12。由于其整体性好,防水性能容易得到保证,故可适用于各种工程地质和水文地质条件,但施工工序较多,速度较慢。

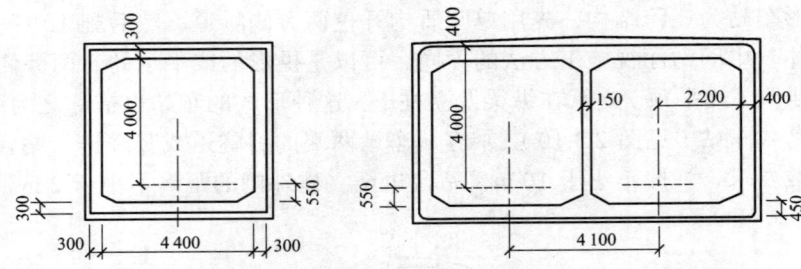

图 2.3.12　明挖法修建的整体式衬砌结构形式（单位：mm）

（2）预制装配式衬砌

预制装配式衬砌的结构形式应根据工业化生产水平、施工方法、起重运输条件、场地条件等因地制宜选择,目前以单跨和双跨较为通用,见图 2.3.13。装配式衬砌整体性较差,对于有特殊要求（如防护、抗震）的地段要慎重选用。

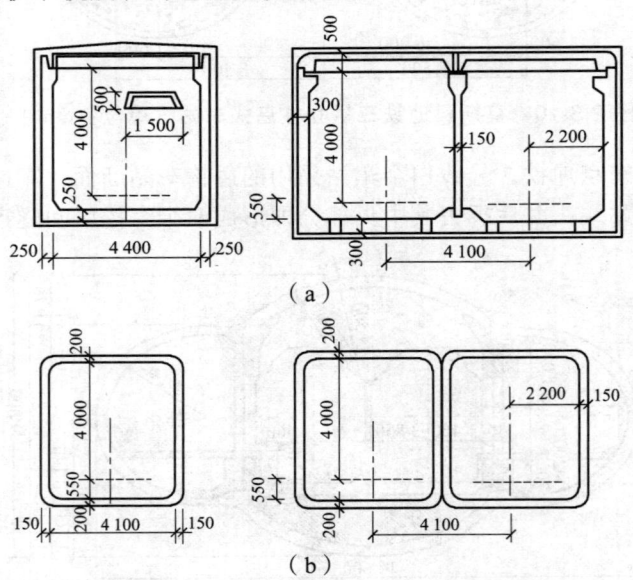

图 2.3.13　明挖法修建的装配式衬砌结构形式（单位：mm）

(3) 区间喇叭口隧道

喇叭口衬砌通常都采用整体式钢筋混凝土结构，图 2.3.14 表示非对称形喇叭口结构。

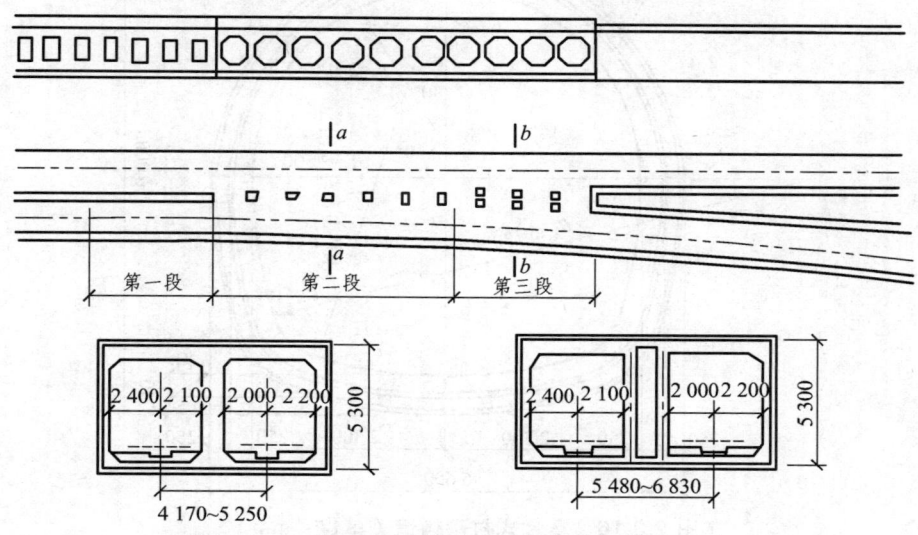

图 2.3.14　非对称形的喇叭口结构（单位：mm）

2. 矿山法修建的隧道构造设计

地下铁道区间隧道采用矿山法施工时，一般采用拱形结构，其基本断面形式为单拱、双拱和多跨连拱，见图 2.3.15。前者多用于单线或双线的区间隧道或联络通道，后两者多用在停车线、折返线或喇叭口岔线上。

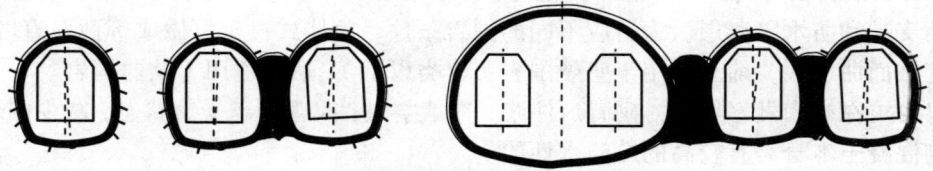

图 2.3.15　矿山法修建的衬砌结构形式

根据上述对隧道衬砌结构的基本要求以及隧道所处的围岩条件、地下水状况、地表下沉的控制、断面大小和施工方法等，可以采用基本结构类型及其变化方案。

(1) 衬砌的基本结构类型——复合式衬砌

这种衬砌结构是由初期支护、防水隔离层和二次衬砌所组成。图 2.3.16 为北京地铁单线区间隧道的复合式衬砌。外层为初期支护，其作用为加固围岩，控制围岩变形，防止围岩松动失稳，是衬砌结构中的重要承载单元。一般应在开挖后立即施作，并应与围岩密贴。所以，最适宜采用喷锚支护，根据具体情况，选用锚杆、喷混凝土、钢筋网和钢支撑等单一或并用而成。

内层为二次衬砌，通常在初期支护变形稳定后施作。因此，它的作用主要为安全储备，并承受静水压力，以及围岩蠕变或因围岩性质恶化和初期支护腐蚀后所引起的后续荷载，并提供光滑的通风表面。故一般采用模注混凝土，但也可采用喷混凝土。

在初期支护和二次衬砌之间一般需敷设不同类型的防水隔离层。

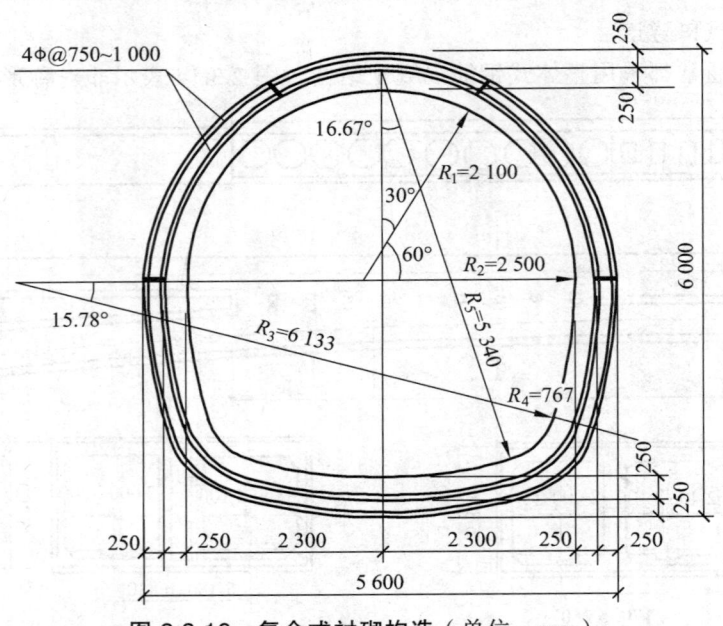

图 2.3.16　复合式衬砌构造（单位：mm）

（2）衬砌结构的变化方案

在干燥无水的坚硬围岩中，区间隧道衬砌亦可采用单层的喷锚支护，不做防水隔离层和二次衬砌，但此时对喷混凝土的施工工艺和抗风化性能都应有较高的要求，衬砌表面要平整，不允许出现大量的开裂。

当岩层的整体性较好、基本无地下水、防水要求不高，从开挖到衬砌这段时间围岩能够自稳，或通过锚喷临时支护围岩能够自稳时，可采用单层整体现浇混凝土衬砌或装配式衬砌，不做初期支护和防水隔离层。为适应不同的围岩条件，整体式衬砌可做成等截面直墙式和等截面或变截面曲墙式，前者适用于坚硬围岩（Ⅳ类以上），后者适用于软弱围岩。

一般要求在衬砌做好后向衬砌背后注浆，填充空隙，改善衬砌受力状态，减少围岩变形。同时衬砌混凝土本身需有较高的自防水性能。

矿山法可用来修建折返段等特殊地段的隧道。

3. 盾构法修建的隧道构造设计

盾构法修建的隧道衬砌有预制装配式衬砌、预制装配式衬砌和模注钢筋混凝土整体式衬砌相结合的双层衬砌以及挤压混凝土整体式衬砌三大类，见图 2.3.17 及图 2.3.18。

（1）制装配式衬砌

预制装配式衬砌是用工厂预制的构件（称为管片），在盾构尾部拼装而成的。管片种类按材料可分为钢筋混凝土、钢、铸铁以及由几种材料组合而成的复合管片。

按管片螺栓手孔成形大小，可将管片分为箱形和平板形两类，如图 2.3.19 和图 2.3.20 所示。平板形管片是指因螺栓手孔较小或无手孔而呈曲板形结构的管片。由于管片截面削弱较少或无削弱，故对千斤顶推力具有较大的抵抗力，对通风的阻力也较小。无手孔的管片也称为砌块。现代的钢筋混凝土管片多采用平板形结构。

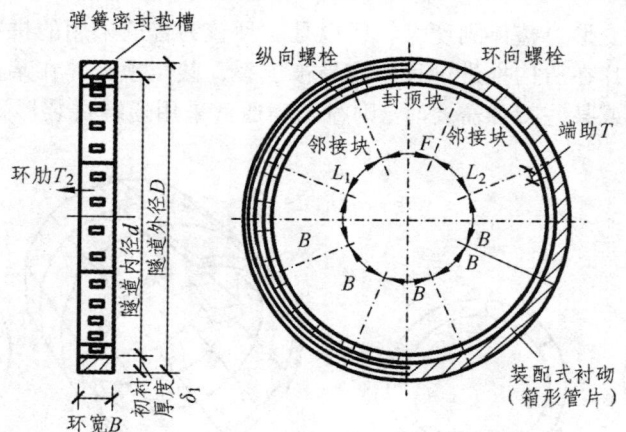

图 2.3.17 单层装配式衬砌圆环的构造图

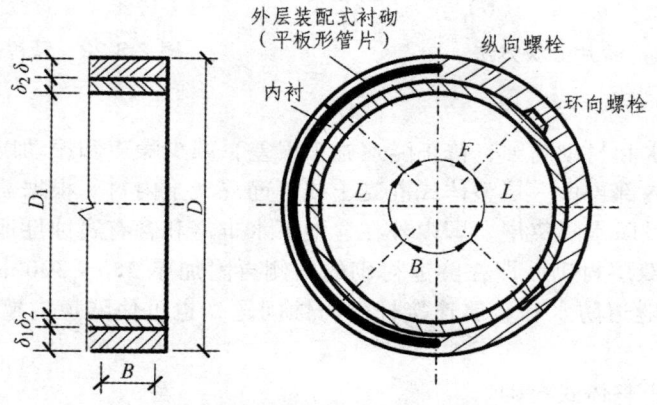

图 2.3.18 双层衬砌圆环构造图

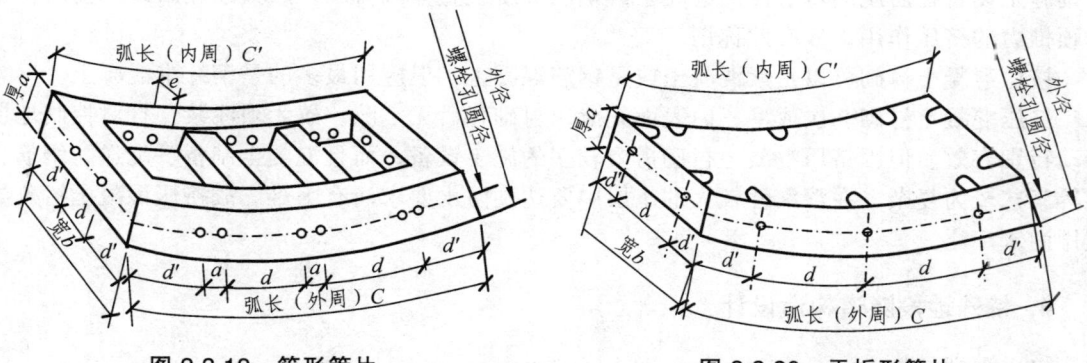

图 2.3.19 箱形管片　　　　　图 2.3.20 平板形管片

衬砌环的组成，一般有两种方式：一种是由若干标准管片（A）、两块相邻管片（B）和一块封顶管片（K）组成；另一种是由若干块 A 形管片、一块 B 形管片和一块 K 形管片构成，见图 2.3.21，相邻管片一端带坡面，封顶管片则两端或一端带坡面。从方便施工、提高衬砌环防水效果角度看，第一种方式较好。

衬砌环的拼装形式有错缝和通缝两种，见图 2.3.22。错缝拼装可使接缝分布均匀，减少接缝及整个衬砌环的变形,整体刚度大,所以是一种较为普遍采用的拼装形式。但当管片制作精度不够高时,管片在盾构推进过程中容易被顶裂,甚至顶碎。在某些场合,例如需要拆除管片修建旁通道处或某些特殊需要时,则衬砌环通常采用通缝拼装形式,以便于结构处理。

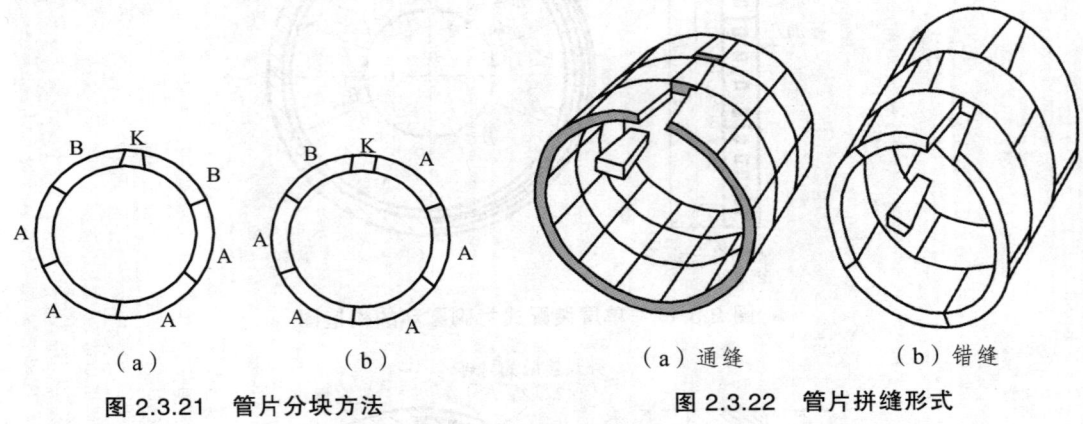

图 2.3.21　管片分块方法　　　　图 2.3.22　管片拼缝形式

（2）双层衬砌

为防止隧道渗水和衬砌腐蚀,修正隧道施工误差,减少噪声和振动以及作为内部装饰,可以在装配式衬砌内部再做一层整体式混凝土或钢筋混凝土内衬。根据需要还可以在装配式衬砌与内层之间敷设防水隔离层。国内外在含地下水丰富和含有腐蚀性地下水的软土地层内的隧道,大都选用双层衬砌,即在隧道衬砌的内侧再附加厚 250～300 mm 的现浇钢筋混凝土内衬,主要解决隧道防水和金属连接杆件防蚀问题,也可使隧道内壁光洁,减少空气流动阻力。

（3）挤压混凝土整体式衬砌

挤压混凝土衬砌（Extrude Concrete Lining,简称 ECL）就是随着盾构向前推进,用一套衬砌施工设备在盾尾同步灌注的混凝土或钢筋混凝土整体式衬砌,因其灌注后即承受盾构千斤顶推力的挤压作用,故有此称谓。

挤压混凝土衬砌可以是素混凝土或是钢筋混凝土,但应用最多的是钢纤维混凝土。

挤压混凝土衬砌一次成型,内表面光滑,衬砌背后无空隙,故无须注浆,且对控制地层移动特别有效。但因挤压混凝土衬砌需要较多的施工设备,而且混凝土制备、配送、钢筋骨架等工艺较为复杂,在渗漏性较大的土层中要达到防水要求尚有困难。故挤压混凝土衬砌的应用尚未广泛。

4. 特殊地段隧道构造设计

（1）沉埋结构

地下铁道穿越江、河、湖、海时,往往采用预制沉埋法施工,这一方法的要点是先在干船坞或船台上分段制作隧道结构,然后放入水中,浮运至设计位置,逐段沉入到水底预先挖好的沟槽内,处理好各节段的接缝,使其连成整体贯通隧道。

沉埋结构横断面有圆形和矩形两大类,断面形状要从空间的充分利用和结构受力合理两方面综合考虑。当隧道位于深水中（大于 45 m）,管段承受较大的水压时,其相应的内力较大,采用圆形或接近圆形的断面比矩形断面更为有利;当水深在 35 m 之内时,可用矩形断面,水深介于 35～45 m 时,要进行详细对比予以选择。

每节沉管的长度依据所在水域的地形、地质、航运、航道、施工方法等方面的要求确定,一般为 60～140 m,多数在 100 m 左右,最长的已达到 268 m。

断面尺寸根据使用要求、与其他交通结构合建要求、埋深、地质条件、施工方法等确定。

管段结构构造除受力要求外,还应考虑管段浮运、沉没、波浪力、基础形式及地基性质的影响。

沉管段结构的外轮廓尺寸还要考虑浮力设计中既要保证一定的干舷,又要保证一定的安全系数。沉管结构混凝土等级一般为 C30～C50,采用较高的等级主要是抗剪的需要。沉管结构中不容许出现通透性裂缝,非通透性裂缝的开展宽度应控制在 0.15～0.2 mm,因此不宜采用Ⅲ级或Ⅲ级以上的钢筋。

当隧道的跨度较大,或者水、土压力较大(300～400 kPa)时,顶、底板受到的弯矩和剪力很大,也可采用预应力结构。一般为简化施工,尽量采用普通钢筋混凝土结构。

沉管段连接均在水下进行,一般有水中混凝土连接和水压压接两种方式。按变形状况可分为刚性接头和柔性接头,对于地震区的沉管隧道宜采用特殊的柔性接头,这种接头既能适应线位移和角变形,又具有足够的轴向抗拉、抗压、抗剪和抗弯强度。

管段沉放和连接后,应对管底基础进行灌沙或以其他方法予以处理。

(2)顶进法施工的区间隧道结构

浅埋地下铁道线路在穿越地面铁路、地下管网群、交通繁忙的城市交通干线、交叉路口及其他不允许挖开地面的区段时,常采用顶进法施工。

顶进法施工一般分为顶入法、中继间法和顶拉法三种,各种方法对其相应结构及构造有不同要求。

顶进法施工的区间隧道结构形式根据工程规模、使用要求、工程地质情况、施工方法合理选用,一般多选用箱形框架结构。其正常使用阶段的结构强度可参照明挖框架结构设计,垂直荷载应注意地面动载的影响,对施工阶段的结构强度,要验算千斤顶推力的影响及顶进过程中框架可能受扭的应力变化,在刃角、工作坑、滑板、后背等设计中除强度、刚度、稳定性满足要求外,还应考虑施工各阶段的受力特性及构造措施。

2.4 地下铁道结构设计

2.4.1 地下铁道结构力学特性

地下结构和地面结构如房屋、桥梁等在赋存环境、力学作用机理等方面都存在着明显的差异。地下结构则埋设于地层中,四周都受到地层的约束,所以,地层不仅对结构施加荷载,即所谓地层压力或称围岩压力,同时地层又帮助结构承受荷载,减少结构的内力。这种结构与地层共同作用机理与地面结构完全不同。理论研究和工程实践都证明,这种共同作用的效果主要取决于地层条件以及结构与地层的相对刚度。在稳固的地层中,结构的刚度比地层的刚度小,则地层对结构变形的约束作用大,而产生的地层压力则小。反之,在松软不稳定地层中，结构的刚度比地层的刚度大。地层的约束作用小，甚至可以忽略不计，地层压力则很大。

在进行地下铁道结构的静、动力计算时，必须很好地考虑结构与地层共同作用，才能得到比较符合实际的结果。然而，影响结构与地层共同作用的因素很多，而且变化很大，有些因素很难甚至无法完全搞清楚。加之，地下结构的受力特性在很大程度上还与地下工程的施工方法及施工步骤直接相关，这些问题的存在使得一些地下结构的计算结果，无论在精度上或可靠程度上都达不到设计的要求，很难作为确切的设计依据。所以，目前在进行地下结构设计时，广泛采用结构计算、经验判断和实测相结合的所谓信息化设计方法。

用于地下结构设计模型随结构形式和施工方法而异，主要分为四种：

（1）荷载-结构模型（荷载-结构法）

荷载-结构模型是地下工程结构设计使用最多的一种，苏联、美国、澳大利亚、英国、意大利、德国、日本等国家普遍使用这种设计方法，我国现行的《地铁设计规范》和《铁路隧道设计规范》中也均推荐采用。采用这种设计模型，具有明确的受力概念及清楚的安全系数评价方法。一般采用此种方法来分析二次衬砌内力。

（2）地层-结构模型（地层-结构法）

包括解析法和数值法两种，目前广泛使用数值法进行地铁结构计算，数值法中以有限元法（FEM）为主。有限元本身严密精确，但由于岩土本构关系的复杂性、岩土计算参数确定的不精确性以及其结果难以验证的特点，往往使有限元计算结果未能在工程中得到直接应用，只能作为设计人员的定性参考。这种类型亦可简称连续介质力学方法。

（3）以工程类比为依据的经验法（经验类比法）

该方法根据实践经验和工程地质条件对围岩进行分类，然后按不同围岩分类确定所需的地下结构支护系统，从而用于隧道结构的设计。由于隧道的地质情况复杂多变，坑道稳定与施工因素密切相关，加之计算模型的局限性，目前隧道结构设计仍需在很大程度上借助于经验类比法，特别是在初期支护的设计中主要采用。

（4）室内试验加以洞周变形量测为依据的收敛-约束模型（收敛-约束法）

因为它能够提供直观的信息，以更确切地估计地层和结构的稳定性和安全度，常受到现场人员的欢迎。但收敛-约束法的原理还不完善，存在很多问题也难以解决，如地层和衬砌的响应曲线目前仍无法正确确定，使得该方法只能停留在定性的描述阶段。实际工作中较少运用。

根据我国地下铁道建设发展的趋势，仍以建设浅埋地下铁道为主，在这种情况下地下铁道结构大多埋设在第三、第四纪的软弱地层中，结构与地层共同作用较弱，荷载较为明确，按我国多年地下铁道的设计经验和我们的看法似应采用荷载-结构模型为主。对于深埋或浅埋于岩层中的地下铁道结构物，除采用传统矿山法施工的结构仍可采用荷载-结构模型外，其余可采用连续介质模型，但主要是采用以工程类比为基础的经验法，辅以结构计算。

2.4.2 设计荷载

1. 作用在地下铁道结构上的荷载及分类

作用在地铁结构上的荷载，《地铁设计规范》（GB 50517—2013）分别按明挖结构、暗挖结构进行荷载分类，见表 2.5.1、表 2.5.2。在决定荷载的数值时，应考虑施工和使用年限内发生的变化，根据现行国家标准《建筑结构荷载规范》及相关规范规定的可能出现的最不利情况确定不同荷载组合时的组合系数。

表 2.4.1 明挖结构荷载分类表

荷载类型		荷载名称
永久荷载		结构自重
		地层压力
		结构上部和破坏棱体范围的设施及建筑物压力
		水压力及浮力
		混凝土收缩及徐变作用
		预加应力
		设备质量
		地基下沉作用
可变荷载	基本可变荷载	地面车辆荷载及其冲击力
		地面车辆荷载引起的侧向土压力
		地下铁道车辆荷载及其冲击力
		人群荷载
	其他可变荷载	温度变化影响
		施工荷载
偶然荷载		地震作用

表 2.4.2 暗挖结构荷载分类表

荷载类型		荷载名称
主要荷载	恒载	结构自重
		围岩压力
		水、土压力
		混凝土收缩及徐变作用
	活载	列车活载
		公路活载
		渡槽流水（立交明洞时）
		冲击力
		地面车辆荷载引起的土压力
附加荷载		制动力
		温度变化的影响
		灌浆压力
		施工荷载
偶然荷载		地震作用

2. 部分荷载计算规定

① 计算结构自重时,各种材料重度应根据《建筑结构荷载规范》及相关标准确定。

② 地层压力。

地层压力是地铁结构物承受的主要荷载。准确地确定地层压力是很困难的,可按以下原则进行初步确定,但应根据结构所赋存的具体环境,结合已有的试验、测试和研究资料慎重确定。

a. 深埋岩质隧道。

深埋岩质隧道采用荷载-结构模型时,地层压力(围岩压力)按围岩的松动压力考虑,并根据《铁路隧道设计规范》所建议的公式进行计算。

(a) 竖向压力 q 按以下公式计算:

$$q = 0.45 \times 2^{s-1} \cdot \gamma \cdot \omega \tag{2.4.1}$$

式中 q——竖向均布围岩压力(kPa);

s——围岩级别,如属Ⅱ级,则 $S=2$;

γ——围岩容重(kN/m³),各级围岩的天然容重参见表 2.4.3;

ω——跨度影响系数,其值为:

$$\omega = 1 + i \cdot (B_t - 5) \tag{2.4.2}$$

式中 B_t——隧道宽度(m);

i——以 $B_t = 5$ m 为基准,B_t 每增减 1 m 时的围岩压力增减率。当 $B_t < 5$ m 时,取 $i = 0.2$;当 $B_t > 5$ m 时,取 $i = 0.1$。

表 2.4.3 各级围岩的天然容重　　　　单位:kN/m²

围岩级别	Ⅰ	Ⅱ	Ⅲ	Ⅳ	Ⅴ	Ⅵ
γ	26~28	25~27	23~25	19~22	17~20	15~16

公式(2.4.1)的适用条件为:Ⅰ $H_t/B_t < 1.7$,H_t 为隧道高度;Ⅱ 深埋隧道;Ⅲ 不产生显著偏压力及膨胀力的一般隧道;Ⅳ 采用矿山法施工的隧道。

(b) 侧向压力 e 按表 2.4.4 中的经验公式计算:

表 2.4.4　围岩水平匀布压力

围岩级别	Ⅰ、Ⅱ	Ⅲ	Ⅳ	Ⅴ	Ⅵ
水平均布压力 e	0	$<0.15q$	$(0.15\sim0.3)q$	$(0.3\sim0.5)q$	$(0.5\sim1.0)q$

b. 浅埋土质隧道。

(a) 竖向压力 q。填土与浅埋暗挖隧道,因其上方无法形成承载拱,按结构顶板上的全部土柱进行计算。

(b) 侧向压力 e。根据结构受力过程中墙体位移与地层间的相互关系,分别按主动、被动和静止土压力计算。在地下铁道结构计算中,主动或被动土压力习惯上采用朗金(W. J. M, Rankine)土压力理论。

③ 静水压力的计算方法。

计算静水压力时，一般有两种方法可供选择，一种是和土压力分开计算（水土分算）；另一种则将其视为土压力的一部分和土压力一起计算（水土合算）。对于砂性土可采用水土分算。对黏性土则宜用水土合算，因为在黏性土中的水大多是非重力水（结合水），不对土粒起静水压力作用。

④ 车站站台、楼板和楼梯等部位的人群均布荷载的标准值应采用 4.0 kPa；设备用房楼板的计算荷载应根据隔墙布置以及设备安装、检修和正常使用的实际情况进行确定，其标准值不得小于 8.0 kPa。

⑤ 施工荷载一般可按 20 kPa 计算，在端头井附近由于盾构隧道施工时堆放管片及其他特殊情况时，其值应按相关专业要求确定。

⑥ 地面车辆荷载及其冲击力：当覆土厚度大于 3 m 时，可按 10 kPa 均布荷载计算，并不考虑动力影响；当覆土厚度小于 3 m 时，其地面超载则按有关规范的规定确定；当覆土厚度小于 2 m 时，还需考虑相应的动力影响。

2.4.3 结构设计原则

1. 明挖结构设计原则

① 地下铁道结构的设计应以地质勘察资料为依据，根据现行国家标准《地下铁道、轻轨交通岩土工程勘察规范》按不同设计阶段的任务和目的确定工程勘察的内容和范围，考虑不同施工方法对地质勘探的特殊要求，通过施工中对地层的观察和监测反馈进行验证。

② 地下铁道结构的设计，应减少施工中和建成后对环境造成的不利影响，也应考虑城市规划引起周围环境的改变对结构的影响，位于城市主干道下的地铁车站顶板覆土不应小于 3 m；位于城市次干道下的车站顶板覆土不应小于 2.5 m，对于特殊地段，在取得规划部门的同意，覆土厚度要求可作适当调整。

③ 地下铁道的结构设计应根据沿线不同地段的工程地质和水文地质条件及城市总体规划要求，结合周围地面既有建筑物、管线及道路交通状况，通过对技术、经济、环境影响和使用效果等综合评价，合理选择施工方法和结构形式。在含水地层中，应采取可靠的地下水处理和防治措施。

④ 地下铁道的主体结构按设计使用年限 100 年的要求进行耐久性设计，并满足现行的混凝土结构设计规范和地铁设计规范中的有关规定。

⑤ 地下铁道结构的设计，应根据施工方法、结构或构件类型、使用条件及荷载特性等，选用与其特点相近的现行结构设计规范和设计方法，结合施工监测进行信息化设计。

⑥ 地下铁道结构的净空尺寸应满足本线的建筑限界和其他使用及施工工艺等要求，并考虑施工误差、测量误差、结构变形和位移的影响。

⑦ 地下铁道结构按当地的地震烈度进行抗震计算，其设防分类为乙类，抗震等级一般不低于三级。在结构设计时采取相应的构造处理措施，以提高结构的整体抗震能力。

⑧ 地下车站必须具有战时防护功能，在规定的设防部位结构设计按六级（或五级）人防的抗力标准进行验算，并设置相应的防护措施。

2. 暗挖结构设计原则

① 用暗挖法施工的结构，其结构计算简图应根据工程地质和水文地质条件，衬砌构造特点及施工工艺加以确定。计算中应考虑衬砌与地层共同作用或考虑地层抗力对衬砌变形的约束作用。

② 浅埋暗挖隧道应采用初期支护和必要的辅助工法进行开挖和支护，其设计参数应以工程类比为主，辅以理论计算，并通过现场监控量测反馈和修正。

③ 车站隧道衬砌应采用复合衬砌，其初期支护应按主要承载结构设计，应满足刚度和强度的要求，在设计和施工中均应根据工程地质和水文地质条件，做好施工组织设计，采取有效工程技术措施，确保施工各阶段最终实现支护和围岩的稳定，严格控制地面沉降量，及早浇注仰拱及全部二次衬砌。二次衬砌须采用钢筋混凝土内衬，并且能承受实际的水压力。

④ 暗挖法施工引起的地表沉降量限制值，应视车站站址周围的条件确定，一般情况下其限制值为 30 mm。地面隆起量应控制在 10 mm 以内；当车站站址内有重要地下管线或重要建（构）筑物时，应按实际情况确定。

3. 工程结构材料

地下结构的工程材料一般采用钢筋混凝土或预应力混凝土，必要时也可采用钢结构、钢与混凝土组合、高分子聚合物等。材料的选择应根据结构类型、受力条件、使用要求和所处的环境等条件，并考虑可靠性、耐久性和经济性。

混凝土的原材料和配合比、最低强度等级、最大水胶比和单方混凝土的胶凝材料最小用量应符合 100 年使用期的耐久性要求，还要满足抗裂、抗渗透、抗侵蚀的要求。为了减少地下超长结构混凝土的温度收缩应力和沉降变形应力，除立柱和纵梁等构件外，一般环境下的混凝土强度等级不得低于表 2.4.5 规定。

表 2.4.5　混凝土的最低设计强度等级

明挖法	整体式钢筋混凝土结构	C30
	装配式钢筋混凝土结构	C30
	作为永久结构的地下连续墙和钻孔灌注桩	C30
盾构法	整体式钢筋混凝土结构	C30
	装配式钢筋混凝土结构	C50
矿山法	喷射混凝土衬砌	C20
	现浇混凝土或钢筋混凝土衬砌	C30

2.5 地下铁道建筑结构设计实例和项目实训

2.5.1 地下铁道车站建筑设计实例

客流密度为 0.5 m^2/人，采用三跨两柱双层结构的岛式站台车站，站台上的立柱为 0.6 m

×0.6 m 的方柱，两柱之间布置楼梯及自动扶梯，使用车辆为 A 型车（车长 23.12 m），列车编组数为 6 辆，定员 1 860 人/列，站台上工作人员为 10 人，列车运行时间间隔为 2 min。试对该地铁车站进行建筑设计。

1. 车站站台设计

（1）车站预测客流量组织（表 2.5.1）

表 2.5.1　车站预测客流量组织

预测客流量/（人/h）	上行线		下行线	
	上车/人	下车/人	上车/人	下车/人
16 976	7 232	2 090	1 309	6 345

超高峰小时系数取 $k = 1.3$。

车站的客流组织应以安全、流畅、便捷并尽可能避免客流交叉干扰为原则，使乘客方便进站，迅速出站，并在紧急情况下能安全疏散。

进站乘客从地面通过出入口进入车站站台层，通过进站检票机进入站台付费区候车。对于出站客流，按相反方向通过出站检票机便能迅速出站。

站台层的进、出站检票机均分别集中设置，这样避免了客流在付费区的交叉。在非付费区，通过自动售票机、加值机、验票机的合理摆放，尽量减少客流交叉。

（2）车站站台有效长度计算

站台有效长度（有站台门）：$l = sn + \delta = 23.12 \times 6 \pm 0.3 = (138.42 \sim 139.02)$ m

取有效长度为 139 m。

（3）楼梯与自动扶梯计算

本设计从节约投资考虑，出站客流上行乘自动扶梯，进站客流下行走步行楼梯。

上行线与下行线上车人数：（7 232 + 1 309）人/h = 8 541 人/h；

上行线与下行线下车人数：（2 090 + 6 345）人/h = 8 435 人/h。

① 自动扶梯台数计算：$n = \dfrac{Nk}{n_1 n} = \dfrac{(2\,090 + 6\,345) \times 1.3}{8\,100 \times 0.8} = 1.69$（自动扶梯输送速度 0.6 m/s，$n_1$ 取 8 100）

考虑到在 139 m 站台长度内，至少设置 2 个出入口，因此采用 2 部 1 m 宽自动扶梯，分别设置在每个出站口。

② 楼梯宽度计算：$m = \dfrac{N'k}{n_2 n'} = \dfrac{(7\,232 + 1\,309) \times 1.3}{3\,200 \times 0.7} = 4.96$ m（楼梯按双向混行设计，n_2 取 3 200）

为保证事故疏散时间的要求，采用 2 部 3 m 宽楼梯。

楼梯和自动扶梯并列布置，$t = 3 + 1 = 4$ m。

（4）站台层的事故疏散时间计算

人行楼梯和自动扶梯的总量布置除了应满足上、下乘客的需要外，还应按站台层的事故疏散时间不大于 6 min 进行验算。消防专用梯及垂直电梯不计入事故疏散用。

检算防灾要求：

$$T = 1 + \frac{Q_1 + Q_2}{0.9[A_1(N-1) + A_2 B]} = 1 + \frac{1860 + \left(\frac{7232 + 1309}{60} \times 2\right) + 10}{0.9 \times \left[\frac{8100}{60} \times (2-1) + \frac{3700}{60} \times 6\right]} = 5.7\ \text{min} < 6\ \text{min}$$

满足规范防灾要求。

（5）站台宽度计算

参考式（2.2.4）、式（2.2.5）计算侧站台宽度。

$Q_上 = 7232 \times 1.3/30 = 314$ 人；$Q_{上,下} = (7232 + 2090) \times 1.3/30 = 404$ 人

$b = \dfrac{Q_上 \cdot \rho}{L} + b_a = \dfrac{314 \times 0.75}{138} + 0.4 = 2.11\ \text{m}$，或 $b = \dfrac{Q_{上,下} \cdot \rho}{L} + M = \dfrac{404 \times 0.75}{138} + 0 = 2.20\ \text{m}$，两者取大，所以，$b = 2.20\ \text{m}$。

岛式车站站台宽度：$B_d = 2b + n \cdot z + t = 2 \times 2.2 + 2 \times 0.6 + 4 = 9.6\ \text{m}$

考虑到自动扶梯的安装宽度及楼梯扶手宽度，站台宽度 B_d 取 10 m。

（6）售检票设施计算

① 售票。

车站售票方式采用人工和自动相结合的方式。远期地铁将成为沈阳市主要交通工具，而持卡（可充值）乘坐更为方便，远期按持卡率 60% 考虑，20% 客流采用自动售票机购票，20% 客流采用人工售票购票。

a. 自动售票机台数。

$$N_1 = \frac{M_1 k}{m_1} = \frac{(7232 + 1309) \times 0.2 \times 1.3}{300} = 7.4\ \text{台}$$

取 8 台，每边各设置 3 台。

b. 人工售票窗口。

$$N_1' = \frac{M_1 k}{m_1'} = \frac{(7232 + 1309) \times 0.2 \times 1.3}{1200} = 1.85\ \text{台}$$

设置 2 间人工售票窗，每边各 1 间。

② 检票。

a. 进站检票（门扉式检票机）。

$$N_2 = \frac{M_2 k}{m_2} = \frac{(7232 + 1309) \times 1.3}{1800} = 6.2\ \text{台}$$

取 8 台，每边各设置 4 台。

进站检票机旁还需设置一定宽度的人工开启栅栏门，以便于解决检票过程中的特殊情况和较大行李的进入，也有利于站务人员的进出。同时应设检票亭。

b. 出站检票（门扉式检票机）。

$$N_2 = \frac{M_2 k}{m_2} = \frac{(2090 + 6345) \times 1.3}{1800} = 6.1\ \text{台}$$

取 8 台，每边各设置 4 台。

出站检票口附近应设补票亭，以便乘客补票。

2. 车站出入口及通道设计

（1）出入口数量布置

车站出入口的布置应与主客流的方向相一致，设 4 个出入口，分别布置在车站的东南、西南、东北、西北，如图 2.5.1 所示。

客流量分布：东南、西南、东北和西北各分布客流量 25%。

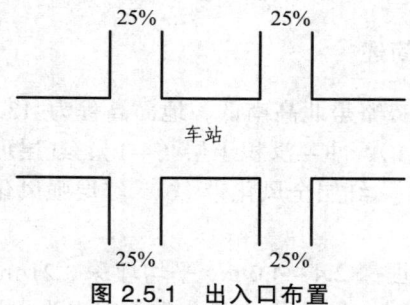

图 2.5.1 出入口布置

（2）出入口宽度计算

取任一出入口计算。

本站采用双支（二侧）出入口通道，参考式（2.2.11）进行计算。

$$B_{t2} = \frac{QKb_n}{4C_t} = \frac{(7\,232 + 2\,090 + 1\,309 + 6\,345) \times 1.3 \times 1.2}{4 \times 4\,000} = 1.65 \text{ m}$$

考虑最小尺寸规定及装饰层厚度 B_{t2} 取 2.5 m。

（3）出入口楼梯宽度计算

$$B = \frac{Q \times T}{C}(1 + a_b) = \frac{(7\,232 + 2\,090 + 1\,309 + 6\,345) \times 1.3 \times 2}{4 \times 3\,200} \times (1 + 0.15) = 3.96 \text{ m}$$

采用 4 m 宽楼梯。

（4）直升电梯

3 号出入口旁设置一部垂直电梯直达站台，供残疾人使用。

2.5.2 地下铁道车站结构实例：广州地铁三号线广州东站结构设计

1. 工程概况

本站位于广州火车东站下方，下穿地铁一号线广州东站，与地铁一号线站、火车东站南站房、待建北站房呈"十"字形布置。车站主要包括：主体结构暗挖隧道工程、北站厅明挖工程、南站厅明挖工程、出入口通道及风亭风道等。

南站厅为地面两层、地下五层框架结构，其中地下一层至地下三层为铁城地下车库预留井，地下四层（通道层）和地下五层（站台层）位于铁城地下车库底板下，明挖竖井，深约 17 m，面积约 992.3 m^2。

北站厅为地下二层明挖结构，结构总长 73 m，宽 29~43 m，深 12 m 左右，建筑面积 2 316 m²。左、右线站台层隧道位于火车东站南站房及铁路站场的下方，埋深 25 m 左右，右线站台隧道为双层单跨暗挖结构，左线站台隧道为单洞暗挖结构，开挖跨度分别为 12.3 m 和 8.85 m，左、右线线间距 22.2 m，隧道间岩柱净宽 6.85 m。右线站台层隧道起讫里程为 YDK0+337.176~+574.112，左线站台层隧道起讫里程为 ZDK0+336.676~+574.089。

站台层共设 7 个横通道连通左、右线站台层隧道，横通道均为拱顶直墙形单洞隧道。

2. 工程地质与水文地质简述

本站地处瘦狗岭南麓，地势略呈北高南低，地面高程为 13.74~21.13 m，钻孔揭露岩土层自上而下有：人工填土层〈1〉、冲~洪积土层〈4-1〉、红层可塑状的残积土〈5-1〉、红层硬塑~坚硬状的残积土层〈5-2〉、红层全风化带〈6〉、红层强风化带〈7〉、红层中风化带〈8〉、红层微风化带〈9〉。

车站范围内地下水位平均埋深 2.4~4.0 m，平均埋深 3.21 m，主要补给来源为大气降水。素（杂）填土和全风化带孔隙水、基岩强-中风化带裂隙水为本站主要含水层。

3. 结构设计方案选取与计算

（1）主体结构方案

车站主体左、右线站台层为东站主体结构双线暗挖隧道，岛侧式站台，站台宽度分别为 3.8 m 和 7.0 m（含楼扶梯宽），线路线间距为 22.2 m。该主体结构暗挖隧道位于火车东站南站房及铁路站场的下方，埋深 25 m 左右，处于微风化岩层中，采用开挖跨度分别为 12.3~13.1 m（右线）和 7.05~10.65 m（左线）的两单洞暗挖结构；初期支护采用 C20 喷射钢纤维混凝土，承担施工期间的围岩压力，二次衬砌为 C30（S8）钢筋混凝土，承受使用期间全部荷载；左、右线隧道在站台层由 7 个横通道连接，横通道宽度为 3.5 m、6 m、6.3 m 不等，均为暗挖结构；初期支护与二衬间设全包防水层，防水层采用土工布 + 2.0 mm 防水板。

（2）主体结构计算

① 主要尺寸的拟订。结构主要尺寸拟订的原则：暗挖法结构形式和尺寸应根据工程地质、水文地质条件、埋置深度、结构工作的特点，结合施工条件等通过工程类比和结构计算确定。

结构主要尺寸的拟订应根据承载力极限状态及正常使用极限状态的要求，并取各自最不利组合，分别进行承载力的计算和稳定、变形及裂缝宽度验算。

在结构计算中应考虑施工过程中形成的支护结构的作用。

主体结构的主要尺寸如下（单位：mm）：

初期支护采用 C20 钢纤维喷射混凝土，厚 200；二次衬砌采用 C30 钢筋混凝土，右线隧道拱 600，侧墙 600，仰拱 750，中板 400；左线隧道梁拱 500，侧墙 500，仰拱 600。

② 计算图式。主体结构按底板置于弹性地基上的平面框架，采用平面杆系单元模拟，按"荷载-结构"模式进行计算。围岩压力作用于初期支护上，水压力作用于二次衬砌上，初期支护与二次衬砌之间采用压杆连接，相互作用。地层反力采用土-弹簧模拟，详见图 2.5.2。

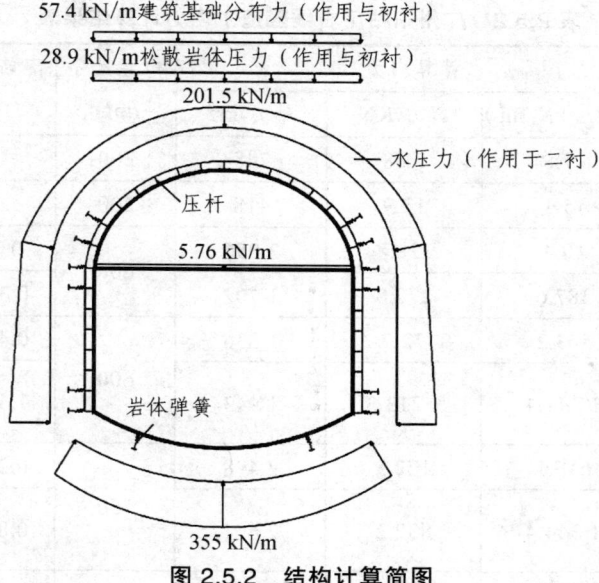

图 2.5.2 结构计算简图

设计选取主体结构典型断面,采用"SAP84"软件进行内力分析,计算结果如图 2.5.3 所示和表 2.5.2 所示。

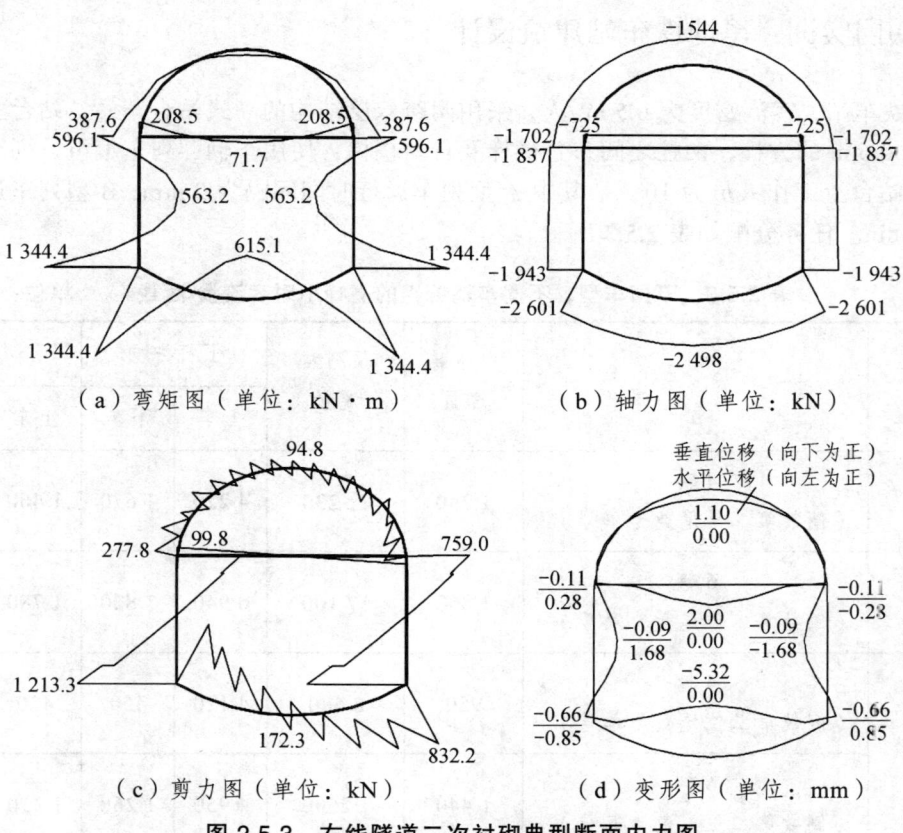

图 2.5.3 右线隧道二次衬砌典型断面内力图

表 2.5.2　广州东站（右线隧道）内力计算结果表

构件			计算内力			构件尺寸 /mm	配筋率 /%	裂缝宽度 /mm	备注
			弯矩/(kN·m)	剪力/KN	轴力/kN				
初期支护	拱部		17.8	71.8	748	200			每延米
	侧墙		15.1	17.9	418	200			每延米
二次衬砌	拱部	内侧	19.4	128.8	2 056	600	0.2	0.11	每延米
		外侧	387.6	277.8	1 702		0.33	0.19	
	侧墙	内侧	563.2	72.7	1 836	600	0.44	0.29	每延米
		外侧（角点）	1 344.4	1 213.3	1 943		1.34	0.19	
	仰拱	内侧	615.1	172.3	2 498	750	0.29	0.25	每延米
		外侧（角点）	1 344.4	832.2	2 601		0.88	0.19	
	中板	上侧	208.5	99.8	725	400	0.48	0.27	每延米
		下侧	71.7	0	725		0.20	0.12	

2.5.3　项目实训：某地铁车站建筑设计

某地铁车站，客流密度为 0.5 m²/人，采用两跨双层结构的岛式站台车站，站台上的立柱为 0.6 m×0.6 m 的方柱，两柱之间布置楼梯及自动扶梯，使用车辆、列车编组、列车定员见表 2.5.2，站台上工作人员为 10 人，其中 A 型列车运行时间间隔为 2 min；B 型列车运行时间间隔为 3 min。任务分配如表 2.5.3 所示。

表 2.5.3　不同车型、不同车辆编组的高峰小时客流量/活载　　　　单位：人次/h

车型	编组	列车载客量	预测客流量	上行方向		下行方向	
				上车	下车	上车	下车
A 型车（学号尾数为单号）	4 辆（倒数第二位尾数为单号）	1 240	11 230	4 220	1 670	1 460	3 880
	6 辆（倒数第二位尾数为双号）	1 860	17 100	6 940	1 820	1 780	6 560
B 型车（学号尾数为双号）	4 辆（倒数第二位尾数为单号）	950	8 680	4 120	450	430	3 680
	6 辆（倒数第二位尾数为双号）	1 440	1 2500	4 950	1 260	1 310	4 980

对该地铁车站进行建筑设计（包含：① 站台的有效长度及宽度；② 中间站厅到站台之间楼梯及自动扶梯的宽度，并按防灾要求检算；③ 售检票设施计算；④ 车站出入口及通道设计计算；⑤ 车站站台层、站厅层和地铁车站标准剖面图纸）。

思考题

2.1 地铁车站建筑由哪些部分组成？一般应怎样布局？

2.2 岛式站台与侧式站台各有什么特点？站台的长度、宽度和高度应如何确定？

2.3 出入口通道及楼梯宽度如何计算？

2.4 已知地铁车站预测高峰客流量如表 2.5.4 所示，车站客流密度为 $0.5\ m^2/人$。车站采用 3 跨 2 柱双层结构的岛式站台车站，站台上的立柱为 $0.6\ m \times 0.6\ m$ 的方柱，两柱之间布置楼梯及自动扶梯，使用车辆为 A 型车，车长 $23.12\ m$，远期列车编组数为 6 辆，定员 1 860 人/列，站台上工作人员为 10 人，列车运行时间间隔为 2 min，列车停车的不准确距离为 2 m。

试设计：

① 车站站台的有效长度和宽度；

② 中间站厅到站台之间楼梯及自动扶梯的宽度，并按防火灾要求进行检算。

表 2.5.4 车站预测客流量

预测客流量/（人/h）	上行线		下行线	
	上车/人	下车/人	上车/人	下车/人
16 937	7 155	2 128	1 271	6 383

2.5 明挖法施工的区间隧道一般采用什么断面形式？有哪些衬砌形式？

2.6 复合衬砌由哪些部分组成，各起什么作用？

2.7 明挖地铁车站结构由哪些部分组成？

2.8 矿山法施工的车站隧道有哪些结构形式？

2.9 盾构法施工的车站有哪些结构形式？

2.10 地下铁道结构计算的主要计算模型有哪些？试述各自的适用范围及特点。

第3章 地下铁道施工方法

※学习目标※

1. 知识目标
(1) 了解地铁工程地质勘察。
(2) 明白围岩分级。
(3) 了解地铁车站及区间隧道各种施工方法。
2. 能力目标
(1) 能进行地铁工程的围岩分级。
(2) 能进行地下铁道施工方法的选择。

※知识链接※

地下铁道工程和地面工程的施工有很多不同之处，有其显著的特点。地下铁道工程的特点主要表现在：地下作业环境差，地质条件多变，不确定因素多（如溶洞、塌方、断层、变形等），工程施工影响大；工作面狭小，各施工工序相互影响大，大型地下铁道工程（如隧道）是一条形工程，工序循环周期性强，利于专业化流水作业；地下铁道工程施工不受气候影响，施工安排相对稳定等。地下铁道工程除了上述隧道工程的特点外，还具有独特的特点。

1. 地铁施工包含地上和地下两部分施工

地下铁道包含地上和地下两部分施工。地上部分包含施工围蔽及建筑物防护、车站口、地铁出入口、明挖段施工、交通疏通、管沟拆迁、地上附属建筑施工等项目；地下部分包括车站地下部分、区间地铁施工、地下其他工程施工等项目。地上地下互为条件，既相互联系，又相互干扰，施工中要统筹考虑。一般的施工顺序是先地面施工，为地下施工创造条件；然后地下施工或在有条件的情况下地上、地下同时施工；最后在主体工程施工完毕后，进行地面附属工程施工，或地面其他项目施工。

2. 地铁施工地质较差

城市一般位于冲积平原或河谷交错地区，地质条件较差。因此地铁施工围岩一般在Ⅳ、Ⅴ、Ⅵ级，围岩支撑能力差、成洞困难。施工支护量大，且施工支护对工程成败影响巨大，成为地铁施工的主要项目。

3. 地铁施工干扰较多

地铁施工要受到地面建筑、城市规划、交通运营、城市地下管线、城市居民正常生活等各种因素的影响，施工考虑因素多，施工干扰大，施工管理受限较多。

4. 地铁施工涉及专业多、工程复杂

地铁施工专业需求庞杂、工程类型多种多样，地铁施工涉及基础处理、边坡防护、地下结构支护、开挖、结构混凝土施工、钢结构施工、隧道明挖与暗挖施工、盾构施工、三电施工、轨道施工、防排水施工、地面不同建筑物、构造物施工等，工程极其复杂。

地铁施工不仅需要建设、设计、施工、监理等单位密切合作，而且需要各专业统筹设计、充分交流、共同管理、密切合作，施工管理中要做到严密计划、科学管理、综合平衡和合理调度。施工中节点控制和相互参与是施工配合的主要手段。

5. 机械设备与人工施工都很重要

地铁施工需要大型机械设备较多，机械化是主要的施工方式。但由于其施工场地狭窄，很多时候需要大量的人工配合，因此在施工组织中，机械管理和人工管理并重是非常重要的，当然这也增加了施工组织实施的难度。

6. 施工作业面受限

地铁施工处于一流大城市人流较大地区，创造施工作业面非常困难，施工作业面严重受限，造成施工困难的同时也为施工组织安排造成很大难度。施工前进行方案比选、科学计划安排，尽最大限度利用有限的作业面是一项非常重要的工作。

7. 施工周期长

地铁施工既是线性构筑物，又是立体构筑物，具有体形庞大的特点，产品固定而又不能分割，而且具有系统性，即同一地点要依次进行多个分部作业，从地面到地下再到地面，施工周期大大高于其他类似工程。

在施工过程中，各阶段各环节必须有机地结合成整体，在时间上不间断，空间上少闲置，使用过程稳定有序、质量控制到位，才能保证施工顺利完成。

3.1 地铁工程地质勘察及围岩分级

3.1.1 地铁工程地质勘察

我国《城市轨道交通岩土工程勘察规范》(GB 50307—2012)规定：我国地铁工程地质勘察应按规划、设计阶段的技术要求，分阶段开展相应的勘察工作，一般分为可行性研究勘察、初步勘察、详细勘察，施工阶段可根据需要开展施工勘察工作和工法勘察工作。

1. 可行性研究勘察

地铁可行性研究按其工作深度，分为预可行性研究和工程可行性研究。预可行性研究中的勘察主要侧重于收集与研究已有的文献资料；而在工程可行性研究中，需在分析已有资料的基础上，通过踏勘，对各个可能方案作实地调查，并对不良地质作用、特殊岩土及关键工程进行必要的勘探，大致查明工程地质条件。

2. 初步勘察

（1）目的和任务

初步勘察的目的是初步查明城市轨道交通工程线路、车站、车辆基地和相关附属设施的工程地质和水文地质条件，分析评价地基基础形式和施工方法的适宜性，预测可能出现的岩土工程问题，提出初步设计所需的岩土参数，提出复杂或特殊地段岩土治理的初步建议，为初步设计提供地址依据。

初勘与详勘在基本内容方面没有明确划分的界限。初勘一般通过调绘，查明具有控制隧道方案的主要工程地质问题，得出定性评价，而深入细致的定量工作，则在详勘阶段完成，其主要任务是：

① 收集带地形图的拟建线路平面图、线路纵断面图、施工方法等有关设计文件及可行性研究勘察报告、沿线地下设施分布图。

② 初步查明沿线地质构造、岩土类型及分布、岩土物理力学性质、地下水埋深条件，进行工程地质分区。

③ 初步查明特殊性岩土、不良地质作用的类型、成因、分布、规模，预测其发展趋势及可能的危害。

④ 初步查明沿线地表水、地下水的水位、流量、水质、地下水类型、补给、径流、排泄条件等。

⑤ 评价场地稳定性和工程适宜性。对抗震设防烈度大于或等于6度的场地，应初步评价场地和地基的地震效应。季节性冻土地区，应调查场地土的标准冻结深度。

⑥ 初步评价水和土对建筑材料的腐蚀性。

⑦ 对环境风险等级较高的工程周边环境，分析可能出现的工程问题，提出预防措施的建议。

（2）初勘主要手段

初勘阶段采用工程地质调查与测绘、勘探与取样、原位测试、室内试验等多种手段相结合的综合勘察方法。

（3）初勘应提交的资料

初勘野外工作结束后，应在现场进行初步资料整理，并做好检校工作。文字说明的提纲、图表的底图、勘察及各项调查等原始资料的分析整编，应在工地完成。最后提供下列资料：地铁工程地质说明书，对地质工作作扼要叙述，并作出评价。提出对地铁初步设计的各项建议及以后详测应进行的工作。地铁工程地质平面图，图上应填绘物探、钻探等平面布置及挖探点位置。另外，还提供钻孔地质柱状剖面图；试验资料汇总表；航空照片地质解释资料及工程地质照片、野外素描图等；严重影响地铁线路方案的特殊地质、不良地质地区，应编制专项资料。

3. 详细勘察

（1）目的和任务

详细勘察的目的是查明各类工程场地的工程地质和水文地质条件，分析评价地基、围岩及边坡稳定性，预测可能出现的岩土工程问题，提出地基基础、围岩加固与支护、边坡治理、地下水控制、周边环境保护方案建议，提供设计、施工所需的岩土参数，满足施工图设计要求。

详勘工作的主要任务：在初勘的基础上开展进一步深入细致的工作，着重查明和解决初勘时未能查明解决的地质问题，补充、核对初测时的地质资料。对初勘时建议深入调查，勘探的重大复杂地质问题应作出可靠的结论。应根据地质特征，着重分析地基的稳定性、均匀性和承载能力、地下工程围岩的稳定性和可挖性、边坡的稳定性及工程对周围环境的影响等。正确评价和预测地铁线路的工程地质、水文地质条件及其发展趋势，提供设计、施工所需的定量指标，以及设计施工应注意的事项和整治措施意见。

（2）详勘主要手段

详勘阶段采用勘探与取样、原位测试、室内试验，辅以工程地质调查与测绘、工程物探的综合勘察方法。

（3）详勘应提交的资料

详勘应提交的资料：详勘野外工作结束后，原始记录、计算、底图等应在工地认真进行校检、分类整理，完成详勘说明书。详勘完成后提交下列资料：详勘说明书，根据详勘提出对设计及施工方案的建议；地质详勘成果书，包括地质平面图及剖面图，重大地质问题的评介，钻探、试验资料整编等。

3.1.2 围岩分级

围岩指的是隧道周围一定范围内，对洞身的稳定有影响的岩（土）体，或指隧道开挖后对其稳定性产生影响的那分部岩体（土体）。

围岩分级的方法有多种，它是在人们对隧道工程的不断实践和对围岩的地质条件逐渐加深了解的基础上发展起来的，不同国家、不同行业都根据各自的工程特点和目的提出了各自的围岩分级方法。现行的许多围岩分级方法中，作为分级的基本要素大致有以下三个基本因素：

① 与岩性有关的因素。如岩石的强度和变形性质（抗压强度、弹性模量、弹性波速等），可将岩石分为硬岩、软岩、膨胀岩等。

② 与地质构造有关的因素。如岩体的完整性或结构状态。软弱结构面的分布与性态、风化程度、节理发育程度、块度大小等，在围岩分级中占有重要地位。

③ 与地下水有关的因素。隧道施工的大量实践证明，水是造成施工塌方、使坑道围岩丧失稳定的重要原因之一。

我国《城市轨道交通岩土工程勘察规范》（GB 50307—2012）规定：围岩分级应根据隧道围岩的工程地质条件、开挖后的稳定状态、弹性纵波波速将围岩级别分为六级。

（1）岩石坚硬程度

根据单轴饱和抗压强度 f_r 的大小可将岩石分为硬质岩和软质岩两类，见表 3.1.1。

表 3.1.1 岩石坚硬程度的划分

岩石类别		单轴饱和抗压强度 f_r/MPa	代表性岩石
硬质岩	极硬岩	>60	未风化~微风化花岗岩、闪长岩、辉绿岩、玄武岩、安山岩、片麻岩、石英岩、石英砂岩、硅质砾岩、硅质石灰岩等
	硬岩	30~60	弱风化的极硬岩；未风化或微风化的熔结凝灰岩、大理岩、板岩、白云岩、灰岩、钙质胶结的砂岩和粉砂岩，结晶颗粒较粗的岩浆岩

续表

岩石类别		单轴饱和抗压强度 f_r/MPa	代表性岩石
软质岩	较软岩	15~30	强风化的极硬岩；弱风化的硬岩；未风化或微风化的千枚岩、片岩、砂质泥岩、钙 泥质胶结的粉砂岩和砾岩、泥灰岩、页岩、云母片岩、凝灰岩等
	软岩	5~15	弱风化~强风化的硬质岩；弱风化的软岩 及未风化或微风化的泥质岩类：泥岩、煤、泥质胶结的砂岩和砾岩等
	极软岩	<5	全风化的各类岩石和成岩差的岩石

（2）岩体完整程度

按岩体完整程度可将岩石划分为完整、较完整、较破碎、破碎和极破碎五类，见表3.1.2。

表 3.1.2 岩体完整程度的划分

完整程度	结构面特性	结构类型	岩体完整性指数 K_v*
完整	结构面1~2组，以构造型节理或层面为主，密闭型	巨块状整体结构	$K_v>0.75$
较完整	结构面1~2组，以构造型节理、层面为主，裂隙多呈密闭型，少有填充物	块状结构	$0.55<K_v<0.75$
较破碎	结构面一般为3组，以节理及风化裂隙为主，在断层附近受构造影响较大，裂隙以微张型和张开型为主，多有填充物	层状结构，块石碎石结构	$0.35<K_v<0.55$
破碎	结构面一般大于3组，以风化型裂隙为主，在断层附近受构造影响较大，裂隙宽度以张开型为主，多有填充物	碎石角砾状结构	$0.15<K_v<0.35$
极破碎	结构面杂乱无序，在断层附近受断层作用影响较大，宽张裂隙全为泥质或泥夹岩屑充填，填充物厚度大	散体状结构	$K_v≤0.15$

（3）围岩分级

根据岩石坚硬程度和岩体完整程度将围岩分为六级，给出了各级围岩的主要工程地质特征、结构特征和完整性等指标并预测了隧道开挖后，可能出现的坍方、滑动、膨胀、挤出、岩爆、突然涌水及瓦斯突出等失稳的部位和地段，给出了相应的工程措施。见表3.1.3。

---

* 岩体完整性指数 $K_v = \dfrac{v_{p岩体}^2}{v_{p岩石}^2}$，$v_{p岩体}$ 和 $v_{p岩石}$ 分别为岩体和岩石的纵波速率。

表 3.1.3 地铁工程围岩分级表

级别	围岩主要工程地质条件		围岩开挖后的稳定状态（单线）	围岩弹性纵波速度/（km·s^{-1}）
	主要工程地质条件	结构特征和完整状态		
Ⅰ	硬质岩石（饱和抗压极限强度 f_r>60 MPa）；受地质构造影响轻微，节理不发育，无软弱面（或夹层）；层状岩层为厚层，层间结合良好、岩体完整	呈巨块状整体结构	围岩稳定、无坍塌，可能产生岩爆	>4.5
Ⅱ	硬质岩石（f_r>60 MPa）：受地质构造影响较重，节理较发育，有少量软弱面（或夹层）和贯通微张节理，但其产状及组合关系不致产生滑动，层状岩层为中层或厚层，层间结合一般，很少有分离现象，或为硬质岩石偶夹软质岩石、岩体较完整	呈大块状砌体结构	暴露时间长，可能出现局部小坍塌；侧壁稳定；层间结合差的平缓岩层，顶板易塌落	3.5～4.5
Ⅱ	软质岩石（30 MPa<f_r≤60 MPa）：受地质构造影响轻微，节理不发育；层状岩层为厚层，层间结合良好、岩体完整	呈巨块状整体结构		
Ⅲ	坚硬岩和较硬岩：受地质构造影响较重，节理较发育，有层伏软弱面（或夹层），但其产状及组合关系尚不致产生滑动；层状岩层为薄层或中层，层间结合差，多有分离现象；或为硬、软质岩石互层	呈块石状镶嵌结构	拱部无支护时可产中小坍塌，则壁基本稳定，爆破震动过大易塌	2.5～4.0
Ⅲ	较软岩（15 MPa<f_r≤30 MPa）和软岩（5 MPa<f_r≤15 MPa）：受地质构造影响严重，节理较发育；层状岩层为薄层、中层或厚层，层间结合一般	呈大块状砌体结构		
Ⅳ	坚硬石和较硬岩：受地质构造影响极严重，节理较发育；层状软弱面（或夹层）已基本被破坏	呈碎石状压碎结构	拱部无支护时，可产生较大的坍塌，侧壁有时失去稳定	1.5～3.0
Ⅳ	较软岩和软岩：受地质构造影响严重，节理较发育	呈碎石状镶嵌结构		
Ⅳ	土体： 1. 具压密或成岩作用的黏性土、粉土及碎石土 2. 黄土（Q_1, Q_2） 3. 一般钙质或铁质胶结的碎石土、卵石土、粗角砾土、粗圆砾土、大块石土	1、2 呈大块状压密结构 3 呈巨块状整体结构		
Ⅴ	软岩受地质构造影响严重，裂隙杂乱，呈石夹土或土夹石状，极软岩（f_r≤5 MPa）	呈角砾、碎石状松散结构	围岩易坍塌，处理不当会出现大坍塌，侧壁经常小坍塌；浅埋时易出现地表下沉（陷）或坍至地表	1.0～2.0
Ⅴ	土体：一般第四系的半干硬～硬塑的黏性土及稍湿至潮湿的一般碎、卵石土、圆砾、角砾土、粉土及黄土（Q_3, Q_4）	非黏性土呈松散结构，黏性土及黄土呈松软结构		

级别	围岩主要工程地质条件		围岩开挖后的稳定状态（单线）	围岩弹性纵波速度/(km·s^{-1})
	主要工程地质条件	结构特征和完整状态		
Ⅵ	岩体：受地质构造影响严重，呈碎石、角砾及粉末、泥土状	呈松软状	围岩极易坍塌变形，有水时土砂常与水一齐涌出；浅埋时易坍至地表	<1.0（饱和状态的土<1.5）
	土体：可塑、软塑状黏性土、饱和的粉土或砂类土等	黏性土呈易蠕动的松软结构，砂性土呈潮湿松散结构		

① 表中"围岩级别"和"围岩主要工程地质条件"，不包括膨胀性围岩、多年冻土等特殊岩土。
② 围Ⅲ、Ⅳ、Ⅴ级围岩遇有地下水时，可根据具体情况和施工条件适当降低围岩级别。

3.2 地下铁道施工方法及选择

地下铁道在城市中修建，其施工方法受到地面建筑、道路、城市交通、环境保护、施工机具以及资金条件等因素的影响特别大，其施工技术要求高、难度大、造价高。自1860年以来，地下铁道经过一百多年的实践，在不断吸取先进科技成果的基础上，创造了适应各种围岩条件和环境要求的施工方法，使城市地下铁道的建设得到了很大的发展。

3.2.1 地下铁道施工方法比较

1. 地下车站施工方法及比选

地铁车站的施工方法的选择不仅要满足地铁工程本身的使用功能，同时也要满足合理开发利用地上、地下有效空间的要求，并考虑由于施工给周围环境带来的不良影响。其施工方法的选择是否合理，对线路埋深、车站结构形式、工期及土建工程造价等具有极大的影响，直接影响到全线的社会效益、经济效益和环保效益。

地铁车站的施工方法有明挖法、盖挖法、暗挖法。根据《地铁设计规范》（GB 50157—2013），盖挖法现已归并到明挖法中；暗挖法包括盾构法和矿山法，在我国，一般特指矿山法。三种施工方法的综合比较见表3.2.1。

表 3.2.1 地下车站施工方法比较表

比选内容		明挖法	盖挖法	暗挖法
投资	土建费	低	较低	高
	拆迁费	高	高	低
	自动扶梯费	低	低	高
	运营费用	低	低	高
	综合造价	低	较低	高

续表

比选内容		明挖法	盖挖法	暗挖法
施工	施工难度	施工简便	技术成熟,难度小	技术复杂,难度大
	防水质量	容易保证	较容易保证	较难保证
	工期	短	较长	长
	安全性	好	较好	较差
对环境影响	商业经济活动	大	较大	小
	城市居民生活	大	较大	小
	地面交通	时间长	时间较短	没影响
	房屋拆迁量	大	大	极少
	管线拆迁量	影响大	影响大	极少

2. 地铁区间隧道施工方法及比选

地铁区间隧道施工方法选择主要受工程地质、水文地质、地形地貌、沿线环境的要求、施工单位的技术水平、施工进度、经济条件等因素限制。隧道及地下工程的类型很多,工程特点各异,相应的施工方法和技术也各不相同。表3.2.2为我国目前地下工程中应用于地铁区间隧道的施工方法及其比较。

表3.2.2 地铁区间隧道施工方法一览表

序号	施工方法	环境场地要求	应用举例	优点	缺点	发展方向(关键技术)
1	明挖法	城市郊区场地开阔区域;软岩和土体	北京、天津地铁	进度快、工作面大、便于机械和大量劳动力投入	破坏环境生态、影响交通、产生尘土和噪声污染	1. 有效井点降水系统; 2. 可靠的支撑系统; 3. 大型土方机械、混凝土搅拌及运输机械
2	矿山法(新奥法)	岩石或坚硬土体	青岛、重庆地铁	地面干扰小、造价低	进度慢、劳动强度高、风险大	1. 多臂钻孔台车; 2. 自动装药引爆装置; 3. 光面爆破、喷锚支护,监控量测数据反馈指导设计和施工
3	软土暗挖法	埋深较浅对土体进行冻结、注浆、深层搅拌桩加固地基、管棚法加固,浅埋隧道	北京、哈尔滨地铁	地面干扰小、造价低、便于土法上马	机械化程度低、劳动强度高、环境恶劣、风险大	1. 发展可靠的深层地基处理技术; 2. 小型灵活的地下开挖机械; 3. 可靠的临时支护措施和机具

续表

序号	施工方法	环境场地要求	应用举例	优点	缺点	发展方向（关键技术）
4	盾构和顶管法	软弱地层、深埋隧道	北京、上海和广州	地面影响小、机械化程度高、安全、劳动强度低、进度快	机械设备复杂、价格昂贵、工艺烦琐、需要专业施工队伍	1. 开发适用不同地质条件、自动更换刀盘的气压、土压泥水平盾构和顶管； 2. 超迁探测排障技术； 3. 钢纤维挤压混凝土衬砌； 4. 三维仿真计算机管理系统，管理信息化、自动化； 5. 自动导向、中途对接异型盾构
5	沉管法	跨越江河湖海、软地基	上海、广州、宁波过江隧道	造价低、速度快、隧道断面大	封锁江河水面，需要专门的驳运、下沉、对接设备；属于水下作业，风险大	1. 大型涵管制作及驳运技术； 2. 地下定位对接、防水技术
6	凿岩机法（TBM法）	坚硬岩石地质	广州	速度快、机械化程度高、安全、无地面干扰	造价高、使用技术复杂、刀具易磨损	1. 开发国产高性能凿岩机； 2. 改进高强合金刀具； 3. 完善后配套系统； 4. 超前不良地质探测系统
7	连续沉井法	软弱地层、地域空旷		造价低、速度快	对环境影响大、泥浆污染、地面下沉	1. 不均匀沉降的监测设备； 2. 泥浆或水力减少摩擦措施； 3. 控制突沉或倾斜方法； 4. 排除孤石障碍设备

3.2.2 地下铁道主要施工方法介绍

1. 明挖法

目前在我国，在一般的软土质条件下，使用此法较多。这种方法是将地面挖开，形成露天的基坑，然后在基坑中修筑隧道衬砌的方法。明挖法具有以下特点：

（1）优　点

① 施工方法简单，技术成熟。

② 工程进度快，根据需要可以分段同时作业。

③ 浅埋时工程造价和运营费用均较低，且能耗较少。

（2）缺　点

① 外界气象条件对施工影响较大。

② 施工对城市地面交通和居民地正常生活有较大影响，且易造成噪声、粉尘及废弃泥浆等的污染。

③ 需要拆除工程影响范围内的建筑物和地下管线。

④ 在饱和的软土地层中，深基坑开挖引起的地面沉降较难控制，且坑内土坡的纵向稳定常常会成为威胁工程安全的重大问题。

明挖法又可分为敞口明挖和有围护结构的明挖。敞口明挖也称为无支护结构基坑明挖，适用于地面开阔、周围建筑物稀少、地质条件好、土质稳定且在基坑周围无较大荷载、对基坑周围的位移和沉降无严格要求的情况。一般采用大型土方机械施工和深井泵及轻型井点降水。而具有围护结构的明挖适用于施工场地狭窄、土质自立性较差、地层松软、地下水丰富、建筑物密集的地区。采用该方法施工时可以较好地控制基坑周围的变形和位移，同时可以满足基坑开挖深度大的要求。目前在我国地下铁道车站的修建中多采用有围护结构的基坑明挖方法，并取得了很好的经济效益。

2. 盖挖法

采用明挖法修建城市地下铁道，其最大的缺点是对城市交通及居民生活干扰较大，而在交通繁忙的地段修建地下铁道，尤其是修建有综合功能的车站，或需要严格控制基坑开挖引起的地面沉降时，则可采用盖挖法施工。盖挖法的施工程序是：边墙—顶盖—回填并恢复路面—开挖—底板，即先盖后挖。

盖挖法除施工程序与一般方法不同外，还具有如下特点：

① 盖挖法的边墙既为结构的永久性边墙，又兼有基坑支护的双重作用，因而可简化施工程序，降低工程造价。另外，边墙用混凝土等刚性材料修筑，其变形量小，因而可靠近地面建筑物的基础施工，而不至对其产生影响。

② 采用盖挖法施工，占地宽度比一般明挖法小，且无振动和噪声。

③ 盖挖法的顶盖一般均距地表面很近，这可缩短从破坏路面、修筑顶盖到恢复路面所需的时间，从而最大限度地减少地面交通的干扰。对宽度较大的双跨或三跨结构尚可对顶盖进行横向分段施工，以利地面交通。

④ 盖挖法由于是自上而下修建，先修的顶盖成为基坑内的一道横撑，如为多层结构，则盖板均将起到支撑的作用，从而可免去或减少施工时的水平支撑系统。

⑤ 此法是在松软地层中修建地下多层建筑物的最好方法。暗挖法由于其断面形状和工艺特征，除岩石地层外，难以修筑多层结构。普通明挖法如基坑开挖过深，支护亦困难，而盖挖法只要将边墙修筑至一定深度，便可自上而下逐层开挖、逐层建筑，使修筑地下多层结构比较容易实现。

盖挖法施工按其施工流程可分为：

① 盖挖顺作法。

在路面交通不能长期中断的道路下修建地下铁道车站或区间隧道时，可采用盖挖顺作法。该方法系于现有道路上，按所需要的宽度，由地面完成挡土结构后，以定型的预制标准覆盖结构（包括纵、横梁和路面板）置于挡土结构上维持交通，往下反复进行开挖和架设横撑，直至设计标高。然后依序由下而上建筑主体结构和防水措施，回填和恢复管、线、路。

② 盖挖逆作法。

如果开挖面较大、覆土较浅、周围沿线建筑物过于靠近，为尽量防止因开挖基坑而引起的邻近建筑物沉降，或需要及早恢复路面交通，但又缺乏定形覆盖结构时，可采用盖挖逆作法施工。即先施作围护结构及中间桩柱支撑，开挖表层后施作结构顶板，依次逐层向下开挖和修筑边墙及楼板，直至底层底板和边墙。

③ 盖挖半逆作法。

该方法类似逆作法，其区别仅在于顶板完成及恢复路面后，向下挖土至设计标高后先建筑底板，再依次序向上逐层建筑侧墙、楼板。

3. 矿山法（新奥法及浅埋暗挖法）

地铁线路穿越基岩地段，围岩具有一定的自稳能力，一般采用新奥法施工，即以喷射混凝土、钢筋网、钢架和锚杆作为主要支护手段，充分发挥围岩的自承能力，使其与支护结构成为一个完整的支护体系。新奥法是目前广泛采用的一种方法。采用该方法修建地下铁道时，对地面干扰小，工程投资也相对较小，在我国目前的地下铁道的区间隧道修建中，使用本方法较多，已经积累了比较成熟的施工经验，工程质量也可以得到较好的保证。但是使用此方法施工时，不方便机械化作业，工人劳动强度高，工作条件恶劣，需要较全面的劳动保护措施。使用此方法进行施工时：对于岩石地层，可采用分步或全断面一次开挖，锚喷支护和复合衬砌；对于土质地层，一般需对地层进行预支护或加固后再开挖支护、衬砌，在有地下水的条件下必须降水后方可施工。

浅埋暗挖法是在新奥法基础上发展起来的施工方法。一般采用超前预支护加固地层，分部开挖，架钢筋格栅拱、喷射混凝土等联合支护，然后做防水层，最后用模筑混凝土做二次衬砌。

4. 盾构法

盾构法施工是隧道暗挖法施工的一种。在地下铁道中采用盾构法施工始于 1874 年，自 20 世纪 60 年代以来，盾构法在日本得到了迅速的发展，1989 年我国上海地下铁道一号线工程正式采用盾构法修建区间隧道，目前在我国的广州地铁、深圳地铁、上海地铁、南京地铁和北京地铁均有采用盾构法修建的部分。盾构机是这种施工方法的主要施工机械，它是一个既能承受围岩压力又能在地层中自动前进的圆筒形隧道工程机械，目前也有少数矩形、马蹄形和多圆形断面的盾构机。该施工方法适用于松软地层，在我国的上海和南京地铁修建中使用较多。采用盾构法施工具有对地面影响小、机械化程度高、工人劳动强度低、施工进度快的优点。但目前盾构机的造价较高、机械复杂，在很大程度上限制了盾构法施工的发展。

5. 沉管法

沉管法又叫预制管段沉放法，即先在预制场（船厂或干坞）制作沉放管段，管段两端用临时封墙密封，待混凝土达到设计强度后拖运到隧址位置，此时设计位置上已预先进行肋沟槽的浚挖，设置了临时支座，然后沉放管段。待沉放完毕后，进行管段水下连接，处理管段接头及基础，然后覆土回填，再进行内部装修及设备安装。

沉管隧道的使用历史始于 1910 年美国的底特律河隧道，迄今为止，世界上已有 100 多条

（包括正在修建底）沉管隧道，其中横截面宽度最大为比利时亚伯尔隧道 53.1 m；沉埋长度最长的是美国海湾地区交通隧道，长达 5 825 m。我国修建沉管隧道起步较晚，已建成的有上海金山供水隧道、宁波甬江隧道、广州珠江隧道、香港地铁隧道、香港东港跨港隧道以及台湾的高雄港隧道。

沉管隧道的优点：

① 隧道结构的主要部分由于在船台或干坞中浇筑，因此就没有必要像普通隧道工程那样在遭受土压力或水压力荷载作用下的有限空间内进行衬砌作业，从而可制作出质量均匀且防水性能良好的隧道结构。

② 由于沉放隧道的密度小，其有效重量一般为 $5 \sim 10\ kN/m^3$，再加上附加压重以及混凝土防护层，隧道重量可增至 $20\ kN/m^3$ 左右。而隧道所作用的未扰动地基土层的有效应力约为 $30 \sim 100\ kN/m^2$。由此可见，地层的承载力几乎不成问题。

③ 由于隧道在水底位置，对船舶的航行和将来航路的疏浚影响不大，所以隧道可以埋在最小限度的深度上，从而使隧道的全长缩短至最小限度。

④ 因为管段制作采用的是预制方式，且浮运与沉放的机械装置大型化，这样对施工安全与大断面隧道的施工都较有利，且大大缩短了工期。

沉管隧道的缺点：

① 由于管段的浮运、沉放以及沟槽的疏浚、基础作业，大部分是依靠机械来完成，对于平静的波浪，在流速较缓的情况下施工是不成问题的。可是如果情况相反，而且隧道截面较大时，就会带来一系列的问题，诸如管段的稳定、航道的影响等。

② 对于地基的承载力是不成问题的，但对于沉放管段底面与基础密贴的施工方法还应继续改进，以免沉陷与不均匀沉降的产生。

③ 由于橡胶衬垫的发展，沉放管段之间在水下的连接得到发展，但是对于有些地质条件所带来的不均匀沉降和防水等问题需进一步研究。

思考题

3.1 简述地下铁道工程施工的特点。

3.2 围岩及围岩分级的定义是什么？

3.3 地下铁道施工方法有哪些，各有什么特点？

第 4 章　地铁明挖法施工

※学习目标※

1. 知识目标
（1）了解各种基坑围护结构、基坑支撑体系的特点及其比选。
（2）掌握敞口明挖法、盖挖法施工特点、施工步骤及其要点。
2. 能力目标
（1）能分析判断敞口明挖法、盖挖法施工时易出现的问题，提出应对措施及预防方案。
（2）能独立完成地铁明挖法施工工序技术交底的编写。

※知识链接※

明挖法是从地表面向下开挖，在预定位置修筑结构物方法的总称，即指挖开地面，由上向下开挖土石方至设计标高后，自基底由下向上顺作施工，完成主体结构，最后回填基坑或恢复地面的施工方法。明挖法是各国地下铁道施工的首选方法，在地面交通和环境允许的地方通常采用明挖法施工。明挖法的优点是施工技术简单、快速、经济，常被作为首选方案。但其缺点也是明显的，如阻断交通时间较长，噪声与震动等对环境的影响。图 4.0.1 为地铁车站明挖法施工模拟图，图 4.0.2 为地铁车站明挖法施工模拟图。

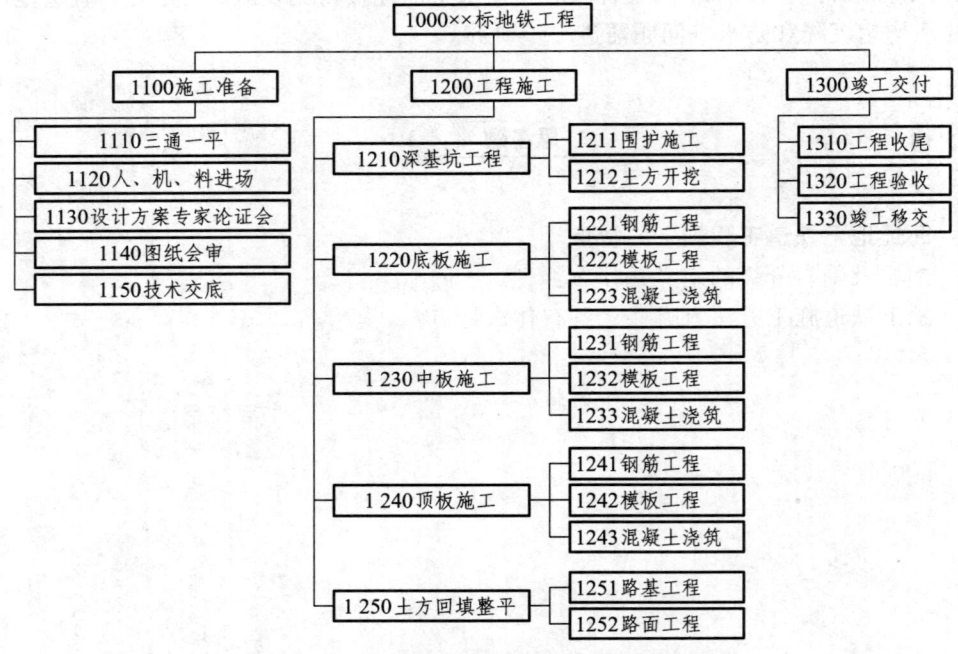

图 4.0.1　地铁车站明挖法工作分解结构图

图 4.0.2 地铁车站明挖法施工模拟图

近年来，基坑开挖和支护技术伴随着地下空间的利用有了很大的发展。早期基坑开挖较浅，基坑支护多以放坡开挖或悬臂式支护为主；随着基坑开挖的逐渐加深，这时基坑的支护再以放坡开挖或悬臂式支护已经不再经济并难以满足要求，所以多以地下连续墙支护为主，后来又出现了土钉和土钉墙加预应力锚索综合技术。随着深基坑开挖工程的逐渐增多，深基坑支护技术有了很大发展，逆作法就是一项近几年发展起来的新兴的基坑支护技术。

随着埋深的增加，明挖法的工程费用、工期都将增大。同时明挖法对周围环境的影响大，对地面交通、商业活动、居民生活以及地下管线的拆迁量比暗挖法大；当地下水位较高时，降水和地层加固费用非常高。因此在采用明挖法时，应充分考虑各种施工方法的特征，选择最能发挥其特长的施工方法。明挖法施工分类如下：

① 按照有无支护结构，明挖法可分为敞口放坡基坑和有围护结构的基坑，具体分类如图 4.0.3 所示。

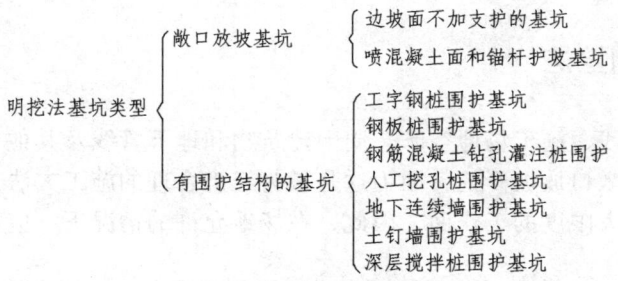

图 4.0.3 明挖法基坑类型

② 按照地下主体结构施工顺序，明挖法又可分为：明挖顺作法、盖挖顺作法、盖挖逆作法、盖挖半逆作法等，后三种方法又可统称为明挖覆盖施工法（盖挖施工法）。

明挖法施工技术简单、快速、经济，故常被作为首选方案。明挖法施工重点要解决的问题有：基坑的稳定性问题及施工工序、维护结构的选择以及降水问题。其施工工序一般可分为 4 大步，即围护结构施工—内部土方开挖—工程结构施工—管线恢复及覆土（见图 4.0.4）。

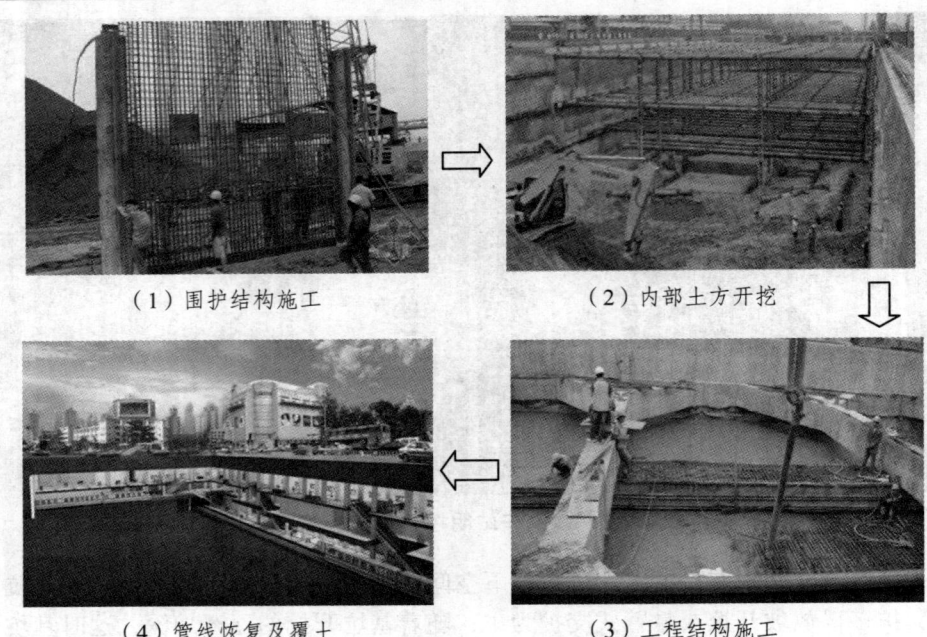

图 4.0.4 明挖法施工程序

4.1 敞口明挖法

敞口明挖法是在围护结构的保护下，先从地表面向下开挖基坑至设计标高，然后在基坑内由下而上地建造主体结构并设置防水措施，最后回填土并恢复路面。敞口明挖法施工中的基坑可分为敞口放坡基坑和有围护结构的基坑两种。这两类基坑施工中，采用不同的维护基坑边坡稳定的技术措施和围护结构。

4.1.1 敞口放坡明挖法

对于基坑深度较浅、施工场地空旷、周围建筑物和地下管线及其他市政设施距离基坑较远的情况，一般采用敞口放坡开挖，因为这是最为经济合理的施工方法。敞口放坡可以为地下结构的施工创造最大限度的工作面，因此，在场地允许的情况下，应优先选择这种方法进行施工。

敞口放坡明挖法也称作敞口基坑法，包括全放坡开挖和半放坡开挖（见图 4.1.1）。全放坡开挖是指基坑采取放坡开挖不进行坑墙支护，根据地质条件采用相应的边坡坡度，分段开挖至所需位置进行结构施工，完成后进行回填，将地面恢复到原来状态。其优点是不必设置支护结构，缺点是土方挖填量较大、费人力，而且占用场地大。半放坡开挖与全放坡开挖断面的区别主要是基坑底部可设置一定高度的直槽，如果土质较差必须在直槽打设悬臂式钢桩以加强土壁稳定，这种方法与全放坡开挖断面比较，可少挖一部分土方。但为了保持边坡稳定，常常需要沿基坑两侧设井点降水。

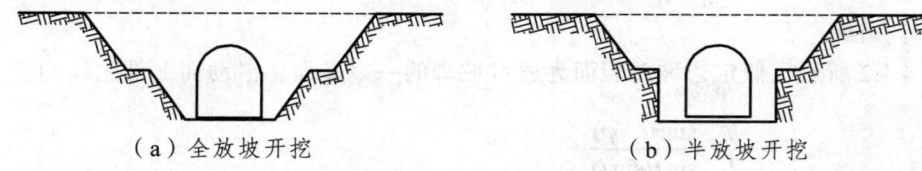

(a) 全放坡开挖　　　　　(b) 半放坡开挖

图 4.1.1　敞口放坡明挖法

基坑开挖施工过程中，由于开挖等施工活动导致土体原始应力场的平衡状态遭到破坏，当土体抗剪强度下降或附加应力超过极限值时，便会出现土体的快速或渐进位移，即发生了边坡失稳。因此，采用敞口放坡的基坑修建地下铁道时，保证基坑边坡的稳定是整个施工过程的关键，否则，一旦边坡坍塌，不但地基受到震动，影响承载力，而且也会影响周围地下管线、地面建筑物和交通安全。

1. 基坑边坡失稳的破坏形式和影响因素

大量计算和实际观测表明，基坑边坡破坏形式与土层的岩性、地面超载以及边坡的形状等因素有密切关系。

（1）基坑边坡主要的破坏形式

① 沿近似圆弧的滑动面转动，这种破坏常常发生在较为均质的黏性土层；

② 沿近乎平面的滑移，这种破坏常常发生在无黏性土层。

（2）影响基坑稳定的因素

基坑边坡坡度是直接影响基坑稳定的重要因素，当基坑边破土体中的剪应力大于土体的抗剪强度时，边坡就会失稳坍塌。其次施工不当也会造成边坡失稳，主要表现为：

① 没有按设计坡度进行边坡开挖。

② 基坑边坡坡顶堆放材料、土方以及运输机械车辆等增加了附加荷载。

③ 基坑降排水措施不力。地下水未降至基底以下，而地面雨水、基坑周围地下给排水管线漏水渗流至边坡的土层中，使土体湿化，土体自重加大，增加土体中的剪应力。

④ 基坑开挖后暴露时间过长，经风化而使土体变松散。

⑤ 基坑开挖过程中，未及时刷坡，甚至挖了反坡，使土体失去稳定。

为保持基坑边坡的稳定，可采取以下措施：

① 根据土层的物理力学性质确定边坡坡度，并于不同土层处做成折线形或留置台阶。

② 做好降排水和防洪工作，保持基底和边坡的干燥。

③ 严格控制基坑边坡坡顶 1～2 m 范围堆放材料、土方和其他重物以及较大的机械等荷载。

④ 基坑开挖过程中，随挖随刷边坡，不得挖反坡。

⑤ 基坑放坡坡度受到限制而采用围护结构又不经济时，可采用坡面土钉、挂金属网喷混凝土或抹水泥砂浆护面。

⑥ 暴露时间在 1 年以上的基坑，一般需采用护坡措施。

2. 基坑边坡坡度的确定

确定基坑边坡坡度的方法有三种，即计算法、图解法和查表法。

（1）计算法

如图 4.1.2 所示。假定边坡破裂面为通过坡脚的一个平面，滑动面上部土体的重力为

$$G = \frac{\gamma h^2}{2} \cdot \frac{\sin(\theta-\varphi)}{\sin\theta\sin\varphi} \tag{4.1.1}$$

当土体处于极限平衡状态时，边坡最大高度为

$$h = \frac{2C\sin\theta\cos\varphi}{\gamma\sin^2\left(\frac{\theta-\varphi}{2}\right)} \tag{4.1.2}$$

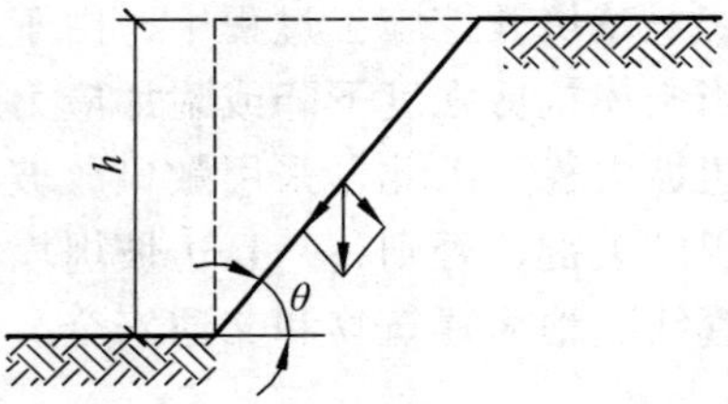

式中　C——土体黏结力（kN/m^2）；
　　　θ——边坡坡度角（°）；
　　　φ——土的内摩擦角（°）；
　　　γ——土体重度（kN/m^3）。

图 4.1.2　计算法示意图

土体 C、θ、γ 值和开挖深度 h 为已知，则基坑边坡的坡度角即可求出。并由以上公式可知：

① 当 $\theta = \varphi$，$C = 0$ 时，则边坡极限高度不受限制，并且边坡处于平衡状态；
② 当 $\theta > \varphi$ 时，则边坡为陡坡，其 C 值越大，则边坡极限高度越高；
③ 当 $\theta > \varphi$ 时，若 $C = 0$，则 $h = 0$，即非黏性土时，边坡任何高度都是不稳定的；
④ 坡度角 θ 越大，坡高 h 越小；反之，坡度角越小，则坡高越大。

（2）图解法

对于基坑边坡坡度为直线，坡顶为平面，而土质均匀时，其稳定边坡角或极限坡高，可根据计算资料综合整理而得到的基坑边坡图解曲线来求得。

（3）查表法

在地下铁道建设中，特别是北京地下铁道一、二期工程的明挖法施工中。一般在地质条件良好、土质较均匀而地下水位低或通过降水将地下水位维持在基底面以下时，常采用查表法确定基坑边坡的坡度，根据地基基础设计规范并结合北京地下铁道一、二期工程施工经验给出表 4.1.1、表 4.1.2，施工时可以用作参考。

表 4.1.1　岩石基坑边坡坡度表

岩石类别	风化程度	坡度值（高度比）	
		8 m 以内	8~15 m
硬质岩石	微风化	1：（0~10.2）	1：（0.2~0.35）
	中等风化	1：（0.2~0.35）	1：（0.35~0.5）
	强风化	1：（0.35~0.5）	1：（0.75~1.00）
软质岩石	微风化	1：（0.35~0.5）	1：（0.5~0.75）
	中等风化	1：（0.5~0.75）	1：（0.75~1.00）
	强风化	1：（0.75~1.00）	1：（1.00~1.25）

表 4.1.2　土质基坑边坡坡度表

土的类别	密实度或状态	坡度值（高宽比）		
		5 m 内	5～10 m	10～15 m
碎土	密实	1∶(0.35～0.5)	1∶(0.5～0.75)	1∶(0.75～1.0)
	中密	1∶(0.5～0.75)	1∶(0.75～1.0)	1∶(1.0～1.25)
	稍密	1∶(0.75～1.0)	1∶(1.0～1.25)	1∶(1.25～1.5)
粉土	$S_r \leqslant 0.5$	1∶(1.0～1.25)	1∶(1.25～1.5)	1∶(1.5～1.75)
黏性土	坚硬	1∶(0.75～1.0)	1∶(1.0～1.25)	1∶(1.25～1.5)
	硬塑	1∶(1.0～1.25)	1∶(1.25～1.5)	1∶(1.5～1.75)

3. 基坑边坡失稳的防止措施

（1）边坡修坡

改变边坡外形，将边坡修缓或修成台阶形（见图 4.1.3）。这种方法的目的是减少基坑边坡的下滑重量。因此必须结合在坡顶卸载（包括卸土）才更有效果。

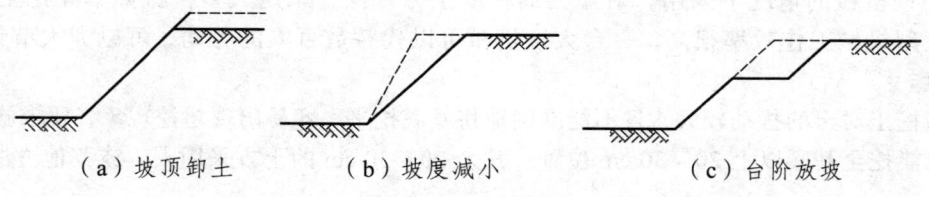

（a）坡顶卸土　　（b）坡度减小　　（c）台阶放坡

图 4.1.3　边坡修坡

（2）设置边坡护面

设置基坑边坡混凝土护面的目的是为了控制地表水经裂缝掺入边坡内部，从而减少因为水的因素导致土体软化和孔隙水压力上升的可能性。护面可以做成 10 cm 凝土面层。为增加边坡护坡面的抗裂强度，内部可以配置一定的构造钢筋，如图 4.1.4 所示。

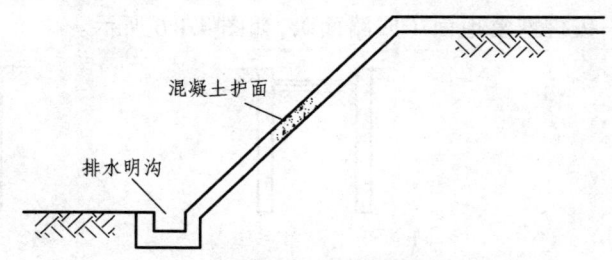

图 4.1.4　基坑边坡设置混凝土护面

（3）边坡坡脚抗滑加固

当基坑开挖深度大，而边坡又因场地限制不能继续放缓时，可以通过对边坡抗滑范围的土层进行加固（见图 4.1.5）。采用的方法有设置抗滑桩、悬喷法、分层注浆法、深层搅拌法等。

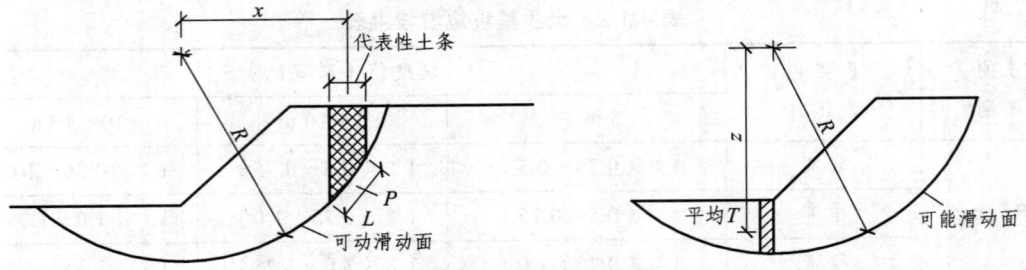

图 4.1.5 基坑边坡坡脚抗滑加固

4. 开挖施工

由于放坡开挖的基坑一般都是针对浅埋地下工程而设的，土方开挖的工程量大，若采用人工，其劳动强度大，工期在工程总工期中所占的比重达 25%～30%，成为影响施工进度的重要因素。所以，应尽可能采用生产效率高的大型挖土和运输机械施工。

对于放坡开挖，目前常用的方法有人工开挖、小型机械开挖和大型机械开挖。人工开挖效率低，劳动强度大，一般只在土方量小，如修坡或缺乏机械开挖的情况下采用。小型机械常见的有蟹斗、绳索拉铲等简易挖土机械，小型开挖机械一般在施工空间受限制而无法采用大型机械的情况下采用。对于大面积的土方开挖，采用大型机械如单斗挖土机、铲运机。大型机械工作效率很高，一台大型机械可以代替数百人的劳动，可以大大节约人力，加快进度。

机械挖土对土的扰动较大，且不能准确地将基底挖平，容易出现超挖现象，要求施工中机械挖土只能挖至基底以上 20～30 cm 位置，其余 20～30 cm 的土方采用人工或其他方法挖除。

4.1.2 有围护结构的敞口明挖法

如果基坑很深，地质条件差，地下水位高，特别是又处于城市繁华的市区，建筑物密集，交通繁忙，无足够空地满足施工需要，没有条件采用敞口放坡基坑，就用有围护结构的基坑。

明挖法施工的基本顺序为：基坑围护结构施工—路面开挖—埋设支撑防护与开挖—地下结构物的施工—回填—拔桩恢复地面（或路面），如图 4.1.6 所示。

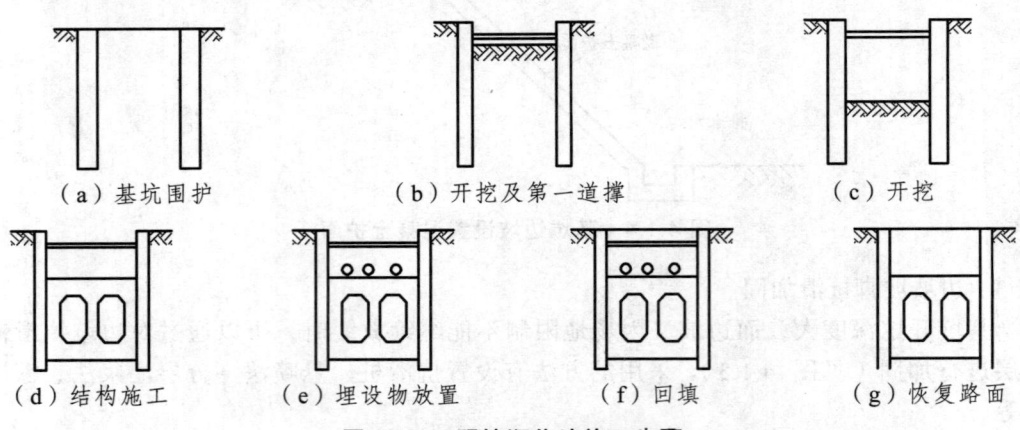

图 4.1.6 明挖顺作法施工步骤

4.2 盖 挖 法

在城市地下建筑施工工程中，不允许较长时间占用地面交通路面的情况下，可以采用盖挖法施工。城市地下工程的盖挖法施工按其主体结构的施工顺序，可分为盖挖顺作法、盖挖逆作法、盖挖半逆作法。

4.2.1 盖挖顺作法

盖挖顺作法系于现有道路上，按所需宽度，由地表面完成挡土结构后，以定型的预制标准覆盖结构（包括纵、横梁和路面板）置于挡土结构上维持交通，往下反复进行开挖和加设横撑，直至设计标高。依序由下而上建筑主体结构和防水措施，回填土并恢复管线路或埋设新的管线路。最后，视需要拆除挡土结构的外露部分及恢复道路，见图 4.2.1。

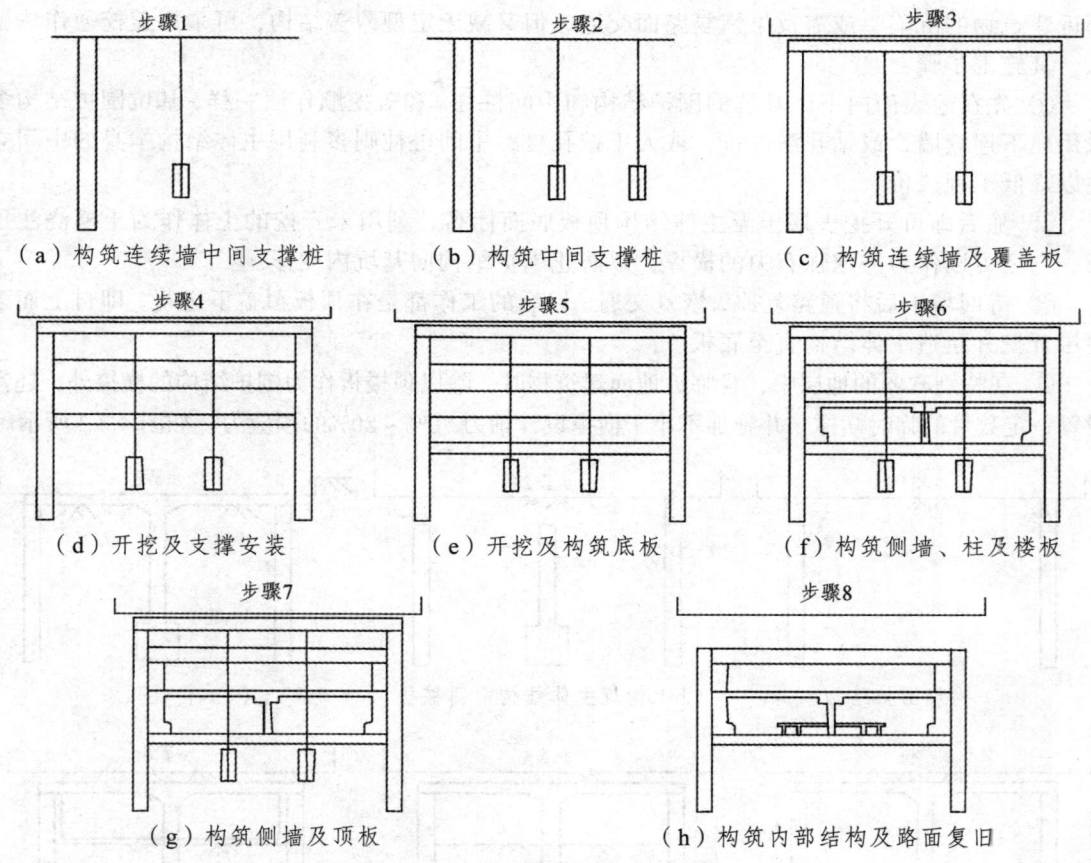

(a) 构筑连续墙中间支撑桩　　(b) 构筑中间支撑桩　　(c) 构筑连续墙及覆盖板

(d) 开挖及支撑安装　　(e) 开挖及构筑底板　　(f) 构筑侧墙、柱及楼板

(g) 构筑侧墙及顶板　　(h) 构筑内部结构及路面复旧

图 4.2.1　盖挖顺作法施工步骤

盖挖顺作法主要依赖坚固的挡土结构，根据现场条件、地下水位高低、开挖深度以及周围建筑物的临近程度，可以选择钢筋混凝土钻（挖）孔灌注桩或地下连续墙。对于饱和的软弱地层，应以刚度大、止水性能好的地下连续墙为首选方案。随着施工技术的不断进步，工

程质量和精度更易于掌握，故现在盖挖顺作法中的挡土结构常用来作为主体结构边墙体的一部分或全部。如开挖宽度很大，为了缩短横撑的自由长度，防止横撑失稳，并承受横撑倾斜时产生的垂直分力以及行驶于覆盖结构上的车辆荷载和吊挂于覆盖结构下的管线重量，经常需要在建造挡土结构的同时建造中间桩柱以支承横撑。中间桩柱可以是钢筋混凝土的钻（挖）孔灌注桩，也可以采用预制的打入桩（钢或钢筋混凝土桩）。中间桩柱一般为临时性结构，在主体结构完成时将其拆除。为了增加中间桩柱的承载力或减少其入土深度，可以采用底部扩孔桩或挤扩桩。

定型的预制覆盖结构一般由型钢纵、横梁和钢-混凝土复合路面板组成。路面板通常厚 200 mm、宽 300～500 mm、长 1 500～2 000 mm。为便于安装和拆卸，路面板上均设有吊装孔。

4.2.2 盖挖逆作法

如果开挖面较大、覆土较浅、周围沿线建筑物过于靠近，为尽量防止因开挖基坑而引起邻近建筑物的沉陷，或需及早恢复路面交通，但又缺乏定型覆盖结构，可采用盖挖逆作法施工。其施工步骤：

① 先在地表面向下做基坑的围护结构和中间桩柱。和盖挖顺作法一样，基坑围护结构多采用地下连续墙，或钻孔灌注桩，或人工挖孔桩；中间桩柱则多利用主体结构本身的中间立柱以降低工程造价。

② 随后即可开挖表层土至主体结构顶板底面标高，利用未开挖的土体作为土模浇注顶板，它还可以作为一道强有力的横撑，以防止围护结构向基坑内变形。

③ 待回填土后将道路复原，恢复交通，以后的工作都是在顶板覆盖下进行，即自上而下逐层开挖并建造主体结构直至底板。

④ 在特别软弱的地层中，且临近地面建筑物时，除以顶楼板作为围护结构的横撑外，还需设置一定数量的临时横撑，并施加不小于横撑设计轴力 70%～80% 的预应力，如图 4.2.2 所示。

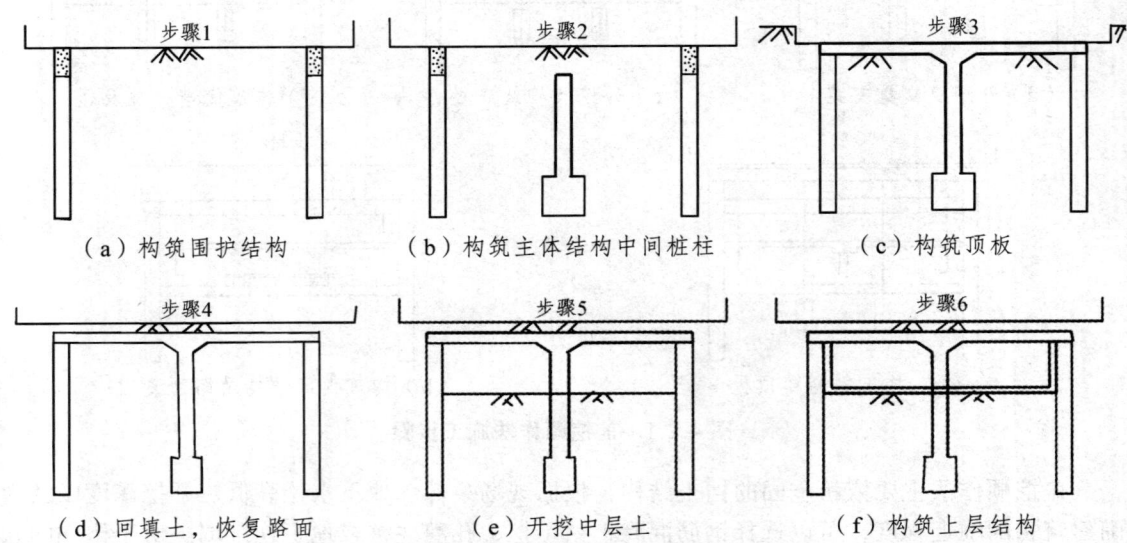

图 4.2.2 盖挖逆作法施工步骤

盖挖逆筑法按施工期间对地面交通的影响程度，可分为以下几种施工方案：

① 利用临时路面维持地面交通的方案。首先施工两侧边桩（墙）、中间临时支柱及其下部基础，架设临时路面系统，然后在其保护下采用顺筑法或逆筑法开挖土方，进行主体结构的修建。

② 以结构顶板维持地面交通的方案。施工完边桩（墙）及中间立柱后，在明挖的基坑中修建顶板，回填顶部覆土并恢复地面交通后立即转入暗挖作业。为减少施工占路时间，可使顶板尽量接近地表，将路面结构与顶板合一。

③ 半明半暗方案。首先采用矿山法修建两个旁侧隧道及中间梁柱，最后用盖挖法完成中间的主体结构。

边墙支护一般可采用地下连续墙或灌注桩，并尽可能将其作为主体结构侧墙的一部分。边墙作为挡土结构主要承受横向荷载，同时也承受水平构件传来的竖向荷载，中柱主要承受竖向荷载，如地面荷载。

逆筑法施工时结构的底板滞后完成，此时顶、楼板上的荷载传向地基有两种做法：① 利用基坑两侧的挡墙传递竖向力的方法。此时，主体为一单跨结构，此方案的优点是作业程序少，施工占用地面交通时间短，一般适用于需严格限定封路时间或车站硐室、隧道宽度较窄以及设置临时中间竖向支撑系统很不经济时。② 设置中间竖向支撑系统与基坑两侧的挡墙共同传递竖向力的方法。中间竖向支撑的设置有 3 种方式。一是在永久支柱两侧单独设置临时柱；二是临时柱与永久柱合一；三是临时柱与永久柱合一同时另增设临时柱。现大多采用第二种方式。当采用第二种方式时，在施工结构顶板前，需首先在永久柱的位置修建柱及柱下基础。

为了减少围护结构及中间桩柱的入土深度，可在做围护结构和中间桩柱之前，用暗挖法预先做好它们下面的底纵梁，以扩大承载面积。当然，这必须在工程地质条件允许暗挖施工时才可能实现，而且在开挖最下一层土和浇注底板前，由于围护结构和中间桩柱都无入土深度，必须采取措施，如设置横撑以增加稳定性。北京地铁天安门东站就是采用这种施工方法。

采用盖挖逆作法施工时，若采用单层墙和复合墙，结构的防水层较难做好。只有采用双层墙，即围护结构与主体结构墙体完全分离，无任何连接钢筋，才能在两者之间敷设完整的防水层。但需要特别注意中层楼板在施工过程因悬空而引起的稳定和强度问题，一般可在顶板和楼板之间设置吊杆予以解决。

盖挖逆作法施工时，顶板一般都搭接在围护结构上，以增加顶板和围护结构之间的抗剪能力和便于敷设防水层。所以，需将围护结构外露部分凿除，或将围护结构仅做到顶板搭接处标高，其余高度用便于拆除的临时挡土结构进行围护。

4.2.3 盖挖半逆作法

盖挖半逆作法指先浇筑永久性顶板，恢复道路交通，然后从上向下挖土并逐层施作临时支撑，开挖至底部标高后，施作底板，再从下向上依次逐层浇筑各层结构板，同时拆除临时支撑。盖挖半逆作法施工步骤如图 4.2.3 所示。盖挖半逆作法与逆作法的区别在于顶板完成及恢复路面后，向下挖土至设计标高后先修筑底板，再依次序向上逐层建筑侧墙、楼板。在半逆作法施工中，一般都必须设置横撑并施加预应力。盖挖半逆作法与盖挖顺作法的施工工序类似，区别在于盖挖半逆作法先浇筑的是永久性顶板，对道路的干扰时期短。

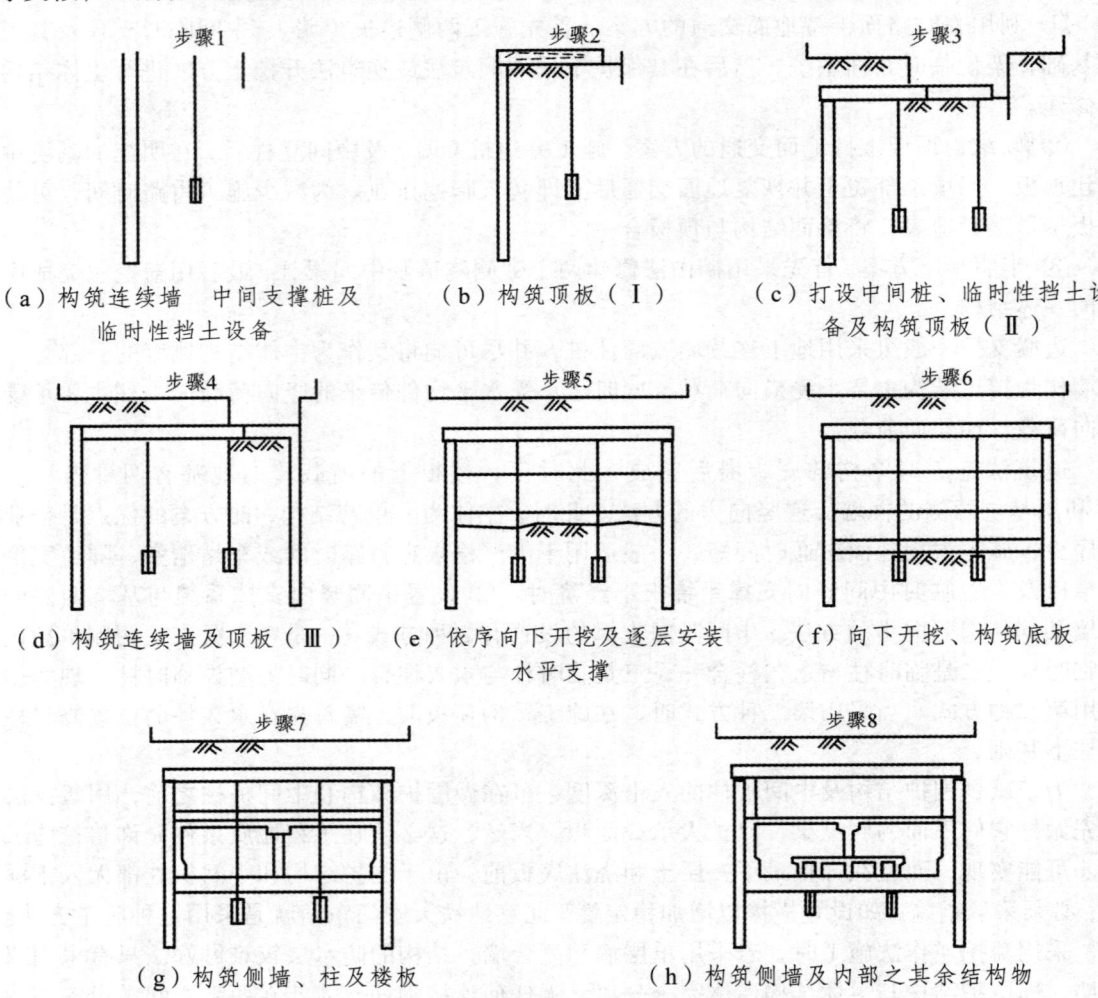

图 4.2.3 盖挖半逆作法施工步骤

采用逆作法或半逆作法施工时都要注意混凝土施工缝的处理问题，由于它是在上部混凝土达到设计强度后再接着往下浇注的，而混凝土的收缩及析水，施工缝处不可避免地要出现 3~10 mm 宽的缝隙，将对结构的强度耐久性和防水性产生不良影响。

针对混凝土施工缝存在的上述问题，可采用直接法、注入法或充填法处理（见图 4.2.4）。其中直接法是传统的施工方法，不易做到完全紧密接触；注入法是通过预先设置的注入孔向缝隙内注入水泥浆或环氧树脂；充填法是在下部混凝土浇注到适当高度，清除浮浆后再用无收缩或微膨胀的混凝土或砂浆充填。待充填的高度，用混凝土充填为 1.0 m；用砂浆充填为 0.3 m。为保证施工缝的良好充填，一般在柱中最好设置 V 形施工缝，其倾角以小于 30°为宜。

根据试验结构，证明注入法和充填法能保证结构的整体性，在构件破坏前不会出现施工缝滑移破坏。

在逆作法和半逆作法施工中，如主体结构的中间立柱为钢筋混凝土柱，柱下基础为钢筋混凝土灌注桩时，需要解决好两者之间的连接问题。一般是将钢管柱直接插入灌注桩的混凝土内 1.0 m 左右，并在钢管柱底部均匀设置几个孔，以利混凝土流动，同时也加强桩、柱之间连接。有时也可在钢管柱和灌注桩之间插入 H 型钢加以连接，如图 4.2.5 所示。

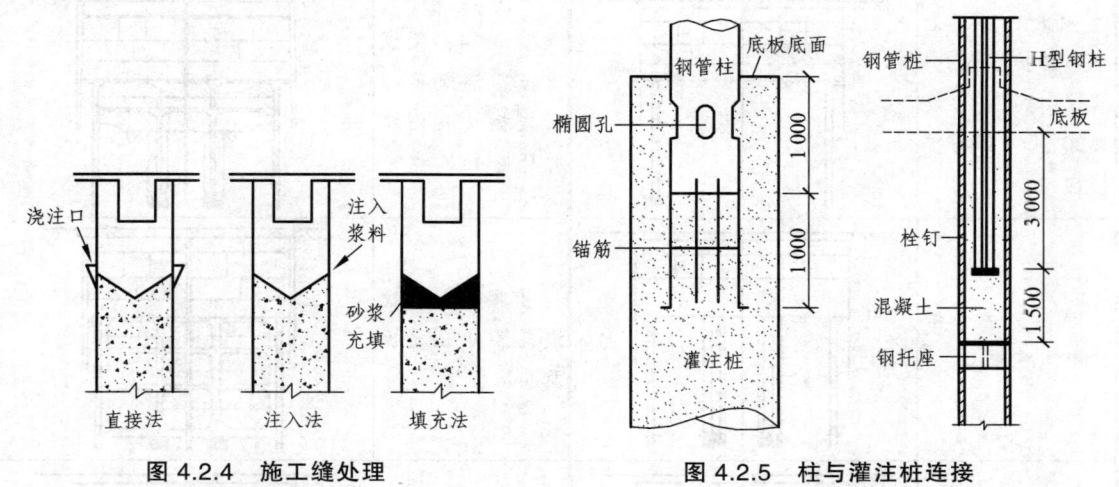

图 4.2.4　施工缝处理　　　　图 4.2.5　柱与灌注桩连接

4.2.4　盖挖法与其他施工方法的组合

1. 盖挖法各工法特征对比

由上述可知，盖挖顺作法与明挖顺作法在施工顺序上和技术难度上差别不大，仅挖土和出土工作因受覆盖板的限制，无法使用大型机具，需采用特殊的小型、高效机具和精心组织施工。而盖挖逆作法和半逆作法与明挖顺作法相比，除施工顺序不同外，还具有以下特点：

① 对围护结构和中间桩柱的沉降量控制严格，以免对上部结构受力造成不良影响；
② 中间柱如为永久结构，则其安装就位困难，施工精度要求高；
③ 为了保证不同时期施工构件相互之间的连接能达到预期的设计状态，必须将各种施工误差控制在较小的施工范围内，并有可靠的连接构造措施；
④ 除在非常软弱的地层中，一般不需再设置临时横撑，不仅可节省大量钢材，也为施工提供了方便；
⑤ 由于是自上而下分层建筑主体结构，故可利用土模技术，可以节省大量模板和支架；
⑥ 和盖挖顺作法一样，其挖土和出土往往会成为决定工程进度的关键程序。但同时又因为施工是在顶板和边墙保护下进行的，安全可靠，并不受外界气象条件的影响。

2. 盖挖法与其他施工方法的组合施工

为了节省工期、降低工程造价、保证施工安全等需要，有时盖挖法还可以与其他施工方法组合进行施工，如盖挖顺作法与盖挖逆作法的组合施工（见表 4.2.1）、盖挖法与暗挖法组合施工（见图 4.2.6）等。

表 4.2.1 盖挖顺作法与盖挖逆作法的组合的施工步骤

步骤	图例	步骤	图例
步骤1：施工上半部围护结构、中间柱、挖土并架设支撑、下半部围护结构		步骤4：架设支撑，浇筑第3层楼板及其侧墙并开挖土方	
步骤2：主体结构中间桩施工		步骤5：依次浇筑第4层楼板及相应侧墙	
步骤3：浇筑第2层楼板并开挖土方		步骤6：用顺作法浇筑第1、2层结构，拆除临时设施回恢路面	

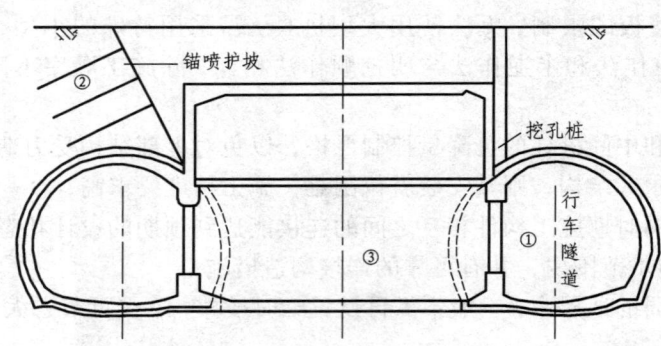

①—用暗挖法修建两个行车隧道及梁柱；②—锚喷护坡、挖孔桩；③—用盖挖法完成其余部分

图 4.2.6 盖挖法与暗挖法组合施工程序图

4.3 基坑的围护结构

4.3.1 概述

1. 基坑围护体系的组成

基坑围护体系由两部分组成，一是围护结构，一是内支撑或者土层锚杆（统称为支撑体

系）。支撑体系与围护结构一起，以增强支护结构的整体稳定性，不仅直接关系到基坑的安全和土方开挖，对基坑的工程造价和施工速度的影响也很大。

明挖法施工中围护结构的选择，应充分考虑地质条件的差异、围护结构的刚度以及对基坑防水的要求等因素来确定。围护结构可分为排桩围护结构（包括钢板桩、挖孔桩、钻孔桩、水泥土搅拌桩或劲性水泥土搅拌桩等）、地下连续墙围护结构、土钉墙围护结构等。当侧压力比较小、基坑较浅时可以不设支撑，具体是设置支撑还是采用锚杆等措施可根据当地已有的施工经验以及具体情况来定。

2. 围护结构的形式及其特点

目前地铁施工中所采用的围护结构种类很多，其施工方法、工艺和所用的施工机械各不相同，因此，应根据基坑深度、工程地质和水文地质条件、地面环境等，特别要考虑到城市施工这一特点，综合比较后确定。

基坑围护结构的形式按制作方式分类如图 4.3.1 所示。

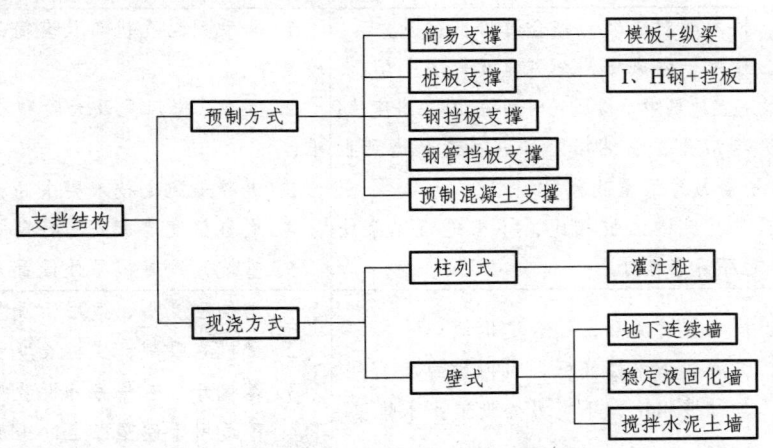

图 4.3.1　基坑围护结构分类图

当地下铁道车站结构施工方法选定后，车站土建的经济性主要由围护结构控制，因此，选择合适的围护结构相当重要。一般来说，常用的围护结构其优缺点如表 4.3.1 所述。

表 4.3.1　地铁基坑常用的围护结构其优缺点

类　型	优　点	缺　点
放坡开挖	1. 施工简单，施工难度小； 2. 施工进度较快； 3. 由于不需设置支撑，主体结构施工方便	1. 由于自然放坡的坡率大，若基坑较深则基坑开挖面积大，工程投资相对较大； 2. 占用场地大，对环境有影响
地下连续墙	1. 技术相对成熟； 2. 刚度大，强度大，开挖深度大，变位小，隔水性好，适用于各种地层，复杂周边环境工程；特别是止水要求严格的基坑支护； 3. 可兼作主体结构的一部分； 4. 可邻近建筑物、构筑物使用，环境影响小	1. 工程投资高； 2. 施工机具要求较高，施工工艺复杂； 3. 施工技术要求高； 4. 施工机具占用场地较大； 5. 废弃泥浆等对环境有污染； 6. 基坑开挖时需另设支撑

续表

类 型	优 点	缺 点
人工挖孔桩	1. 技术成熟，施工工艺简单，操作方便； 2. 施工精度易控制； 3. 占用场地小； 4. 施工进度较快； 5. 对周边环境影响较小	1. 与放坡开挖及土钉墙等相比，工程投资相对较大； 2. 受地质条件的限制较大，一般不宜用于淤泥及含水砂层； 3. 其适用范围受严格限制，并有逐渐淘汰的趋势； 4. 基坑开挖时需另设支撑
钻孔灌注桩	1. 技术相对成熟，工艺相对简单； 2. 适用于各种地层，受地质条件的限制较小； 3. 单桩成孔时间短，施工进度快	1. 在含水地层使用还需配以止水措施，工程投资综合较高； 2. 对环境有一定影响； 3. 基坑开挖时需另设支撑
套筒咬合钻孔灌注桩	1. 技术相对成熟，综合造价低； 2. 适用于强风化、全风化及各类土层； 3. 适宜地层中单桩成孔时间短，施工进度快； 4. 与钻孔灌注桩相比，桩间咬合达到止水，不需另外设置止水桩； 5. 与钻孔灌注桩相比，不需进行泥浆处理，对环境影响小	1. 需动用钻孔机具及套筒工具，施工工序较复杂； 2. 在中、微风化及大粒卵石等地层施工困难； 3. 混凝土配比技术要求高； 4. 成桩精度要求高（特别是垂直度）； 5. 基坑开挖时需另外设置支撑
SMW工法	1. 技术相对成熟，综合造价低； 2. 防渗、止水性能好，对内衬约束小； 3. 与排桩相比，不需另外设置止水帷幕	1. 结构刚度小，适用于浅基坑； 2. 受机具限制，成桩长度受限； 3. 基坑开挖时需另外设置支撑； 4. 不适用于硬塑以上的土层

4.3.2 排桩围护结构

基坑开挖时，对由于场地限制不能放坡开挖的基坑，可采用排桩围护结构。排桩围护结构（又称帷幕桩围护结构）是地铁基坑开挖施工中经常采用的围护形式。构成排桩围护结构的基本桩单元，可以是钢板桩、钻孔灌注桩、人工挖孔桩、水泥土搅拌桩或劲性水泥土搅拌桩（SMW）等。

排桩围护结构按照桩排列的密度可分为：柱列式排桩围护结构，连续排桩围护结构和组合式排桩围护结构三种。

（1）柱列式排桩围护

当边坡土质较好、地下水位较低时，可利用土拱作用，以稀疏的钻孔灌注桩或挖孔桩支挡土坡，如图4.3.2（a）所示。

（2）连续排桩围护

在软土中一般不能形成土拱，支挡桩应该连续密排[见图 4.3.2（b）]。密排的钻孔桩可以互相搭接，或在桩身混凝土强度尚未形成时，在相邻桩之间做一根素混凝土树根桩把钻孔桩排连起来，如图4.3.2（c）所示。也可以采用钢板桩、钢筋混凝土板桩，如图4.3.2（d）、（e）所示。

（3）组合式排桩围护

在地下水位较高的软土地区，可采用钻孔灌注桩排桩与水泥土桩防渗墙组合的形式，如图 4.3.2（f）所示。

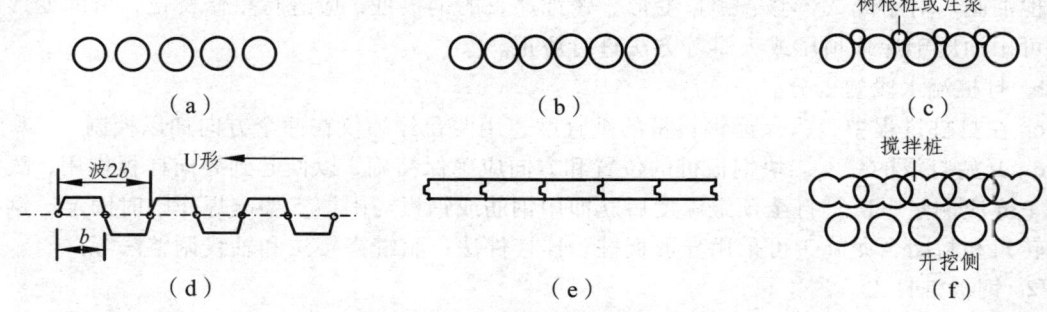

图 4.3.2 排桩围护结构的类型

1. 钢板桩围护结构

钢板桩围护结构是将钢板桩打入土层，设置必要的支撑或拉锚，以抵抗土压力和水压力，并保持周围地层稳定的一种围护结构。

（1）钢板桩支护的优缺点

钢板桩支护的优点：材料可靠，施工简单，在软弱土层中施工速度快，并且有较好的挡水性，临时性结构的钢板桩可重复使用，降低成本。钢板桩围护结构多在沿海城市（如广州、上海、天津等）地下水位较高的地铁工程基坑中采用。

钢板桩支护的缺点：柔性大，如用于深基坑需设置多道支撑（或锚杆），一般认为开挖深度超过 7 m 的软土地层不宜采用。

（2）钢板桩常用的断面形式

钢板桩常用的截面形式为 U 形或 Z 形，如图 4.3.3 所示。我国地下铁道施工中多用 U 形钢板桩（见图 4.3.4），钢板桩围护结构可根据土压力大小设置为单层或双层。

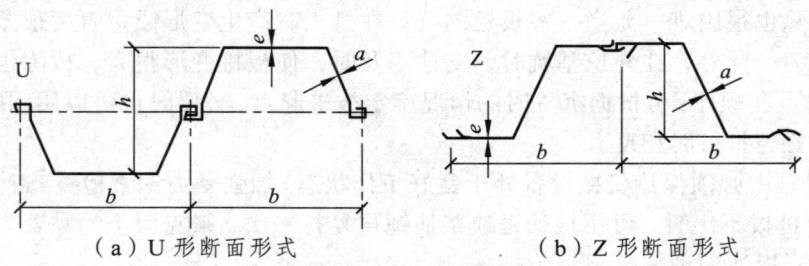

图 4.3.3 常用钢板桩截面形式

图 4.3.4 U 形截面钢板桩在工程中的应用

（3）钢板桩围护结构的施工

① 钢板桩施工的准备。

a. 钢板桩准备：桩在打入前应将桩尖处的凹槽口封闭，避免泥土挤入，锁口应涂以黄油或其他油脂。对于年久失修、锁口变形、锈蚀严重的钢板桩，应进行整修矫正，弯曲变形的桩，可用油压千斤顶顶压或火烘等方法进行矫正。

b. 打桩流水段的划分。

c. 在打桩过程中，为保证钢板桩的垂直度，用两台经纬仪在两个方向加以控制。

d. 开始打设的一、二块钢板桩的位置和方向应确保精确，以便起到导向样板作用，故每打入1m应测量一次，打至预定深度后立即用钢筋或钢板与围檩支架电焊作临时固定。钢板桩的转角和封闭合龙施工可采用异形板桩、连接件法、骑缝搭接法和轴线调整法等。

② 钢板桩打入。

钢板桩施工机具有冲击式打桩机，包括自由落锤、柴油锤、蒸汽锤等。振动打桩机，可用于打桩及拔桩。此外还有静力压桩机等。钢板桩打入通常分为单独打入法和屏风打入法两种。

a. 单独打入法，是从板墙的一角开始，逐块（或两块为一组）打设，直至工程结束。其优点是施工简便、迅速、不需要其他辅助支架；其缺点是：易使板桩向一侧倾斜，且误差积累后不易纠正。因此，单独打入法只适用于板桩墙要求不高且板桩长度较小（如小于10 m）的情况。

b. 屏风式打入法，是将10~20根钢板桩成排插入导架内，呈屏风状，然后再分批施打。施打时先将屏风墙两端的钢板桩打至设计标高或一定深度，成为定位板桩，然后在中间按顺序分1/3、1/2板桩高度呈阶梯状打入。屏风式打入法的优点是：可以减少倾斜误差积累，防止过大的倾斜，而且易于实现封闭合龙，能保证板桩墙的施工质量；其缺点是：插桩的自立高度较大，要注意插桩的稳定和施工安全。

③ 钢板桩拔除。

钢板桩拔出时的拔桩阻力由土对桩的吸附力与桩表面的摩擦阻力组成。拔桩方法有静力拔桩、振动拔桩和冲击拔桩三种。不论何种方法都是从克服拔桩阻力着眼。

钢板桩拔除的难易，多数场合取决于打入时顺利与否，如果在硬土或密实砂土中打入板桩，则板桩拔除也很困难，尤当一些板桩的咬口在打入时产生变形或垂直度很差，在拔除时会碰到很大阻力。此外，在开挖基坑时，支撑不及时，使板桩变形很大，拔除也很困难。

a. 拔桩起点和顺序：可根据沉桩时的情况确定拔桩起点，必要时也可以用间隔拔的方法。拔桩的顺序最好与打桩时相反。

b. 拔桩过程中必须保持机械设备处于良好工作状态。加强受力钢索检查，避免突然断裂。

c. 当钢板桩拔不出时，可用振动锤或柴油锤再复打一次，来克服土的黏着力或将板桩上的铁锈等消除，以便顺利拔出。

d. 拔桩会带出土粒形成空隙，并使土层受到扰动，特别在软土地层中，会使基坑内已施工的结构或管道发生沉降，并引起地面沉降而严重影响附近建筑和设施的安全，对此必须采取有效措施，对拔桩造成的土的空隙要及时用中粗砂填实，或用膨润土浆液填充，当控制土层位移有较高要求时必须采取在拔桩时跟踪注浆等填充法。

2. 工字钢桩围护结构

作为基坑围护结构的工字钢桩，一般采用50#、55#和60#的大型工字钢，基坑开挖前，在地面用冲击式打桩机沿基坑设计边线逐根打入地下,桩间距一般为 1.0~1.2 m。若地层为饱和淤泥等松软土层,也可采用静力压桩机和振动打桩机进行沉桩。基坑开挖时,随挖土方,随在桩间插入 5 cm 厚的水平木背板,以挡住桩间土体。基坑开挖至一定深度后,若悬臂工字钢的强度和刚度不够则需要加设腰梁、横撑或锚杆(索),腰梁多采用大型槽钢、工字钢制成,横撑则可采用钢管或组合钢梁,其支撑截面形式如图 4.3.5 所示。

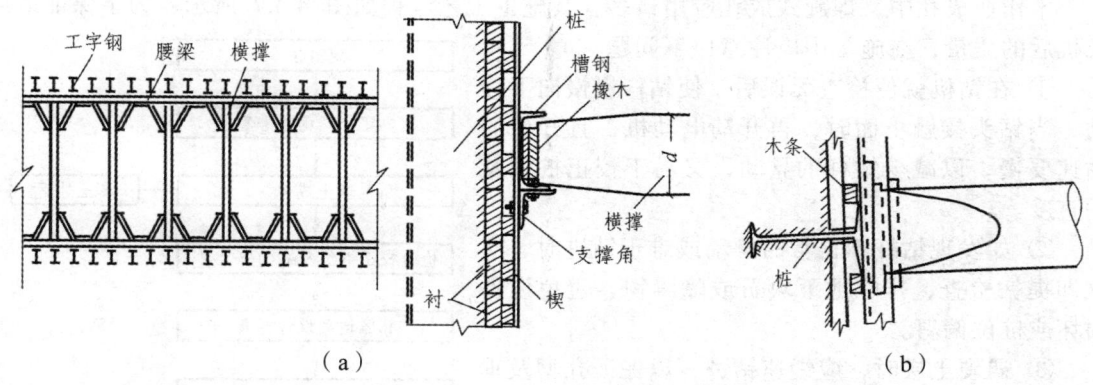

图 4.3.5 工字钢桩围护结构图

工字钢桩围护结构适用于黏性土、砂性土和粒径不大于 10 cm 的砂卵石地层,当地下水位较高时,必须配合人工降水措施。而且打桩时,施工噪声一般较大,大大地超过了环保法规定的限值,因此,这种围护结构只宜用于郊区距居民点较远的基坑施工。

3. 钻孔灌注桩围护结构

钻孔灌注桩常作为地铁基坑开挖中的围护结构,如图 4.3.6 所示。钻孔灌注桩成孔施工分为干作业法和湿作业法。

图 4.3.6 钻孔灌注桩围护结构在工程中的应用

(1) 钻孔灌注桩干作业成孔施工

对于地下水位以上的一般黏性土、砂土及人工填土地基的钻孔灌注桩,可采用干作业成孔法施工，即非泥浆无循环钻进法。

一般采用螺旋钻孔机进行成孔。螺旋钻孔机由主机、滑轮、螺旋钻杆、钻头、出土装置等部分组成。主要利用螺旋钻头切削土体，被切出的土块随钻头旋转，并沿螺旋叶片上升而被推出孔外。该类钻机结构简单，使用可靠，成孔作业效率高、质量好、无震动、无噪声，最宜用于匀质黏性土，并能较快穿透砂层。

干作业成孔中，螺旋式成孔应用最多，其施工工艺流程如图 4.3.7 所示。为了保证最终成桩后的质量，在施工中应注意以下问题：

① 在钻机就位检查无误后，使钻杆慢慢向下移动，当钻头接触土面时，再开动电动机，且开始的钻速要慢，以减少钻杆的晃动，又易于校正桩位及垂直度。

② 如发现钻杆不正常的摆动或难于钻进时，应立即提钻检查，排除地下块石或障碍物，避免设备损坏或桩位偏斜。

③ 遇硬土层时，应慢速钻进，以保证孔型及垂直度。

④ 钻到设计标高时，应在原深度处空转清土，停钻后，提出钻杆弃土，空转清土时，不可进钻，提钻弃土时，不可回转钻杆。

⑤ 钻取出的土不可堆放在孔口边，应及时清运。

⑥ 吊放钢筋笼时，应防止变形和碰撞孔壁。钢筋笼外侧应设有预制的混凝土垫块，以保证混凝土保护层厚度。

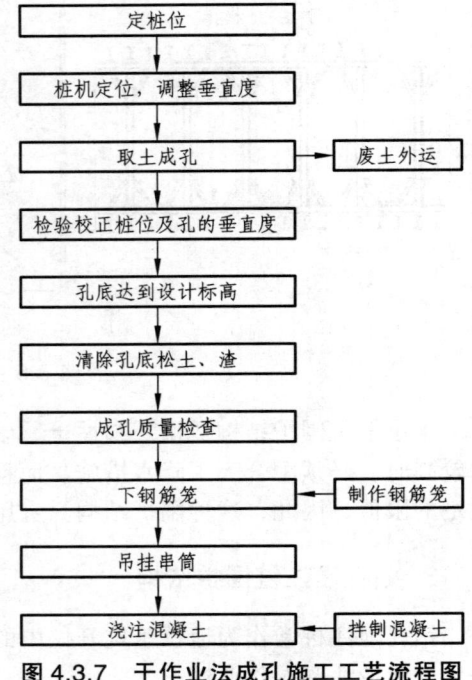

图 4.3.7 干作业法成孔施工工艺流程图

⑦ 经检查合格的孔，应及时浇筑混凝土。混凝土从吊持的串桶内注入，一般深度大于 6 m 时，靠混凝土自身重力下冲压实；小于 6 m 时，应以长竹竿人工插捣，当只剩下 2 m 时，用混凝土振捣器捣实。常采用的混凝土坍落度为：

一般黏性土宜用 5~7 cm，砂类土宜用 7~9 cm，黄土 6~9 cm。混凝土强度等级不低于 C15。

⑧ 桩顶标高低于地面时，孔口应有盖板，以防人、物坠落。

最近引起国内重视的是从日本、意大利等国家引进的钻斗钻进设备，主要适用于土层中，特别是软土层中。其最大的优点是避免泥浆大量外运和泥浆造成的污染。钻斗既是土的切削破碎工具，又是暂时存土容器。钻进时不采用泥浆循环，但钻进时为了保护孔壁稳定，孔内要注满优质泥浆（又叫稳定液）。钻斗机对黏性土、粉土、部分砂性土及淤泥有很高的效率。

（2）钻孔灌注桩湿作业成孔施工

钻孔灌注桩的湿作业成孔法，适用于一般黏性土、淤泥和淤泥质土、砂性土和碎石类土，尤其适用于地下水位较高的土层中。

灌注桩湿作业成孔施工工艺流程见图 4.3.8 和图 4.3.9。

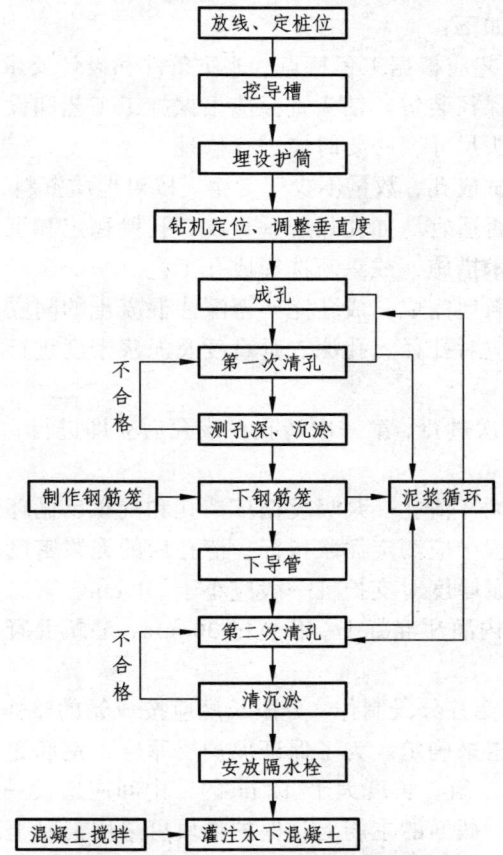

图 4.3.8 灌注桩湿作业成孔施工工艺流程图

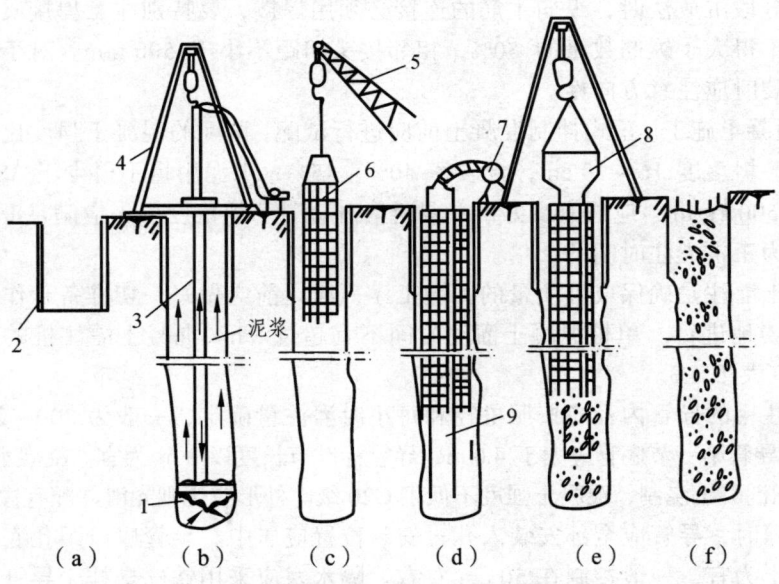

图 4.3.9 钻孔桩成桩施工工艺图

(a) 埋设护口管; (b) 回转成孔; (c) 吊放钢筋笼; (d) 二次清孔底沉渣; (e) 灌水下混凝土; (f) 拔出护口管, 灌混凝土结束

1—钻头; 2—护口管; 3—钻杆; 4—钻机; 5—吊车; 6—钢筋笼; 7—高压泵; 8—漏斗; 9—导管

湿作法主要施工过程如下：

① 成孔施工。成孔工艺应根据工程特点、地质条件和设计要求合理选择。成孔直径必须达到设计桩径，钻头应有保径装置。钻头直径应根据施工工艺和设计桩径合理选定。在成孔施工过程中应经常检查钻头尺寸，必要时应进行修理。

在正式施工前应进行试成孔，数量不少于 2 个。核对地质资料，检验所选的设备、机具、施工工艺以及技术要求是否适宜。如孔径、垂直度、孔壁稳定和沉淤等检测指标不能满足设计要求时，应拟订补救技术措施，或重新选择成孔工艺。

成孔施工应一次不间断地完成，成孔完毕至灌注混凝土的间隔时间不应大于 24 h。

成孔至设计深度后，应对孔径、孔深、垂直度及泥浆密度进行检查，确认符合要求后，方可进行下一道工序施工。

② 清孔。清孔应分两次进行，第一次清孔在成孔后立即进行；第二次在下钢筋笼和安装导管后进行。

常用的清孔方法有正循环清孔、泵吸反循环清孔和气举反循环清孔，通常随成孔时采用的循环方式而定。清孔过程中应测定泥浆指标，清孔后的泥浆密度应小于 1.15。清孔结束时应测定孔底沉淤，孔底沉淤厚度对支护桩一般应小于 30 cm。第二次清孔结束后孔内应保持水头高度，并应在 30 min 内灌注混凝土。若超过 30 min，灌筑混凝土前应重新测定孔底沉淤厚度，并满足规定要求。

③ 钢筋笼施工。钢筋笼宜分段制作，分段长度应按成笼的整体刚度、来料钢筋的长度及起重设备的有效高度等因素来确定。为了保证保护层厚度，钢筋笼上应设保护层垫块，设置数量每节钢筋笼不应少于 2 组，长度大于 12 m 的，中间应增设一组。每组块数不得少于 3 块，且应均匀地分布在同一截面的主筋上，保护垫块可采用混凝土滑轮块或扁钢定位体。

钢筋笼在起吊、运输和安装过程中应采取保护措施防止变形。起吊点宜设在加强箍筋部位。钢筋笼用分段沉放法时，纵向主筋的连接必须用焊接，要特别注意焊接质量，同一截面上的接头数量不得大于纵筋数量的 50%，相邻接头间距不小于 500 mm。对于非均匀配筋的钢筋笼，在安装时应注意方向性。

④ 水下混凝土施工。正式拌制混凝土前应进行试配，试配的混凝土强度比设计桩身强度高 15% ~ 25%，坍落度 16 ~ 20 cm，含砂率 40% ~ 45%，水泥用量不得少于 380kg/m³，最多用量不宜大于 500 kg/m³。应具有良好的和易性和流动性。坍落度损失应满足灌注要求。混凝土初凝时间应为正常灌注时间的 2 倍。

水下混凝土灌注是确保成桩质量的关键工序，灌注前应做好一切准备工作，以保证混凝土灌注连续紧凑地进行。单桩混凝土灌注时间不宜超过 8 h。混凝土灌注桩的充盈系数不得小于 1，也不宜大于 1.3。

混凝土灌注用的导管内径应按照桩径和每小时灌注量确定，一般为 200 ~ 250 mm，壁厚不小于 3 mm。导管第一节底管应大于 4.0 m，导管标准节长度以 3 m 为宜。浇灌水下混凝土所用的隔水塞可采用混凝土浇制，混凝土强度不低于 C20 级。外形应规则光滑并配有橡胶垫片。

混凝土浇灌时，导管应全部安装入孔，安装位置应居中。导管底口距孔底高度以能放出隔水塞和混凝土为宜，一般控制在 50 cm 左右。隔水塞应采用铁丝悬挂于导管内。混凝土灌入前应先在灌斗内灌入 0.1 ~ 0.2 m³ 的 1∶1.5 水泥砂浆，然后再灌入混凝土。等初灌混凝土足量后，方可截断隔水塞的系接铁丝将混凝土灌至孔底。混凝土初灌量应能保证混凝土入灌后，导管埋入混凝土深度为不少于 0.8～1.3 m，导管内混凝土柱和管外泥浆柱压力平衡。

在水下混凝土灌注中导管埋入深浅对于灌注能否顺利进行从而保证成桩质量至关重要。导管埋入过浅，操作稍一疏忽会将导管拔出混凝土面，或因孔深压力差大、导管埋入浅，可能发生新灌入混凝土冲翻顶面，造成夹泥甚至断桩事故。导管埋入过深，会发生或因顶升阻力大而产生局部涡流造成夹泥，或因混凝土出管上泛阻力大，上部混凝土长时间不动流动度损失而造成灌注不畅或其他质量问题。因此，混凝土灌注过程中导管应始终埋在混凝土中，严格控制导管不能提出混凝土面。导管埋入混凝土面的深度以 3～10 m 为宜，最小埋入深度不得小于 2 m。导管应勤提勤拆，一次提管拆管不得超过 6 m。

混凝土灌注中应防止钢筋笼上浮。

混凝土实际灌注高度应比设计桩顶标高高出一定高度。高出的高度应根据桩长、地质条件和成孔工艺因素确定，其最小高度不宜小于桩长的 5%，且应保证支护结构圈梁底标高处及以下的桩身混凝土强度满足设计要求。

4. 挖孔灌注桩围护结构

挖孔桩作为基坑支护结构与钻孔灌注桩相似，是由多个桩组成桩墙而起挡土作用。挖孔桩可使用简单的机具进行开挖，不受设备和工作面限制，可若干个孔同时开挖。施工时无振动、无噪声、无泥浆，对周围环境不会产生污染；适应建筑物、构筑物拥挤的地区，对邻近结构和地下设施的影响小，场地干净，造价较经济。在广州、深圳等地下铁道车站施工中，广泛地采用密排的挖孔桩作为基坑的围护结构，直径 1 200～1 500 mm，深度 15～27 m，形状有圆形的，亦有方形的。无论在经济效益或施工速度上都取得了很好的成绩。

挖孔桩适用于无水或少水的较密实的土质中，对流动性淤泥、流砂和地下水较丰富的地区不宜采用。桩的直径（或边长）不宜小于 1.4 m，最大可达到 5.0 m，孔深一般不宜超过 20 m。

挖孔桩施工，必须在保证安全的基础上不间断地快速进行。每一桩孔开挖、提升出土、排水、支撑、立模板、吊装钢筋骨架、灌注混凝土等作业都应事先准备好，紧密配合，及时完成。

人工挖孔桩是采用人工挖掘桩孔土方，随着桩孔的下挖，逐段浇捣钢筋混凝土护壁，直到所需深度，如图 4.3.10 所示。土层好时，也可不用护壁，一次挖至设计标高，最后在护壁内一次浇注混凝土。主要施工程序如下：

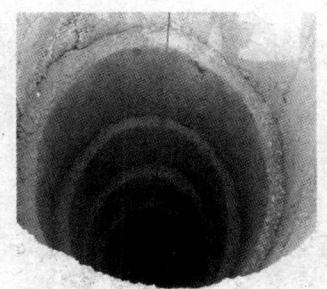 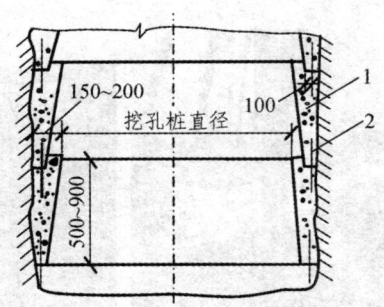

图 4.3.10 人工挖孔桩（单位：mm）

1—混凝土护圈；2—连接底直钢筋 $\phi 8\sim 12$

（1）开挖桩孔

一般采用人工开挖，开挖之前应清除现场及山坡上的悬石、浮土，排除一切不安全因素，做好孔口四周临时围护和排水措施。孔口应采取措施防止土石掉入孔内，并安排好排土提升设备（卷扬机或绞车等），布置好运土通道及弃土地点，必要时孔口应搭雨棚。挖孔过程中要随时检查桩孔尺寸和平面位置，防止误差。应注意施工安全，下孔人员必须配戴安全帽和安全绳，提取土渣的机具必须经常检查。孔深超过 10 m 时，应经常检查孔内二氧化碳浓度，如超过 0.3% 应增加通风措施。孔内如用爆破施工，应采用浅眼爆破法，且在炮眼附近要加强支护，以防止震坍孔壁。桩孔较深时，应采用电引爆，爆破后应通风排烟，经检查孔内无毒后施工人员方可下孔。

（2）护壁和支撑

挖孔桩开挖过程中，开挖和护壁两个工序，必须连续作业，以确保孔壁不坍。挖孔桩能否顺利施工，护壁起决定性作用。应根据地质、水文条件、材料来源等情况因地制宜选择支撑及护壁方法。桩孔较深、地质较差、出水量较大或遇流砂等情况时，宜采用就地灌注混凝土护壁，每下挖 1~2 m 灌注一次，随挖随支。护壁厚度一般采用 0.15~0.20 m，混凝土强度等级为 C15~C20，必要时可配置少量的钢筋，也可采用下沉预制钢筋混凝土圆管护壁。如土质较松散而渗水量不大时，可考虑用木料作框架式支撑或在木框架后面铺架木板作支撑。

（3）排　水

孔内渗水量不大，可采用人工排水；渗水量较大，可用高扬程抽水机或将抽水机吊入孔内抽水。遇到混凝土护壁坍塌或漏水，用水泥干拌堵塞，效果良好。

（4）吊装钢筋骨架及灌注桩身混凝土

挖孔到达设计深度后，应检查和处理孔底、孔壁。清除孔壁及孔底浮土，孔底必须平整，符合设计条件及尺寸，以保证桩身混凝土与孔壁及孔底密贴，受力均匀。遇到地下水较难抽干，但可清孔干净时，可采用先铺砌条石、块石封底或采用水下混凝土封底。浇灌桩身混凝土时应一次浇灌完毕，不留施工缝。

5. 深层搅拌桩围护结构

深层水泥搅拌桩是利用水泥作为固化剂，通过深层搅拌机械在地基将软土或砂等和固化剂强制拌和，利用固化剂和软土之间所产生的一系列物理-化学反应，使软土硬结成具有整体性、水稳定性和一定强度的桩体，如图 4.3.11 所示。

图 4.3.11　深层搅拌桩围护结构图

深层水泥搅拌桩适用于处理淤泥、砂土、淤泥质土、黏土、粉土和粉质黏土等。加固深度从数米至 60 m，国内最大深度可达 15～20 m。深层搅拌桩围护结构具有不透水、不需设支撑的特点，能在敞开的条件下开挖基坑，使用的材料仅为水泥，具有较好的经济效益，深受欢迎。深层搅拌桩的主要缺点是其抗拉强度低，因而常排列成格栅形式，成为重力坝式挡墙，或在其中插入型钢加以改良。

搅拌桩施工可采用湿法（喷浆）及干法（喷粉）施工，目前在我国湿法使用较多。深层搅拌桩的施工工艺流程如图 4.3.12 所示。其施工过程大致可分为：

① 桩架定位及保证垂直度。深层搅拌桩架到达指定桩位，对中。当场地标高不符合设计要求或起伏不平时，应先进行开挖、整平，施工时桩位偏差应小于 5 cm，桩的垂直度误差不超过 1%。

② 预搅下沉。待深层搅拌桩的冷却水循环正常后，启动搅拌机电动机，放松起重机钢丝绳，使搅拌机沿导向架搅拌切土下沉，下沉速度可由电动机的电流表控制。工作电流不应大于 70A。如果下沉速度太慢，可从输浆系统补给清水以利于钻进。

③ 制备水泥浆。按照设计要求的配合比拌制水泥浆，待压浆前将水泥浆倒入集料斗中。

④ 提升、喷浆并搅拌。深层搅拌机下沉到设计深度后，开启灰浆泵将水泥浆压入地基土中，并且边喷浆边旋转，同时严格按照设计确定的提升速度提升搅拌头。

⑤ 重复搅拌或重复喷浆。搅拌头提升至设计加固深度的顶面标高时，集料斗中的水泥浆正好排空。为使软土和水泥浆搅拌均匀，可再次将搅拌头边旋转边沉入土中，至设计加固深度后再将搅拌头提升出地面。

有时可采用复搅、复喷方法。在第一次喷浆至顶面标高，喷完总量的 60%浆量，将搅拌头边搅拌边沉入土中，至设计深度后，再将搅拌头边提升边搅拌，并喷完余下的 40%浆量。喷浆搅拌时搅拌头的提升速度不应超过 0.5 m/min。

⑥ 移位。桩架移至下一桩位施工。

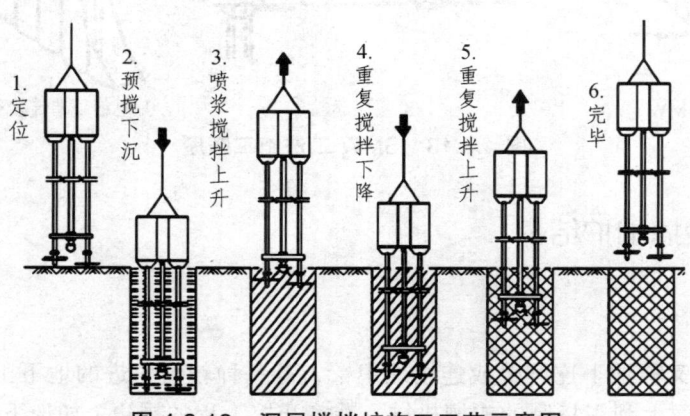

图 4.3.12 深层搅拌桩施工工艺示意图

6. 劲性水泥土搅拌桩围护结构

劲性水泥土搅拌桩围护结构，又称 SMW 挡土墙（Soil Mixing Wall），它是利用搅拌设备就地切削土体，然后注入水泥系混合液搅拌形成均一的挡墙，最后按一定的形式在其中插入型钢（如 H 型钢），即在水泥土搅拌桩中插入型钢或其他芯材形成的一种劲性复合围护结构。

该种围护结构的特点主要表现在止水性好，构造简单，型钢插入深度一般小于搅拌桩深度，施工速度快，型钢可回收重复使用，成本较低。

SMW 工法是用三轴型或多轴型搅拌桩在现场向一定深度钻据，同时在钻头处喷出水泥固化剂而与地基土反复搅拌，在各施工单元间采取重叠搭接施工，然后在水泥混合体未结硬之前插入型钢或钢筋笼作为其加筋材料，至水泥土结硬，便形成一道有一定强度和刚度的、连续完整的挡土墙体。SMW 工法的施工顺序如图 4.3.13 所示。

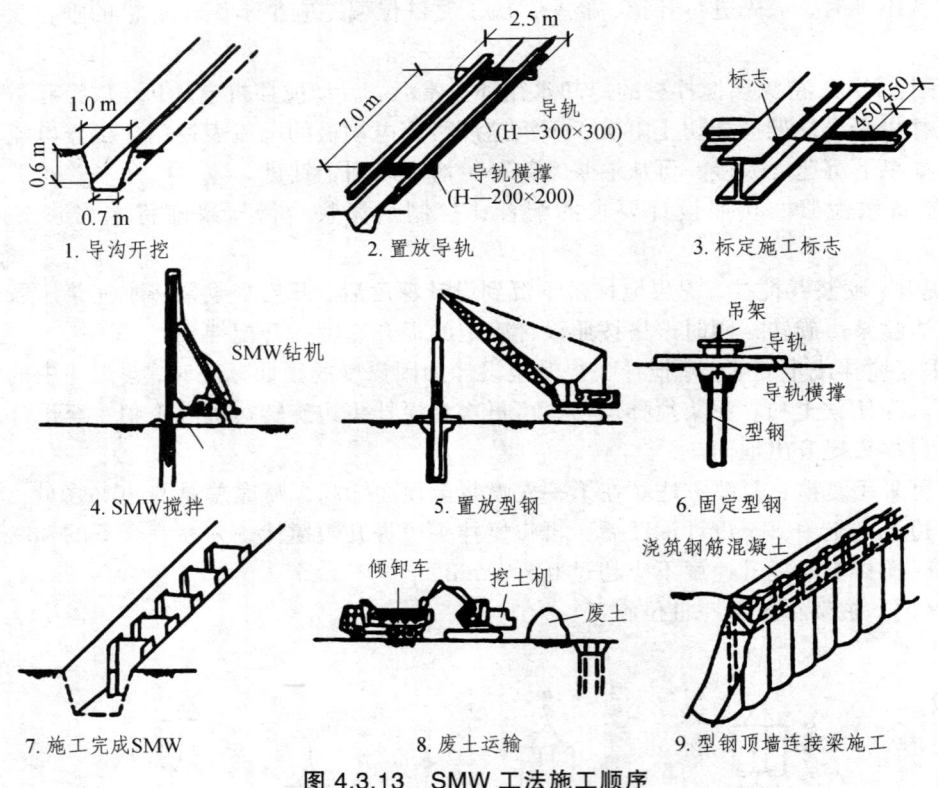

图 4.3.13 SMW 工法施工顺序

4.3.3 地下连续墙围护结构

1. 概　述

地下连续墙，又称地下连续壁或连续地中壁，是一种较为先进的地下工程结构形式和施工工艺。它是在地面上利用特制的成槽机械，沿着开挖工程的周边（如地下结构的边墙），在泥浆（又称稳定液，如膨润土泥浆）护壁的情况下进行开挖，形成一定长度的沟槽，再将制作好的钢筋笼放入槽段内，采用导管法进行水下混凝土浇注，形成一个单元的墙段，各墙段之间采用特定的接头方式（如用接头管或接头箱做成的接头）相互连接，形成一道连续的地下钢筋混凝土墙，如图 4.3.14 所示。

图 4.3.14 地下连续墙工程应用

地下连续墙在欧美国家称为"混凝土地下墙"或"泥浆墙",在日本则称之为"地下连续壁"或"连续地重壁"等,是目前正在发展并且日益得到广泛应用的新技术。近年来不仅在欧洲和日本相当普及,在我国也日益得到广泛的应用。目前,我国的地下连续墙技术无论在理论研究,还是在施工技术中都取得了很大进步,已成为城市明挖施工中的主导方法。

(1) 优缺点及适用条件

地下连续墙具有两大突出优点:一是对周围环境影响小;二是施工时无噪声、无振动。例如在城市中修建地下工程与现有建筑物紧密连接,受环境条件的限制或由于水文地质和工程地质的复杂性,很难设置井点排水等,采用地下连续墙施工方法具有明显的优越性。

另外,地下连续墙施工工艺与其他施工方法相比,还有许多优点:

① 适用于各种土质情况。目前在我国除岩溶地区和承压水头很高的砂砾层难以采用外,在其他各种土质中皆可应用地下连续墙技术。在一些复杂的条件下,它几乎成为唯一可采用的有效的施工方法。

② 能兼作临时设施和永久的地下主体结构。由于地下连续墙具有强度高、刚度大的特点,不仅能用于深基础护壁的临时支护结构,而且在采取一定结构构造措施后可用作地面高层建筑基础或地下工程的部分结构。一定条件下可大幅度减少工程总造价,获得经济效益。

③ 可结合"逆作法"施工,缩短施工总工期。一种称为逆作法的新颖施工方法,是在地下室顶板完成后,同时进行多层地下室和地面高层房屋的施工。一改传统施工方法先地下后地上的施工步骤。逆作法施工通常要采用地下连续墙的施工工艺和施工技术。

地下连续墙施工方法的局限性和缺点:

① 对于岩溶地区含承压水头很高的砂粒层和很软的黏土,如不采用其他辅助措施,目前尚难于采用地下连续墙法。

② 如施工现场组织管理不善,可能会造成现场潮湿和泥泞,影响施工的条件,而且要增加对废弃泥浆的处理工作。

③ 如施工不当或土层条件特殊,容易出现不规则超挖和槽壁坍塌。

④ 现浇地下连续墙的墙面通常较粗糙,如果对墙面要求较高,墙面的平整处理增加了工期和造价。

⑤ 地下连续墙如仅用作施工期间的临时挡土结构,在基坑工程完成后就失去其使用价

值,所以当基坑开挖不深,则不如采用其他方法经济。

⑥ 需有一定数量的专用施工机具和具有一定技术水平的专业施工队伍,使该项技术推广受到一定限制。

通常情况下,地下连续墙的造价高于钻孔灌注桩和深层搅拌桩,因此,对其选用需经过认真的经济技术比较后才可决定采用。一般来说在以下几种情况宜采用地下连续墙:

① 处于软弱地基的深大基坑,周围又有密集的建筑群或重要的地下管线,对基坑工程周围地面沉降和位移值有严格限制的地下工程。

② 既作为土方开挖时的临时基坑围护结构,又可用作主体结构的一部分的地下工程。

③ 采用逆作法施工,地下连续墙同时作为挡土结构、地下室外墙、地面高层房屋基础的工程。

(2) 地下连续墙的分类

地下连续墙按其填筑的材料,分为土质墙、混凝土墙、钢筋混凝土墙(又有现浇和预制之分)和组合墙(预制钢筋混凝土墙板和现浇的混凝土的组合,或预制钢筋混凝土墙板和自凝水泥膨润土泥浆的组合);按其成墙方式,分为排桩式、壁板式、桩壁组合式;按其用途分为临时挡土墙、防渗墙、用作主体结构兼作临时挡土墙的地下连续墙、用作多边形基础兼作墙体的地下连续墙。

所谓排桩式地下连续墙实际上就是把钻孔灌注桩并排连接所形成的地下连续墙。其施工工艺等与钻孔灌注桩相同。壁式连续墙指在专用挖槽机械挖成的狭长槽段中(一般充满护壁泥浆),现浇钢筋混凝土而成的平面形墙,各幅墙体之间用锁结管或钢筋钢板搭接,连接成整体。

预制钢筋混凝土连续墙是在挖好的沟槽内,相互连续地依次插入预制的钢筋混凝土墙板,然后用特殊的固化泥浆将其固定在沟槽内而成的。这种固化泥浆所固有的固化性能为:成槽时充满沟槽以维持槽壁的稳定性,但不能对挖槽造成障碍,也不允许妨碍预制墙板的插入。待预制墙板安装就位后,沟内泥浆逐渐硬化,但在下一个相邻槽段开挖时,不能过硬以致妨碍成槽作业。也就是说,经过一定时间后,随着固化泥浆强度的逐渐增加,才能将墙板固定在槽内。由此可知,预制地下连续墙成败的关键是对固化泥浆的管理。

(3) 地下连续墙的结构与构造

目前,我国建筑工程中应用最多的是现浇钢筋混凝土壁板式连续墙。地下连续墙与主体结构的连接方式根据其作用的不同而不同,主要有四种形式:仅用来挡土的临时围护结构;既是临时围护结构又作为永久结构的边墙,即所谓单层墙;作为永久结构边墙一部分的重合墙和复合墙。由于地下连续墙的作用不同,所以它和主体结构的连接方式也就不同,见图 4.3.15。

① 现浇钢筋混凝土壁板式连续墙。

壁式连续墙厚度视地质条件、基坑深度、挖槽设备而定,有 40 cm、60 cm、80 cm、120 cm 等多种。

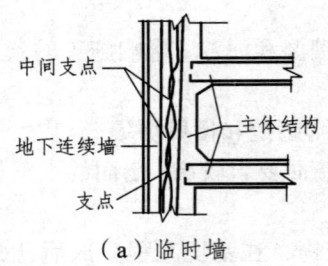

(a) 临时墙

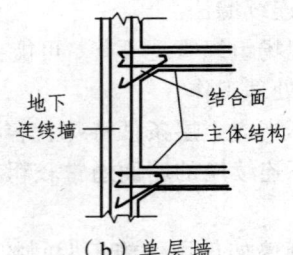

(b) 单层墙

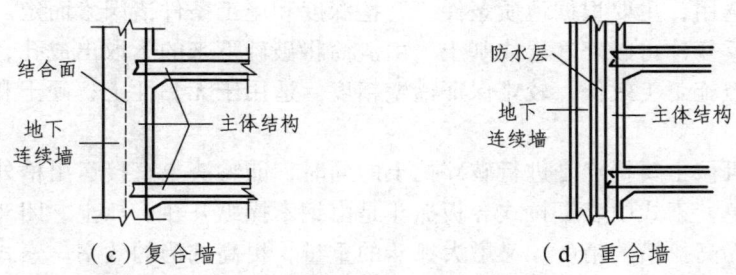

(c) 复合墙　　　　　　　(d) 重合墙

图 4.3.15　地下连续墙与主体结构结合方式

墙体配筋按强度和抗裂性计算而定，目前，国内多采用普通钢筋混凝土结构。为了保证混凝土在钢筋间自由流动，其间距应不小于 80 mm，保护层通常设计成：临时墙大于 60 mm，永久性墙体大于 100 mm。为了增加连续墙的抗弯能力，可采用预应力钢筋混凝土墙体。

② 预制钢筋混凝土连续墙。

预制墙板一般都是预应力钢筋混凝土的，其形状和尺寸应符合墙的使用要求。其形状虽有多种变化，但其尺寸则受吊装能力限制。

2. 施工主要设备

（1）成槽设备

成槽机具设备是地下连续墙施工的关键设备。成槽（机械）设备常用的挖槽机械可分为两大类：一是挖（抓）斗式挖槽机，这类机械采用直接出渣方式；二是钻头式挖槽机，这类机械采用泥浆循环出渣方式，如图 4.3.16 所示。

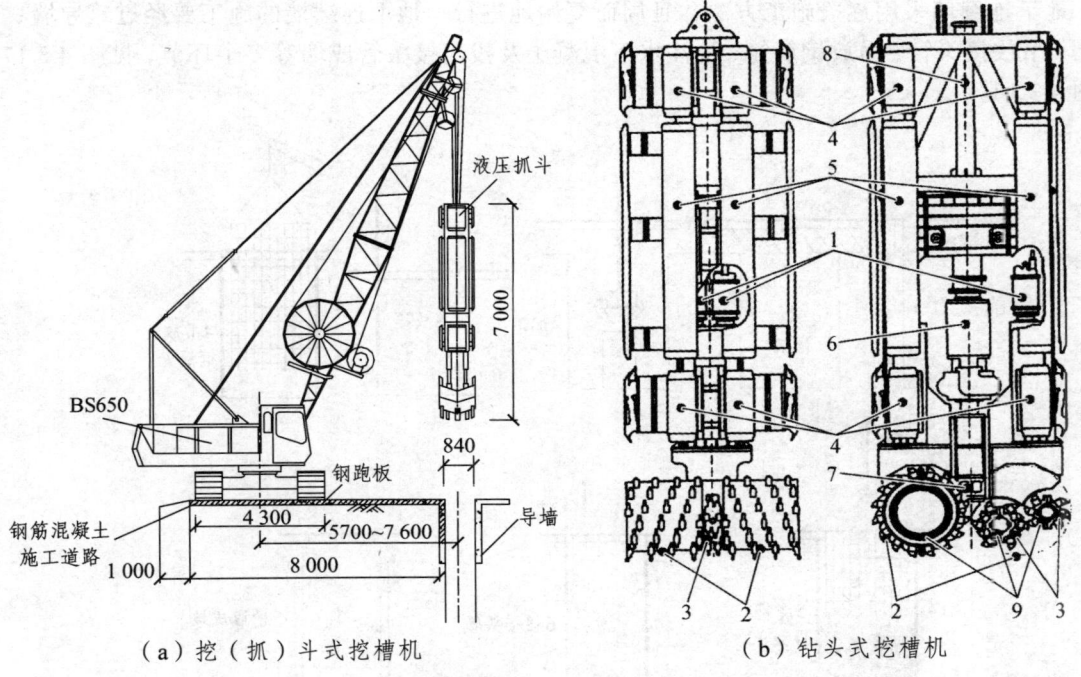

（a）挖（抓）斗式挖槽机　　　　　（b）钻头式挖槽机

图 4.3.16　成槽设备

挖槽机械的选用，主要根据地质条件、开挖深度和施工条件诸因素而定。冲击式钻机依靠钻头自身重量反复冲击破碎基岩或基土，由渣筒将破碎下来的土取出成孔，该设备比较简单，操作容易，但施工工效低，较难保证槽壁精度。适用于无黏性土、硬土和夹杂砾石的较为复杂的土层。

抓斗式成槽机械主要特点是进行破碎挖土的同时，能将渣土直接运出槽外，因抓斗的构造不同，各有特色。索式中心提拉式导板抓斗是由钢索操纵开斗、抓土、闭斗和提升。导板起导向作用，可提高挖槽的精度，又增大抓斗的重量，提高挖槽的效率。索式斗体推压式导杆抓斗，在挖土时能推压抓斗斗体进行切土，并设有弃土压板，所以能有效地切土和弃土。

目前国内用这种抓斗挖土深度可达到 26 m 以上，效果很好。液压抓斗用液压油缸代替钢索，事实已证明液压油缸在泥浆中的工作情况比滑轮组好。这种机械主要适用于黏土和 N 值小于 30 的砂性土。钻头式挖槽机能一次钻削成平面为长圆形的孔洞。钻机设有电子侧斜自动纠偏装置，其切削下来的泥土，用反循环方式盐软管排出槽外。这种成槽机能满足各种地质条件下的施工，工效高、壁面平整。

（2）泥浆制备和处理设备

泥浆制备和处理设备主要有胶质灰浆搅拌机、螺旋桨式搅拌机、压缩空气搅拌机、离心泵重复循环搅拌机等，我国多用泥浆搅拌机。泥浆处理设备主要有振动筛和旋流器。泥浆处理的方法有机械处理、重力沉淀和化学处理。前两种处理方法的费用比化学处理的方法费用低，机械处理与重力沉淀联合使用则效果好，经过机械处理过的泥浆流入沉淀池进行重力沉淀。

3. 施工工艺

（1）地下连续墙施工工艺流程

地下连续墙采用逐段施工方法，且周而复始地进行。地下连续墙的施工要经过筑导墙、成槽、吊放接头管、吊放钢筋笼、浇注水下混凝土及拔出接头管成墙等多个环节，见图 4.3.17 和图 4.3.18。

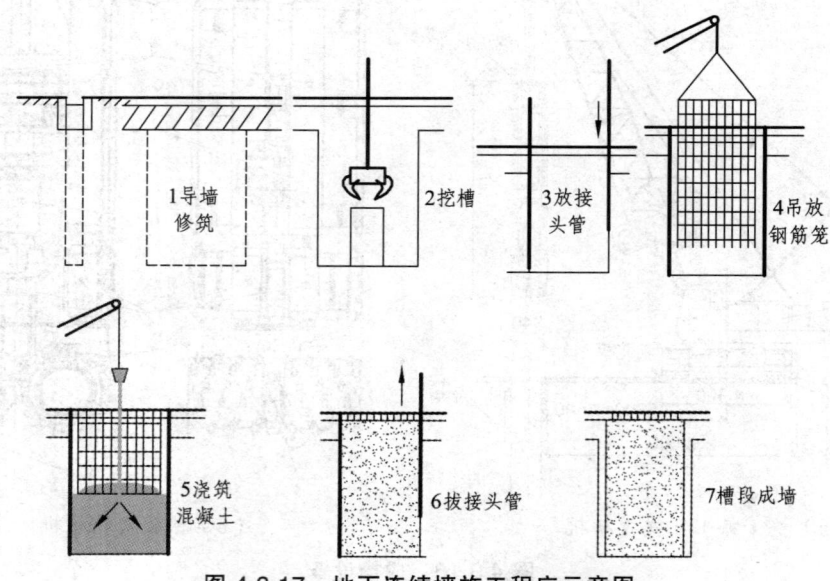

图 4.3.17 地下连续墙施工程序示意图

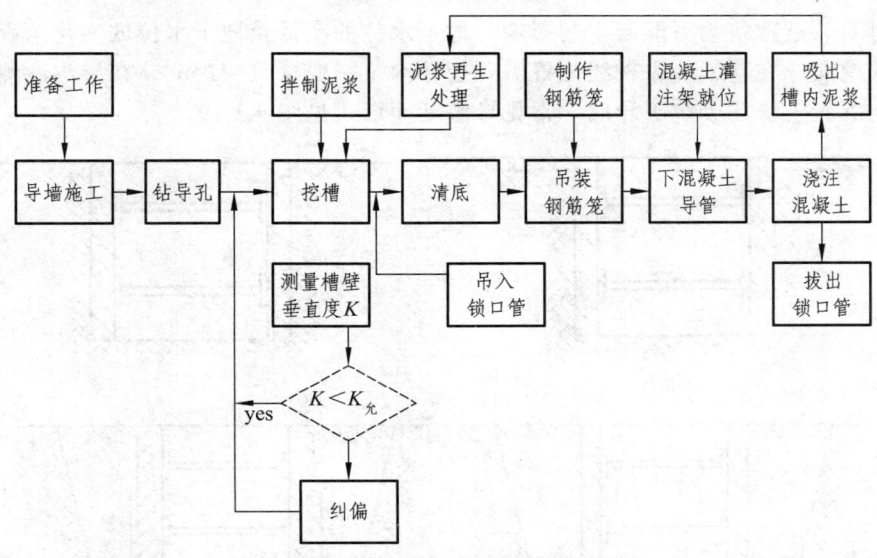

图 4.3.18 地下连续墙施工流程图

① 利用专用挖槽机械开挖地下连续墙槽段,在进行挖槽过程中,沟槽内始终充满泥浆,以保证槽壁的稳定。

② 当槽段开挖完成后,在沟槽两端放入接头管(又称锁口管)。

③ 将事先加工好的钢筋笼插入槽段内,下沉到设计高度。当钢筋笼太长,一次吊沉有困难时,须将钢筋笼分段焊接,逐段下沉。

④ 待插入用于水下灌注混凝土的导管后,即可进行混凝土灌注。

⑤ 待混凝土初凝后,及时拔去接头管。这样,便形成一个单元的地下连续墙。

(2)导墙构筑

地下连续墙沟槽,在近地表位置的土体极不稳定,因此挖槽之前必须沿地下连续墙纵向轴线位置开挖导沟、修筑导墙。

① 导墙的作用。

a. 测量基准作用。导墙规定了沟槽的位置走向,划分了单元槽段,作为测量挖槽标高、垂直度和精度的基准。

b. 挡土作用。在挖掘地下连续墙沟槽时,地表土松软容易坍塌,因此在单元槽段挖完之前,导墙起到挡土墙作用。

c. 承重作用。导墙既是挖掘机械轨道的支承,又是钢筋笼、接头管等搁置的支点,有时还承受其他施工设备的荷载。

d. 稳定泥浆液面作用。导墙可存储泥浆,稳定槽内泥浆液面。泥浆液面始终保持导墙面以下 20 cm,并高出地下水位 1 m,以稳定槽壁。

e. 其他作用。导墙还可以防止泥浆漏失,阻止雨水等地面水流入槽内;地下连续墙距现有建筑物很近时,导墙还能起到一定的补强作用。

② 导墙的形式。

导墙一般采用现浇钢筋混凝土结构,应具有必要的强度、刚度和精度,要满足挖槽机械的施工要求。在确定导墙断面形式时,应考虑的因素有:表层土的特性、荷载情况、地下连续墙施工时对邻近建筑物可能产生的影响、地下水位的高低及地下水位的变化情况。

深槽开挖前，在连续墙纵轴线位置需开挖导沟（一般深 1~2 m），在导沟两侧现浇混凝土（或预制混凝土、或砌筑）导墙。常见导墙断面形式见图 4.3.19。

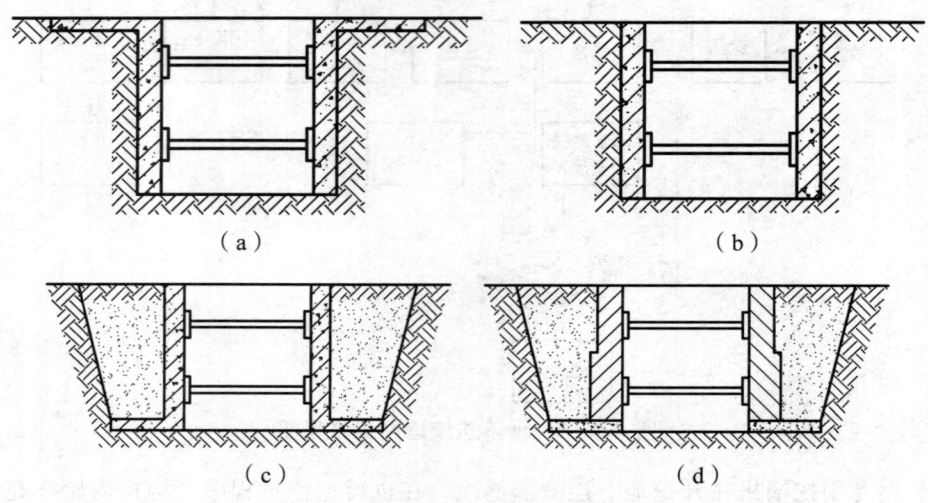

图 4.3.19 导墙断面形式
（a）、（b）、（c）现浇或预制钢筋混凝土导墙；（d）砖砌导墙

③ 导墙的施工。

导墙一般采用 C20 混凝土浇筑，配筋通常为 $\phi 12$~14@200。当表土较好，在导墙施工期间能保持外侧土壁垂直自立时，则以土壁代替外模板，避免回填土，以防槽外地表水渗入槽内。如表土开挖后外侧土壁不能垂直自立，外侧需设模板。导墙外侧的回填土应用黏土回填密实，防止地表水从导墙背后渗入槽内，引起槽段塌方。

地下连续墙两侧导墙内表面之间的净距，应比地下连续墙厚度略宽，一般为 40 mm 左右。导墙顶面应高于地面 100 mm 左右，以防雨水流入槽内稀释及污染泥浆。

现浇钢筋混凝土导墙拆模以后，应沿其纵向每隔 1 m 左右设上、下两道木支撑，将两片导墙支撑起来，在导墙的混凝土达到设计强度之前，禁止任何重型机械和运输设备在旁边行驶，以防导墙受压变形。

（3）泥浆护壁

① 泥浆的组成与作用。

在地下连续墙挖槽过程中，泥浆的作用为：护壁、携砂、冷却机具和切土润滑，其中以护壁最为重要。泥浆的正确使用，是保证挖槽成败的关键。

a. 泥浆的护壁作用。泥浆具有一定的密度，在槽内对槽壁有一定的静水压力，相当于一种液体支撑。泥浆能渗入土壁形成一层透水性很低的泥皮，有助于维护土壁的稳定性。

b. 泥浆的携渣作用。泥浆具有较高的黏性，能在挖槽过程中将土渣悬浮起来。这样就可使钻头时刻钻进新鲜土层，避免土渣堆积在工作面上影响挖槽效率，又便于土渣随同泥浆排出槽外。

c. 泥浆的冷却和润滑作用。泥浆即可降低钻具因连续冲击或回转而上升的温度，又可减轻钻具的磨损消耗，有利于提高挖槽效率并延长钻具的使用时间。

② 泥浆的配置与储存。

挖槽筑墙所用的泥浆不仅要有良好的固壁性能，而且要便于灌注混凝土。如果泥浆的膨润土浓度不够、密度太小、黏度不大，则难以形成泥饼、难以固壁、难以保证其携砂作用。但如黏度过大，也会发生泥浆循环阻力过大、携带在泥浆中的泥砂难以除去、灌注混凝土的质量难以保证以及泥浆不易从钢筋笼上驱除等弊病。泥浆还应有一定的稳定性，保证在一定时间内不出现分层现象。

目前在我国，地下连续墙用的护壁泥浆主要是膨润土泥浆，其成分为膨润土、水和一些掺合物。膨润土是一种细颗粒、遇水显著膨胀、黏性和可塑性都很大的特殊黏土；水是用量最大的成分，要求不含杂质，呈中性，pH 为 7~8，含盐量在 500 ppm（1 ppm = 10^{-6}）以下；掺合物一般指化学处理剂、惰性物质等掺合物。配合比如表 4.3.2 所示。

表 4.3.2 膨润土泥浆的通常配合比

成　　分	材料名称	通常用量/%
固体材料	膨润土	6~8
悬溶液	水	100
增黏剂	CMC（甲基纤维素）	0~0.05
分散剂	Na_2CO_3、FCl	0~0.05
加重剂	重晶石粉	必要时才用
防漏材料	石粉、锯末、短化纤	必要时才用

③ 泥浆的配置与储存。

a. 泥浆的制备。地下连续墙施工时所采用的泥浆多用搅拌方法制备，而高速回转式搅拌机是常用的搅拌机械，它是通过高速回转（200~1 000 r/min）叶片，使泥浆产生激烈涡流，从而把泥浆搅拌均匀。

b. 泥浆的再生处理。在地下连续墙施工中，泥浆与地下水、泥土和混凝土接触，因此，泥浆中的膨润土、掺合料等成分会被消耗，而且还会混入一些土渣和电解质离子等，使泥浆污染而质量恶化。被污染的泥浆，应根据具体情况进行处理，而处理方法主要有机械处理和重力沉淀处理，最好是两种方法组合使用。先经重力沉降处理，利用渣土和泥浆的密度差使土渣沉淀，再使用振动筛和旋流器，将粒径大和密度大的颗粒分离出去。经处理后合乎标准的泥浆可重复使用，其渣土应废弃。

（4）成　槽

成槽是地下连续墙施工中的关键工序，因为槽壁形状基本上决定了墙体外形，所以挖槽的精度又是保证地下连续墙施工质量的关键之一，特别是垂直度，必须保证设计要求。我国地下铁道设计规范中规定，连续墙墙面倾斜度不宜大于 1/150，局部突出也不宜大于 100 mm，且墙体不得侵入主体结构隧道净空。同时成槽约占地下连续墙施工工期的一半，因此提高其成槽效率也能加快施工进度。

① 槽段长度的确定。

地下连续墙施工时，预先沿墙体长度方向把墙体划分为若干个某种长度的施工单元，这种施工单元称为"单元槽段"。槽段长度选择，应根据地质、地下水位、有无地下管线等因素来决定。考虑槽壁稳定性和钢筋笼质量,槽段的长度一般为 3~8 m,不良地层、附加荷载大时为 2~3 m,条件好可用至 7~8 m。拐角处应短些。

② 挖槽要领。

a. 泥浆面一般应高于地下水位 1 m,开挖过程中不低于导墙顶 0.5 m,随挖随加泥浆。停挖时应把泥浆面加至不低于导墙顶 0.2 m,以保证槽段稳定性。

b. 挖槽机的载运机械(履带式起重机)距槽边不小于 3 m,履带宜垂直导墙。挖槽机不要碰撞导墙。其他机械不要在槽边停留。

c. 暂时不挖的槽段,导墙应用对口撑撑好。

d. 用抓斗挖土,挖完后应进行一次扫孔,以挖除欠挖部分,清除槽底的大块泥土。为避免超挖,清底前不宜挖至设计标高。

e. 两槽段接头处任何深度的偏差值,不得大于墙厚的三分之一,以防槽壁修直后,浇注时混凝土绕管,造成拔管困难、浪费混凝土和影响下段开挖。挖槽时随时检测槽壁垂直精度,随时纠正。

(5)地下连续墙接头构件

接头构件可采用钢管、接头箱、型钢、预制钢筋混凝土等。前两种可以拔出,重复利用。常用钢管作接头管,又称锁口管。吊入时表面涂油,尽量使其紧靠原土层,垂直缓慢插入。

地下连续墙的接头形式很多,一般根据受力和防渗要求进行选择。总的来说可分为两大类:施工接头和结构接头。施工接头是浇注地下连续墙时连接两相邻单元墙段的接头,常用的接头有接头管(又称锁口管)接头、接头箱接头及隔板式接头等;结构接头是已经竣工的地下连续墙与其他梁、板、柱构件相连接的接头。

① 施工接头。

划分单元槽段时必须考虑槽段之间的接头位置,以保证地下连续墙的整体性。一般情况下接头避免设在转角处以及墙内部结构的连接处,接头要求施工简便,质量可靠,又能满足结构上的受力、防渗等要求,施工接头吊入时表面涂油,尽量使其紧靠原土层,垂直缓慢插入。常用的施工接头有:

a. 接头管接头。

这是最常用的槽段接头施工方法,其施工顺序如图 4.3.20 所示。接头管的直径一般要比墙厚小 50 mm。管身壁厚一般为 19~20 mm。每节长度一般为 5~10 m。

图 4.3.20 用接头管接头的施工方法

1—导墙;2—已完工的混凝土地下墙;3—正在开挖的槽段;4—未开挖槽段;5—接头管;
6—钢筋笼;7—正完工的混凝土地下墙;8—接头管拔出后的孔洞

b. 接头箱接头。

采用接头箱接头可使地下连续墙形成整体接头，接头的刚度较好。

接头箱接头施工方法与接头管施工方法相似，只是以接头箱代替接头管，如图4.3.21所示。一个单元槽段成槽挖土结束后，吊放接头箱，再吊放钢筋笼。由于接头箱的开口面被焊在钢筋笼端部的钢板封住，因而浇注的混凝土不能进入接头箱。混凝土初凝后，与接头管一样逐步吊出接头箱，待后一个单元槽段再浇注混凝土时，由于两相邻单元槽段的水平钢筋交错搭接，而形成整体接头。

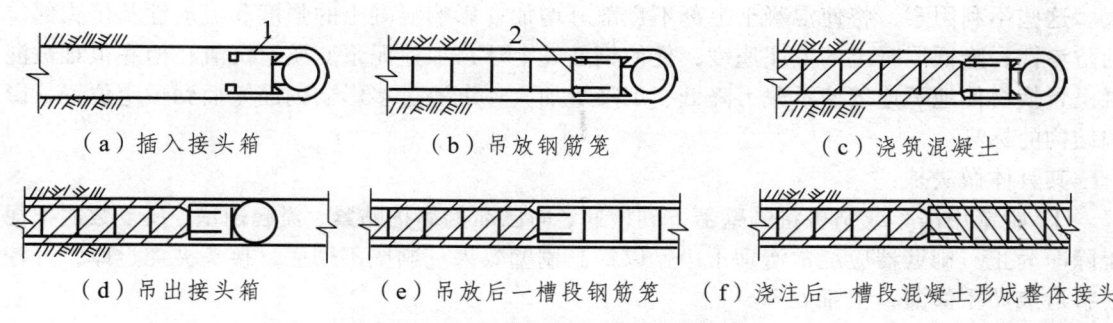

图 4.3.21 用接头箱接头的施工方法
1—接头箱；2—焊在钢筋笼端部的钢板

c. 隔板式接头。

隔板式接头按隔板的形状分为平隔板、榫形隔板和V形隔板（见图4.3.22）。由于隔板与槽壁之间难免有缝隙，为防止新浇筑的混凝土渗入，要在钢筋笼的两边铺贴维尼龙等化纤布。

带有接头钢筋的榫形隔板式接头，能使各单元墙段连成一个整体，是一种受力较好的接头方式。但插入钢筋笼较困难，施工时须特别注意。

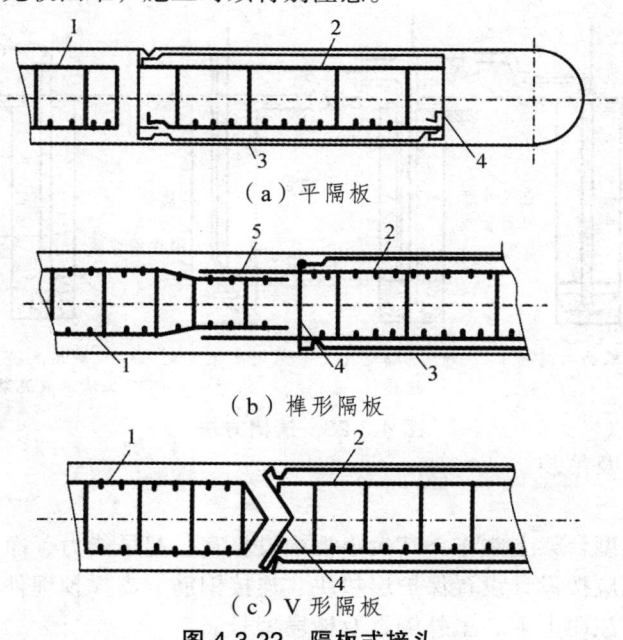

图 4.3.22 隔板式接头
1—钢筋笼（正在施工地段）；2—钢筋笼（完工地段）；3—用化纤布铺盖；4—钢制隔板；5—连接钢筋

② 结构接头。

结构接头最常用的方法是在地下连续墙内预埋连接筋，一般是先将设计的连接筋加热后弯折，预埋在墙内，待土体开挖后露出墙体时，再凿出预埋连接筋，弯成设计形状，与地下结构的钢筋连接。但预埋筋的直径不宜大于 20 mm 以便弯折。另外，考虑连接处弯折过的钢筋强度降低和结构的薄弱环节，所以在设计时一般使连接筋有 20%的余地。

（6）刷壁、清底

刷壁、清底的目的是清除接头部位的凝聚物、槽底已松动的泥块、沉淀物、不合格的泥浆。这些不利因素，将使混凝土上部不良部分增加；影响混凝土的强度和流动性及接头部位的防渗性；降低混凝土的灌注速度；促使钢筋笼上浮；加速泥浆变质；沉渣在槽底很难被混凝土置换会使地下连续墙承载力降低、沉降量加大；沉渣过多影响钢筋笼插到预定位置，影响结构的标高。

其具体做法是：

① 刷壁用吊车或钻机将刷壁器下到槽底，向已灌侧靠拢贴紧，提起刷壁，反复数次把泥土除净为止。刷壁器应经常清理干净，以提高刷壁效果。刷壁不彻底，接头夹泥过厚，开挖后将造成严重渗漏，很难处理。

② 清底可用抓斗抓泥和置换泥浆两种办法。抓斗挖槽时，不要挖到设计标高，留出 0.5 m 以上土体，待清除浮土沉渣后再挖至设计标高。置换泥浆排泥时可采用吸泥泵排泥、压缩空气升液排泥或潜水泥浆泵排泥，流程如图 4.3.23 所示。应由底部抽吸，顶部补浆，保持液面高度。

刷壁、清底后应使槽内泥浆达到规定要求，一般比重小于 1.15，黏度小于 30 s，含砂量小于 10%。

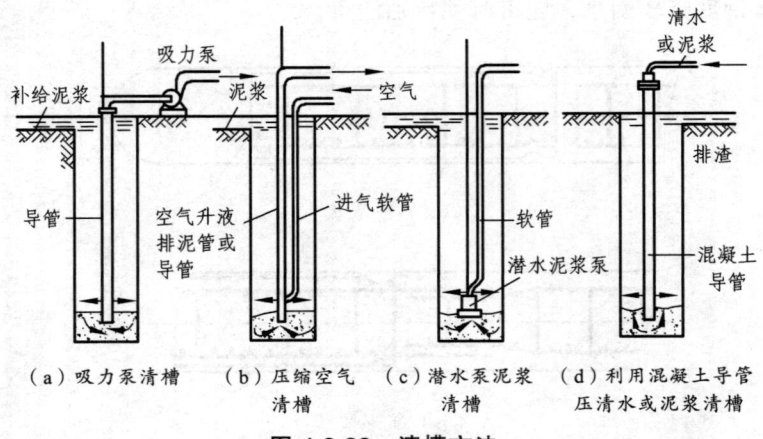

图 4.3.23 清槽方法

（7）钢筋笼制作及吊装

① 钢筋笼制作。

钢筋笼在现场模型台架上制作，其大小视槽段长宽、起吊能力、净空而定，可制成整幅式或分段式。钢筋笼应按设计设置保护层垫块、连接钢筋、支撑预埋件等。钢筋笼制作误差应在允许范围内，并注明上下、里外侧，及槽段编号。

② 钢筋笼的吊入。

钢筋笼的起吊如图 4.3.24 所示,起吊前应验算起吊能力。钢筋笼的下端不得在地上拖拉、碰撞,应系上拖绳防止其摆动,运至槽口时对准后慢速下降就位。需在槽口上对接的钢筋笼,将先吊入槽的下段临时固定在导墙上,再吊上段对准后焊成一体,继续吊装入槽就位。钢筋笼吊装就位应保证上下前后左右位置的正确性。就位后,应将钢筋笼固定,防止浇注混凝土时上浮。钢筋笼在水中的浸泡时间不应大于 24 h,避免降低钢筋的握裹力。

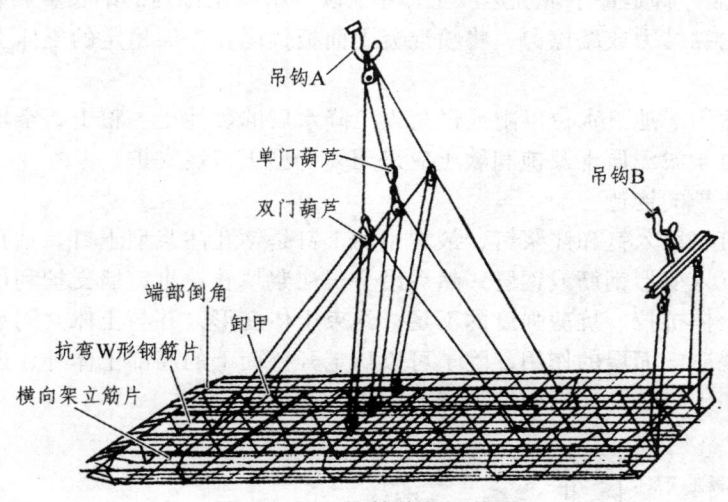

图 4.3.24 钢筋笼与双钩吊

（8）浇注混凝土

水下灌注混凝土应比设计等级提高一级。水灰比在 0.5 ~ 0.6,水泥用量宜大于 400 kg/m³,坍落度为（20 ± 2）cm,流动保持率 k 为 1 ~ 2 小时 20 cm,具有良好的和易性和黏聚性。混凝土的骨料宜采用中粗砂及粒径不大于 40 mm 的碎石。水泥宜采用普通硅酸盐水泥。浇筑水下混凝土应采用导管法。导墙上槽口应铺盖板,防止混凝土掉入槽内。导管事先应检查并进行水压试验。导管与漏斗相接,在漏斗内放置铁格栅以截留大块石,导管内塞入底塞,导管下端放在槽底。每幅槽段一般用两根导管,其间距不大于 3 m,浇筑混凝土时交叉使用两导管,尽量使混凝土表面平整上升,导管埋入深度 2 ~ 6 m。边浇筑边抽出槽内泥浆,保持液面高度。

在浇筑混凝土过程中,应经常测量导管底与混凝土面高差,根据测量结果决定提升及拆除导管长度。在浇至顶部时,由于落差小,混凝土流动困难,导管埋深可控制在 1 m 左右。必须确保混凝土的供应能力,使浇筑能连续进行,中断时间不宜超过半小时。偶有中断时,应经常活动导管,防止导管被凝结、堵死。浇筑混凝土时应防止脱管、返浆、漏浆、导管破裂、堵管等事故。发生堵管时,应分段拆下导管,将管内混凝土清出槽外,不允许吊升整根导管,以免混凝土散落入槽。安装好导管后按重新浇筑办理。

（9）拔出接头构件

提拔接头构件宜采用顶升架。根据混凝土开始凝结的时间,依次适当地拔动,最后全部拔出。若拔管过早会影响接头的强度和形状,拔管过迟可能拔不出来。一般是浇筑后 2 ~ 3 h 开始,每次拔 10 cm 左右,已拔 0.5 ~ 1 m 后,每隔半小时拔 0.5 m 左右。

4.3.4 土钉墙围护结构

1. 概　述

（1）土钉墙支护的适用条件

土钉墙围护结构是在隧道新奥法原理的基础上发展起来的，故又称为深基坑的"喷锚网支护结构"。所谓土钉就是置于基坑边坡土体中，以较密间距排列的细长金属杆。土钉依靠它与土体接触面上的黏结力或摩擦力，将喷混凝土面板锚固在深层稳定的土体上，以保持基坑边坡的整体稳定性。

土钉墙支护适用于地下水位以上或经过人工降水后的黏性土、粉土、杂填土及非松散砂土和卵石土等，对于淤泥质土及饱和软土应采用复合型土钉墙支护。

（2）土钉墙支护的构造

土钉有打入钉、射入钉和注浆钉，最常用的土钉是钻孔注浆型土钉。钻孔注浆型土钉是先在土中成孔，置入变形钢筋或钢管，然后沿全长注浆填孔。土钉墙支护利用置入土层中的土钉，改善天然土体抗拉、抗剪强度的不足，约束土体变形，并与土体共同承担外荷载。土钉墙支护中喷射混凝土面层的作用，除了可以稳定开挖面上的局部土体外，还可以防止土钉崩落和受到侵蚀。土钉体及面层构造见图4.3.25。

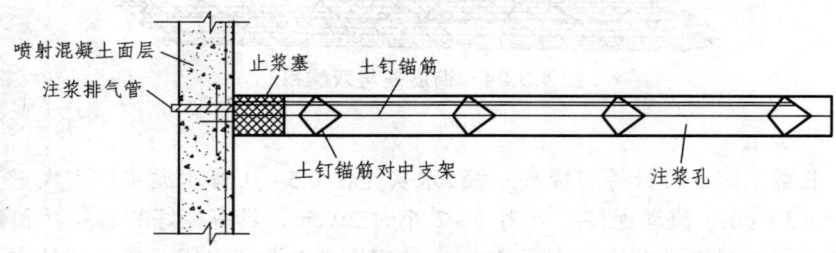

图 4.3.25　钻孔注浆型土钉及面层构造

（3）土钉和锚杆支护的比较

土钉和锚杆有相似之处，但是作用机理却不同。除锚固段外，锚杆沿全长受到同样的拉力，并将这些拉力通过锚座传给面部的挡土墙或桩。但土钉受力沿其长是不均匀的，土钉支护中的混凝土面层不属主要受力构件。土钉间距小而数量多，锚杆间距大而数量少，如图4.3.26所示。当然，土钉与灌浆锚杆相同之处很多，但土钉一般都较短，而灌浆锚杆则较长。

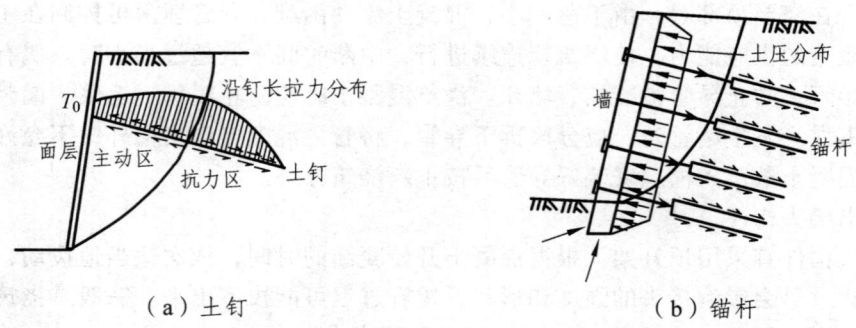

图 4.3.26　土钉及锚杆工作示意图

（4）土钉墙支护的特点

土钉墙围护结构，近年来在北京、广州、深圳等城市的高层建筑深基坑中采用较多，在北京地下铁道西客站预埋区间隧道的明挖基坑中也已采用，取得较好的效果。土钉墙支护的特点有：

① 土钉墙支护是通过土钉与周围土体接触而形成的复合体。在土体发生变形的条件下，通过土钉与土体接触界面上的黏结力或摩擦力，使土钉被动受拉，并通过受拉工作面给土体约束加固，提高整体稳定性和承载能力，增强土体变形的延性。

② 土钉墙是原位土中的加筋技术，是在从上至下的开挖过程中将土钉置入土中，形成以土钉和它周围加固了的土体为一体的类似重力式挡土墙结构。

③ 土钉墙支护是边开挖边支护，流水作业，不占独立工期，施工快捷。

④ 设备简单，操作方便，施工所需场地小，材料用量和工程量小，经济效益好。

⑤ 土体位移小，采用信息化施工，发现墙体变形过大或土质变化，可及时修改、加固或补救，确保施工安全。

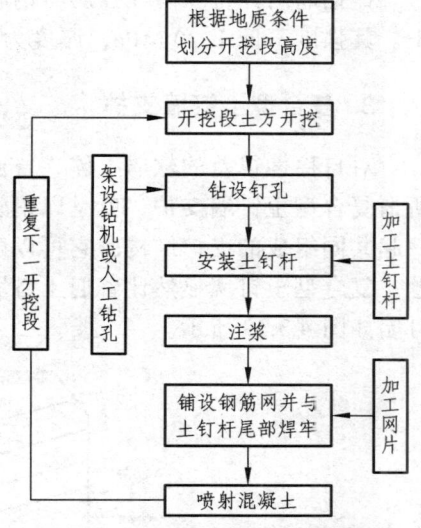

图 4.3.27　土钉墙施工流程图

2. 土钉墙施工

（1）土钉墙的施工流程

土钉墙的施工流程如图 4.3.27、图 4.3.28 所示。土钉墙围护结构用于基坑开挖的做法如下：即从上到下分段开挖土方，每段高度一般为 1~2 m，并随开挖随在开挖面上设置土钉，然后挂网喷混凝土。也可先挂网喷混凝土，后设置土钉，视土质而定。土钉可击入土体，但通常都先钻孔，然后插入土钉并沿全长注浆。

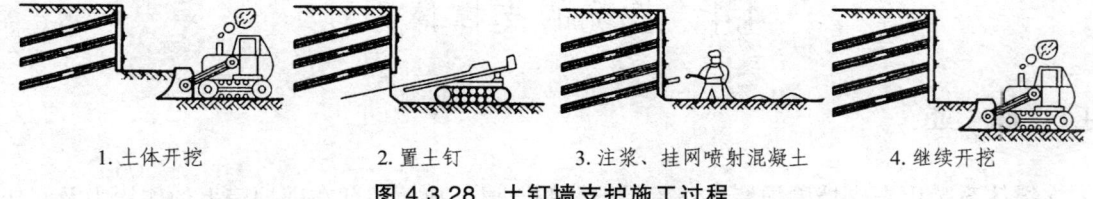

图 4.3.28　土钉墙支护施工过程

（2）施工方法

① 钻设钉孔。

采用钻机或人工钻设，孔径一般为 100~150 mm，孔深根据地质一般为基坑深度的 70%~100%，孔距 0.5~2 m，倾斜度 13°~20°。

② 加工并安装钉杆。

土钉杆可采用螺纹钢筋，孔口处留有弯钩，以便与墙体网片焊接，钉杆与注浆管要绑扎牢固。为保证钉杆置于孔中心，每隔 2 m 左右设置一支撑环，钉孔钻好后即可安装钉杆。

③ 注浆。

钉杆安装完毕，即可进行注浆，浆液可采用水泥浆或水泥砂浆，其强度不低于 20 MPa，水灰比为 0.4~0.5，并根据需要，可掺早强剂、微膨胀剂等外加剂，注浆压力保持在 0.4~0.6 MPa。

④ 施加预应力。

水泥砂浆达到设计强度后对土钉施加设计荷载 10%~20%的预加应力。

⑤ 挂钢筋网并喷射混凝土。

挂钢筋网并将纵向加强筋与钢筋网和土钉之间焊接牢固。以上工作做好后即可喷射混凝土。其强度不低于 20 MPa，厚度为 7~10 cm。

3. 复合型土钉墙支护

对自稳性很差的软弱土体，普通土钉墙支护有困难时应当考虑采用复合型土钉墙支护。所谓复合型土钉墙支护，就是以钢管、钢板桩、水泥搅拌桩等作为挡土防渗帷幕，并与土钉一起共同组成的支护结构。它可以解决土体的自稳性、隔水性以及喷射面层与土体的黏结问题。复合型土钉墙显然比普通土钉墙支护效果更好，可满足较大的基坑开挖深度，复合型土钉墙如图 4.3.29 所示。

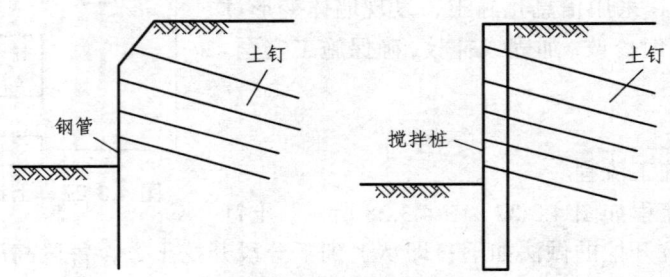

图 4.3.29　复合型土钉墙简图

4.4　基坑的支撑体系

4.4.1　概　述

支撑体系是用来支挡围护墙体，承受墙背侧土层、地面超载在围护墙上的侧压力及水压力。支撑体系是由支撑、围檩、立柱 3 部分组成，围檩和立柱是根据基坑具体规模、变形要求的不同而设置的。

基坑的支撑体系一般有两种：一是内支撑；二是土层锚杆支撑。作用在围护结构上的水、土压力可以由内支撑有效的传递和平衡，也可以由坑外设置的土锚维持其平衡，它们能减少支护结构的位移。内支撑可以直接平衡两端围护结构上所受的侧压力，构造简单，受力明确。土锚设置在围护结构的背后，为挖土、结构施工创造了空间，有利于提高施工效率。

支撑材料应根据周边环境要求、基坑的变形要求，施工技术条件和施工设备的情况来确定，表 4.4.1 列出了不同支撑材料的优缺点。

表 4.4.1 不同支撑材料的优缺点

支撑材料	优 点	缺 点
钢支撑	自重小，安装、拆除方便，可以重复使用，可以做到随挖随撑，可施加预应力，在一般情况下应该优先考虑使用钢支撑	整体刚度较差，安装节点较多，墙体变位大，安装偏离会产生弯矩
钢筋混凝土支撑	刚度大、变形小，平面布置灵活，适用于各种复杂平面形状的基坑，现浇节点不会产生松动而增加墙体位移	自重大，材料不能重复使用，不能做到随挖随撑，钢筋混凝土支撑达到强度需时间，拆除需要爆破，制作与拆除时间比钢支撑长，且不能预加轴力
钢与钢筋混凝土混合支撑	利用了钢和钢筋混凝土各自的优点	宽大的基坑不太适用
拉锚	施工面空间大，有利于提高施工效率	软弱地层承载力小，锚多而密，且多数不能回收，成本高

4.4.2 内支撑

1. 内支撑体系的结构形式

（1）单跨压杆式支撑

当基坑平面形状为窄长条式，短边的长度不是很大时，采用这种形式具有受力明确、施工安装方便等优点，图 4.4.1 为这种形式的示意图。

（2）多跨压杆式支撑

当基坑平面尺寸较大，支撑杆件在基坑短边长度下的极限承载力尚不能满足围护系统的要求时，就需要在支撑杆件中部设置干支点，就组成了多跨压杆式支撑系统，如图 4.4.2 所示。

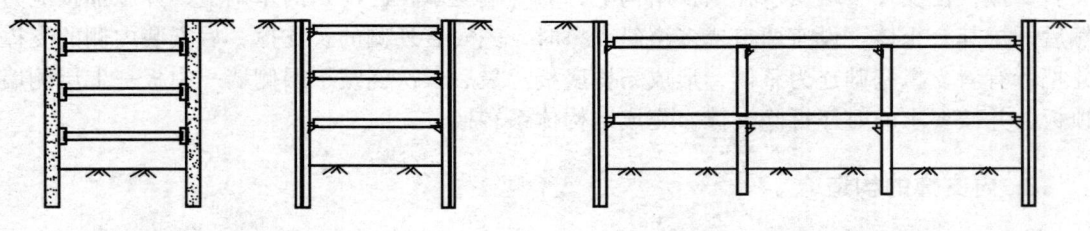

图 4.4.1 单跨压杆式支撑　　　　　图 4.4.2 多跨压杆式支撑

2. 内支撑的布置

支撑布置的基本形式有水平支撑和斜支撑两种。

（1）水平支撑

如图 4.4.3 所示。水平支撑常用的形式有横撑和角撑，基坑拐角或断面变化处用角撑，其他一般用横撑。采用水平支撑的优点是：墙体水平位移小；安全可靠，开挖深度不受限制；但要求围护结构的平面形状比较规则，以矩形为最佳。开挖基坑宽度较大时，支撑应加设中间支柱来保持其稳定性，中间支柱应在开挖前按设计位置做好。

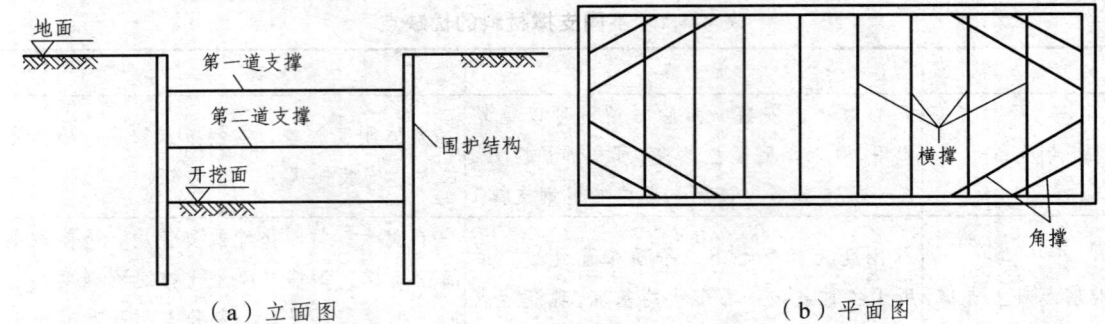

图 4.4.3　水平支撑开挖支护简图

围护结构施工完毕，一般情况下可开挖至第一道支撑所需的标高，及时安装支撑并施加预应力。再采用挖槽法，先开挖支撑设计位置处土体，（保留其两侧土体），挖至第二道支撑标高时，安装第二道支撑，并施加预应力，然后由上向下开挖土体至适当高度，继续用挖槽法安装下道支撑。重复以上方法，最后开挖至基底标高，再依次浇筑底板—下层侧墙—中板—上层侧墙—顶板。按要求的时序拆除支撑，完成结构体系转换。

（2）斜支撑

如图 4.4.4 所示。斜支撑是在基坑横向宽度较大或形状不规则，不便使用水平支撑时可采用的支撑形式。采用斜支撑时，围护结构上部水平位移比较大，易引起基坑外地面及附近建筑下沉，对沉降要求严格的地段应十分慎重，因此基坑开挖深度也受到一定限制。

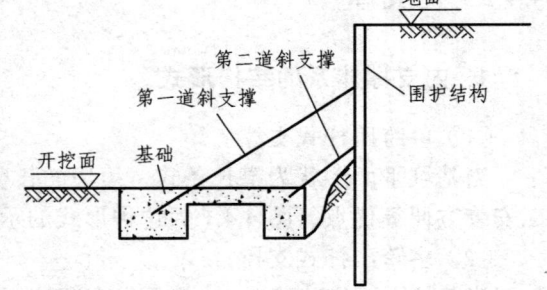

图 4.4.4　斜支撑立面图

斜支撑的施工常采用中心挖槽法开挖基坑内土体至斜支撑基础底标高，浇筑基础，及时安装斜支撑，使支撑一端支承在围护结构上，另一端支承在已浇筑的基础上，并施加预应力，然后开挖其余土体。设有两道或多道斜支撑时，先安装外侧的长支撑，后安装内侧的支撑，并把所有斜支撑基础连为整体，形成结构底板。最后依次浇筑下层侧墙—中板—上层侧墙—顶板，并按要求的时序拆除支撑，完成结构体系转换。

3. 内支撑的构造

（1）钢结构支撑的构造

钢支撑和钢围檩的常用截面有钢管、H 钢、工字钢和槽钢，以及它们的组合截面，如图 4.4.5 所示。

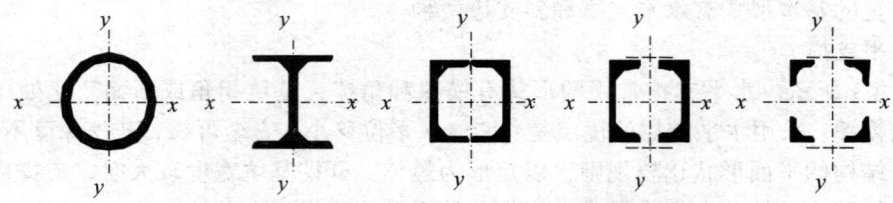

图 4.4.5　钢支撑的常用截面形式

接点构造是钢支撑设计中需要充分注意的一个重要内容,不合适的连接构造容易使基坑产生过大变形。H 钢和钢管的拼接方法有螺栓连接和焊接。焊接连接一般可以达到截面等强度的要求,传力性能较好,但是现场工作量较大。螺栓连接的可靠性不如焊接,但是现场拼装方便。

（2）现浇钢筋混凝土支撑的构造

钢筋混凝土支撑体系应在同一平面内整浇。支撑及围檩一般采用矩形截面。支撑截面高度应满足受压构件的长细比要求(不大于 75)外,还应不小于其竖向平面内计算跨度的 1/20。围檩的截面高度（水平向尺寸）不应小于其水平方向计算跨度的 1/8,围檩的截面宽度（竖向尺寸）不应小于支撑的截面高度。

混凝土围檩与围护墙之间不应留水平间隙。在竖向平面内围檩可采用吊筋与墙体连接,吊筋的间距一般不大于 1.5 m,直径可根据围檩及水平支撑的自重经计算决定。当混凝土围檩与地下连续墙之间需要传递水平剪力时,应在墙体上沿围檩长度方向预留剪力筋或剪力槽。

（3）立柱构造

常用的立柱采用格构式钢柱,以方便主体工程基础底板钢筋施工,同时也便于和支撑构件连接。为防止立柱沉降或坑底土回弹对支撑结构的不利影响,立柱的下端应支承在较好的土层中。在软土地区,设置立柱桩基础。

4. 内支撑结构施工要点

内支撑的安装和拆除顺序必须与支护结构的工况相符合,并与土方开挖和主体结构的施工顺序密切配合。施工中应坚持先安装上层支撑,后开挖下部土方的原则。在主体结构底板或楼板完成后,并达到一定的设计强度,可借助底板或楼板构件的强度和平面刚度,拆除相应的支撑。

对于采用混凝土支撑的基坑,一般应在混凝土强度达到设计强度的 80%以上后,才能开挖支撑以下的土方。混凝土支撑拆除一般采取爆破方法,爆破作业应事先做好施工组织设计,严格控制药量和引爆时间,并对周围环境和主体结构采取有效的安全防护措施。

为了保证钢支撑接头的质量,应尽量在地面拼装,以减少在基坑内的拼装节点数。对于多次重复使用过的钢支撑,应严格检查尺寸,符合要求后方可使用。钢支撑安装就位后,应按设计要求施加预应力,预应力大小以控制在钢支撑轴力的 50%为宜。

4.4.3 土层锚杆

1. 概 述

土层锚杆是在岩石锚杆的基础上发展起来的,在 1950 年以前岩石锚杆就在隧道中应用。1985 年德国首先在深基坑开挖中用土层锚杆作为挡土墙支护。

锚杆是一种设在基坑外的支撑,一般由锚头、拉杆和锚固体三个基本部分组成。锚头锚固在围护结构上。锚固体在岩石中的为岩石锚杆,在土层中的为土层锚杆。基坑开挖时,作用在围护结构上的侧应力可由锚杆与岩土之间产生的作用力来平衡。锚杆是受拉杆作,可采用高强钢索,充分发挥其抗拉性能。土层锚杆的布置如图 4.4.6 所示。

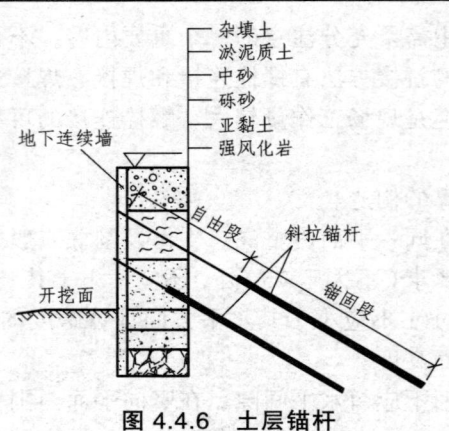

图 4.4.6　土层锚杆

（1）土层锚杆支护的优点

① 使用锚杆代替内支撑，它设置在围护墙背后，在基坑内有较大的空间，有利于挖土施工；
② 锚杆施工机械及设备作业空间不大，可以为各种地形及场地所选用；
③ 锚杆的设计拉力可由抗拔试验来获得，可保证设计有足够的安全度；
④ 锚杆施工可采用预加拉力，以控制结构的变形量；
⑤ 施工时的噪声和振动均很小。

（2）土层锚杆支护的缺点

① 工艺复杂，锚杆不易回收，造价较高；
② 当围护结构四周建筑物若有密集的深基础时，不宜采用；
③ 锚杆的蠕变会降低其承载力；
④ 在流砂地层中若锚头预留孔口与锚杆套筒之间的空隙过大时，易发生涌水涌砂，引起坑外地面和建筑物沉降。

我国地下铁道工程中最早使用锚杆是在 20 世纪 70 年代。在天然土层中，锚固方法以钻孔灌浆为主，一般称为灌浆锚杆。受拉杆件有粗钢筋、高强钢丝束和钢绞线等不同类型，锚杆层数从一层发展到多层。

2. 土层锚杆的施工

（1）锚杆布置

最上层锚杆的覆土厚度不小于 4 m，锚杆间距通过计算确定，一般上下层间距 4～5 m，水平间距 1.5～3 m；锚杆倾角 13°～35°；锚固体位于滑动土体 1 m 以外，锚杆长度一般为 15～30 m。

（2）锚杆施工

土层锚杆的施工过程包括钻孔、安放拉杆、灌浆和张拉锚固。在基坑开挖至锚杆埋设标高时，按施工顺序进行，然后循环进行第二层等的施工。

① 钻孔。

土层锚杆的施工工艺直接影响到土层锚杆的承载能力、施工效率和整个支护工程成本。土层锚杆钻孔用的钻孔机械，有旋转式钻孔机、冲击式钻孔机和旋转冲击式钻孔机三种。

② 锚杆的制作与安放。

作用于支护结构（钢板桩、地下连续墙等）上的荷载是通过拉杆传递给锚固体，再传给锚固土层的。土层锚杆用的拉杆有：粗钢筋、钢丝束和钢绞线。当土层锚杆承载能力较小时，一般采用粗钢筋；当承载能力较大时，一般选用钢丝束或钢绞线。国内常用钢绞线锚束，一般钢绞线由3，5，7，9根成束。钢绞线的制作是通过分割器组成，基距离1.0~1.5 m。

为了使拉杆钢筋能放置在钻孔的中心以便插入，可在拉杆下部焊船形支架,间距1.5~2.0 m一个。为了插入孔时不至于从孔壁带入大量的土体到孔底，可在拉杆尾端放置圆形锚靴。

③ 注浆。

注浆材料有水泥砂浆和纯水泥浆。锚固段注浆应分两次进行，第一次注入水泥砂浆，第二次应在第一次注浆初凝后进行,压注纯水泥浆,注浆压力不大于上覆压力的2倍,也不大于0.8 MPa。

④ 预应力张拉。

锚固体强度达到75%的水泥砂浆设计强度后可进行预应力张拉。为避免相邻锚杆张拉的应力损失，可采用"跳张法"，即隔一拉一的方法。

正式张拉前，应取设计拉力的10%~20%进行预张拉。正式张拉应分级加载，每级加载后应恒载3 min记录伸长值。张拉到设计荷载（不超过轴力），恒载10 min，再无变化可以锁定；锁定预应力应以设计轴力的75%为宜。

4.5 主体结构施工

主体结构施工之前为基坑开挖，基坑土方开挖是地铁车站施工过程中的关键工序。土方开挖应分层开挖，每层开挖深度一般为3~4 m，如果采用有围护结构的基坑，土方开挖尚需要与支撑、锚（钉）杆的施工相配合。为防止基底扰动和超挖，当机械挖至设计标高以上10~20 cm时，应采取人工清底。之后，可根据地铁车站采用的施工方法（明挖顺作法、盖挖法等）进行主体结构施工。

1. 防水层施工

我国明挖法施工的地下铁道隧道结构，其防水为两道防线，第一道为隧道结构本身的防水混凝土，第二道为附加防水层(外贴卷材、防水涂料、防水砂浆等)。通常防水层都做在结构的外侧（迎水面），其要求与结构的表面粘贴良好。地下铁道工程的防水技术在本书的第7章将重点给予介绍。

2. 钢筋工程

（1）钢筋加工

地下铁道工程位于城市施工，场地狭窄，因此，钢筋一般采用工厂加工好后运至现场安装的方式。地下铁道区间隧道结构断面形式统一，因此，可以大量采用半成品钢筋骨架，减少了现场钢筋绑扎工作量，减轻了劳动强度，保证了工程质量。

工厂加工钢筋及骨架，均按规范和设计要求进行，出厂前进行检查验收，合格后运往现场进行绑扎施工。

（2）钢筋绑扎与安装

为保证钢筋绑扎质量，绑扎前要做好以下工作：

① 认真熟悉设计图纸，拟订成熟的施工方案，确定绑扎顺序，做好技术交底；
② 核对并检查钢筋质量、类别、型号、直径是否与设计相符；
③ 检查结构位置、标高和模板支立情况，无误后测设钢筋位置；
④ 清理结构物内杂物并准备好钢筋绑扎所需铁丝和工具等。

施工准备做好之后，按照规范和设计要求进行绑扎。若施工采用套筒冷挤压、锥螺纹、电渣压力焊等施工技术连接钢筋，要按照相应的规范进行施工，以确保工程质量。

钢筋绑扎完，均应进行隐蔽工程检查，合格后方可进入下道工序施工。

3. 模板工程

（1）模板的选择

明挖地下铁道隧道为钢筋混凝土结构，表面积大，模板用量多，做好模板设计工作是十分重要的。

为保证钢筋混凝土质量，因尽量采用钢模板或胶制叠合板，有条件的地段可采用整体模板。但在地下铁道结构特别是车站、通风道和车站出入口等处，预埋件较多，应考虑采用钢、木模板的结合，以利预埋件的固定和穿出。

对于方形或矩形柱可采用组合钢模板，而圆形柱多采用对装成节的钢模板或玻璃钢模板；变形缝处的端头模板要便于设置和固定止水带和填缝板，因此应采用木模板。模板支架多采用型钢及钢管。

（2）模板基本要求

① 模板应事先设计，并进行计算，保证模板及支架的强度、刚度及稳定性；
② 模板接缝严密不漏浆并涂隔离剂，以利拆模；
③ 模板必须保证各部位形状尺寸和相互间位置的正确性；
④ 模板要考虑多次周转使用及方便安装和拆除，对混凝土无损伤，并方便钢筋绑扎和混凝土灌注；
⑤ 结构顶板模板支立时应考虑1~3 cm的沉落量。

（3）模板台车

明挖法施工的地下铁道区间隧道断面是定型的，而且结构长，因此应采用模板台车灌注混凝土，以实现模板拆装运输机械化，加快施工进度，减轻劳动强度，保证工程质量。

模板台车是利用钢模板铰接折叠原理，采用设于台车上的机械手的推、拉、顶的作用来实现拆支模板的，其施工程序和操作要点为：

① 支模板：台车载着模板运至安装地点—分别伸出垂直、水平、斜拉千斤顶，将模板顶出并就位；
② 拆模板：台车运至拆模地点—分别伸出垂直、水平、斜拉千斤顶与模板铰相连—分别收缩斜拉千斤顶和垂直、水平千斤顶，将模板拆下。

4. 混凝土工程

地下铁道隧道结构的材料、配合比、搅拌、运输和混凝土灌注等均应符合防水混凝土的要求。地下铁道处于城市范围施工，其混凝土多为商品混凝土，采用搅拌站集中生产，搅拌车运送，输送泵车输送至灌注地点。

(1) 地下铁道混凝土工程施工程序
① 区间：底板—中边墙及顶板。
② 车站：底板—柱子—边墙及顶（楼）板，或底板—柱子及边墙和顶（楼）板。
(2) 钢筋混凝土工程施工要点
① 结构底板、墙、顶（楼）板钢筋混凝土施工，均应以变形缝划分区段间隔施工并一次灌注完毕。
② 顶（楼）板、底板以台阶分层进行灌注，墙及柱子分层水平灌注，并保证上下层覆盖时间不超过 2 h。
③ 钢筋与模板间必须用砂浆或塑料垫块垫紧，以保证钢筋保护层厚度。
④ 混凝土如产生离析现象，应进行二次搅拌，均匀后方可灌注。混凝土灌注高度超 2 m 时应加串筒。
⑤ 混凝土采用高频振捣器振捣，并在底、顶(楼)板混凝土初凝之前用平板振捣器再进行一次振捣，以消除泌水，确保混凝土密实。
⑥ 在预埋件多和钢筋密集处需采用同标号细石混凝土灌注，保证不漏振。
⑦ 变形缝止水带处，顶、底板应掀起止水带灌注其下混凝土，并认真振实，并将止水带缓慢压在下层混凝土上后，再灌注其上混凝土。边墙处止水带应采用铁丝将其拉紧于边墙立筋上，防止混凝土灌注时将止水带压偏。
⑧ 施工缝尽量少留或不留，隧道底板与边墙施工缝留在底板表面以上 20~30 cm 处，并尽可能做成凹、凸形或台阶形。混凝土灌注之前，清除浮渣和杂物，用水清洗并保持湿润。灌注混凝土时，先铺放 20~30 mm 厚的同标号砂浆，再正式灌注混凝土。
⑨ 在灌注墙、柱与板交界处应停歇 1~1.5 h 后再继续灌注混凝土，在灌注混凝土过程中，派专人观测模板、支架、钢筋、预埋件和留洞处的情况，发现变形、移位等，应即使采取措施进行处理。
⑩ 加强混凝土养护，混凝土灌注终凝后，及时采取措施保持混凝土表面经常湿润。

4.6 工程案例

4.6.1 广州地铁三号线大石站明挖法施工

1. 工程地质概况

广州地铁三号线大石站总长约 280 m，设计与七号线换乘。主体结构基坑深度约 14.0 m，面积约 5 400 m²，基坑标准段宽度 19.7 m。
(1) 地形地貌
大石站位于大石镇东南部，场区地形较平坦，稍有起伏。地势北部略高，为填土区和居民区；南部略低，为菜地和水田分布区。地貌属大石~礼村海冲积平原。
(2) 岩、土分层及其特征
根据岩土层的成因、工程性质、风化程度等特征，本站场区岩土自上而下分为九个工程地质层，分别为：① 人工填土层（Q_4^{ml}）、② 海陆交互相地层（Q_4^{mc}）、③ 陆相冲~洪积砂层（Q_3^{al+pl}）、④ 冲积~洪积土层（Q_3^{al+pl}）、⑤ 残积土层（Q^{el}）、⑥ 白垩系全风化岩带（K_1b^1）、⑦ 白垩系强风化岩带（K_1b^1）、⑧ 白垩系中风化岩带（K_1b^1）、⑨ 白垩系微风化岩带（K_1b^1）。现将各岩土分层及其工程特征分别叙述如下（篇幅原因，以下只介绍前四种地层）：

① 人工填土层（Q_4^{ml}）：

〈1〉：场区人工填土为素填土，主要由砂岩碎石及粉质黏土、粉土堆填而成。多呈土黄、杂色，稍湿。下部一般为薄层耕植土。主要分布于场区中部及西北部，分布较连续。层厚 0.40~2.60 m，平均厚 0.92 m。

② 海陆交互相地层（Q_4^{mc}）：

〈2-1〉：呈深灰、灰黑色，饱和，流塑。主要成分为黏粒，有机质含量 3.69~7.1%，局部含粉细砂。该地层在所有钻孔中均有揭露，层顶埋深 0.00~5.15 m，层顶标高 1.19~6.22 m，层厚 0.95~13.60 m，平均厚度 7.47 m。

③ 陆相冲~洪积砂层（Q_3^{al+pl}）：

〈3-2〉：呈灰黄、浅灰色，饱和，松散~稍密状，主要成分为石英质粉细砂、中砂，含 8~15%黏粒。站区内仅有 5 个钻孔揭露有该层，呈零星状分布。层顶埋深 5.40~14.00 m，顶面标高 -7.97~0.55 m，层厚 0.60~1.40 m，平均厚 1.04 m。

④ 冲积~洪积土层（Q_3^{al+pl}）：

〈4-1〉：呈浅灰、灰黄色，主要由粉质黏土和粉土组成，湿~饱和。层顶埋深 3.20~13.35 m，层顶标高 -7.40~2.54 m，层厚 0.50~6.10 m，平均厚 1.81 m，该层在站区内分布较连续。

（3）水文地质

站区地下水最高水位标高约 6.35 m，最低水位标高约 4.30 m。

按地下水赋存方式，站区内地下水可分为第四系孔隙潜水、第四系孔隙承压水和基岩裂隙承压水三种类型。经水质分析，场区内地下水对混凝土结构具有碳酸型分解类弱腐蚀性，对钢筋混凝土结构中的钢筋无腐蚀性。

（4）岩土物理力学参数

各地层的物理力学参数详见表 4.6.1。

表 4.6.1 岩土物理力学参数汇总表

层序	岩土名称	容重/($kN \cdot m^{-3}$)	直接快剪 凝聚力 C/kPa	直接快剪 内摩擦角 φ/(°)	静止侧压力系数	基床反力系数 K_v/K_h/($MPa \cdot m^{-3}$)	地基承载力标准值 f_k/kPa	桩周摩擦力标准值 q_s/kPa
1	填 土	19.0	10.0	15.0	0.54	9/9	100	10
2-1	淤 泥	14.5	7.2	6.0	0.82	5/5.1	25	5
3-2	砂 土	20.0		21.0	0.54	12/15	120	20
4-1	粉质黏土	19.8	15.0	14.7	0.54	15/18	200	25

续表

层序	岩土名称	容重/$(kN \cdot m^{-3})$	直接快剪		静止侧压力系数	基床反力系数 K_v/K_h /$(MPa \cdot m^{-3})$	地基承载力标准值 f_k/kPa	桩周摩擦力标准值 q_s/kPa
			凝聚力 C/kPa	内摩擦角 $\varphi/(°)$				
5-1	可塑残积土	19.6	22.5	16.0	0.67	24/19	230	30
5-2	硬塑残积土	20.0	25.0	19.0	0.54	35/30	250	35
6	全风化层	20.2	28.8	20.0	0.47	70/65	320	38
7	强风化层	20.2	150.0	32.0		150/130	500	40
8	中风化层	23.3	700	33.0		500/485	1 200	
9	微风化层	26.8	2 000	38.0		1 000/987	3 000	

2. 车站施工方法及结构方案

（1）施工方法

车站周边无既有建筑物，亦不占用既有道路，故车站采用明挖法施工。

（2）结构方案

① 围护结构方案。

本站底板埋深平均约 14.0 m（相对于现状地面，下同），底板持力层多为〈5-2〉、〈6〉、〈7〉层。围护结构采用钻孔灌注桩加内支撑的方案。围护结构为临时结构，不考虑其在使用期间的承载作用。

基坑边设一圈钻孔灌注桩作为挡土结构，桩径为 1 200 mm，间距为 1 200 mm。施工开挖期间设三道钢支撑，钢支撑采用Φ600 钢管，支撑间距为 3.5 m。钻孔桩桩间设直径 600 mm 旋喷桩止水，旋喷桩应伸入淤泥质土层下界面以下的不透水层 1.0 m 以上。底板局部加深部分因地质情况较好采用放坡开挖。

车站出入口通道、风道现状基坑深度约 7.2 m，采用直径 1 000 mm 钻孔灌注桩围护，桩心间距 1 100 mm，钻孔桩桩间设直径 600 mm 旋喷桩止水，旋喷桩应伸入淤泥质土层下界面以下的不透水层 1.0 m 以上，基坑开挖期间设一道支撑。因基底基本上处于淤泥质土层，故需对基底进行深层搅拌桩加固，搅拌桩桩径取 600 mm，桩间距 1 000 mm × 1 000 mm 梅花形布置。搅拌桩平均桩长约为入基底下 5 m。

② 主体结构方案选择。

本站采用钢筋混凝土双层双跨或多跨箱形框架结构。因车站限界及使用功能要求，车站标准段设单柱，框架柱距一般为纵向 8.5 m。车站沿纵向设梁。与七号线换乘接口段因车站功能要求，该梁方向与车站纵梁方向斜交。车站北端东西两侧考虑与七号线接口，在站厅层侧墙上预留将来与七号线打通条件，并在结构上采取措施，尽量减小将来七号线与本站相接时对车站的影响。

出入口通道为单层单跨矩形框架，出入口敞开段为 U 形槽；风道为单层两跨或多跨矩形框架。施工现场见图 4.6.1。

图 4.6.1　车站施工现场图

3. 车站防水

车站结构采用三道防水设防，以结构自防水为主，外包卷材（涂料）防水为辅，卷材外侧设置防水砂浆刚性防水层。结构顶板、中板、底板及侧墙均采用高性能防水混凝土，防水混凝土的抗渗等级为 0.8 MPa。钻孔桩与防水卷材之间找平层及顶、底板的找平层均采用 1∶2.5 水泥砂浆抹面，作为一道防水层。

4.6.2　深圳地铁一期工程科学馆站盖挖法施工

1. 工程概况

深圳地铁科学馆站位于深圳市福田区，上步路与松岭路之间的深南中路上，全长 222.5 m，为 10 m 岛式车站，双层双跨（局部三跨）钢筋混凝土框架结构，外包宽 18.7 m，结构高度 12.64 m，顶板埋深 3.1～3.7 m，设有 4 个风道和 4 个出入口，如图 4.6.2 所示。车站西端为商业区，北面有华联大厦、科技大厦；南面为拟建的丰隆中心；东北面有老干部活动中心、市委市政府；东南面有商业银行大厦和正在施工的城市中心广场。深南中路为深圳市东西向市区主干道，机动车道为 8 车道，道路总宽度 50 m，在松岭路口设有公交汽车站。站址处建筑物密集，地面交通繁忙，为繁华闹市区。地下管线管道纵横交错，主要分布于深南中路机动车道两侧及人行道附近。

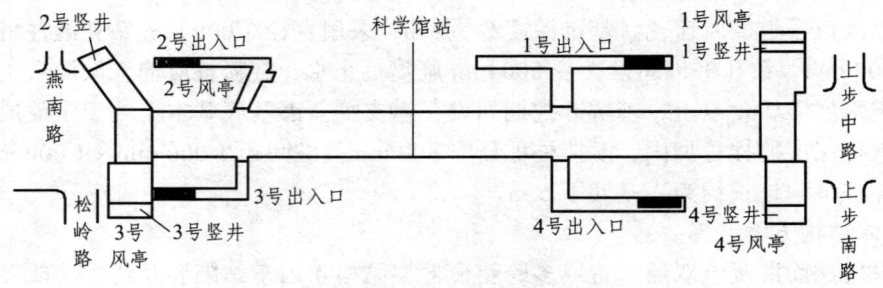

图 4.6.2　科学馆站平面示意图

该站址区地处台地，上覆第四系全新统人工堆积层（Q_4^{ml}）及第四系中更新统残积层（Q_2^{el}），下伏燕山期花岗岩（T_5^3）。覆土自上而下为：硬塑素填土，坚硬～硬塑砾质黏性土，全风化带（W4），强风化带（W3）。地下水埋深 2.5～4.0 m，为第四系孔隙潜水，水位变幅 0.5～1.0 m，主要含水层为第四系中更新统砾质黏性土（Q2EL），地下水主要补给来源为大气降水。主要地层物理参数见表 4.6.2。

表 4.6.2 主要地层物理参数

土层名称	天然容重 $\gamma/(kN \cdot m^{-3})$	内摩擦角 $\varphi/(°)$	凝聚力 C/kPa	承载力标准值 f_k/kPa	侧压力系数 ζ	垂直基床系数 $K_v/(MPa \cdot m^{-1})$
素填土	18.7	25.9	24.8	100		
砾质黏性土	18.4	27.4	24.0	160、260	0.28	18.0
全风化花岗岩	18.2	27.7	25.9	300	0.26	25.5
强风化花岗岩	18.8	32.0	30.0	500	0.24	29.0

2. 结构形式及施工方法

本站位于深南中路与上步路交叉路口的西侧，深南路车行道下方。车站中心里程 CK4+223.2，车站起点里程 CK4+097.5，车站讫点里程 CK4+320.0，全长 222.5 m。车站主体为双层双跨和双层三跨框架结构，净宽 17.9 m，总高 12.84 m。设计为岛式站台，站台宽 10 m，有效站台长 140 m。结构断面见图 4.6.3。

该站采用盖挖顺筑法方案，增设路面支撑工程，以尽量减小工程施工对地面交通的干扰程度和影响时间，从而争取了地铁车站技术、经济和功能多方面的优势。主体结构在路面支撑系统下方顺筑法施工，工程质量和工程安全均有可靠保证。

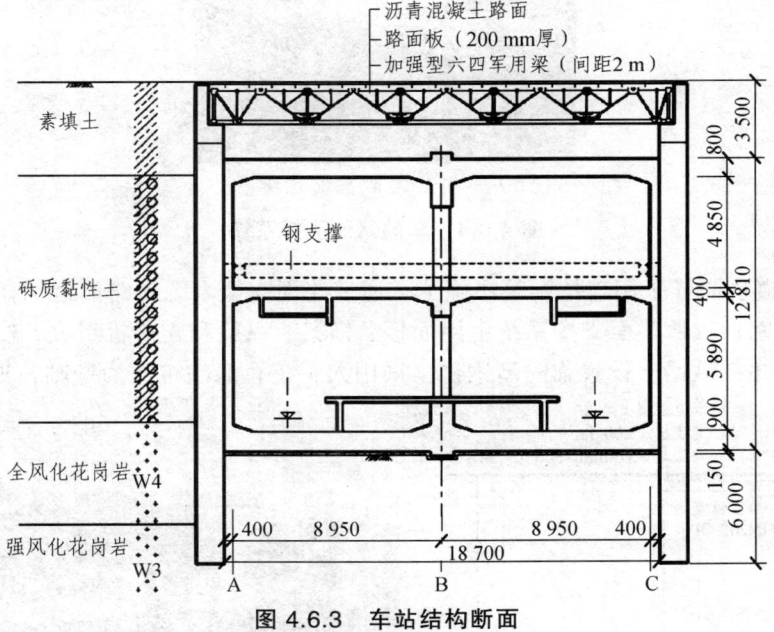

图 4.6.3 车站结构断面

车站主体路面支撑系统选用加强型六四式铁路军用梁作为主梁，间距 2 m。军用梁之间设置纵向联结系，以加强军用梁的横向刚度和整体稳定。路面板采用 1.0 m×2 m 厚 0.2 m 预制钢筋混凝土板，并铺设 5~10 cm 厚沥青混凝土，起到一定的防水和缓冲车辆冲击力的作用，如图 4.6.4 所示。

围护结构采用 Φ1 200 mm 密排人工挖孔桩，作为永久结构与侧墙在顶、中、底板处刚接形成复合结构，以充分利用围护桩的强度，将侧墙减薄至 400 mm，节省工程造价。

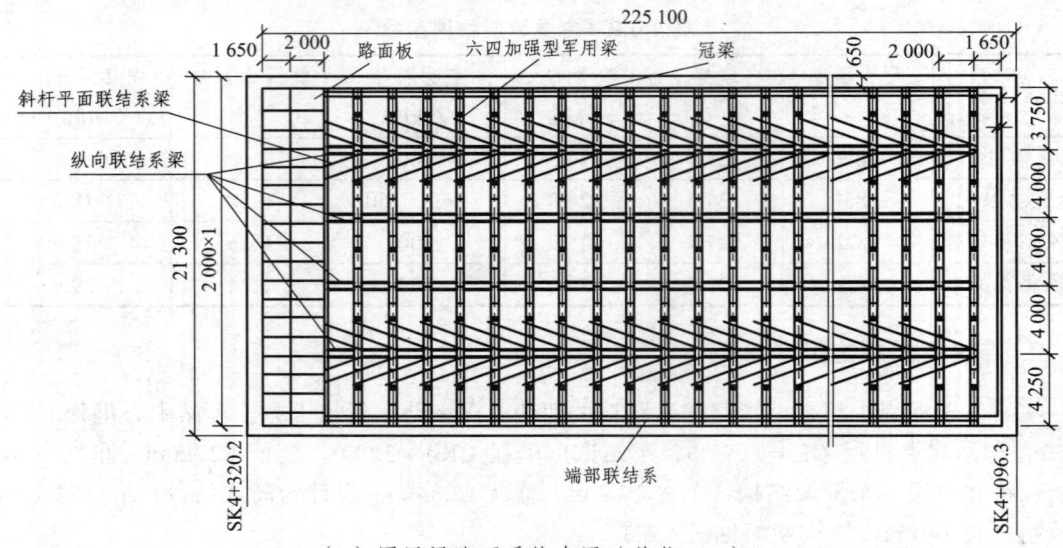

(a)军用梁路面系统布置（单位：m）

(b)军用梁路面系统现场图

图4.6.4 车站路面支撑系统

通道及风道也同样采用盖挖顺筑法施工。通道路面支撑系统由路面板和横梁组成，横梁采用热扎H型钢；风道路面支撑系统由路面板、横梁、纵梁和支承桩组成，横梁、纵梁采用热轧H型钢，并在纵梁下设置临时型钢桩，采用人工挖孔灌注桩作为基础，见图4.6.5。

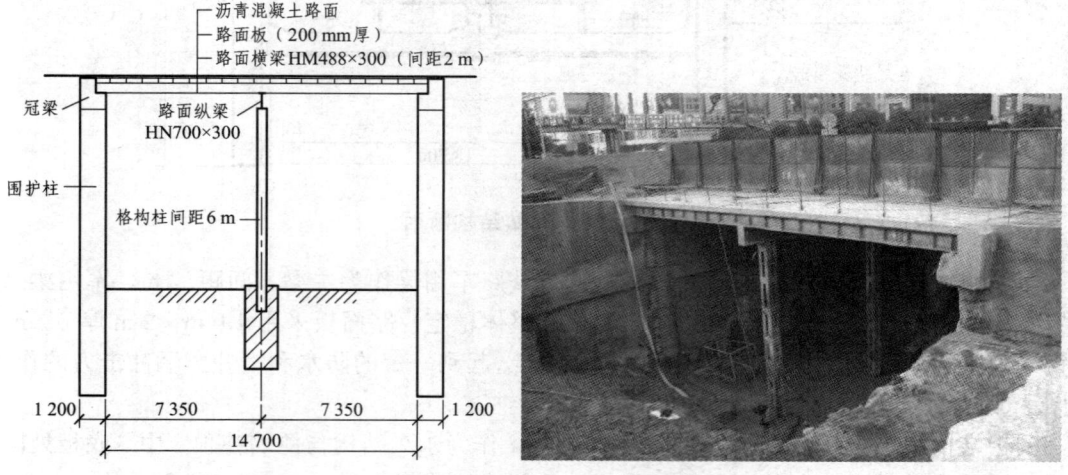

图4.6.5 风道路面支撑系统

3. 结构计算

结构采用弹性有限元法进行计算，地基对结构的作用采用分布水土压力以及不能受拉的弹簧进行模拟，弹簧所提供的抗力不大于被动土压力。主体结构按底板置于弹性地基上的平面框架与围护桩组成复合墙，按施工阶段和使用阶段的实际工况进行分析。使用阶段计算模式见图4.6.6。

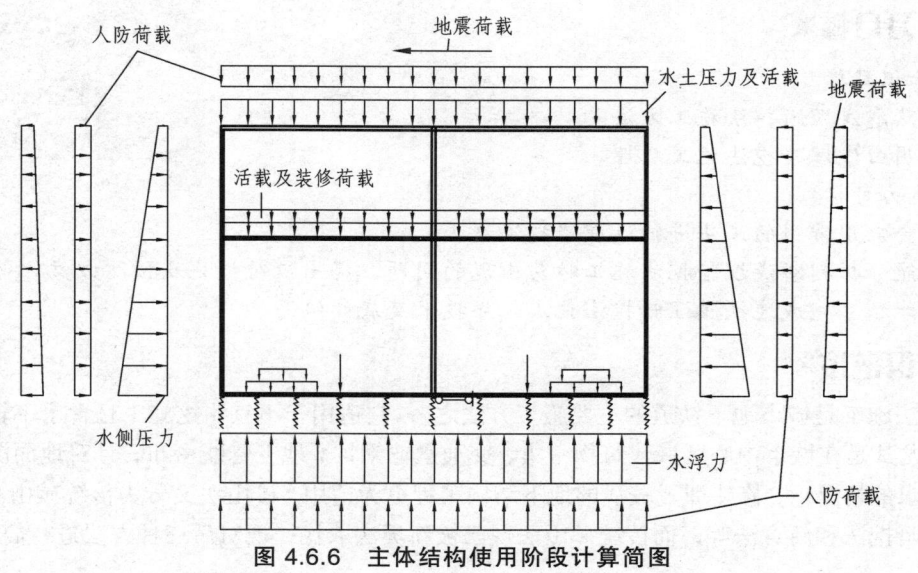

图 4.6.6 主体结构使用阶段计算简图

4. 防水设计

防水设计遵循"以防为主，防排结合，多道设防，因地制宜，综合治理"的原则进行设计。结构以自防水为主，混凝土抗渗标号不低于 P8。主体结构的底板采用 PVC 防水板，顶板采用双组分聚氨脂涂料，侧墙采用水泥基渗透结晶型防水材料。变形缝采用橡胶止水带止水，并设置接水槽。施工缝分纵向施工缝和环向施工缝，环向施工缝设置间距一般为 8~12 m。纵向施工缝采用缓膨型橡胶止水条止水，环向施工缝采用钢边橡胶止水带止水。

思考题

4.1 简述明挖法的概念和工艺流程。
4.2 明挖法开挖时边坡稳定性分析有哪些方法？
4.3 简述基坑支护体系的组成。
4.4 简述盖挖法的概念及其工艺流程。
4.5 简述地下连续墙的含义和施工工艺。
4.6 简述地下连续墙施工中泥浆和导墙的作用。
4.7 地下连续墙接头如何处理？

第5章 地铁浅埋暗挖法施工

※学习目标※

1. 知识目标
（1）熟悉浅埋暗挖法施工方法。
（2）明白浅埋暗挖法施工原理。
2. 能力目标
（1）会应用常用的工法进行浅埋暗挖法施工。
（2）能分析判断浅埋暗挖法施工时易出现的问题，提出应对措施及预防方案。
（3）能独立完成地铁浅埋暗挖法施工工序技术交底的编写。

※知识链接※

矿山法施工是城市地下铁道的主要施工方法之一，它适用于不宜明挖施工且含水率较小的各种地层，尤其是在城市中心区域建筑物密集、交通运输繁忙、地下管线密布，且对地面沉降有严格控制要求的情况下，修建埋置较浅的地下结构工程更为适用。矿山法又分为传统矿山法、新奥法、浅埋暗挖法和新意法等，而传统矿山法现已被新奥法取代，现对后三种方法进行简单介绍。

1. 新奥法

早期的隧道暗挖施工采用传统矿山法（Mine Tunneling Method，MTM），即以人工开挖、小型机械化开挖、钻孔爆破开挖等方法为主。根据围岩的稳定状况，在横断面上采用分部开挖，在纵断面上采用正台阶或反台阶开挖；在支护手段上采用圆木、型钢、钢轨等形成支护，对开挖面围岩形成强力支承。它的基本原理是，隧道开挖后受爆破影响，造成岩体破裂形成松弛状态，随时都有可能坍落。基于这种松弛荷载理论依据，其施工方法是按分部顺序采取分割开挖，并要求边挖边撑以求安全。随着喷锚支护的出现，提出了新奥地利法施工法（New Austria Tunneling Method），简称新奥法（NATM）。

新奥法（NATM）是以爆破施工为主要开挖方式、以喷射混凝土锚杆作为主要支护手段，通过监测控制围岩的变形，便于充分发挥围岩的自承能力的施工方法。它是在锚喷支护技术的基础上由奥地利学者腊布塞维奇首先提出的，并于1954—1955年首次应用于奥地利的普鲁茨—伊姆斯特电站的压力输水隧洞中。以后，经瑞典、意大利以及其他国家的同行们的理论研究和实践，于1963年在奥地利的萨尔茨堡召开的第八次土力学会议上正式命名为新奥法，并取得了专利权。之后在西欧、北欧、美国和日本等许多地下工程中得到了极为迅速的发展。我国对新奥法的引进最初是在修建山岭铁路隧道中，从锚杆和喷混凝土一类"主动型"的新型支护技术的推广使用而开始的。

新奥法的基本思想是：充分利用围岩的自承能力和开挖面的空间约束作用，采用锚杆和喷射混凝土为主要支护手段，及时对围岩进行加固，约束围岩的松弛和变形，并通过对围岩和支护的量测、监控来指导地下工程的设计施工。其施工程序见图5.0.1。

第 5 章 地铁浅埋暗挖法施工

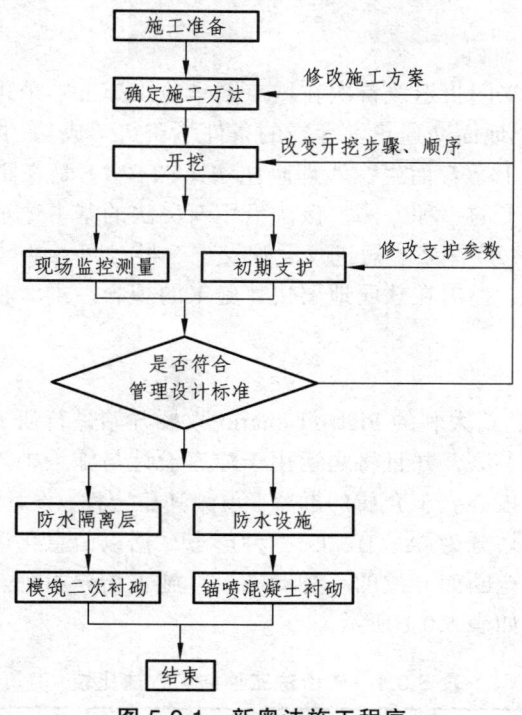

图 5.0.1 新奥法施工程序

新奥法施工的基本原则可以归纳为"少扰动、早喷锚、勤量测、紧封闭"。

① 少扰动，就是指在进行隧道与地下工程开挖时，要尽量减少对围岩的扰动次数、扰动强度、扰动范围和扰动持续时间。因此要求能用机械开挖的就不用钻爆法开挖；采用钻爆法开挖时，要严格控制爆破方式；尽量采用大断面开挖；根据围岩级别、开挖方法、支护条件选择合理的循环掘进进尺；自稳性较差的围岩，循环掘进进尺应短一些；支护要尽量紧跟开挖面及时施作，缩短围岩应力松弛时间。

② 早喷锚，是指在开挖后及时施作初期锚喷支护，使围岩的变形进入受控制状态。这样做一方面是为了使围岩不致因变形过大而产生坍塌失稳；另一方面是使围岩变形适度发展，以充分发挥围岩的自承能力。必要时可采取超前预支护措施。

③ 勤量测，是指以直观、可靠的量测方法和量测数据来准确评价围岩与支护的稳定状态，或判断其动态发展趋势，以便及时调整支护形式、开挖方法，确保施工安全和掘进工作的顺利进行。现场量测是现代隧道及地下工程理论的重要标志之一，也是掌握围岩动态变化过程的手段和进行工程设计、施工的重要依据。

④ 紧封闭，一方面是指采取喷射混凝土等防护措施，避免围岩因长时间暴露而导致强度和稳定性的衰减，尤其是对于易风化的软弱围岩；另一方面更为重要的是指要适时地对围岩施作封闭形支护，这样做不仅可以及时阻止围岩变形，而且可以使支护和围岩进入良好的共同工作状态。

新奥法主要以爆破施工为开挖方式，因此新奥法也叫钻爆法。采用钻爆法开挖时，应采用光面爆破和预裂爆破技术，尽量减少欠挖和超挖。钻爆法施工作业循环如图 5.0.2 所示。

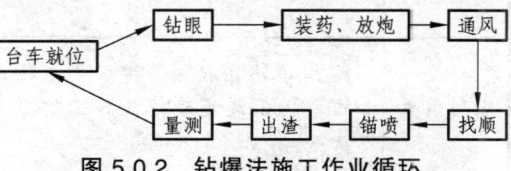

图 5.0.2 钻爆法施工作业循环

2. 浅埋暗挖法

1984 年，北京地铁复兴门折返线首次在城市繁华地段施工中采用了基于新奥法原理的浅埋暗挖法（STCM），在保证地面交通正常运行的条件下获得了成功，由此浅埋暗挖法（STCM）的施工方法在新奥法基础上孕育而生。浅埋暗挖法（STCM）是在距离地表较近的地下进行各种类型地下洞室暗挖施工的一种方法，该法沿用新奥法的基本原理，在城市软弱围岩条件下，总结形成了"管超前、严注浆、短进尺、强支护、早封闭、勤量测"18 字方针，突出时空效应对防塌的重要作用，提出在软弱地层快速施工的理念。本章将重点给予介绍。

3. 新意法

20 世纪 70 年代中期，意大利的 Pietro Lunardi 教授开始进行研究，并逐步提出了岩土控制变形分析（ADECO-RS）法，并且将之运用于隧道设计与施工中。新意法（ADECO-RS）是通过对隧道掌子面超前核心岩土介质的勘察、预测其稳定性，设计按隧道开挖后围岩稳定、暂时稳定、不稳定，将其划分为 A、B、C 三种形态，据以信息化设计支护措施，确保隧道安全穿越复杂地层和实现全断面开挖的一种动态设计施工指导原则。

三种施工方法的比较如表 5.0.1 所示。

表 5.0.1 矿山法三种施工方法比较

矿山法	新奥法	浅埋暗挖法	新意法
指导思想	充分利用围岩的自承能力和开挖面的空间约束作用，采用以锚杆和喷射混凝土为主要支护手段，及时对围岩进行加固，约束围岩的松弛和变形，并通过对围岩和支护结构的监控、测量来指导地下工程的设计与施工	以改造地质条件为前提、以控制地表沉降为重点、以锚喷和钢架为主要支护手段，辅以必要的地层加固配套技术	强调控制围岩变形、强调掌子面前方围岩的超前支护和加固，通过监测和控制掌子面前方的围岩、采用配套的机械化作业，实现全断面开挖
基本原则	①充分保护围岩，减少对围岩的扰动；②充分发挥围岩的自承能力；③尽快使支护结构闭合；④加强监测，根据监测数据指导施工；可扼要地概括为"少扰动、早喷锚、快封闭、勤测量"12 字方针	沿用新奥法的基本原则，在城市软弱围岩条件下，总结形成了"管超前、严注浆、短进尺、强支护、早封闭、勤量测"18 字方针	①全断面开挖；②运用超前支护和加固措施减小或避免围岩变形；③在离掌子面较短的距离支护封闭以减小隧道变形
适用范围	在坚硬和软弱地层可灵活运用	适用城市软弱地层，特别是地下结构具有埋深浅（最小覆跨比可达 0.2）、地层岩性差（通常为第四纪软弱地层）、存在地下水（需降低地下水位）、周围环境复杂（邻近既有建、构筑物）等特点	软岩、硬岩都适用，特别适用于浅埋松软地层、变形控制要求高的隧道工程
应用前景	运用该法在我国修建了大量隧道工程，仍是隧道暗挖法施工的主要方法	在我国城市软弱地层中广泛使用，地铁和隧道中也将广泛使用	在意大利等欧洲国家得到了广泛应用。在我国已被接纳，并将广泛使用，具有良好的前景

5.1 浅埋暗挖法施工原则

浅埋暗挖法（国外多称软土隧道新奥法或浅埋隧道新奥法）是基于岩石隧道新奥法（NATM）的基本原理，针对城市地下工程的特点，于20世纪80年代在北京地铁第四纪软土中开创出的新方法。近年来，采用浅埋暗挖法施工的地下铁道工程已越来越多，它的优越性也越来越明显，已经成为城市地下铁道施工采用的主要方法之一。

5.1.1 概 述

1. 浅埋暗挖法施工的特点

浅埋暗挖法是在新奥法的基础上，针对城市地下工程的特点发展起来的。城市浅埋地下工程的特点主要是：覆土浅、地质条件差（多数是未固结的土砂、黏性土、粉细砂等）自稳能力差、承载力小、变形快，特别是初期增长快，稍有不慎极易产生坍塌或过大的下沉，而且在隧道附近往往有重要的地面建筑物或地下管网，给施工带来严格的要求等。浅埋暗挖法是以超前加固、处理软弱地层为前提、采用足够刚性的复合衬砌（由初期支护和二次衬砌及中间防水层所组成）为基本支护结构的一种用于软土地层近地表隧道的暗挖施工方法。它以施工监测为手段，指导设计与施工，保证施工安全，控制地表沉降。在应用范围上，不仅可用于区间、大跨度渡线段、通风道、出入口和竖井的修建，而且可用于多跨、多层大型车站的修建；在结构形式上，不仅有圆拱曲墙、大跨度平拱直墙，还有平顶直墙等形式；在与其他施工方法的结合上，有浅埋暗挖法与盖挖法的结合，还有与半断面插刀盾构的结合。

2. 暗挖法施工的隧道深浅埋分界

隧道根据覆盖岩体厚度不同而分为深埋隧道与浅埋隧道。浅埋隧道因埋置深度较浅，覆盖层厚度薄，一般情况下暗挖法开挖的影响将波及地表。浅埋隧道分为浅埋、超浅埋。判断方法：采用拱顶覆土厚度 H 与结构跨度 D 之比覆跨比判断。当 $0.6<H/D\leqslant 1.5$ 时，均称为浅埋；当 $H/D\leqslant 0.6$ 时，均称为超浅埋。

3. 浅埋暗挖法的适用条件

尽管浅埋暗挖法对地层的适应性较广，但也并非适用于任何地层。在选用浅埋暗挖法时，对工程地质和水文地质条件、环境和经济方面进行充分论证和评估是十分必要的。选用浅埋暗挖法应考虑的基本适用条件有：

① 浅埋暗挖法不允许带水作业。如果含水地层达不到疏干，带水作业是非常危险的，开挖面的稳定性时刻受到威胁，甚至发生塌方。将地下水，尤其是上层滞水处理好是非常关键的环节，因为它直接影响浅埋暗挖法的成败。大范围的淤泥质软土、粉细砂地层，降水有困难或经济上选择此工法不划算的地层，不宜采用此法。

② 采用浅埋暗挖法要求开挖面具有一定的自立性和稳定性。日本土木学会曾提出开挖工作面土体稳定的定量判别标准：土壤中的细颗粒（小于 74 μm）含量小或等于10%，且均匀系数 U_c 小于或等于5的土壤，不具备自立性。我国对于土壤的自立性还未作出定量规定，但

从定性上提出了要求：工作面土体的自稳时间，应足以进行必要的初期支护作业。对开挖面前方地层的预加固和预处理，视为浅埋暗挖法的必要前提，目的就在于加强开挖面的稳定性，增加施工的安全性。

由此可见，无法疏干的含水地层，或者即便进行预加固和预处理，其自立性和稳定性仍很差的地层，可视为不适合采用浅埋暗挖法开挖隧道的地层。

5.1.2 施工的基本原则

浅埋暗挖法是在新奥法的基础上发展而来，其对新奥法的12字方针"少扰动、早喷锚、快封闭、勤测量"的基本原则有了进一步发展。根据国内外的工程实践，浅埋暗挖法的施工应贯彻如下原则（见图5.1.1）：

（a）管超前

（b）严注浆

（c）短进尺

（d）强支护

（e）快封闭

（f）勤量测

图 5.1.1 "18字方针"现场施工图

① 管超前：指采用超前管棚或小导管注浆防护，实际上就是采用超前支护的各种手段，提高掌子面的稳定性，防止围岩松弛和坍塌。

② 严注浆：指在导管超前支护后，立即进行压注水泥浆或其他化学浆液，填充围岩空隙，使隧道周围形成一个具有一定强度的壳体，以增强围岩的自稳能力。

③ 短开挖：指一次注浆，多次开挖，即限制一次进尺的长度，减少对围岩的松弛。

④ 强支护：指在浅埋的松软地层中施工，初期支护必须十分牢固，具有较大的刚度，以控制开挖初期的变形。

⑤ 快封闭：指在台阶法施工中，如上台阶过长时，变形增加较快，为及时控制围岩松弛，必须采用临时仰拱封闭，开挖一环，封闭一环，提高初期支护的承载能力。

⑥ 勤量测：指对隧道施工过程进行经常性的量测，掌握施工动态，及时反馈，是浅埋暗挖法施工成败的关键。

5.2　浅埋暗挖法施工方法及选择

5.2.1　浅埋暗挖法施工方法

采用矿山法施工隧道与地下工程时，应根据工程特点、围岩地质条件、环境要求以及施工单位的技术状况等，选择适宜的开挖方法及掘进。必要时，应通过试验段进行验证。施工方法根据断面分块情况和开挖顺序分类如下：

1. 全断面法

适用于Ⅰ~Ⅲ级硬岩中，Ⅳ级围岩在采用有效措施后，亦可采用全断面开挖。施工时应组织大型机械化作业，提高施工速度，可采用深孔爆破。全断面开挖采用大型设备时隧道长度或施工区段长度不宜过短，一般不应小于1 km，否则采用大型机械化施工时经济型较差。隧道机械化施工，有三条主要的作业线，见表5.2.1。

表 5.2.1　隧道机械化施工的三条主要作业线

作业线	采用的机械设备
开挖作业线	钻孔台车、装药台车、大型装渣机与运载车（无轨运输）
	钻孔台车、装药台车、装载机配合矿车或内燃机车（有轨运输）
喷锚作业线	混凝土喷射机、喷射机械手、喷锚作业平台、运输进料设施、锚杆灌浆设备
模筑衬砌作业线	混凝土拌和、混凝土输送、防水层作业平台、衬砌模板

2. 台阶法

台阶法是隧道施工中最为常用的施工方法（见图 5.2.1）。它适用于Ⅲ~Ⅴ级围岩，Ⅵ级围岩区间隧道在采用有效措施后也可采用台阶法施工。根据台阶长度又可分为长台阶法、短台阶法和超短台阶法，根据台阶数量又可分为两台阶法、三台阶法，以及派生的带临时仰拱的台阶法等类型。

 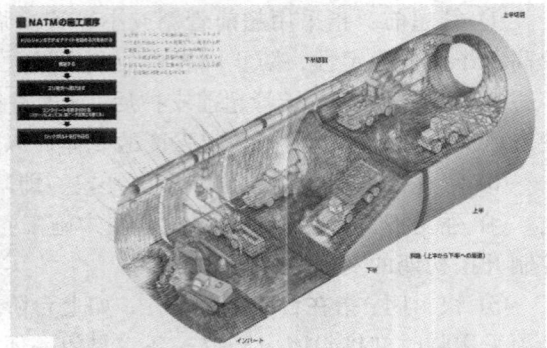

图 5.2.1　台阶法

3. 分部开挖法

在地铁车站或渡线、折返线上的大断面双线或多线隧道及地质极差的地层中常用分部开挖法。它们又分为：

① 环形开挖预留核心土法（见图 5.2.2），适用于Ⅴ～Ⅵ级围岩的一般土质或易坍塌的软弱围岩地段。核心土支挡开挖工作面，拱部开挖后应及时施作拱部初期支护，增强开挖工作面稳定。在拱部支护保护下开挖核心土，安全性好，环形开挖进尺宜为 0.5～1.0 m，核心土面积应不小于整个断面面积的 50%。

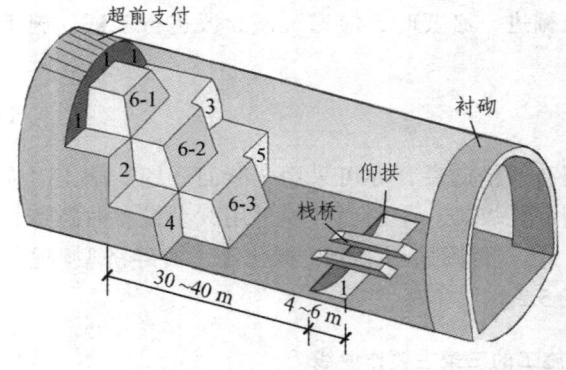 

图 5.2.2　环形开挖预留核心土法

② 单（双）侧壁导坑法（见图 5.2.3），适用于Ⅳ～Ⅵ级围岩浅埋大跨隧道，地表下沉要求严格，导坑断面宜近于椭圆形，及时支护封闭成环。围岩条件差时配合辅助施工方法。此法安全可靠，但施工速度慢、造价高。

图 5.2.3　单（双）侧壁导坑法

③ 中洞法，适用于双连拱隧道或连拱车站隧道，先施作中墙混凝土，后开挖两侧。中洞开挖后及时施作初期支护。短隧道可先贯通中洞，后开挖两侧。

④ 中隔壁法（CD 法）和交叉中隔壁法（CRD 法），如图 5.2.4 所示，适用于Ⅳ～Ⅵ级围岩浅埋大跨隧道或车站隧道。中隔壁设置为圆弧或弧形。CRD 和 CD 法的区别是在施工过程的每一步，都要求用临时仰拱（横撑）闭合。CRD 法的临时支护较 CD 法要求高。

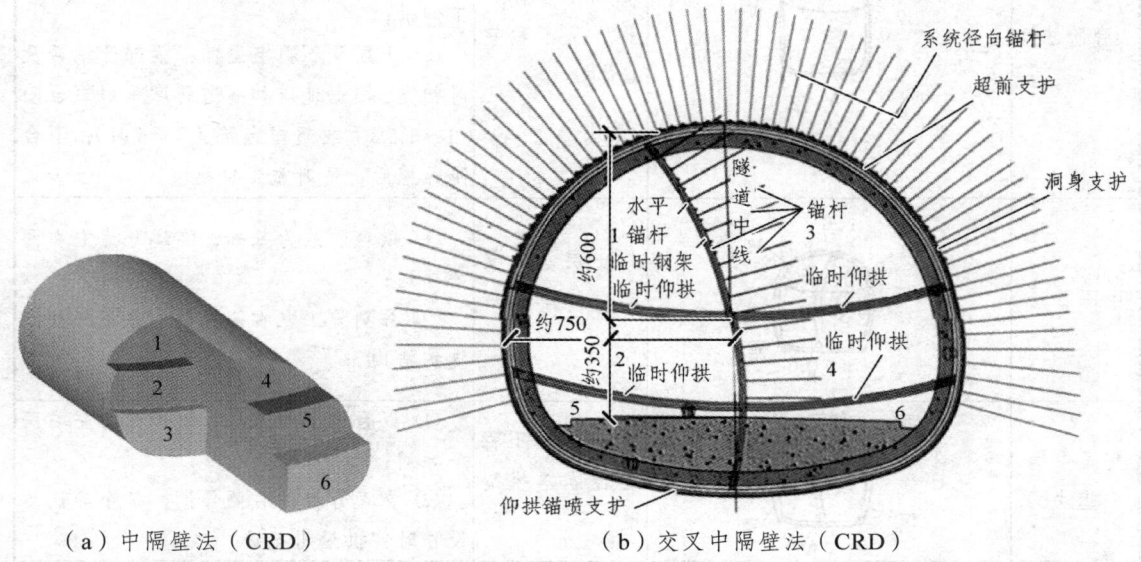

（a）中隔壁法（CRD） （b）交叉中隔壁法（CRD）

图 5.2.4　CD 与 CRD 法

4. 洞桩法（PBA 法）

该法是分部开挖的一种演变，主要是先在两侧或中部开小导洞，在洞内作钻孔灌注桩，作为初期支护，或永久衬砌边墙，或车站立柱的一部分，再开挖拱部。拱部初期支护架立在桩柱顶纵梁上，有效传递地层竖向压力，控制地表沉降。针对场合不同，又可分为：

① 双侧壁边柱导洞法，用于土层及不稳定的单拱隧道。

② 多导洞桩、柱、梁法，用于双拱以上的连拱车站，在桩柱顶部施作顶梁及底梁以传递地层压力。北京地铁天安门西站用此法。

③ 双侧壁及梁、柱导洞法，与上法差别在于车站边墙及中柱不是用钻孔灌注桩施作，而是在挖好的导洞内施作，北京地铁西单站施工方法与此类似。

各种施工方法的使用条件与主要开挖方法如表 5.2.2 所示。

表 5.2.2　地铁隧道浅埋暗挖法施工方法的使用条件与主要开挖方法

开挖方法	图　例	适用条件	主要开挖方法
全断面法		稳定岩体、单拱单线区间隧道	采用光面或预裂爆破开挖，宜用大型机械化施工

续表

开挖方法	图 例	适用条件	主要开挖方法
台阶法		稳定岩体、土层及不稳定岩体	① 稳定岩体：采用光面或预裂爆破开挖，台阶留置长度不宜>5B（B 为隧道开挖跨度）或 50 m，下台阶开挖后适时施工仰拱； ② 土层及不稳定岩体：拱部开挖后及时初支，根据地质和隧道跨度采用短台阶（1~1.5B）或超短台阶（3~5 m），下台阶开挖后，适时施工仰拱
中隔壁法		土层及不稳定岩体单拱隧道	① 以台阶法为基础，隧道分为左右两个导洞； ② 分别施工左右侧导洞，并施工初期支护结构
交叉中隔壁法		土层及不稳定岩体单拱隧道	① 以台阶法为基础，隧道分为左右两个导洞； ② 交叉开挖左右侧导洞，每个导洞均设临时仰拱封闭支护
环形开挖预留核心土法		土层及不稳定岩体单拱隧道	① 以台阶法为基础，先分别开挖上台阶的环形拱部，施工完初期支护结构后开挖核心土； ② 开挖下台阶，施工墙体初期支护结构后并做仰拱
双侧壁导坑法		土层及不稳定岩体单拱隧道	① 以台阶法为基础，先开挖双侧壁导洞并施工初期支护结构； ② 开挖拱部并施工初期支护结构； ③ 开挖核心土体并做仰拱
中洞法		土层及不稳定岩体大跨隧道或地铁车站	① 以台阶法为基础，开挖中导洞，然后在中导洞内施工梁柱结构； ② 开挖拱部并施工初期支护结构； ③ 开挖两侧土体及施工初期支护结构，并闭合
洞桩法		土层及不稳定岩体大跨隧道或地铁车站	① 在隧道中先施工小导洞； ② 在小导洞内施工边墙支护桩； ③ 开挖拱部并施工初期支护结构； ④ 开挖中间土体及两侧土体，并施工初期支护且闭合

5.2.2 浅埋暗挖法施工方法的选择及其比较

1. 浅埋暗挖法施工方法的选择

在当前的施工实践中，从施工造价及施工速度考虑，施工方法的选择顺序为：全断面法—台阶法—环形开挖留核心土法—中隔壁法（CD法）—交叉中壁法（CRD法）—双侧壁导坑法—柱洞法等；从施工安全角度考虑，其选择顺序应反过来。如何正确选择，应根据实际情况综合考虑，但必须符合安全、快速、质量和环保的要求，达到规避风险、加快进度和节约投资的目的。

2. 浅埋暗挖法地铁车站施工方法的比较

当地层条件差、断面特大时，一般设计成多跨结构，跨与跨之间有梁、柱连接，一般采用中洞法、侧洞法、柱洞法及洞桩法等施工，其核心思想是变大断面为中小断面，提高施工安全度，浅埋暗挖法施工地铁车站常用的三种施工工法对比见表5.2.3。

表5.2.3 浅埋暗挖法施工地铁车站常用的三种施工工法对比

施工方法	示意图	重要指标比较					
		适用条件	沉降	工期	防水	初期支护拆除量	造价
中洞法		小跨度，连续使用可扩成大跨度	小	长	效果差	拆除多	较高
侧洞法		小跨度，连续使用可扩成大跨度	大	长	效果差	拆除多	高
柱洞法		多层跨度	大	长	效果差	拆除多	高

3. 浅埋暗挖法地铁区间隧道的施工方法比较

在隧道的开挖过程中，周围围岩稳定与否，虽然主要地取决于围岩本身的工程地质条件，但不同的开挖工法无疑对围岩稳定状态有直接而重要的影响。常用于区间隧道的浅埋暗挖法有台阶法、环形开挖预留核心土法、CD法（中隔墙法）、CRD法（交叉中隔壁法）和双侧壁导坑法（眼睛工法）等，区间隧道不同施工工法对比见表5.2.4。

表 5.2.4　区间隧道不同施工工法对比

施工方法	横断面示意图	纵断面示意图	重要指标比较			
			沉降	工期	支护拆除量	造价
台阶法	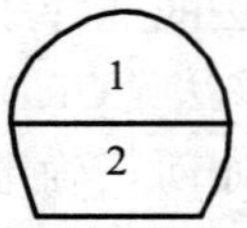	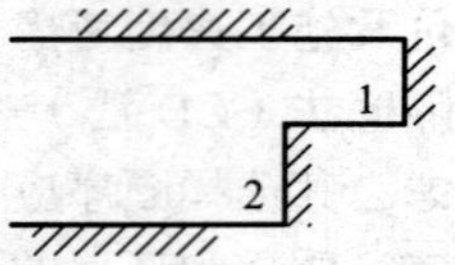	一般	短	没有拆除	低
环形开挖预留核心土法	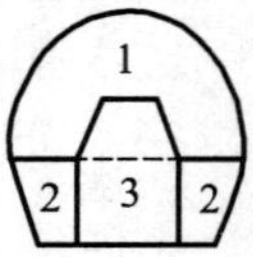	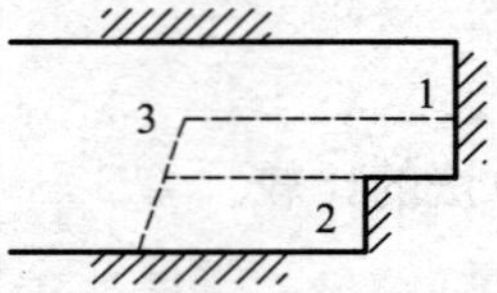	一般	短	没有拆除	低
中隔墙法	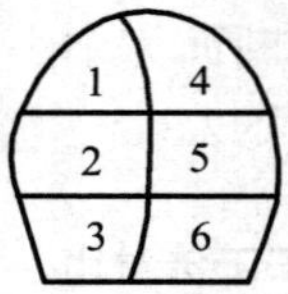	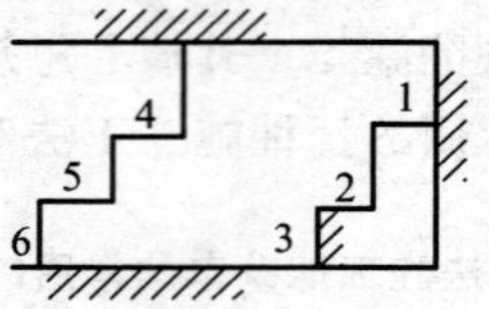	较大	短	拆除少	偏高
交叉中隔壁法	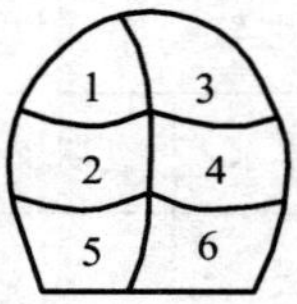	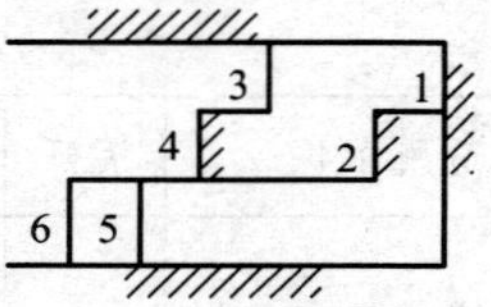	较小	长	拆除多	高
双侧壁导坑法	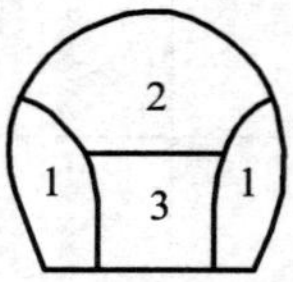	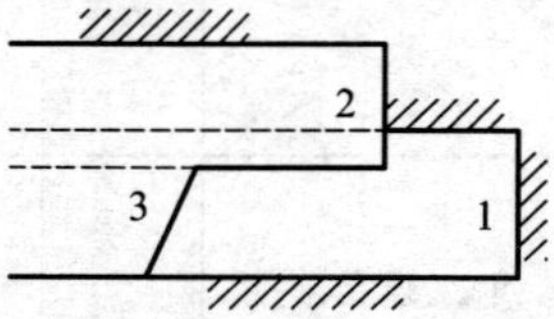	大	长	拆除多	高

5.3　浅埋暗挖法施工技术

5.3.1　浅埋暗挖法施工工艺及流程

1. 浅埋暗挖法施工工艺

浅埋暗挖法施工工艺如图 5.3.1 所示。

2. 浅埋暗挖法施工流程

浅埋暗挖施工程序可简化为以下流程：施工准备—超前小导管布设—注浆—土方开挖—格栅架立—钢筋网片、连接筋—喷射混凝土—防水施工—二次衬砌。其施工程序如图 5.3.2 所示。

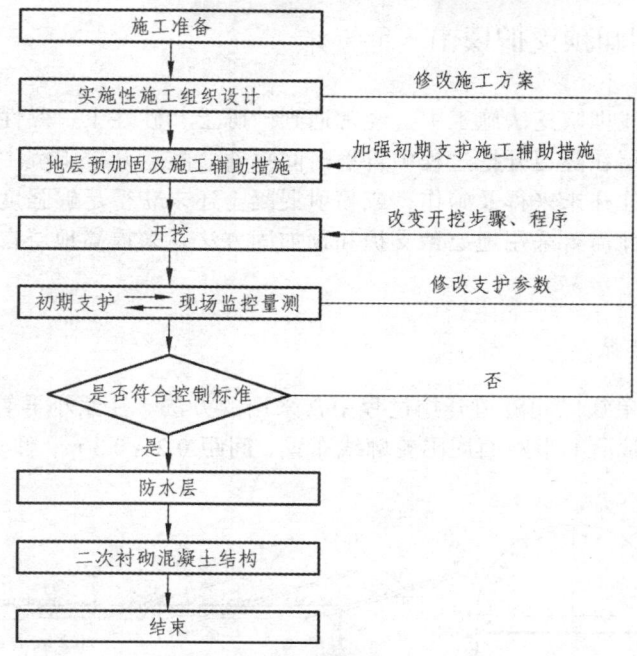

图 5.3.1 浅埋暗挖法施工工艺

图 5.3.2 浅埋暗挖法施工程序

5.3.2 地层预加固和预支护技术

在城市地下铁道浅埋暗挖法施工中，经常遇到砂砾土、砂性土、黏性土或强风化基岩等不稳定地层。这类地层在隧道开挖过程中自稳时间短暂。隧道开挖工程中往往引起较大的地面沉降，初期支护也往往未来得及施作，或喷射混凝土还未获得足够强度时，拱墙的局部地层已经开始坍塌。为此需要采用地层预支护和预加固方法，来提高地层自稳能力，减少地表沉降。

1. 小导管超前注浆

这是在地下铁道单线区间隧道开挖过程中常采用的方法。注浆小导管采用 $\phi 38 \sim \phi 50$ mm 的焊缝钢管制成，导管沿上半断面周围轮廓线布置，间距 0.2～0.3 m，仰角控制在 10°～15°，如图 5.3.3 所示。

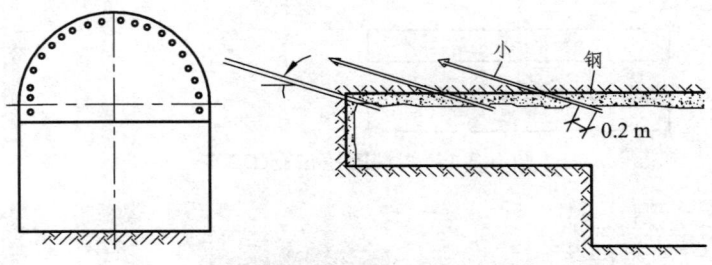

图 5.3.3 小导管注浆施工示意图

超前小导管与超前锚杆所不同的是将钢筋杆体改为空心钢管，通常管径 36～50 mm，管壁预留注浆孔，管口止浆封面后，注入水泥浆，如图 5.3.4 所示。压力注浆渗透扩散管周较大的砂土体。管周注浆固结体形成一定厚度的隧道加固圈后，实现超前支护的目的。

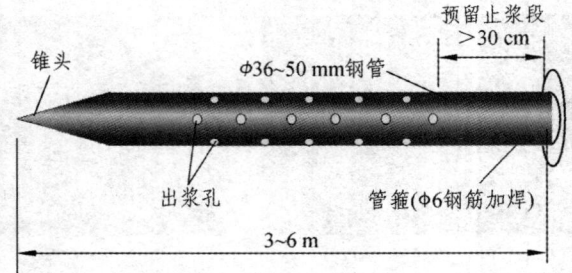

图 5.3.4 超前小导管示意图

注浆材料及配合比应根据地质条件和施工要求，通过现场实验确定。断层破碎带及砂卵石地层，当裂隙宽度（或粒径）大于 1 mm 或渗透系数大于 5×10^{-4} cm/s 时，应采用料源广且价格便宜的注浆材料。一般对于无水的松散地层，宜优先选用单液水泥浆；对于有水的强渗透地层，则宜选用水泥-水玻璃双浆液，以控制注浆范围。

采用水泥浆液时，水灰比可采用 0.5∶1～1∶1，需缩短凝结时间，则可加入氯盐、三乙醇胺速凝剂。采用水泥-水玻璃浆液时，水泥浆的水灰比可用 0.5∶1～1∶1；水玻璃浓度为 25～40°Be，水泥浆与水玻璃的体积比宜为 1∶1～1∶0.3。

控制注浆压力是这项作业的又一重要技术环节，应根据地质条件、周围建筑物情况及施工要求，通过现场试验确定，一般控制在 0.3~0.7 MPa。

2. 开挖面深孔注浆

在含水砂层、软塑或流塑状黏土、淤泥质地层中，因注浆小导管加固范围有限，掌子面地层不稳，故一般采用开挖面深孔注浆。一次注浆长度 10~15 m，注浆孔间距 0.5~1.0 m，注浆压力 0.7~2.0 MPa，如图 5.3.5 所示。水泥浆的配合比及注浆压力通过现场试验确定，其工艺流程如图 5.3.6 所示。

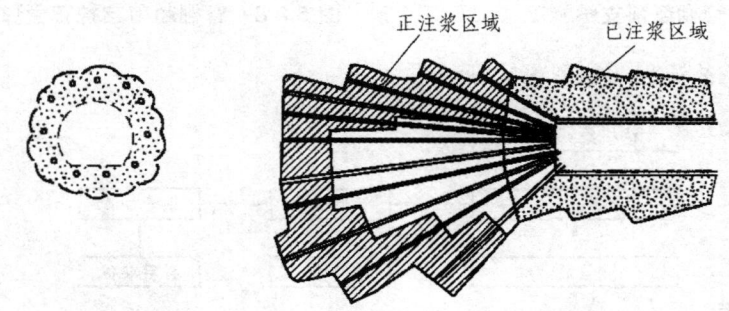

图 5.3.5 深孔注浆工艺流程框图

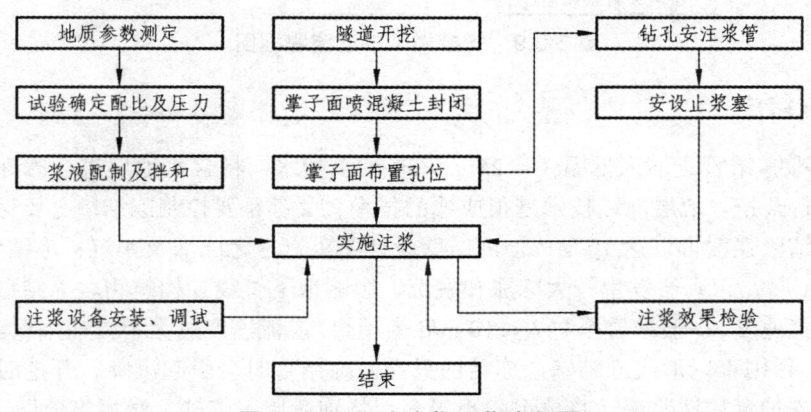

图 5.3.6 深孔注浆工艺流程图

3. 管棚超前支护

当地下铁道通过自稳能力很差的地层，或地表通过车辆荷载过大，威胁施工安全，或临近有重要建筑物，为防止由于地铁施工造成超量的不均匀下沉，往往采用管棚法。

所谓管棚，就是把一系列直径为 98~250 mm 的钢管，沿隧道外轮廓线或部分外轮廓线，顺隧道轴线方向依次打入开挖面前方的地层内，以支撑来自外侧的围岩压力，如图 5.3.7 所示。管棚排列的形状有帽形、方形、一字形及拱形（见图 5.3.8），可依据工程需要及断面形式确定。而管棚设置的范围、间距、管径则应根据工程地质和水文地质条件以及隧道的埋置深度等因素确定。

图 5.3.7 管棚超前支护施工

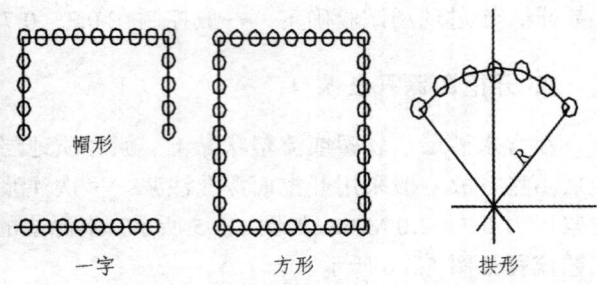
图 5.3.8 管棚超前支护布管形式示意图

管棚施工的工艺流程,如图 5.3.9 所示。

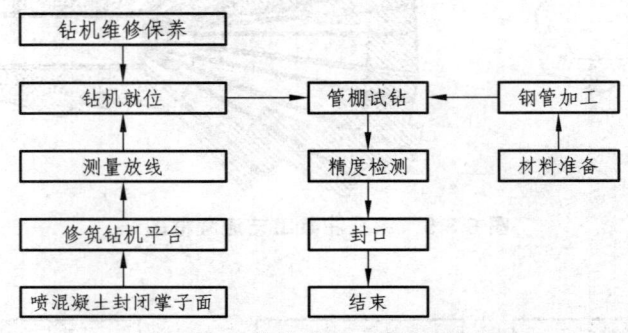
图 5.3.9 管棚施工工艺流程框图

4. 水平冻结法

通过打水平冻结管,输入低温（-25 ~ -30 ℃）盐水,将含水地层进行冰冻,形成保护冻壳,然后进行开挖。地层冻结技术是很成熟的技术,关键是要控制冻结壁,要保证有一定的强度,一般冻结壁强度可以达 10 MPa。冻结壁设计要重点考虑冻胀及融沉,冻结壁不宜过大,一般在 1 ~ 2 m 厚,否则会发生较大冻胀和融沉,影响地下管线、构筑物。冻结壁的形成,关键在于地下水流速度,一般渗透系数 $K \leqslant 10$ m/d 为理想。渗流速度过大要提前采取降速措施(旋喷、搅拌等),否则难以形成冻结壁。冻结法只在做冻结管时会引起沉降,开挖时基本没有沉降。经过初期支护背后注浆液,总体沉降小得多,特别适用于流砂、淤泥等地层。

5.3.3 浅埋暗挖法的初期支护

浅埋暗挖法支护形式主要采用复合式衬砌(见图 5.3.10),外层为初期支护,内层为二次衬砌,初期支护主要为锚喷支护,二次衬砌主要为模筑混凝土衬砌。

在一般地质条件下,初期支护类型由喷射混凝土、锚杆、钢筋网、钢架、格栅钢架和纤维喷射混凝土等组成不同的结构形式。对于浅埋软弱地层,锚杆的作用明显降低,其顶部锚杆由于作用不大而常被取消,应采用刚度较大的初期支护。可采用喷射钢纤维混凝土代替网喷混凝土以加快支护速度及提高支护质量。

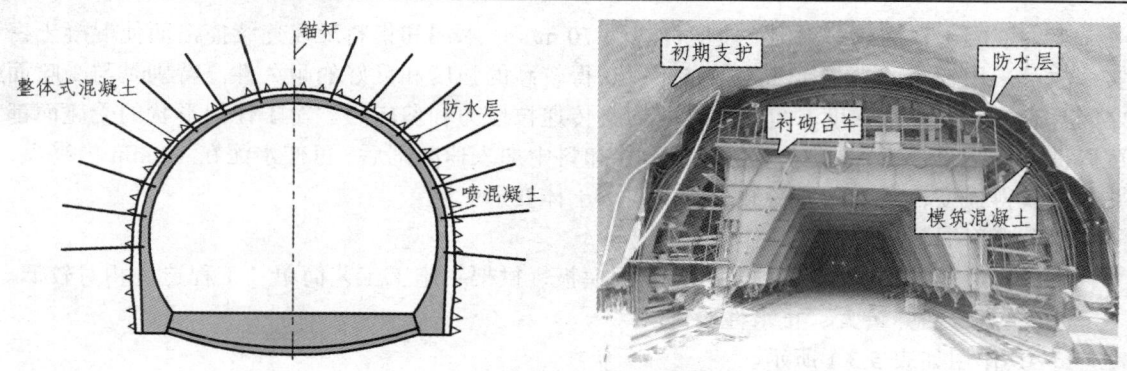

图 5.3.10　复合式衬砌结构图

1. 锚喷支护

（1）锚喷支护的定义

锚喷支护也叫喷锚支护（图 5.3.11 为现场喷锚作业），指的是借高压喷射水泥混凝土和打入岩层中的金属锚杆的联合作用（根据地质情况也可分别单独采用）加固岩层。锚喷支护是使锚杆、混凝土喷层和围岩形成共同作用的体系，防止岩体松动、分离，并把一定厚度的围岩转变成自承拱，有效地稳定围岩。当岩体比较破碎时，还可以利用丝网拉挡锚杆之间的小岩块，增强混凝土喷层，辅助喷锚支护。

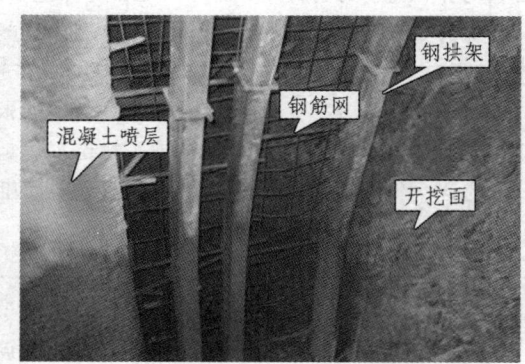

图 5.3.11　喷锚作业

（2）作用原理

锚喷支护在洞室开挖后，支护及时，与围岩密贴，柔性好，有良好的物理力学性能，它能侵入围岩裂隙，封闭节理，加固结构面和层面，提高围岩的整体性和自承能力，抑制变形的发展。在支护与围岩的共同工作中，有效地控制和调整围岩应力的重分布，避免围岩松动和坍塌，加强围岩的稳定性，它不像传统的模筑混凝土衬砌那样，只是在洞室开挖后被动地承受围岩压力，而是主动地加固围岩。

2. 喷射混凝土

喷射混凝土时借助喷射机械，利用压缩空气或其他动力，将按照一定配合比的拌和料通过管道输送并高速喷射到受碰面上，凝结硬化而成的一种混凝土。

喷射混凝土在高速喷射时（速度可达到 70 m/s），水泥和集料反复连续撞击而使混凝土密实，故可采用较小的水灰比 0.4~0.5，以获得较高的强度和良好的耐久性。特别是与受喷面之间具有一定的黏结强度，可以在结合面上传递拉应力和剪应力。对于任何形状的受碰面都可以良好地结合，不留空隙。喷射混凝土拌和料中加入速凝剂后，可使水泥在 10 min 内终凝，并很快获得强度，承受外界荷载，约束周围土体变形。

（1）喷射混凝土的特点与作用

① 优点：柔性支护；支护及时；不用模板、拱架；施工工艺简单；工程造价相对较低。

② 缺点：回弹量大、止水性弱。

③ 其作用如表 5.3.1 所示。

表 5.3.1 喷射混凝土的作用

序号	作 用	图 例
1	支撑围岩：① 喷层能与围岩密贴和粘贴，并施与围岩表面以抗力和剪力，从而使围岩处于三向受力的有力状态，防止围岩强度恶化；② 喷层本身的抗冲切能力可阻止不稳定块体的滑塌	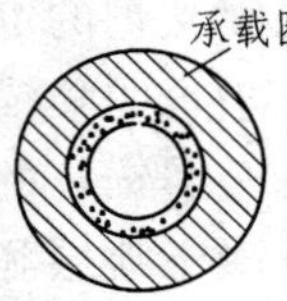
2	"卸载"作用：① 喷层属柔性，能有控制地使围岩在不出现有害变形的前提下，进行一定程度的变形，从而使围岩"卸载"；② 喷层中的弯曲应力减小，有利于混凝土承载力的发挥	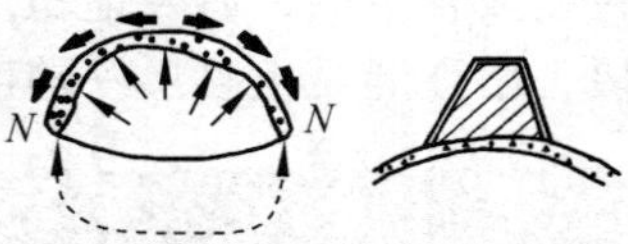
3	填平补强围岩：喷射混凝土可射入围岩张开的裂隙，填充表面凹穴，使裂隙分割的岩层面粘连在一起，保护岩块间的咬合、镶嵌作用，提高其间的黏结力、摩阻力，有利于围岩松动，并避免或缓和围岩应力集中	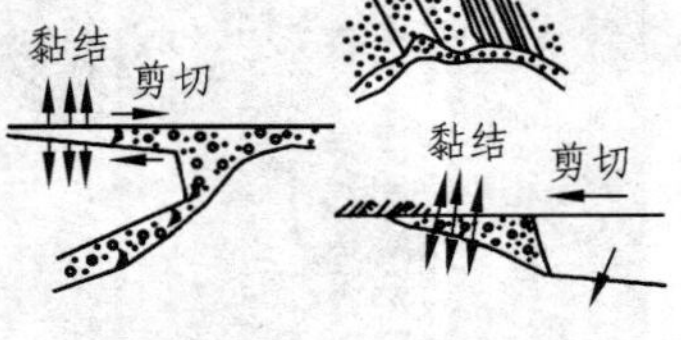
4	覆盖围岩表面：喷层直接粘贴岩面，形成风化和止水的保护层，并阻止裂隙中充填物流失	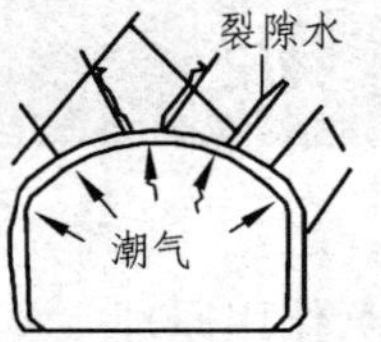
5	加固作用：喷层能紧跟掘进进程并及时进行支护，早期强度较高，因而能及时向围岩提供抗力，阻止围岩松动	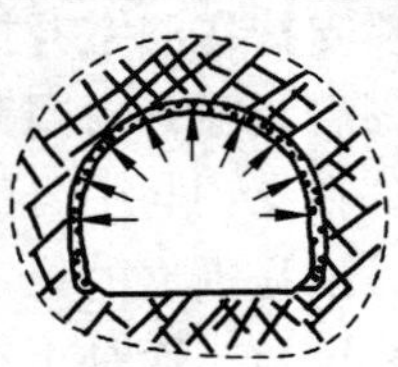
6	分配外力：通过喷层把外力传给锚杆、钢拱架等，使支护结构受力均匀分担	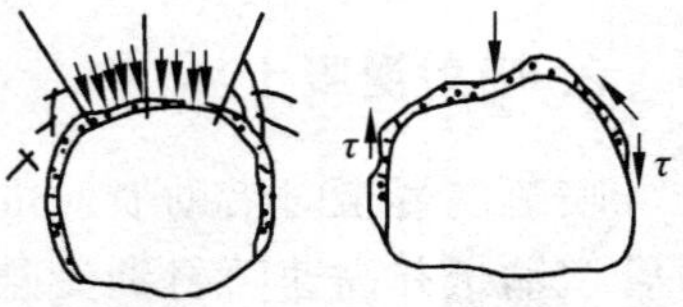

（2）喷射混凝土工艺流程类型

喷射混凝土的工艺流程有干喷、潮喷、湿喷和混合喷四种类型，它们之间的主要区别是：各工艺流程的投料程序不同，尤其是加水和速凝剂的时机不同。

干喷是将骨料、水泥和速凝剂按一定的比例干拌均匀，然后装入喷射机，用压缩空气使干集料在软管内呈悬浮状态送到喷枪，再在喷嘴处与高压水混合，以较高速度喷射到岩面上。如图 5.3.12 所示。干喷的缺点是产生的粉尘量大，回弹量大，加水是由喷嘴处的阀门控制的，水灰比的控制程度与喷射手操作的熟练程度有关。但使用的机械较简单，机械清洗和故障处理容易。

潮喷是将骨料预加少量水，使之呈潮湿状，再加水泥拌和，从而降低上料、拌和和喷射时的粉尘。但大量的水仍是在喷头处加入和喷出的，其喷射工艺流程和使用机械同干喷工艺，见图 5.3.13。目前施工现场较多使用的是潮喷工艺。

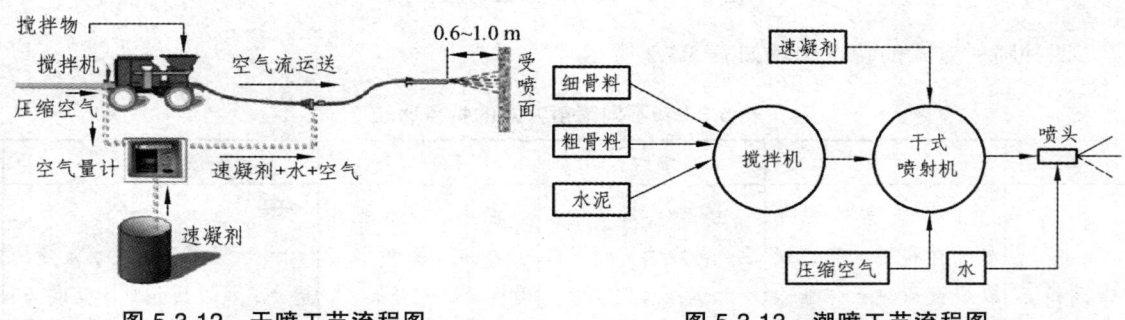

图 5.3.12　干喷工艺流程图　　　　图 5.3.13　潮喷工艺流程图

湿喷是将骨料、水泥和水按设计比例拌和均匀，用湿式喷射机压送到喷头处，再在喷头上添加速凝剂后喷出，其工艺流程见图 5.3.14。湿喷混凝土质量容易控制，喷射过程中的粉尘和回弹量很少，是应当发展应用的喷射工艺。但对喷射机械要求较高，机械清洗和故障处理较麻烦。对于喷层较厚的软岩和渗水隧道，则不易使用湿喷。

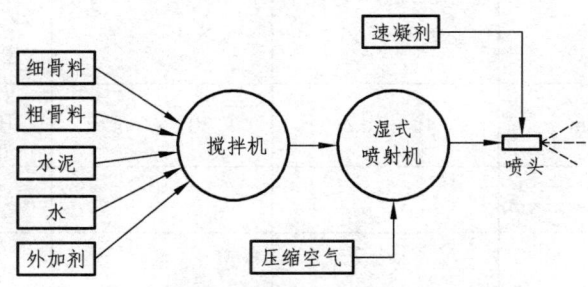

图 5.3.14　湿喷工艺流程图

混合喷射又称水泥裹砂造壳射法，它是将一部分砂加第一次水拌湿，再投入全部水泥强制搅拌造壳；然后加第二次水和减水剂拌和成 SEC 砂浆；将另一部分砂、石和速凝剂强制搅拌均匀。然后分别用砂浆泵和干式喷射机压送到混合管混合后喷出。其工艺流程见图 5.3.15。混合喷射是分次投料搅拌工艺与喷射工艺的结合，其关键是水泥裹砂（或砂、石）造壳技术。混合喷射工艺使用的主要机械设备与干喷工艺基本相同，但混凝土的质量较干喷混凝土质量好,且粉尘和回弹率有大幅度降低。但使用机械数量较多,工艺较复杂,机械清洗和故障处理很麻烦。因此混合喷射工艺一般只用在喷射混凝土量大和大断面隧道工程中。

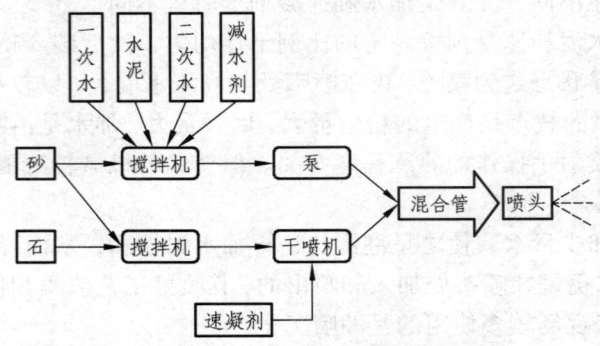

图 5.3.15 混合喷射工艺流程图

四种喷射方式的特点比较如表 5.3.2 所示。

表 5.3.2 不同喷射方式的特点比较

项目	干喷	潮喷	湿喷	混合喷
喷混凝土质量	由于喷嘴处将水与干拌和料混合,所以质量取决于作业人员的熟练程度和能力;混凝土强度较低,一般只能达到 C20	由于砂、石料预湿后,再在喷头处第二次加水,水化较好,所以质量有所提高;混凝土强度较低,一般只能达到 C20	能事先将包括水在内的各种材料正确计量,充分混合,所以质量容易管理;混凝土强度较高,可以达到 C30~C35	由于集中了干喷、湿喷的优点,所以质量好、强度高;混凝土强度较高,可以达到 C30~C35
作业条件	由于供应干混合料,所以供料作业的限制少	因在地面对骨料进行预湿,所以供料作业的限制少	供料较困难,操作也麻烦,设备占空间较大	设备规模大,适用于大断面隧道施工,在作业空间有限的隧道中使用时,其适用范围有限,操作和工艺复杂
水平输送距离	40~60 m	40~60 m	20~40 m	40 m
粉尘	多	较少	少	少
回弹	较多	较少	少	少
故障处理	较容易	较容易	堵管后处理较困难	困难
清洗养护	容易	较容易	麻烦	很麻烦

(3) 原材料

喷射混凝土的原材料为:水泥、砂石料、外加剂和水。

① 水泥:应优先采用 42.5 号及以上的硅酸盐水泥或普通硅酸盐水泥,因为这两种水泥

的 C3S 和 C3A 含量较高，同速凝剂的相融性较好，能速凝和早强。

② 砂：为保证喷射混凝土的强度和减少施工操作时的粉尘，以及减少硬化时的收缩裂纹，应采用坚硬而耐久的中砂或粗砂，细度模数一般宜大于 2.5。

石：喷射混凝土的粗骨料，采用卵石或碎石均可。尽管喷射机的性能可喷 20 mm 粒径的集料，但是为了减少回弹，集料的最大粒径以不超过 20 mm 为宜。目前不少工程，最大粒径控制在 15 mm 以内，目的也是为了减少回弹量。

③ 外加剂：喷射混凝土主要使用的外加剂是速凝剂，除此之外还有早强剂、引气剂、减水剂、增黏剂、防水剂等，喷射混凝土中主要外加剂作用见表 5.3.3。各种外加剂都有各自的功能，使用前必须经过试验，了解其相互间的相融性、最佳配比及实际效果。

表 5.3.3 喷射混凝土中主要外加剂作用

外加剂	作　用
速凝剂	① 使喷射混凝土速凝、快硬，减少回弹损失，防止混凝土因重力作用引起的脱落，提高它在潮湿或渗水地层中使用的适应性；② 适当增加一次喷射的厚度和缩短喷射层间的间隔时间
减水剂	① 在保持流动性的条件下，降低水灰比；② 掺入 0.5%~1.0% 的减水剂，可提高混凝土强度，减少回弹量，改善其不透水性及抗冻性
增黏剂	减少施工粉尘和回弹损失
防水剂	减少用水量，从而减少或消除喷射混凝土的收缩裂缝和提高混凝土的密实性

④ 水：为保证喷射混凝土正常凝结、硬化，保证强度和稳定性，饮用水均可用于喷射混凝土。

（4）配合比

① 干集料中水泥与砂石质量比，一般为 1∶4~1∶4.5，每立方米干集料中，水泥用量约为 400 kg，这种配比能满足喷射混凝土强度要求，回弹也较少。

② 砂率一般为 45%~55%，实践证明：低于 45% 或高于 55% 时，均易造成堵管，且回弹大，强度降低，收缩加大。

③ 水胶比一般为 0.4~0.45，否则强度降低，回弹增大，采用水泥裹砂喷射工艺时，还应试验选择最佳造壳水灰比。

④ 速凝剂和其他外加剂的掺量，一定要由试验来确定其最佳掺量，并达到各龄期的设计强度要求。

3. 锚　杆

锚杆（索）是用金属或其他高抗拉性能的材料制作的一种杆状构件。使用某些机械装置和黏结介质，通过一定的施工操作，将其安设在地下工程的围岩或其他工程结构体中，如图 5.3.16 所示。

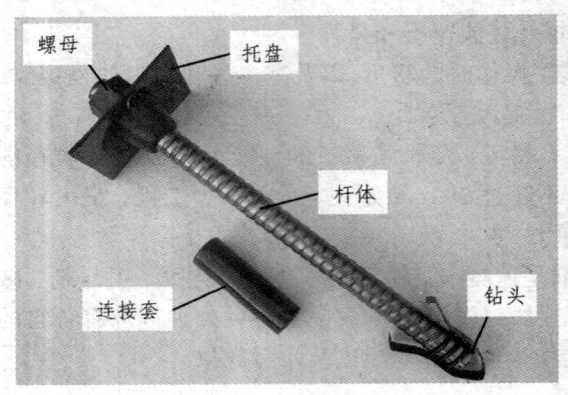

图 5.3.16 锚杆

（1）锚杆的作用

锚杆（索）支护作为一种新的支护手段，它在技术、经济方面的优越性和能适应不同地质条件的性质，使其在建筑领域尤其是地下工程中得到广泛应用和迅速发展。一般认为，锚杆的作用如表 5.3.4 所示。

表 5.3.4 锚杆的作用

序号	作 用	图 例
1	支承围岩：锚杆能限制约束围岩变形，并向围岩施加压力，从而使处于二轴应力状态的洞室内表面附近的围岩保持三轴应力状态，因而能制止围岩强度的恶化	
2	加固围岩：① 由于系统锚杆的加固作用，使围岩中，尤其是松动区中的节理裂隙、破裂面得以连接，因而增大了锚固区围岩的强度；② 喷锚杆对加固节理发育的岩体和围岩松动区是十分有效的，有助于裂隙岩体和松动区形成整体，成为"加固带"	
3	提高层间摩阻力，形成"组合梁"：对于水平或缓倾斜的层状围岩，用锚杆群能把数层岩层连在一起，增大层间摩阻力，从结构力学观点来看就是形成"组合梁"	
4	"悬吊"作用：为防止个别危岩的掉落或滑落，用锚杆将其稳定围岩连接起来，这种作用主要表现在加固局部失稳的岩体	

第5章 地铁浅埋暗挖法施工

（2）锚杆的种类

锚杆的种类很多，按锚固方式分类，可分为机械式、黏结式和混合式三种，见表5.3.5。

表5.3.5 机械式、黏结式和混合式三种锚杆的比较

锚杆种类	作用原理	特 点
机械式锚杆	利用内、外锚头的锚固来限制围岩变形松动	安装容易、工艺简单，安装后既可以起到支护作用，并能对围岩施加预应力。但杆体易腐蚀，锚头易松动，影响长期锚固力，一般用于硬岩地下工程中的临时加固，隧道工程中，常用做局部锚杆
黏结式锚杆	采用水泥砂浆（或树脂）作为填充黏结料，有助于锚杆的抗剪和抗拉以及防腐蚀作用，具有较强的长期锚固能力，有利于约束围岩位移	安装简便，在无特殊要求的各类地下工程中，可大量用于初期支护和永久支护，隧道工程中，常用作系统锚杆和超前锚杆
混合式锚杆	两种或两种以上的锚固方式混合使用	既可以施加预应力，又具有全长黏结锚杆的优点。但安装施工较复杂，一般用于大体积、大范围工程结构的加固，如高边坡、大坝、大型地下洞室等

（3）常见锚杆介绍

浅埋暗挖法中常用的锚杆是有预应力或无预应力的砂浆锚杆、中空注浆锚杆或树脂锚杆。

砂浆锚杆是以普通水泥砂浆作为黏结剂的全长黏结式锚杆，其构造如图5.3.17所示；中空注浆锚杆是一种新型锚固材料，主要有三大系列产品：先锚后灌注中空注浆锚杆；自进式中空注浆锚杆；钢制预应力涨壳中空注浆锚杆。其构造如图5.3.18所示；药包式环氧树脂锚杆是以树脂作为内锚固剂的内锚头锚杆，其构造如图5.3.19所示。

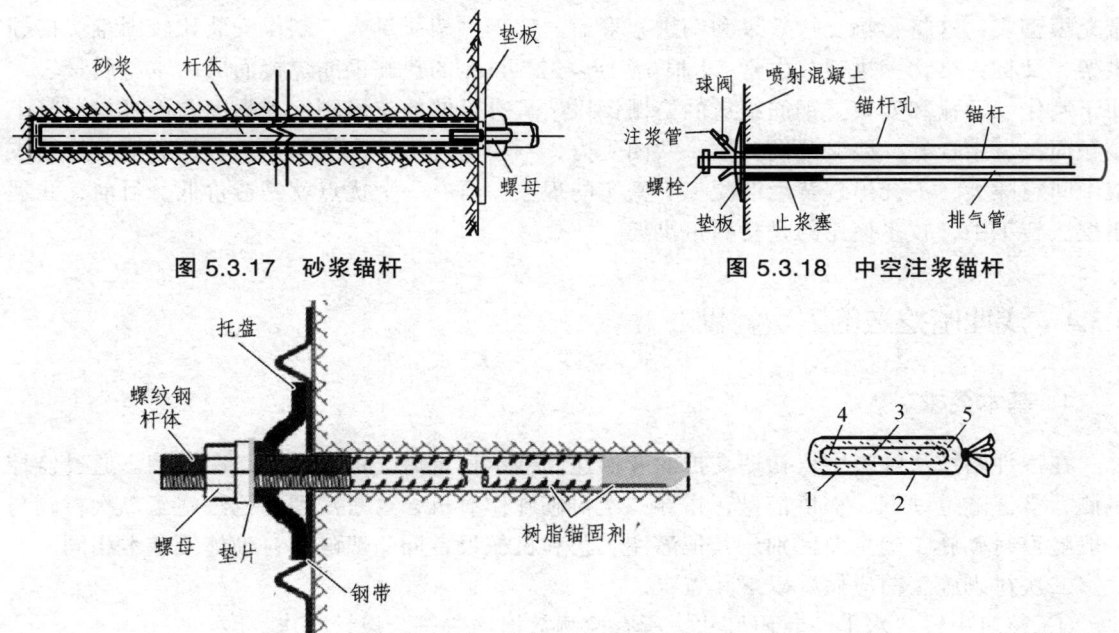

图5.3.17 砂浆锚杆　　　　图5.3.18 中空注浆锚杆

图5.3.19 树脂锚杆

1—不饱和聚酯树脂+加速剂+填料；2—纤维纸和塑料袋；3—固化剂+填料；
4—玻璃管；5—堵头（树脂胶泥封口）

4. 钢架

在土层中采用浅埋暗挖法，由于地层开挖后的自稳时间短，而且对地表沉降控制要求严格，故在锚喷支护中钢拱架支撑是绝对必要的。钢架支撑的作用主要是在喷射混凝土尚未达到必要强度以前，承担地层压力及约束地层变形。钢拱架支撑既是临时支撑也是永久支护的一部分。

钢拱架支撑按照材料可分为两大类：第一类是型钢拱架支撑，包括钢管支撑、H 型钢支撑、U 型钢支撑等，如图 5.3.20 所示；第二类是格栅拱架支撑，如图 5.3.21 所示。

图 5.3.20　型钢拱架支撑（工字钢）　　　　图 5.3.21　格栅拱架支撑

型钢拱架支撑的截面大、刚度大，能承受比较大的荷载，但是型钢与混凝土的热膨胀系数不同，温度变化时，经常沿钢拱架产生纵向收缩裂缝，而且，钢拱架背后的喷射混凝土很难充填密实，这将影响支护效果和钢拱架寿命。型钢拱架质量大，制作安装比较困难。格栅拱架，又称为格构钢拱架，由 3～4 根 ϕ（18～22）mm 的热轧钢筋焊接而成。本身质量轻，便于制作、运输和安装。钢筋组成的格栅钢拱架具有足够的支撑刚度和强度，而且与混凝土接触面大、结合好，能够共同变形、共同受力，不会出现型钢拱架那样的收缩裂缝。格栅拱架中间空隙大，不会出现背后混凝土不密实的现象。再有一个优点就是造价低。目前，浅埋暗挖法施工中，较多使用的是格栅钢拱架。

5.3.4　浅埋暗挖法的二次衬砌

1. 基本要求

在浅埋暗挖法施工中，初期支护的变形达到基本稳定后，可以进行二次衬砌。通过监控量测，掌握隧道动态，提供信息，指导二次衬砌施作时机，这是浅埋暗挖法施工二次衬砌与一般隧道衬砌施工的主要区别。其他灌注工艺和机械设备同一般隧道衬砌施工基本相同。

二次衬砌施工前应做好以下几点：

① 核对中线、水平、断面尺寸，所有检测数据均应符合设计要求。

② 为确保衬砌不进入限界，允许放样时将设计外轮廓线尺寸扩大 3～5 cm，作为施工误差及模板拱架的预留沉落量。

③ 隧道断面和地质条件变化的交界处，应设沉降缝；洞口附近及根据设计要求的部位应设伸缩缝。对以上各种缝及施工缝均应做防水处理。

2. 衬砌模板

区间隧道的断面尺寸基本不变，便于使用衬砌台车，加快立模及拆模的速度，因此二次衬砌模板一般采用衬砌台车，如图 5.3.22 所示，局部范围可采用临时木模板或金属定型模板。衬砌台车的形式有多种，其外形尺寸应符合设计轮廓尺寸。立模及拆模的动力可分为人工、电动及液压三种。按作业方式分类，分为"平移"和"穿行"两大类。

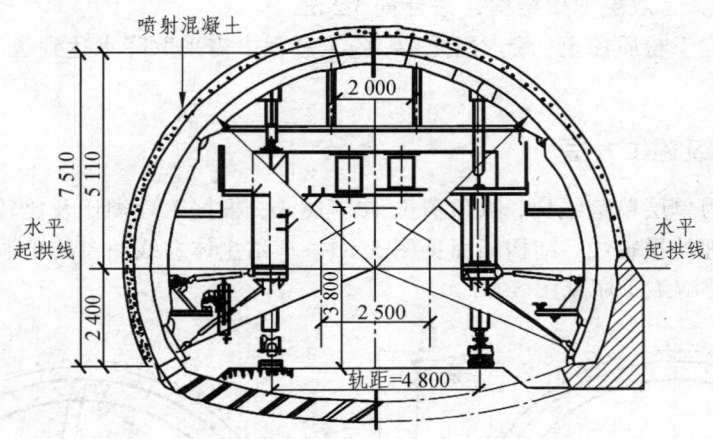

图 5.3.22　整体移动式模板台车（单位：mm）

衬砌所使用的模板、墙架、拱架均应式样简单、拆装方便、表面光滑、接缝严密。使用前应在样板台车上校核。重复使用时，应随时检查并整修。

3. 混凝土的灌注与捣固

混凝土浇注以前，应做好地下水引排工作，基础部位的浮渣积水清除干净，不允许带水作业。灌注混凝土时，自由落高不得超过 2 m，应按搅拌能力、运输距离、灌注速度、振捣等因素确定一次灌注厚度、次序、方向，分层施工。

4. 灌注施工的工艺要求

① 灌注二次衬砌混凝土应尽可能采用混凝土输送泵。
② 应尽可能采用整环灌注的施工安排。当混凝土灌注至墙拱交界处时，应间隙约 1 h，以便于边墙混凝土沉实。拱圈封顶时，应随拱圈灌注及时捣实。
③ 所有施工缝应凿毛，按设计要求埋设遇水膨胀止水橡胶条进行防水。
④ 振捣时，振捣器不得接触防水层及模板，且每次移动距离不宜大于振捣器作用半径的一半。
⑤ 二次衬砌施工是在初期支护变形基本稳定后进行的。这时的二次衬砌基本不承受外荷载，这样当混凝土强度达到 2.5 MPa 时，即可拆模。否则，应达到设计强度 70%时方可拆模。
⑥ 养护方式应经济合理，如表面定期浇水，又如铺塑料薄膜或喷涂有机树脂等养护剂。
⑦ 隧道拱、墙背后空隙必须回填密实，如达不到要求，可采用背后压浆回填。

5.4 工程案例

5.4.1 北京地铁十号线知春路站施工

1. 工程概况

车站设于知春路与城铁交叉口的东侧,沿知春路下布置,呈东西走向,为明暗结合分离岛式车站。车站主体左线(北侧)采用暗挖,为单洞马蹄形断面形式,站台宽 4.5 m;右线(南侧)采用明挖,为双层框架结构,站台宽 5.2 m。

结构大部分位于粉质黏土、粉土层之中,施工过程中需采取降水达到疏干地下水的目的,保证无水作业。

2. 结构形式及施工方法

中部暗挖段为单层单跨结构,拱顶覆土 16～18 m,根据工程类比及比较计算结果,确定了断面形式及合理的拱轴线,结构断面见图 5.4.1。车站主体左线站台为单洞马蹄形断面,采用 CD 暗挖施工,施工工序见图 5.4.2。

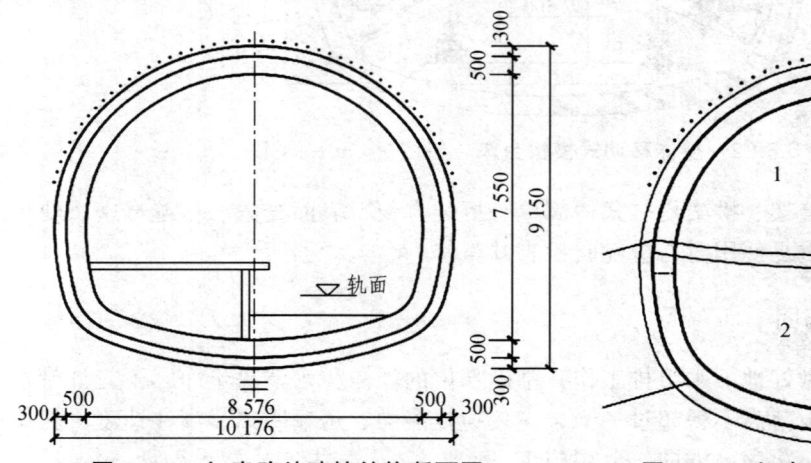

图 5.4.1 知春路站暗挖结构断面图　　图 5.4.2 知春路站暗挖段施工工序图

3. 初期支护参数

暗挖段初期支护参数见表 5.4.1,施工现场图见图 5.4.3。

表 5.4.1　暗挖段初期支护参数

项　目		规　格
超前预支护	小导	$\phi42$ mm,长 4 m,外插角 15°～20°
	注浆范围	开挖轮廓外 0.8～1.5 m
初期支护	早强 C25 喷混凝土	厚 300 mm
	钢筋	$\phi8$ mm,200 mm×200 mm
	格栅钢架	间隔 500 mm

图 5.4.3 施工现场图

4. 二次衬砌结构设计

结构设计时应根据结构类型,按结构整体和单个构件可能出现的最不利组合,依相应的规范要求进行计算,并考虑施工过程中荷载变化情况分阶段计算。使用阶段考虑水对结构的长期效应,采用水土分算。

使用阶段考虑初期支护的承载作用,与二次衬砌共同承受使用期间的全部荷载。采用"SAP84"软件进行结构计算。使用阶段计算模型见图 5.4.4。在各种不同荷载组合情况下,使用阶段主体结构计算结果见图 5.4.5。

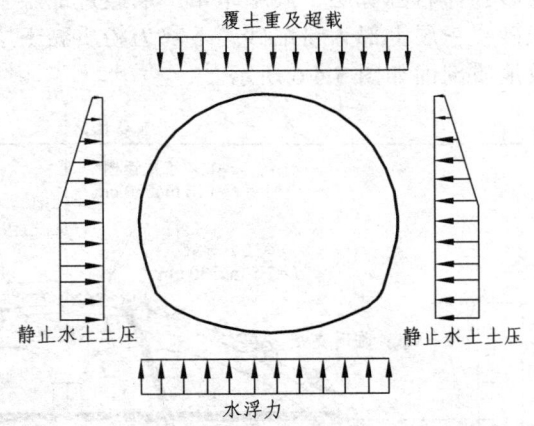

图 5.4.4 主体结构使用阶段计算简图(计算宽度 1 m)

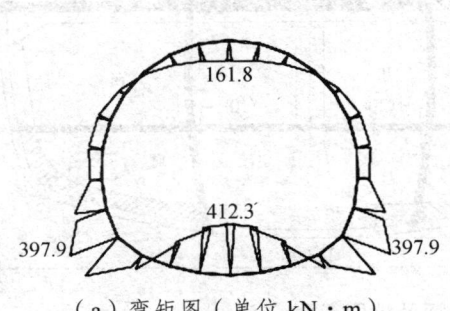 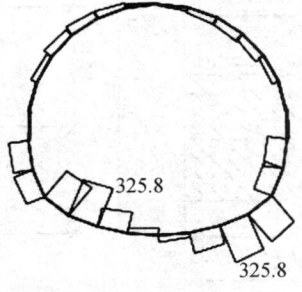

(a)弯矩图(单位 kN·m)   (b)剪力图(单位:kN)

(c)轴力图（单位：kN）　　　　（d）变形图（单位：mm）

图 5.4.5　主体结构内力包络图（计算宽度 1 m）

5.4.2　北京地铁五号线蒲黄榆车站施工

1. 工程概况

北京地铁五号线蒲黄榆车站位于南二环和南三环之间交通繁忙的蒲黄榆主路下，主体结构起讫里程 K2+942.1~K3+088.1，全长 146 m，车站经两侧 11 m 风道结合部与区间及风道相接。

蒲黄榆车站在国内首次采用大跨度、单拱单柱、双层岛式结构。车站开挖跨度 22.6 m，高 16.3 m，喷锚暗挖施工，最小埋深 5.5 m，中洞法施工，整个车站分为上下 4 层、8 部 12 个洞室开挖。蒲黄榆车站超前支护采用长管棚和小导管，间隔布置；初期支护采用格栅钢架，临时支护采用 125a 工钢支撑，30 cm 厚 C20 喷射混凝土。蒲黄榆车站从上到下地质条件为：粉质黏土、粉细砂、中粗砂和卵石圆砾层，其中车站一层经过地层主要为粉质黏土层和粉土层，二层为粉细砂和中粗砂，三层上部为粉细砂，下部为粉质黏土层，四层基本为粉质黏土层。蒲黄榆车站横断面及地质剖面如图 5.4.6 所示。

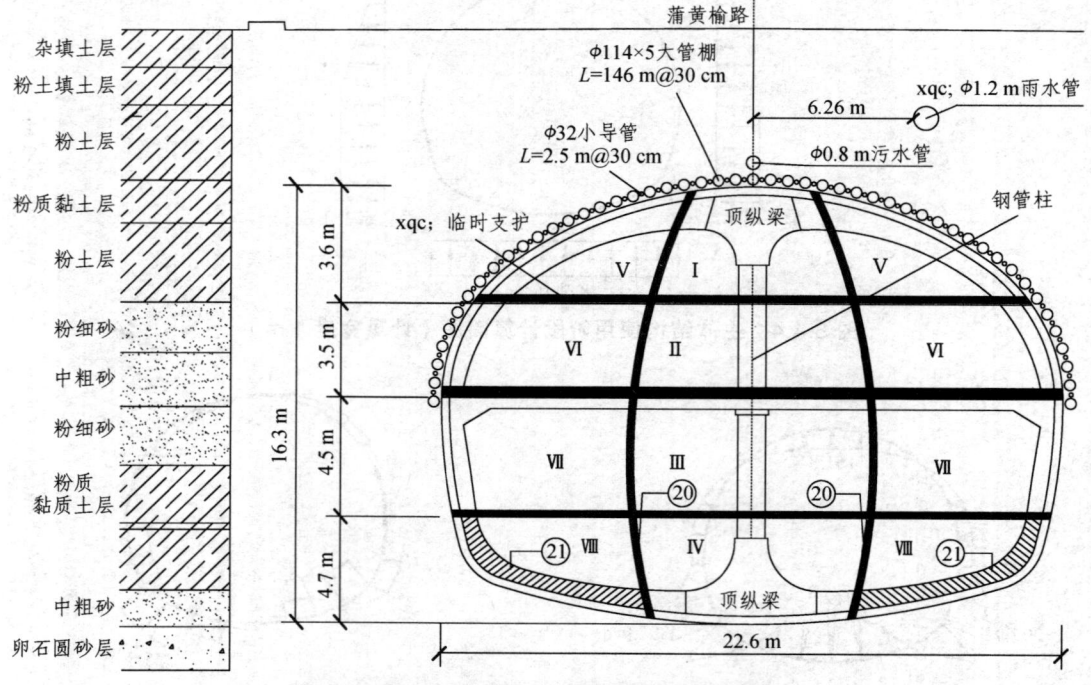

图 5.4.6　蒲黄榆车站横断面及地质剖面

地下水包括上层滞水、潜水和承压水。第一层地下水属上层滞水，浅部地层中存在粉土和粉细砂透镜体，遇大气降水、绿地灌溉和自来水、雨污水等地下管线的垂直渗漏补给；第二层地下水属潜水，含水层为粉细砂层、中粗砂层和粉土层，水位埋深为 14.2~17.0 m，补给水来源为大气降水和侧向径流，以侧向径流和向下越流补给承压水的方式排泄；第三层地下水属承压水，含水层为中粗砂层、粉细砂层及卵石圆砾层，水头埋深为 15.3~19.1 m，主要接受侧向径流补给及越流补给，以侧向径流方式排泄。

2. 开挖及支护

蒲黄榆车站采用中洞法施工。先施作中洞拱部长管棚，在长管棚之间施作小导管，在长管棚及小导管注浆支护下开挖中洞Ⅰ步、Ⅱ步、Ⅲ步、Ⅳ步，中洞贯通后施作底纵梁、钢管柱、顶纵梁；中洞结构完成后对称开挖侧洞Ⅴ步、Ⅵ步、Ⅶ步、Ⅷ步，最后初期支护形成封闭体，具体步骤如表 5.4.2 所示。

表 5.4.2 中洞车站常用施工步骤

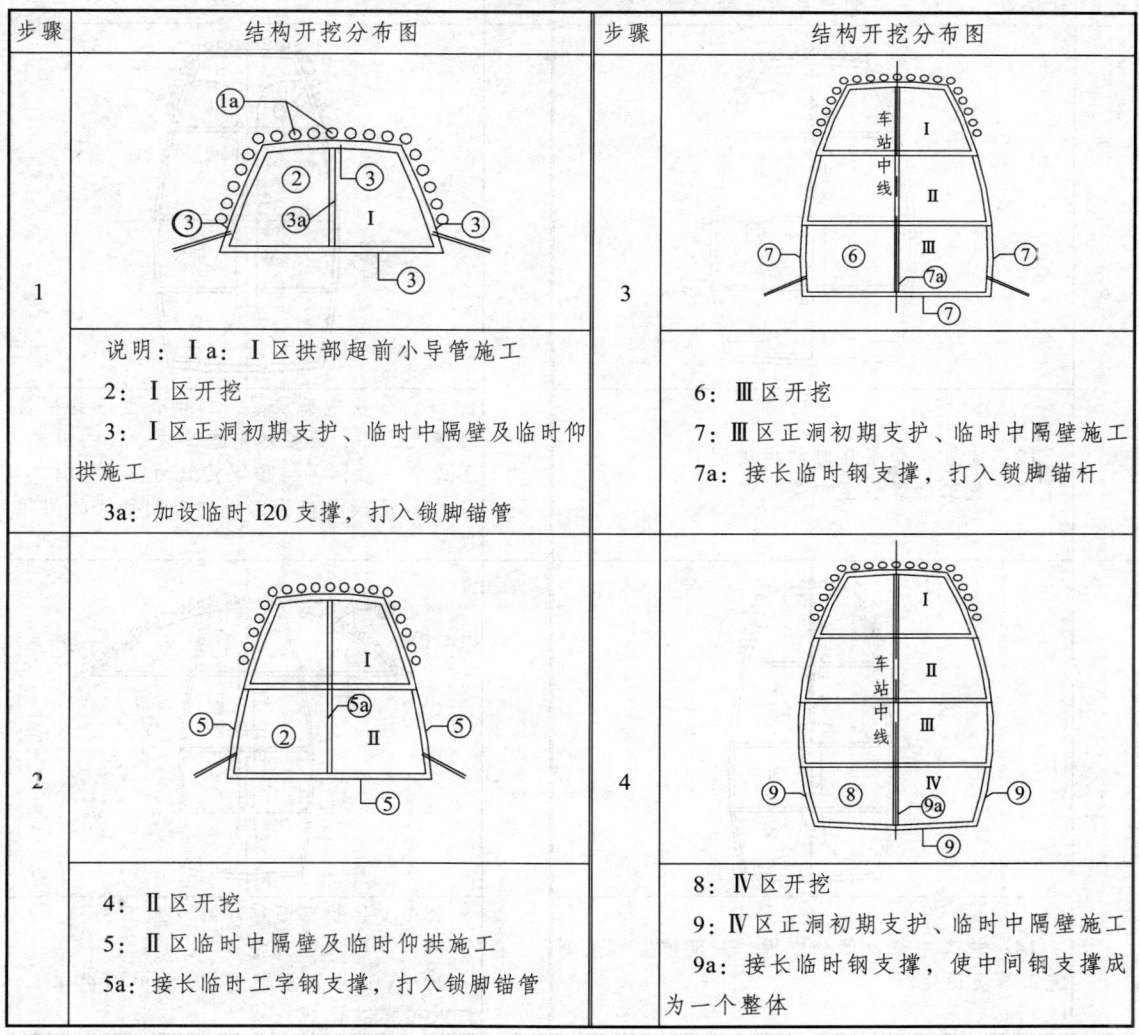

步骤	结构开挖分布图	步骤	结构开挖分布图
1	说明：Ⅰa：Ⅰ区拱部超前小导管施工 2：Ⅰ区开挖 3：Ⅰ区正洞初期支护、临时中隔壁及临时仰拱施工 3a：加设临时I20支撑，打入锁脚锚管	3	6：Ⅲ区开挖 7：Ⅲ区正洞初期支护、临时中隔壁施工 7a：接长临时钢支撑，打入锁脚锚杆
2	4：Ⅱ区开挖 5：Ⅱ区临时中隔壁及临时仰拱施工 5a：接长临时工字钢支撑，打入锁脚锚管	4	8：Ⅳ区开挖 9：Ⅳ区正洞初期支护、临时中隔壁施工 9a：接长临时钢支撑，使中间钢支撑成为一个整体

续表

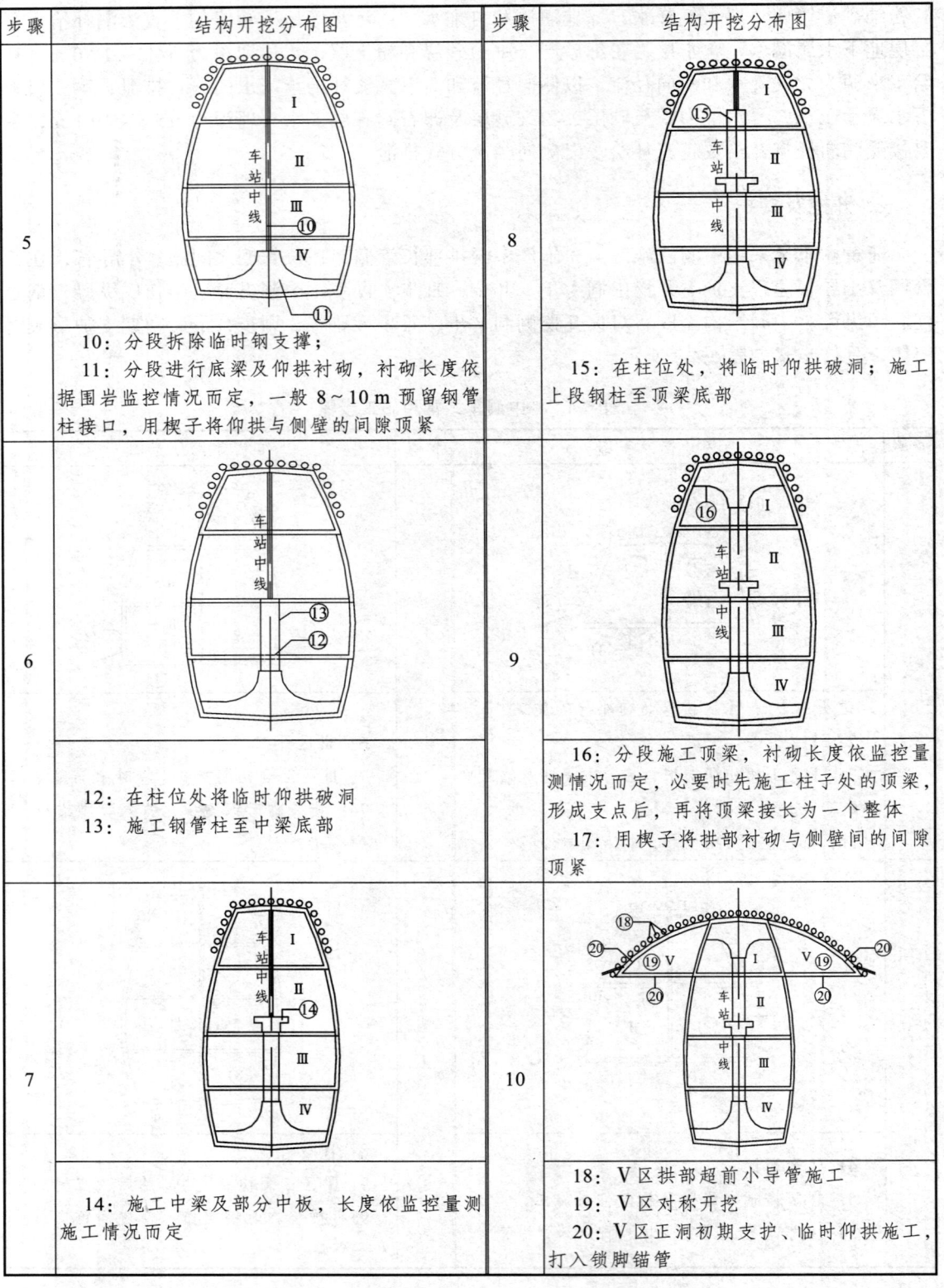

步骤	说明
5	10：分段拆除临时钢支撑； 11：分段进行底梁及仰拱衬砌，衬砌长度依据围岩监控情况而定，一般8~10 m预留钢管柱接口，用楔子将仰拱与侧壁的间隙顶紧
6	12：在柱位处将临时仰拱破洞 13：施工钢管柱至中梁底部
7	14：施工中梁及部分中板，长度依监控量测施工情况而定
8	15：在柱位处，将临时仰拱破洞；施工上段钢柱至顶梁底部
9	16：分段施工顶梁，衬砌长度依监控量测情况而定，必要时先施工柱子处的顶梁，形成支点后，再将顶梁接长为一个整体 17：用楔子将拱部衬砌与侧壁间的间隙顶紧
10	18：V区拱部超前小导管施工 19：V区对称开挖 20：V区正洞初期支护、临时仰拱施工，打入锁脚锚管

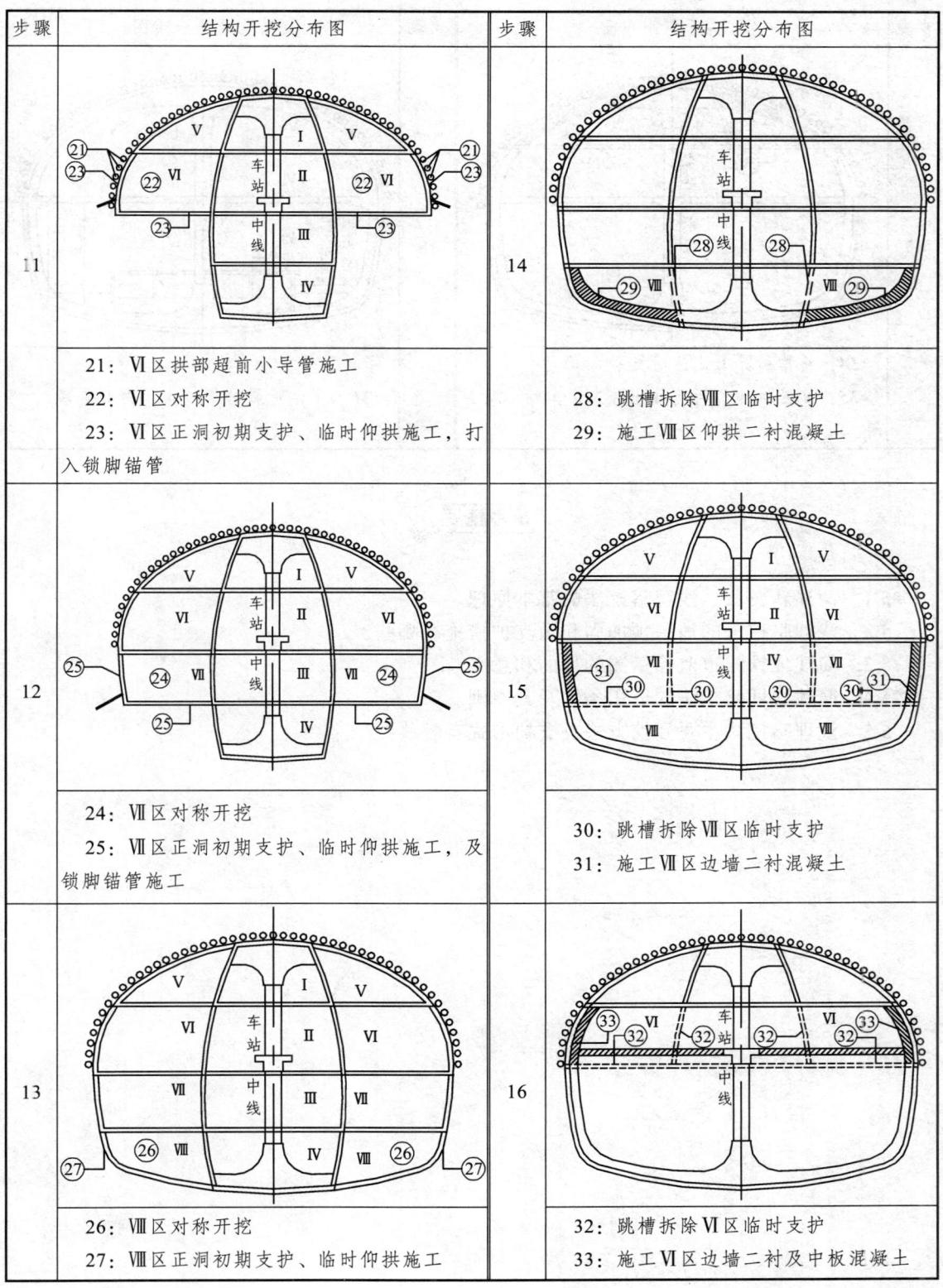

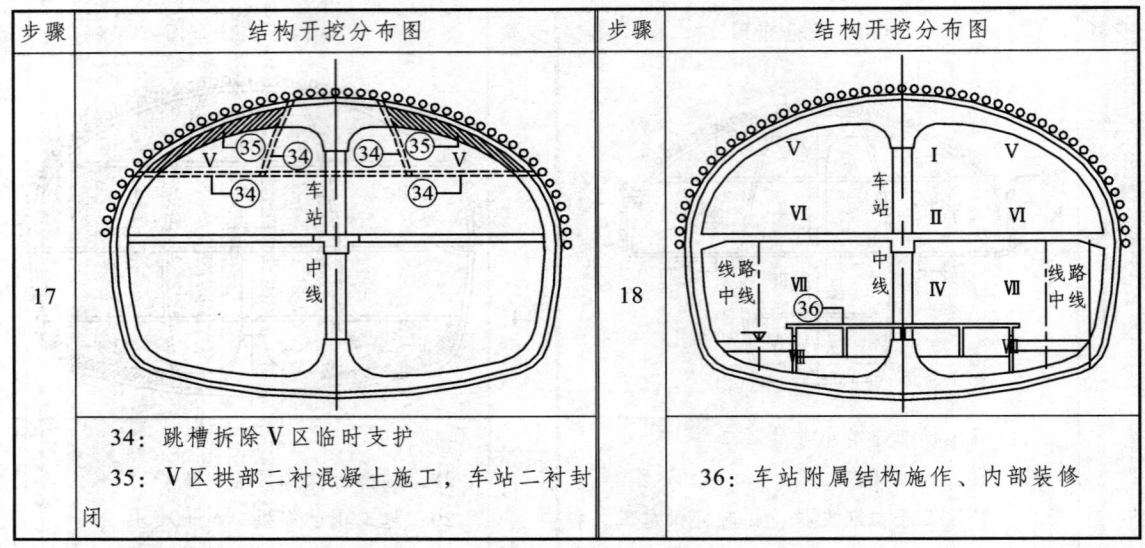

步骤	结构开挖分布图	步骤	结构开挖分布图
17	34：跳槽拆除V区临时支护 35：V区拱部二衬混凝土施工，车站二衬封闭	18	36：车站附属结构施作、内部装修

思考题

5.1 简述新奥法、浅埋暗挖法的基本原理。

5.2 浅埋暗挖法的地层预加固和预支护措施有哪些？

5.3 简述地铁隧道监控量测的目的和意义。

5.4 简述浅埋暗挖法的适用条件及其原则。

5.5 浅埋暗挖法主要开挖方法及支护形式有哪些？

第6章 地铁盾构法施工

※学习目标※

1. 知识目标
(1) 了解盾构机组成。
(2) 明白盾构机作用原理。
2. 能力目标
(1) 能进行盾构机选型。
(2) 能解决盾构机掘进过程中常见问题。

※知识链接※

在城市地铁隧道的修建过程中为了隧道自身结构和周边既有构筑物的安全,常常采用"能明则明,能盾则盾"的施工方案,即能采用明挖法的尽可能采用明挖法,能采用盾构法的尽可能采用盾构法开挖。可见盾构法在城市地铁修建中的重要地位。

盾构施工法是"使用盾构机在地下掘进,在护盾的保护下,在机内安全地进行开挖和衬砌作业,从而构筑成隧道的施工方法"。按照这个定义,盾构施工法是由稳定开挖面、盾构机挖掘和衬砌三大部分组成。

盾构法施工的概貌如图 6.0.1 所示。在隧道的一端建造竖井或基坑,将盾构安装就位,盾构从竖井或基坑的墙壁开孔出发,在地层中沿着设计轴线,向另一竖井或基坑的孔壁推进。盾构推进中所受到的地层阻力,通过盾构千斤顶传至盾构尾部已经拼装好的衬砌管片上。盾构机是这种施工方法中主要的施工机具。

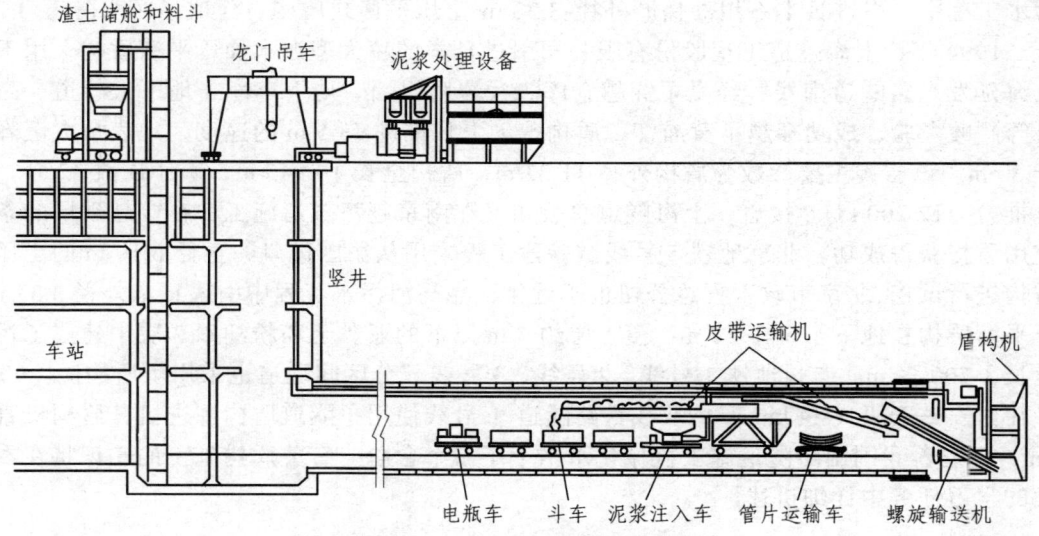

图 6.0.1 盾构法施工概貌图

盾构法问世已有190多年。1825年英国人布鲁诺尔（M. I. Brunel）在蛀虫钻孔的启示下，最早提出了盾构法建设隧道的方法，并于1825年在穿越英国泰晤士河的隧道中第一次使用了盾构技术。1830年Lord Cochrance发明了施加压缩空气的"压气法"以解决盾构穿越饱和含水地层时防止涌水的问题。10年后，Greathead首创了在盾尾衬砌外部盾尾空隙中注浆以控制地基变形的壁后注浆方法，进一步推动了盾构法隧道在城市建设中的应用。1865年巴尔劳首次采用圆形断面盾构，之后这种断面就成为盾构隧道的基本断面。20世纪60—70年代，继法国研制了泥水加压式盾构后，日本也研究开发了土压平衡式盾构，这种闭胸式头部、刀盘机械开挖的技术结合管片衬砌、壁后注浆及防水技术成为近30年盾构技术的主流。

近年来，我国盾构法隧道施工技术也有了较大的发展。1963年开始在上海试验性地采用盾构法掘进隧道，最初为直径4.2 m的开胸盾构干挖法，后逐步发展为干出土的网格式盾构、水力出土网格式盾构、局部气压水力开挖网格式盾构及土压平衡式盾构施工法。北京于1966年开始设计，1968年开始修建地铁盾构施工试验工程，也取得了一些经验。1966年水利部杭州机械研究所研究试制了我国第一台隧道掘进机并应用于水电工程，1976年又为郑州市设计了直径为6 m的盾构掘进机，1985年组织技术人员参加了尼泊尔相迪水电工程建设，取得了丰富的工程实践经验。1991年上海地铁1号线引进法国FCB公司的7台土压平衡盾构，采用大刀盘开挖、螺旋输送机排土、同时备有同步注浆压浆、计算机控制系统等，性能比较完善。上海利用这7台盾构机建成地铁1号线区间隧道，全长18.5 km。该盾构直径为6.2 m，混凝土管片厚度0.35 m，每环6块，环宽1.0 m。隧道经过淤泥土和淤泥质亚黏土，覆土深度5~18 m，盾构进尺为4~6 m/d，地面沉降控制在10~30 mm。该工程于1995年4月10日正式全线试运营，为我国在含水软土地区的城市中修建隧道提供了宝贵的经验。接着，上海地铁2号线区间隧道也采用了盾构法施工。1992年，由北京地铁建设公司和原铁道部隧道局研究所组成课题组，经过数年努力，于1998年研制成功了半断面插刀结构并在地铁复八线区间隧道进行试验，取得了成功。北京地铁5号线试验段工程采用从德国进口的直径6.19 m的土压平衡盾构进行开挖；北京市政工程总公司也在亮马河污水工程中，引进日本石川岛播磨外径3.33 m土压平衡式盾构，建成了污水隧道1 700余米。1994年，上海隧道工程股份有限公司引进日本的超大型泥水加压平衡盾构，用于建造上海延发东路隧道南线，经受了穿越仓库、浅覆防汛墙、地下车库、地下人行道、高层建筑等严峻考验，成功穿越了黄浦江，盾构曾创下日推进13.5 m的速度，地表最大沉降点小于3 cm。该盾构主要参数为盾构外径11.22 m，盾构全长10.945 m，千斤顶数32台，盾构总推力112 200 kN。接着，上海隧道总公司又在南京越江隧道施工中在穿越砂层的条件下使用盾构获得成功。北京地铁5号线试验段工程采用从德国进口的直径6.19 m的土压平衡盾构进行试挖；北京市政工程总公司也于近年在亮马河污水工程中引入日本外径3.33 mm土压平衡盾构在地下水位1~2 m、覆土层约5 m以下的亚黏土和粉细砂3层中建成了污水隧道长1 700多m。广州地铁1号线、2号线、3号线部分区间隧道也采用了盾构法。90年代，在西安—安康18.4 km秦岭双线铁路隧道1号线使用了隧道盾构掘进机，盾构机直径8.8 m，标志着我国山岭隧道施工机械化水平上了一个台阶。有关盾构施工的知识将在本书后面的学习任务中详细讲述。

6.1 盾构的分类与选型

6.1.1 盾构类型

盾构的分类方法较多,可按盾构切削断面的形状,盾构自身构造的特征、尺寸的大小、功能,挖掘土体的方式,掘削面的挡土形式,稳定掘削面的加压方式,施工方法,适用土质的状况等多种方式分类。

1. 按挖掘土体的方式分类

按挖掘土体的方式,盾构可分为手掘式盾构、半机械式盾构及机械式盾构三种。
① 手掘式盾构:掘削和出土均靠人工操作进行的方式。
② 半机械盾构:大部分掘削和出土作业由机械装置完成,但另一部分仍靠人工完成。
③ 机械式盾构:掘削和出土等作业均由机械装备完成。

2. 按掘削面的挡土形式分类

按掘削面的挡土形式,盾构可分为开放式、部分开放式、封闭式三种。
① 开放式:掘削面敞开,并可直接看到掘削面的掘削方式。
② 部分开放式:掘削面不完全敞开,而是部分敞开的掘削方式。
③ 封闭式:掘削面封闭不能直接看到掘削面,而是靠各种装置间接地掌握掘削面的方式。

3. 按加压稳定掘削面的形式分类

按加压稳定掘削面的形式,盾构可分为压气式、泥水加压式、削土加压式、加水式、加泥式、泥浆式六种。
① 压气式:向掘削面施加压缩空气,用该气压稳定掘削面。
② 泥水加压式:用外加泥水向掘削面加压稳定掘削面。
③ 削土加压式(也称土压平衡式):用掘削下来的土体的土压稳定掘削面。
④ 加水式:向掘削面注入高压水,通过该水压稳定掘削面。
⑤ 泥浆式:向掘削面注入高浓度泥浆($\rho = 1.4 \text{ g/cm}^3$)靠泥浆压力稳定掘削面。
⑥ 加泥式:向掘削面注入润滑性泥土,使之与掘削下来的砂卵混合,由该混合泥土对掘削面加压稳定掘削面。

4. 按盾构切削断面形状分类

按盾构切削断面形状,盾构可分为圆形、非圆形两大类。圆形又可分为单圆形、半圆形、双圆搭接形、三圆搭接形。非圆形又分为马蹄形、矩形(长方形、正方形、凹、凸矩形)、椭圆形(纵向椭圆形、横向椭圆形)。

5. 按盾构机的尺寸大小分类

按盾构机的尺寸大小,盾构机可分为超小型、小型、中型、大型、特大型、超特大型。

超小型盾构系指 D（直径）≤1 m 的盾构；
小型盾构系指 1 m<D≤3.5 m 的盾构；
中型盾构系指 3.5 m<D≤6 m 的盾构；
大型盾构系指 6 m<D≤14 m 的盾构；
特大型盾构系指 14 m<D≤17 m 的盾构；
超特大型盾构系指 D>17 m 的盾构。

6. 按施工方法分类

按施工方法分类盾构可分为二次衬砌盾构和一次衬砌盾构（ECL 工法）。

二次衬砌盾构工法：盾构推进后先拼装管片，然后再作内衬（二次衬砌），也就是通常的方法。

一次衬砌盾构工法：盾构推进的同时现场浇注混凝土衬砌（略去拼装管片的工序）工法，也称 ECL 工法。

7. 按适用土分类

按适用土质，盾构可分为软土盾构、硬岩盾构及复合盾构。
软土盾构：切削软土的盾构。
硬岩盾构：掘削硬岩的盾构。
复合盾构：可切削软土，又能掘削硬岩的盾构。

6.1.2 盾构机机型选择

一般来说，用盾构法施工的地层都是复杂多变的，因此，对于复杂的地层要选定较为经济的盾构是当前的一个难题。实际上，在选定盾构时，不仅要考虑到地质情况，还要考虑到盾构的外径、隧道的长度、工程的施工程序、劳动力情况等，而且还要综合研究工程施工环境、基地面积、施工引起对环境的影响程度等。

选择盾构的种类一般要求掌握不同盾构的特征。同时，还要逐个研究以下几个项目：① 开挖面有无障碍物；② 气压施工时开挖面能否自立稳定；③ 气压施工并用其他辅助施工法后开挖面能否稳定；④ 挤压推进、切削土加压推进中，开挖面能否自立稳定；⑤ 开挖面在加入水压、泥压、泥水压作用下，能否自立稳定；⑥ 经济性。

（1）选型依据
① 土质条件、岩性（抗压、抗拉、粒径、成层）等各参数；
② 开挖面稳定（自立性能）；
③ 隧道埋深、地下水位；
④ 设计隧道的断面；
⑤ 环境条件、沿线场地（附近管线和建筑物及其结构特性）；
⑥ 衬砌类型；
⑦ 工期；

⑧ 造价；
⑨ 宜用的辅助工法；
⑩ 设计路线、线性、坡度；
⑪ 电气等其他设备条件。

地层渗透系数对于盾构机的选型是一个很重要的因素。根据欧美和日本的施工经验，当地层的透水系数小于 10^{-7} m/s 时，可以选用土压平衡盾构；当地层的渗水系数在 10^{-7} m/s 和 10^{-4} m/s 之间时，既可以选用土压平衡盾构也可以选用泥水式盾构；当地层的透水系数大于 10^{-4} m/s 时，宜选用泥水盾构。

（2）泥水加压式盾构选用

泥水加压式盾构适用于冲积形成砂砾、砂、粉砂、黏土层、弱固结的互层地基以及含水率高开挖面不稳定的地层；洪积形成的砂砾、砂、粉砂、黏土层以及含水率很高固结松散易于发生涌水破坏的地层，是一种适用于多种土质条件的盾构形式。但是对于难以维持开挖面稳定性的高透水性地基、砾石地基，有时也要考虑采用辅助施工方法。

（3）土压平衡式盾构选用

土压平衡式盾构适用于含水率和粒度组成比较适中的粉土、黏土、砂质粉土、砂质黏土、夹砂粉黏土等土砂可以直接从掘削面流入土舱及螺旋排土器的土质。但对含砂粒量过多的不具备流动性的土质，不宜选用。

6.2 盾构的基本构造

盾构主要由盾构主机、后配套设备及附属设备组成。主机部分包括掘削机构、动力装置、盾壳、推进装置、管片拼装机构、衬砌背后注浆、出料装置和控制设备等。

1. 掘削机构

（1）刀 盘

刀盘设置在盾构的最前方，既能掘削地层的土体，又能对掌子面起到一定的支撑作用，从而保证掘削面的稳定，如图 6.2.1 所示。

刀盘开口率是刀盘面板开口部分的面积与刀盘面积的比值。刀盘切削下来的渣土通过刀盘的开口槽流往土舱。

刀盘的中心装有回转接头，它使刀盘上的泡沫注入通道能跟盾构体内的管路相连接。海瑞克盾构机中心回转接头内有 4 路泡沫注入通道，泡沫剂通

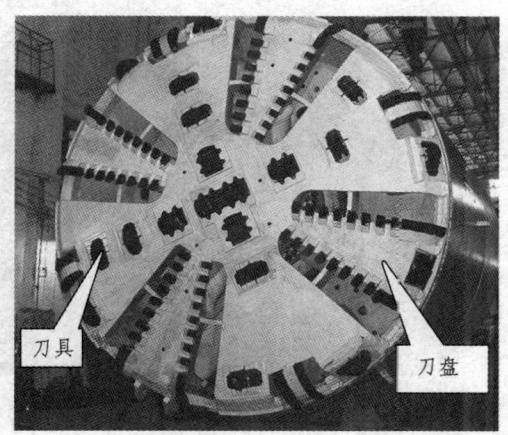

图 6.2.1 盾构刀盘

过中心回转接头到达刀盘后，再在刀盘体内分成 8 个注入口，通过刀盘面板注入泥浆或泡沫，起到冷却、润滑和改良渣土等作用。当地层含砂量超过某一限度时，泥土的流塑性明显变差，土舱内的土体因固结作用而被压密，导致土渣难以排送。可通过向土舱内注水或泡沫、膨润土等，经强制搅拌，使砂质土泥土化。泡沫是一种流塑化改性剂，除可改善土体的流动性外，

还可润滑刀盘、刀具、螺旋输送机，降低刀盘扭矩，保持开挖面稳定。

从国外引进的第一台海瑞克盾构用于北京地铁5号线施工，布置了4个泡沫注入口，而南京地铁引进同一厂家的第5台盾构却布置有6个注入口，这说明制造商在不断地进行泡沫注入系统的改造。同时，泡沫的注入还能有效地防止刀盘中心形成泥饼。

（2）刀　具

盾构机刀具（见图6.2.2）是一种超硬材质，一般是耐冲击性及耐磨性优越的E5材质或类似材料（高硬度的合金钢），同时它也是盾构机破岩掘进的关键部件，在掘进中容易损坏，要经常更换。目前使用的刀具主要有刮削刀具和滚动刀具。刮削刀具是指只随刀盘转动而没有自转的破岩刀具，刮削刀具的种类繁多，目前盾构掘进机上常用的刮削刀具类有边刮刀、刮刀、齿刀、先行刀、贝壳刀、鱼尾刀等。刮刀是由刀座、刀体和刀刃三部分组成的，刀座是与刀盘连接的部分，与刀盘的连接有焊接如先行刀、螺栓连接如边刮刀、插销连接如正面刮刀。刀座有的是与刀体成一体的，有的是与刀体焊接的，与刀体焊接的刀座材料一般是低碳合金钢。刀体对硬质合金刀刃起支撑和保护作用，要有足够的强度和耐磨性，常常采用表面硬化技术或局部堆焊耐磨层。刮刀刃是刮刀刮削岩土和保护刀体不被磨损的关键部位，通常是用硬质合金做成的，其大小和形状根据部位、作用、地层设计。刀刃与刀体的连接是关键，具体工艺有焊接、镶嵌和镶嵌焊。

滚切类刀具是通过刀具的滚动来切割岩层的，所以人们习惯称之为滚刀。它一般是通过刀框座和螺栓连接在刀盘上的。在工作过程中，它不仅要在刀盘的带动下随刀盘进行公转，同时还要围绕自身刀轴进行自转，通过不断的连续滚动对岩层进行切入、挤压和摩擦，使掌子面上的岩层逐渐剥落，完成对岩层的切割破碎。根据刀刃的形状滚刀可分为：齿形滚刀（钢齿和球齿）、盘形滚刀（钢刀圈滚刀和球齿刀圈滚刀）。根据安装位置滚刀可分为：正滚刀、中心滚刀、边滚刀、扩孔滚刀。盾构掘进机滚刀主要是盘形滚刀，盘形滚刀又有单刃、双刃和多刃。

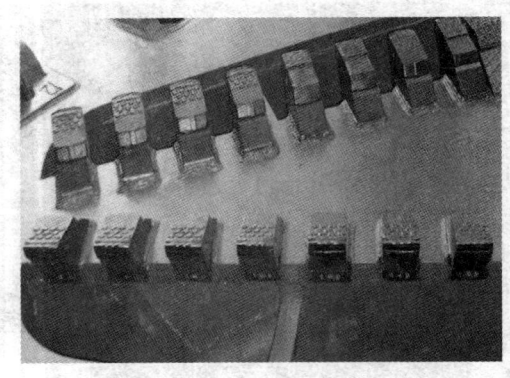

（a）刮刀　　　　　　　　　　（b）滚刀

图6.2.2　刀具

2. 刀盘驱动装置

刀盘驱动装置（见图6.2.3）的作用是向刀盘提供必要的旋转扭矩，驱使刀盘旋转。刀盘驱动装置由钢板焊接构造而组成，在内部安装高精度、大负荷的滚动轴承和密封圈。该装置一般由带减速器的液压马达的小齿轮驱动大轴承，带动刀盘顺时针或逆时针旋转。

通常刀盘驱动部（包括密封、大轴承、小齿轮、减速机、液压马达等）作为一个整体组装调试后，再用螺栓固定在盾构壳体上，这样更能保证刀盘密封与传动的可靠性和安全性。为了防止土砂、水进入驱动装置内，在旋转部与固定部中间设置有密封装置。

盾构刀盘的转速，要视刀盘的直径大小而定。一般来说，刀盘直径大，转速就低；刀盘直径小，转速就高。其原因是：刀具切削土壤时，线速度要求低于 20 m/min，如果线速度超过此极限值，切削阻力将急剧增加，刀具磨损加剧，导致频繁地更换刀具。

图 6.2.3　刀盘驱动

3. 盾　壳

盾构的种类繁多，所有盾构的外壳沿纵向从前到后分为前盾、中盾、后盾三段，通常又把这三段称为切口环、支撑环、盾尾（图 6.2.4 为盾壳构造示意图，图 6.2.5 为盾壳实物图）。

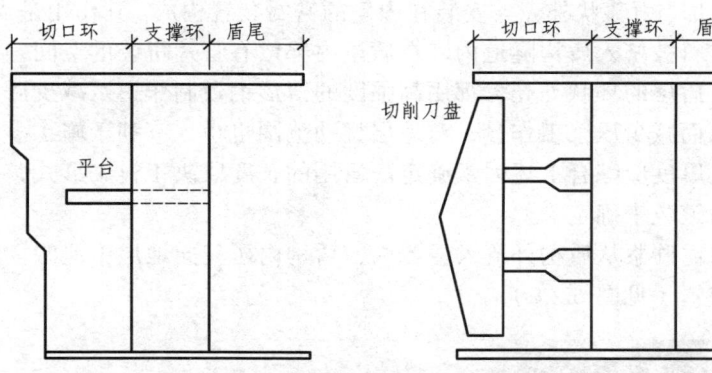

图 6.2.4　盾壳构造示意图

图 6.2.5　盾壳实物图

（1）切口环

切口环部分是开挖和挡土部分，它位于盾构机的最前端，施工时最先切入土层并掩护开挖作业。切口环保持着工作面的稳定，并作为开挖下来的土砂向后方运输的通道，采用机械化开挖式盾构时，就根据开挖下来土砂的状态，确定切口环的形状、尺寸。

切口环的长度主要取决于盾构正面支承、开挖的方法。对于机械化盾构切口环内按不同的需要安装各种不同的机械设备，这些设备是用于正面土体的支护及开挖，而各类机械设备是由盾构种类而定的。

（2）支承环

支承环是盾构的主体结构，是承受作用于盾构上全部荷载的骨架。它紧接于切口环，位于盾构中部，通常是一个刚性很好的圆形结构。地层压力、所有千斤顶的反作用力以及切口环入土正面阻力、衬砌拼装时的施工荷载均由支承环来承受。

在支承环外沿布置有盾构千斤顶，中间布置拼装机及液压设备、动力设备、操纵控制台。当切口环压力高于常压时，在支承环内要布置人行架、减压舱，即人舱，也称气压人闸。

支承环的长度应不小于固定盾构千斤顶所需的长度，对于有刀盘的盾构还要考虑安装切削刀盘的轴承装置、驱动装置和排土装置的空间。同时应拥有可充分承受土压、水压、盾构千斤顶推进反作用力、挖掘反作用力的强度。

（3）盾　尾

盾尾在盾壳的尾部，由环状外壳与安装在内侧的密封装置构成。其作用是支承坑道周边，防止地下水与注浆材料被挤入盾构隧道内。在盾尾内部留有管片拼装的空间，该空间内装有拼装管片的举重臂。盾尾的环状外壳大都用高强度的薄形钢板制作，以减少盾构向前推进后留下的环状间隙。从而减少压浆工作量，对地层扰动范围也小，有利于施工。但盾尾也需要承担土压力，所以其厚度应综合上述因素确定。盾尾的长度取决于衬砌形式，必须根据管片的宽度及盾尾的密封道数来确定。

为防止泥水和水泥砂浆从盾构外流入盾构内，盾构内压气向地层中泄漏，在盾壳内壁和衬砌之间设有密封装置（见图 6.2.6）。

图 6.2.6　密封装置示意图

4. 推进装置

盾构推进是靠液压系统带动千斤顶的伸缩动作，驱使盾构在土层中向前推进的。盾构千斤顶活塞的前端必须安装顶块，顶块采用球面接头，以便将推力均匀分布在管片的环面上（见图6.2.7）。

图 6.2.7　推进装置

推进千斤顶沿中盾壳体内侧均匀分布，油缸的布置在设计时考虑了避开管片接缝。推进系统，应具有纠偏功能，推进油缸能分组和单独控制，能手动和自动控制，满足施工要求的最小转弯半径需要，并具有一定的爬坡能力。

盾构的推进油缸布置形式有两种，一种是四组分区，一种是五组分区。理论上，分组越多，越容易调向，但大部分盾构采用的是四组分区形式，因为其布置比较简单，同时可以节约成本。

1999年从海瑞克公司采购的盾构，推进油缸分成5组；2003年以后采购的盾构已改为4组，分为上、下、左、右4个区域。海瑞克盾构有30个推进油缸，每个油缸均可产生1 140 kN的推力。对于中小直径的盾构，每只千斤顶的推力以600～1 500 kN为好；对于大直径盾构，每只千斤顶的推力以2 000～4 000 kN为好。

5. 管片及管片安装机

（1）管　片

盾构法修建的隧道采用拼装式衬砌，是将衬砌分成若干块管片，这些管片经预制后运到隧道内，用机械拼装成环，拼装成环后即可立即受力。目前主要用在盾构隧道内，因为盾构的前进需要衬砌环立即提供反力，这是现浇混凝土衬砌所做不到的。

盾构隧道的衬砌，通常分为一次衬砌和二次衬砌。一般情况下，一次衬砌为由管片组装成的环形结构，二次衬砌是在一次衬砌内侧现场灌注的混凝土结构。只有一次管片衬砌的叫单层衬砌。在一次衬砌里面再做现场灌注的二次衬砌，称之为双层衬砌。一般情况下均采用单层衬砌，如地铁隧道。但对于污水隧道、有内压的隧道或结构受力十分复杂的隧道，宜采用双层衬砌，如南水北调的穿黄隧道。

由于在开挖后要立即进行衬砌,故将数个钢筋混凝土制造的块体构件组装成圆形等衬砌,此块体称为管片,如图 6.2.8 所示。

图 6.2.8　管片

① 管片接头。

管片接头分为沿圆周方向连接起来的管片接头和沿隧道轴线连接起来的管片环接头两种。接头与接头通常采用螺栓连接,连接螺栓有直螺栓和弯螺栓两种如图 6.2.9 所示。

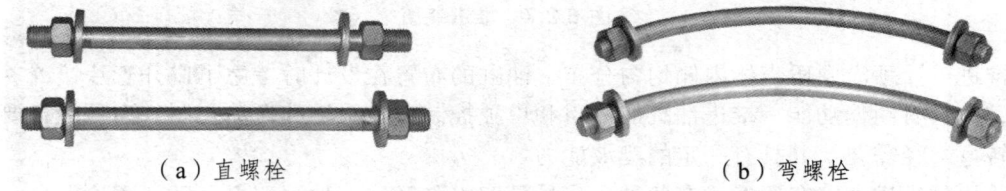

(a) 直螺栓　　　　　　　　　　　(b) 弯螺栓

图 6.2.9　推进装置

② 管片拼装形式。

按其组合形式,分为通缝拼装和错缝拼装。a. 通缝拼装。所有衬砌的纵缝呈一直线的情况,称之为通缝拼装,如图 6.2.10(a) 所示。即各环管片的纵缝对齐的拼装,这种拼法在拼装时定位容易,纵向螺栓容易穿,拼装施工应力小。b. 错缝拼装。相邻两环间纵缝相互错开的情况,称之为错缝拼装,如图 6.2.10(b) 所示。即前后环管片的纵缝错开,不在一条直线上的拼装,一般错开 1/2 块管片弧长,用此法建造的隧道整体性较好。错缝拼装的优点在于能够使环接缝刚度分布均匀,提高了管片衬砌的刚度。我国多采用错缝拼装形式。

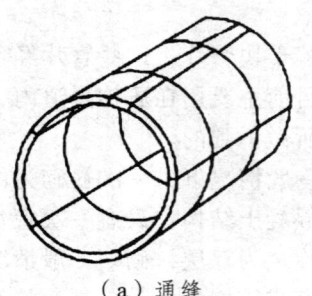　　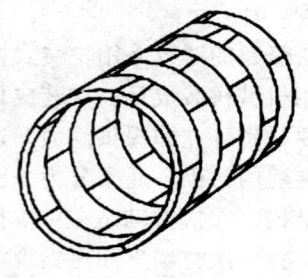

(a) 通缝　　　　　　　　　　　(b) 错缝

图 6.2.10　管片拼装形式

按照组环的形式，分为先环后纵和先纵后环。a. 先环后纵。先将管片拼装成圆环，拧好所有环向螺栓，待穿进纵向螺栓后再用千斤顶整环纵向靠拢，然后拧紧纵向螺栓，完成一环的拼装工序。b. 先纵后环。此法在推进阻力较大，容易引起盾构后退的情况下不宜使用。管片按先底部、后两侧、再封顶的次序，逐步安装成环，每装一块管片，对应千斤顶就伸缩一次。这种方法的封顶块必须纵向插入，最后封顶成环。我国多采用先纵后环形式。

按照顺序，分为先上后下和先下后上。a. 先上后下。小盾构施工中，可采用拱托架拼装，则要先拼装上部，使管片支撑于托架上。这样拼装安全性差，工艺复杂，需要有卷扬机等辅助设备。b. 先下后上。用举重臂拼装的方法，从下部管片开始拼装，逐块左右交叉向上拼。这样拼装安全性好，工艺简单，拼装所用设备少。大多数隧道采用先下后上的方法，即使用举重臂的方法。目前，我国管片的拼装工艺可归纳为先下后上、左右交叉、纵向插入、封顶成环。

（2）管片拼装机

管片安装器（见图 6.2.11）安装在盾尾区域，用来安装衬砌管片。安装器所具有的各种动作能在施工场地条件下使管片精密地就位。它主要的运动构件的功能均可通过比例控制来实现。在管片安装模式下，为达到最理想的衬砌效果，每个/对推进油缸可以单独控制。所有方向运动可靠，功率足够，采用比例液压控制的管片安装器可以快速地达到毫米级的安装精度。

图 6.2.11　管片安装器

管片安装器由以下构件组成：臂梁、移动机架、回转机架、安装头。管片安装器的行程允许在隧道内更换前面两排盾尾刷。

① 悬臂梁。悬臂梁用于管片安装器的纵向移动。它通过法兰与中盾 H 架连接。盾构与拖车之间的所有管线连接都穿过管片安装机敞开的中心部位。管片安装器悬臂梁与桥架用油缸铰接。

② 移动机架。移动机架安装在悬臂梁上，可通过两个液压缸的伸缩作纵向移动。带内齿的滚动轴承用法兰连接在移动机架上，并以此带动回转机架。回转驱动马达安装在移动机架上，回转运动通过驱动马达上的齿轮驱动，该液压马达具有制动装置。

③ 回转基架。回转机架用法兰安装在滚动轴承的内圈上，其侧向安装有伸缩臂。由内部的伸缩油缸带动，伸缩油缸可以单独伸缩。

④ 安装头。内部伸缩管两端固定在安装头的悬臂梁上，安装头带有机械夹持系统。安装头可旋转与倾侧。

⑤ 动力输入。管片安装器旋转部件装有液压动力和阀的信号电压。动力通过组合供能系

统供给。

⑥ 真圆保持器。盾构向前推进时管片就从盾尾脱出，管片受到自重和土压的作用会产生变形，当该变形量很大时，既成环和拼装环拼装时就会产生高低不平，给安装纵向螺栓带来困难。为了避免管片产生高低不平的现象，应有必要让管片保持真圆，该装置就是真圆保持器。

真圆保持器支柱上装有上、下可伸缩的千斤顶，上下两端装有圆弧形的支架，它在动力车架挑出的梁上是可以滑动的。当管片拼装成环后，就让真圆保持器移到该管片环内，支柱千斤顶使支架圆弧面密贴管片后，盾构就可进行下一环推进。盾构推进后由于它的作用，圆环不易产生变形而保持真圆状态。

6. 衬砌背后注浆

由于盾构刀盘的开挖直径大于管片外径，管片拼装完毕并脱出盾尾后，与土体间形成一环形间隙。为了避免或减少盾构后部的沉降，在掘进隧道期间，必须回填此环状空隙。如果此间隙得不到及时填充，势必造成地层变形，使相邻地表的建筑物、构筑物沉降或隧道本身偏移。因此，衬砌背后注浆是盾构法施工必不可少的关键性辅助工法，如图 6.2.12 所示。

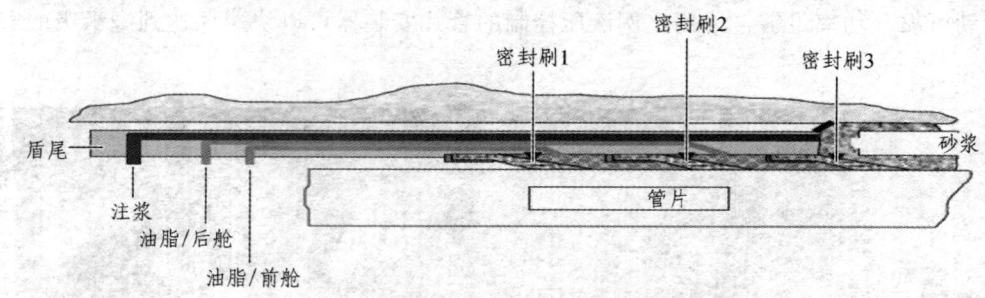

图 6.2.12　盾尾注浆示意图

（1）衬砌背后注浆的目的

① 控制地表沉降：衬砌背后注浆最重要的目的就是及时填充环形间隙，防止因间隙的存在导致地层发生较大的变形或坍塌。

② 减少隧道沉降量：如上所述，管片出盾尾后，管片与土体之间产生空隙，使管片下部失去支撑，由于管片的自重，就产生了下沉，这使原来成环良好的轴线受到影响。用具备一定早期强度的浆液及时填充环形间隙，可确保管片早期和后期的稳定。而压浆后能使管片卧在压浆的材料上，就好像隧道有了一个垫层，也就防止或减少了隧道的沉降，保证隧道轴线的质量，满足工程使用要求。

③ 提高隧道衬砌的防水性：隧道是由预制管片拼装而成的，所以有很多的纵、环向缝隙，而这些缝隙正是防水的薄弱环节，设想如果在衬砌外壁均匀地铺设一定厚度能防水的材料，对提高整条隧道的防水效果是可想而知的，压浆正是起到了这个作用。盾尾注浆液凝固后，一般有一定的抗渗性能，可作为隧遁的第一道止水防线，提高隧道抗渗性能。

④ 改善衬砌的受力状况：压浆后，地层变形和地层压力得以控制，浆体便附在衬砌圆环的外周，使两者共同变形，从而改善衬砌的受力状况。盾构隧道是一种管片衬砌与围岩共同作用的结构稳定的构造物，均匀、密实地注入和填充管片背面空隙是确保土压力均匀作用的前提条件。

（2）浆液种类

衬砌背后注浆的浆液一般分为单液浆和双液浆。

① 单液浆，是指多由粉煤灰、砂、水泥、外加剂等在搅拌机中一次拌和而成的浆液。这种浆分为惰性浆液和硬性浆液。

惰性浆液：没有掺加水泥等凝胶物质，其早期强度和后期强度均很低的浆液。

硬性浆液：掺加了水泥等凝胶物质，具备一定早期强度和后期强度的浆液。

② 双液浆，是指由水泥砂浆浆液与水玻璃（见图6.2.13）浆液混合而成的浆液。双液浆又可按初凝时间的不同，分为缓凝型（初凝时间为30~60 s）和瞬凝型（初凝时间小于20 s）。

凝结时间越长，越容易发生浆液向密封土舱内泄漏和土体内流失的情况，限定范围的填充越困难。而且在没有初凝前，浆液容易被地下水稀释，产生材料分离。因此，目前多采用瞬凝型浆液注浆，但凝结时间过短，也会造成注入还没结束，浆液便失去了流动性，导致填充效果不佳。

图6.2.13 水玻璃

惰性浆液初凝时间长，制备成本低。硬性浆液制备成本相对较高，初凝时间为12~16 h，早期具有一定的强度，对于隧道衬砌的稳定较为有利。

单液浆由于施工工艺简单、易于控制且不易堵管等优点，较广泛地用于隧道衬砌背后注浆。

（3）注浆工艺

当盾尾后空隙的形成，立即进行压浆，并保持一定的压力。压浆工艺对盾尾密封要求较高，以防止注入的浆液从尾部、工作面、管片接头等部位泄漏到其他无须注浆的部位。因此，要有一个不易漏浆的盾尾密封装置及准备有堵浆措施、设备和材料等，特别是泥水盾构中还设置了三道钢丝刷，所以尾部泄漏泥浆的现象极少。

从时效上可将衬砌背后注浆分为同步注浆、二次注浆。注浆现场如图6.2.14所示。

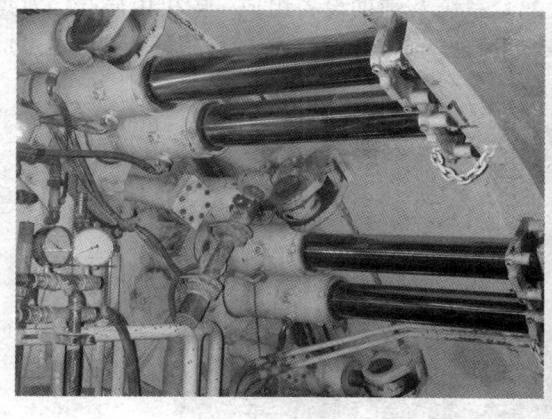 

图6.2.14 注浆现场

同步注浆：盾构向前推进，在施工间隙形成的同时立即注浆的方式。同步注浆使浆液同步填充环形间隙，从而使周围土体获得及时的补偿，有效地防止土体塌陷，控制地表的沉降。

同步注浆采用盾构本身配置的注浆系统，其构造形式为注浆管平行与盾壳埋设，浆液水平方向注出。因注浆管安装在盾构上，施工中应特别注意，防止注浆管堵塞，注浆完毕后应立即清洗注浆管，不能留有多余的浆液。

二次注浆：在同步注浆效果不理想时，对前期注浆进行补充注浆的方式，二次注浆可以反复进行，即多次注浆。

二次注浆是通过管片上的注浆孔注浆，注浆管垂直于管片内表面，浆液注入方向与管片垂直。该注浆方式注浆路径较短，可注入初凝时间很短的浆液，充填的及时性更容易得到保障。

6.3 盾构机原理

盾构机的基本工作原理就是一个圆柱体的钢组件沿隧洞轴线边向前推进边对土壤进行挖掘。该圆柱体组件的壳体即盾壳，它对挖掘出的还未衬砌的隧洞段起着临时支撑的作用，承受周围土层的压力，有时还承受地下水压以及将地下水挡在外面，挖掘、排土、衬砌等作业在盾壳的掩护下进行。盾壳的厚度，视地质情况、盾构直径大小和生产国家的不同而略有差异。

盾构施工主要是由稳定开挖面、掘进及排渣、管片拼装及壁后注浆四部分组成。其中开挖面的稳定方式是其工作原理的主要方面，也是区别于山岭隧道硬质岩体 TBM 的主要特征。通常硬质岩体 TBM 施工时，大多数岩体稳定性较好，不存在开挖面失稳的问题，虽也会遇到掌子面不稳定的情况，但这种地质地段占整体隧道比例不会很大。以土压平衡盾构和泥水平衡盾构为例来阐述其基本作用原理。

6.3.1 土压平衡盾构作用原理

土压盾构也称土压平衡盾构（Earth Pressure Balance Shield），简称 EPB 盾构。所谓土压平衡，就是盾构密封舱内始终充满了用刀盘切削下来的土，并保持一定压力以平衡开挖面的土压力和地下水压力。其主要由盾构主机、后配套系统及辅助设备组成。主机由盾壳、刀盘、刀盘驱动、螺旋输送机、皮带输送机、管片安装机、土舱、液压系统等组成（见图 6.3.1）。

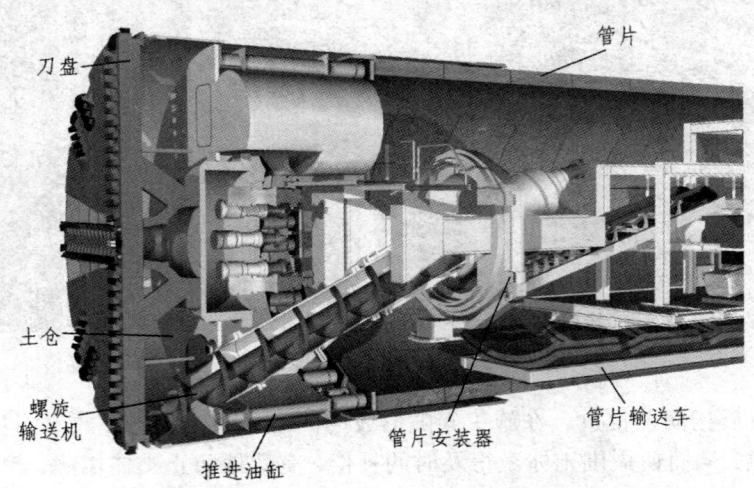

图 6.3.1 土压盾构

对由旋转刀盘切削下来进入密封舱内的土体，通过安装在密封舱内的螺旋输送机以及出土口上的滑动闸门或螺旋式漏斗等排土机构进行排土，一面排土，一面维持开挖面稳定状态，一面将盾构向前推进。

土压盾构的基本原理是：刀盘旋转切削开挖面的土体，破碎的土体通过刀盘开口被压进土舱，落到土舱底部，然后在那里与塑性土浆混合，通过螺旋输送机运到皮带运输机上。盾构在推进油缸的推力作用下向前推进，盾壳对开挖出的还未衬砌的隧道起着临时支护作用，不仅承受周围土层的土压，而且承受地下水的水压以及将地下水挡在盾壳外面，使掘进、排土、衬砌等作业在盾壳的掩护下进行。盾构内的土压可由刀盘旋转开挖速度和螺旋输料器出土量（出土速度）进行调节。

6.3.2 泥水平衡盾构作用原理

泥水盾构（见图 6.3.2）也称泥水加压平衡盾构（Slurry Pressure Balance Shield），简称 SPB 盾构。对于泥水盾构，土体是依靠泥水对工作面上的压力发挥平衡作用以求得稳定。掘进中泥水压力主要起支护作用，工作面任何一点的泥水压力总是大于地下水压力，从而保持工作面稳定。

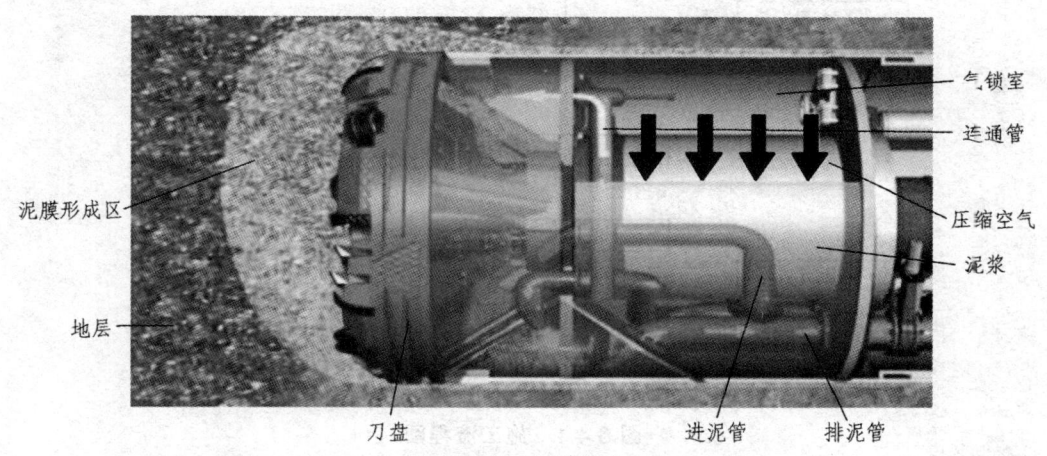

图 6.3.2 泥水盾构

在泥水平衡理论中，泥膜的形成是至关重要的。当泥水压力大于地下水压力时，泥水渗入土壤，形成与土壤间隙成一定比例的悬浮颗粒，被捕获并聚集与泥水的接触表面，泥膜就此形成。随着时间的推移，泥膜的厚度不断增加，抗渗能力逐渐增强。当泥膜抵抗力远大于正面土压时，产生泥水平衡效果。因为是泥水压力使掘削面稳定平衡，故得名泥水加压平衡盾构，简称泥水盾构。

在机械掘削式盾构的前部刀盘后侧设置隔板，隔板与刀盘之间形成泥水压力室，把水、黏土及添加剂混合制成泥水，加压后送入泥水压力室。当泥水压力室充满加压的泥水后，通过加压作用，来谋求开挖面的稳定。

盾构推进时，由旋转刀盘掘削下来的土砂进入泥水舱，经搅拌装置搅拌后成含掘削土砂的高浓度泥水，用流体输送方式送到地面。经泥浆泵泵送到地表的泥水分离系统，待土、水分离后，再把滤除的掘削土砂的泥水重新压送回泥水舱。如此不断循环，完成掘削、排土、推进工作过程。

6.4 盾构法施工

盾构施工法是在地面下暗挖隧洞的一种施工方法，它使用盾构机在地下掘进，在防止软基开挖面崩塌或保持开挖面稳定的同时，在机内安全地进行隧洞的开挖和衬砌作业。其施工过程需先在隧洞某段的一端开挖竖井或基坑，将盾构机吊入安装，盾构机从竖井或基坑的墙壁开孔处开始掘进并沿设计洞线推进直至到达洞线中的另一竖井或隧洞的端点。其施工流程如图6.4.1所示。

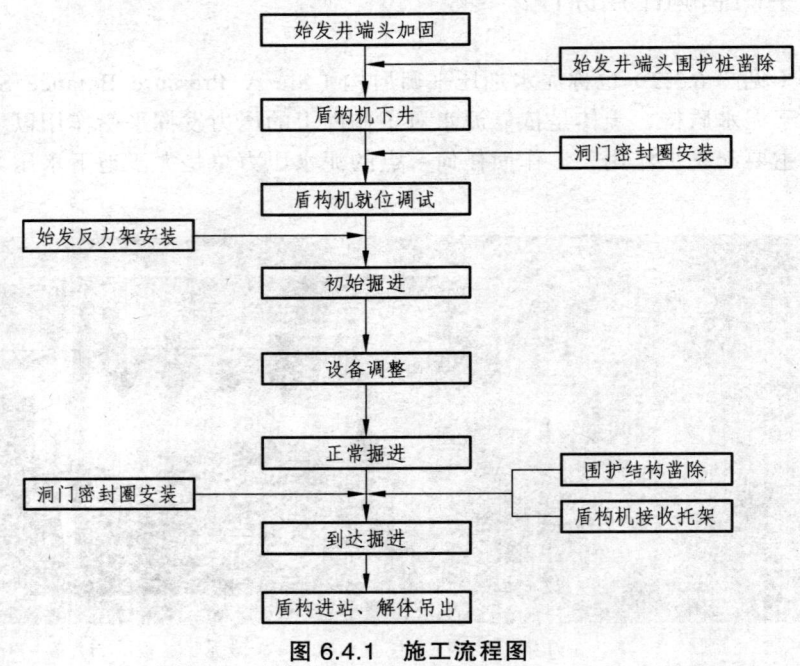

图 6.4.1 施工流程图

1. 端头加固

为了确保盾构始发和到达时施工安全，确保地层稳定，以防端头地层发生坍塌或涌漏水等意外情况，根据各始发和到达端头工程地质、水文地质和端头结构等综合分析与评价，决定是否对洞门端头地层进行加固处理。端头加固有高压旋喷桩、搅拌桩、静压注浆等多种形式。

2. 洞门破除（图6.4.2）

始发前将洞门部位的端头围护桩进行凿除，采用油炮+人工施工方式进行凿除，先采用油炮沿洞四周凿除 A 部分，再用人工持风镐凿除 B 部分。凿除时围护桩内层钢筋先不割除，待盾构进洞或出洞时再迅速割除。

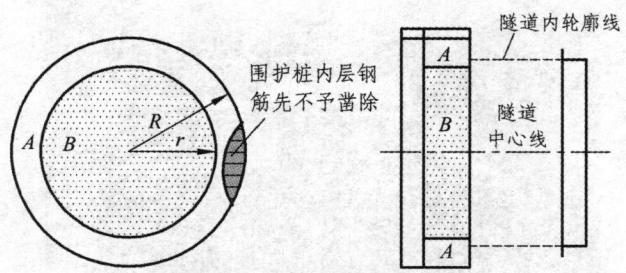

图 6.4.2 洞门破除示意图

3. 始发设施的安装

（1）始发托架安装（图 6.4.3）

洞门凿除完成之后，依据隧道设计轴线定出盾构始发姿态的空间位置，然后反推出始发台的空间位置。由于始发台在盾构始发时要承受纵向、横向的推力以及约束盾构旋转的扭矩。所以在盾构始发之前，先对始发台两侧进行加固。

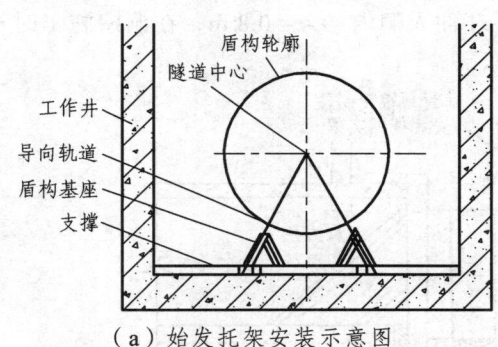

（a）始发托架安装示意图

（b）始发托架安装现场

图 6.4.3 始发设施安装

（2）反力架安装（图 6.4.4）

在盾构主机与后配套连接之前，开始进行反力架的安装。由于反力架为盾构始发时提供反推力，在安装反力架时，反力架端面与始发台水平轴垂直，以便盾构轴线与隧道设计轴线保持平行。安装时反力架与盾构始发井结构连接部位的间隙要垫实，以保证反力架脚板有足够的抗压强度。

（3）洞门密封及止水装置的安装

洞口密封采用折叶式密封压板。其施工分两步进行施工，第一步在始发端墙施工过程中，做好始发洞门预埋件的埋设工作。在埋设过程中预埋件与端墙结构钢筋连接在一起。第二步在盾构正式始发之前，清理完洞口的渣土后及时安装洞口密封压板及橡胶帘布板（见图 6.4.5）。

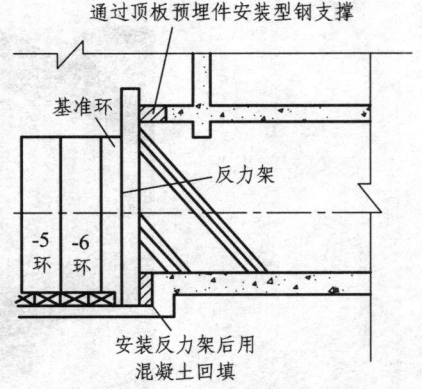

图 6.4.4 反力架安装示意图

图 6.4.5　洞门密封

4. 负环管片安装（图 6.4.6）

按设计要求经精确测量定位后，组装反力架和负环管片，为盾构推进提供后座反力。反力架和负环管片的布置，靠近反力架的一环为基准环，基准环为钢管片，其余负环管片为与隧道管片相同的混凝土管片。为利于洞门施工，0 环伸入洞内 0.4～0.8 m，在洞门施工时再将这环管片凿除，负环管片组装采用错缝拼装。

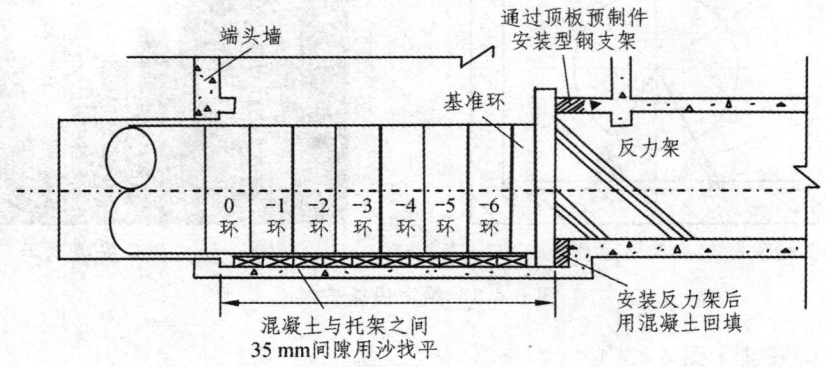

（a）安装示意图

（b）现场施工图

图 6.4.6　负环管片安装

5. 盾构掘进

① 试掘进：经过数环负环管片的推进后，刀盘已经抵拢掌子面，即可开始刀盘驱动系统和刀盘本身的负载调试和试掘进了。在试掘进期间，主要是进行盾构各系统的监测和调试，并完善各系统的配套工作能力。

② 始发掘进：从正式进洞的第一环正数管片开始，到盾构后配套系统完全进洞，负环管片拆除，系统完全达到设计生产能力为止，这一施工阶段称为始发掘进。

在始发掘进期间，继续盾构各系统的监测和调试，并完善各系统的配套工作能力。在始发掘进结束前，总体系统的工作能力要达到80%以上。

6. 现场运输

（1）重载编组列车运输

洞内水平运输采用重载编组列车运输，编组列车长54.6 m，由9节车辆组成，一辆35 t交流变频机车，5辆18 m^3 矿车、一辆砂浆车和两辆管片运输车（见图6.4.7），运输线路为43 kg 轨的单线，一个掘进循环的材料和渣土由编组列车一次运进与运出。

（2）垂直运输

垂直运输主要运输材料管片、轨料、油脂油料等及渣土的提升。它主要指的是龙门吊，如图6.4.8所示。

图6.4.7 管片运输车

图6.4.8 龙门吊

6.5 盾构法施工地面沉降机理、预测和防治

国内外实践表明，盾构法施工多少都会挠动地层而引起地表沉降，即使采用目前最先进的盾构技术，要完全消除地表沉降也是不可能的。地表沉降量达到一定的程度就会危及周围地下管线和建筑物的安全。因此，必须研究盾构法施工时引起的地层移动，造成地表沉降的机理，要清楚地掌握沿线的地下管线和建筑物的构造、形式等。对地面沉降量和影响范围进行预测，预测图如图6.5.1所示，在设计和施工中通过现场反馈资料，采取相应的防治对策和措施。

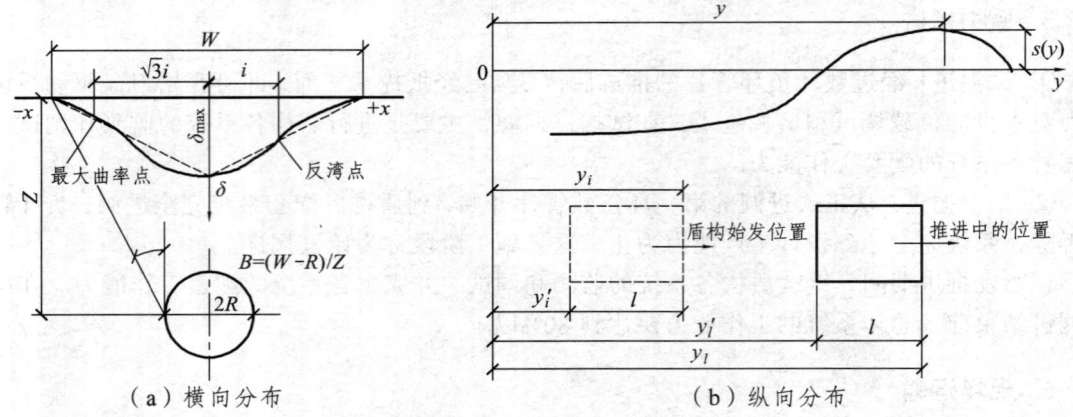

图 6.5.1 地面沉降量及范围预测图

6.5.1 地表沉降的规律

在饱和软黏土地层中采用盾构法施工时,在隧道纵轴线上产生的地表变形一般可分为三个阶段,即盾构前方地表隆起或沉降、施工沉降和固结沉降。

通常,当盾构前方土体受到挤压时,盾构前方的地表有微量隆起;但当开挖面土体因支护力不足时,盾构前方土体发生向下、向后移动,从而使地表下沉。当盾构推进时,盾构两侧的土体向外移动,在隧道衬砌脱离盾尾时,由于衬砌外壁与土壁之间有建筑空隙,地表会有一个较大的下沉,且沉降速率也较大,同时隧道两侧土体向隧道中线移动,这一阶段沉降为施工沉降,常在 1~2 个月内完成。由于施工过程中对周围土体的扰动,土中孔隙水压力上升,随着孔隙水压力的消散,地层会发生主固结沉降;在孔隙水压力趋于稳定后,土体的骨架仍会蠕变,即次固结,地层还会产生次固结沉降。主固结与次固结沉降为第三阶段沉降,即固结沉降。

地面沉降是与施工条件和地质条件密切相关的。施工条件的差异往往会引起地面沉降的差异。如盾构正面支撑与开挖面密贴程度、支撑是否及时、向盾尾空隙中压浆是否及时等都会引起地面沉降的差异。但在一定的施工条件下由于地质条件的不同而引起地面沉降的差异,往往是在施工前无法改变的,可以认为地质条件是形成地表沉降的内因。

例如,在硬黏土层中采用盾构施工时,由于硬黏土不易剥落,也不会发生渗流,对盾构施工特别有利,由于这类土自立时间较长,隧道衬砌可在盾尾后面开挖的土坑道中拼装,并用千斤顶或锲块使隧道直径胀大,以紧贴于坑道周边上,这样既可以取消盾尾厚的压浆,又有利于减少地表沉降。在这类土层中用普通盾构施工,地表沉降可以控制到极小的程度。如伦敦的 10.9 m 外径盾构隧道,隧道顶上覆土层厚 7.62 m,其中隧道顶土层为 1.5 m 厚黏土,其上为潮湿的粒状硬黏土,用手掘式盾构,地表沉降量仅为 9 mm。

6.5.2 地表沉降的原因与预测

1. 地面沉降原因

盾构施工时,导致地表下沉的原因是有多方面的,主要有以下几个原因:

(1) 地层原始应力状态的变化

当采用敞胸式盾构,在盾构掘进时,开挖面应力处于释放状态,开挖面土体受到水平支护应力小于原始侧向应力,则开挖面上方土体失去平衡向盾构内侧移动,引起盾构上方地表的沉降。盾构推进时,如作用于土体正面推应力大于原始侧向应力,则正面土体受到盾构挤压作用,使其向上、向前滑动,造成欠挖引起盾构前方土体隆起。对于闭胸式挤压盾构,由于出土过多或过少,或工作面上土压力或泥浆压力不稳定时,都会对工作面土体造成松弛或挤压,使工作面土体原始应力状态发生改变而导致地表下沉或隆起。此外,盾构为修正蛇行和曲线上推进而进行超挖,也会使周围土体松弛范围扩大从而助长了地表下沉。有时,由于盾构千斤顶漏油回缩可能引起盾构后退,开挖面土体失去支撑造成土体塌落或松动,也会引起地表沉降。

(2) 地下水位的变化

盾构隧道施工中往往要采用降低地下水位的措施。由于降水会产生固结沉降,采用井点降水引起的地表沉降将涉及井点降水的漏斗曲面范围,其沉降量和沉降时间与土的孔隙比及渗透系数有关,在渗透系数较小的黏性土中,固结时间较长,因而沉降较慢。

(3) 盾尾空隙充填压浆不足

盾尾后面隧道外围建筑空隙必须及时充填压浆,充填压浆不及时,或压浆量不足,压浆压力不适当时,会使盾尾后周土体失去原始三维平衡状态,而向盾尾空隙中滑动,造成地层损失,特别是对含水不稳定地层,盾尾空隙充填压浆不足造成的地层损失很容易导致地表沉降。

(4) 衬砌变形

隧道衬砌脱离盾尾后,作用于衬砌上的土压力和水压力使衬砌产生变形,也会导致地表产生少量的沉降。

(5) 受扰动土体的固结

盾构隧道周围土体受到盾构施工的扰动后,便在盾构隧道周围形成超孔隙水压力区,在盾构离开后的地层中,由于土体表面的应力释放,隧道周围的超孔隙水压力便下降,孔隙水排出,引起地层移动和地表沉降。此外,由于盾构推进中的挤压作用和盾尾后的压浆作用等施工因素,使周围地层形成超孔隙水压力区,超孔隙水压力在盾构施工后的一段时间内消散复原,在此过程中地层发生排水固结变形,引起地表沉降,即主固结沉降。土体受到扰动后,土体骨架还会发生持续时间很长的压缩变形。在此土体蠕变过程中产生的地表沉降为次固结沉降。在孔隙比和灵敏度较大的软塑和流塑性土中,次固结沉降往往要持续几年以上,它所占的总沉降量比例可高达35%以上。

2. 地面沉降的预测

地面沉降量的预测可以分为设计阶段预测和施工阶段预测。

(1) 设计阶段预测

设计阶段的预测方法有连续介质力学的数值方法——有限元法和边界元法;以及根据实测数据的统计方法,其中较实用的有派克(Peck, 1969)公式和一系列修正的派克公式,以及其他统计公式。其中派克横向分布公式为:

$$S_x = S_{\max} \exp\left(-\frac{x^2}{2i^2}\right) \tag{6.5.1}$$

式中　S_x——距隧道中线 x 处的地面沉降量（m）；
　　　S_{max}——隧道中线处(即 $x=0$)的地面沉降量（m）；
　　　x——距隧道中线的距离（m）；
　　　i——沉降槽宽度系数，即沉陷曲线反弯点的横坐标（m），派克并假定横向沉陷曲线为正态分布曲线。

在确定 x 点的地面沉降量时，必须知道 S_{max} 和 i 两个参数。当横向沉陷曲线为正态分布曲线时，S_{max} 和沉降槽体积 V_s 有下列关系：

$$S_{max} = \frac{V_s}{\sqrt{2\pi}i} \approx \frac{V_s}{2.5i} \tag{6.5.2}$$

Cording 和 Hansmire（1970）对紧密砂层做的统计分析，可以满意地认为横向沉降槽体积等于地层损失，即 $V_s = V_L = V_l V$。

横向沉降槽宽度系数 i 取决于接近地表的地层的强度、隧道埋深和隧道半径。根据在均匀介质中的试验，可以从几何关系中近似地得出：

$$i = K\left(\frac{Z}{2R}\right)^n \tag{6.5.3}$$

式中　Z——隧道开挖面中心至地面的距离；
　　　R——盾构外半径；
　　　K,n——试验系数，$K=0.63\sim0.82$；$n=0.36\sim0.97$。

派克纵向沉降分布(根据上海软土隧道情况修正)公式为：

$$S_y = \frac{V_{l1}}{\sqrt{2\pi}i}\left[\phi\left(\frac{y-y_i}{i}\right)-\phi\left(\frac{y-y_l}{i}\right)\right] + \frac{V_{l2}}{\sqrt{2\pi}i}\left[\phi\left(\frac{y-y'_i}{i}\right)-\phi\left(\frac{y-y'_l}{i}\right)\right] \tag{6.5.4}$$

式中　S_y——地面沉降量（m）；
　　　V_{l1}——盾构开挖面引起的地层损失（m³/m）；
　　　V_{l2}——施工因素引起的地层损失（m³/m）；
　　　y——沉降点至坐标原点的距离（m）；
　　　y_i——盾构推进起点处盾构开挖面至坐标原点的距离（m）；
　　　y_l——盾构开挖面至坐标原点距离（m）；
　　　Z——盾构长度；
　　　ϕ——正态分布函数。

公式（6.5.1）～（6.5.4）的几何意义，如图6.5.1所示。

（2）施工阶段预测

施工阶段的地面沉降大致发生在5个阶段：盾构到达前、盾构到达时、盾构通过后、管片脱出盾尾时及长期变形。关于各个阶段地面沉降的预测，一般可结合前一施工阶段地面沉降的实测资料，进行反馈推求。

6.5.3　地表沉降及隧道变形的控制

盾构施工期间由于上述各种原因引起的地表沉降对周围环境具有一定的不良影响，为了保护周围环境的地表建筑、地下设施的安全，必须进行施工监测，在监测的基础上提出控制地表沉降的措施和保护周围环境的处理方法。盾构法施工中做不到完全防止地表沉降，但可以减少地表变形，及时使地表下沉得到控制。

1. 减少对开挖面地层的挠动

① 施工中采取灵活合理的正面支撑或适当的土压值来防止土体坍塌，保持开挖面土体的稳定。条件许可时，尽可能采用泥水加压式盾构、土压平衡盾构等技术先进的基本上不改变地下水位的施工方法，以减少由于地下水位的变化而引起的土体挠动。

② 在盾构掘进时，严格控制开挖面的出土量，防止超挖对地层产生较大的局部挤压。只要严格控制其出土量，仍有可能控制地表变形。根据上海地下铁道盾构法在软土中的施工经验，当采用挤压式盾构，其出土量控制在理论土方量的 80%～90%时，地表可不发生隆起现象。

③ 控制盾构推进一环的纠偏量，以减少盾构在地层中的摆动和对土体的挠动。同时尽量减少纠偏需要的开挖面局部超挖。

④ 提高施工速度和连续性。实践证明，盾构停止推进时，会因正面土压力的作用而产生后退。因此提高隧道施工速度和连续性，避免盾构停搁，对减少地表变形非常有利。若盾构要中途检修或由于其他原因必须暂停推进时，务必做好防止盾构后退的措施，正面及盾尾要严密封闭，以尽量减少搁置时间对地表沉降的影响。

2. 做好盾尾建筑空隙的充填压浆

盾尾注浆装置如图 6.5.2 所示。

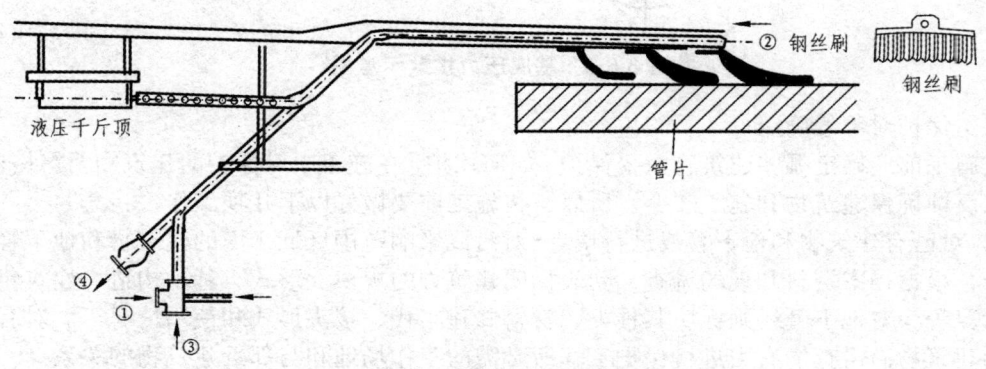

图 6.5.2 盾尾注浆装置图

① 确保压注工作的及时性，尽可能缩短衬砌脱出盾尾的暴露时间，以防止地层坍塌。

② 确保压浆数量，控制注浆压力。注浆材料会产生收缩，因此压浆量必须超过理论建筑空隙体积，一般超过 10%左右，但是过量的压浆会引起地表隆起及局部跑浆现象，对管片受力状态也有不利影响。

③ 改进压浆材料的性能。施工时，地面搅拌站要严格控制压浆浆液的配合比，对其凝结时间、强度、收缩量要通过试验不断改进，提高注浆材料的抗渗性，这样有利于隧道防水，相应也会减少地表沉降。

6.5.4 盾构穿越建筑物时的保护技术

盾构法施工无一例外地都将产生或多或少的地表沉降，在不同程度上影响隧道沿线地面建筑物和地下管线的安全，应予以适当的保护。此外，为了确保以建成隧道的正常运行，对隧道上方一定范围内的工程活动必须严格控制。

1. 建筑物保护技术

盾构施工的影响范围，一方面可根据地层损失、隧道埋深、隧道尺寸以及盾构类型和地层情况进行估算，另一方面也可用地面建筑物基底压力扩散对隧道的影响来确定。假定基底压力按照 45°向下扩散，影响范围边线定在隧道挠动区之外，并认为隧道挠动区尾为 $2R$（R 为隧道半径），见图 6.5.3。经研究表明，在影响范围Ⅰ区内的建筑物基础，通常要求进托换或加固地基。在区域Ⅱ范围内的建筑物基础，通常不必要托换；虽然对建筑物有一定的损害，但是不会影响结构正常使用。在区域Ⅲ范围内建筑物不会受到施工影响，托换基础必须支撑在该区域内。

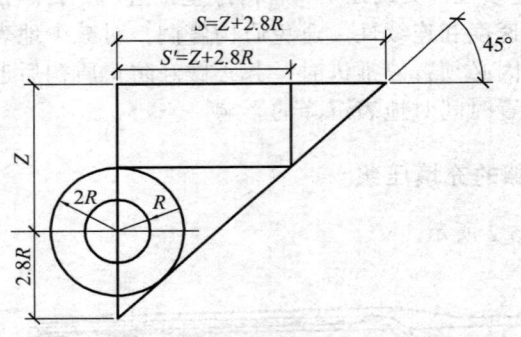

图 6.5.3 基底压力扩散示意图

（1）保护对象的确定

在施工前应确定哪些建筑物需要保护、如何保护，在施工中对保护的建筑物要严格监测，以信息反馈确保建筑物和施工安全。所以，在施工前要做好以下几项工作：

① 对已有建筑物和地下管线进行调查。对沿线影响范围区域Ⅰ内的建筑物和地下管线一一编号，根据档案资料和现场调查，列表标明建筑物的规模、形式、基础构造、建筑年代、使用状况等，对地下管线则标明其种类、材料修建年代、接头形式和使用情况等。对有必要保护的建筑物尚需查清有无进行保护工程所必需的工作场地和与邻近建筑物的关系。

② 确定已有建筑物的容许量。确定建筑物和地下管线的容许变形量，需从结构和使用功能两方面加以考虑，也就是说应在考虑地基条件、基础形式、上部结构特性、周围环境、使用要求后，在不产生结构性损坏和不影响使用功能的前提下予以确定。一般各地区的地基基础设计规范中对此都有规定。

③ 估算已有建筑物由于盾构施工可能产生的变形量。盾构法施工中，地基变形的大小随地层条件、隧道埋深和尺寸、施工方法和水平而异，一般可根据理论分析和已有施工实践资料的积累，对处于不同位置的建筑物可能产生的变形量作出预测，并将其与它自身的容许变形相比较，以判断是否需要保护。但最终的决策还得从经济和社会效益等方面综合考虑决定。

（2）保护方法及其运用

保护方法可分为基础托换、结构补强等直接法和地基加固、隔断法、冻结法等间接法两大类。

① 基础托换法。当盾构施工中需要将建筑物的桩基切断或可能使其产生过大的变形时，常采用基础托换予以保护。该法需要预先在隧道两侧或单侧影响范围外设置新桩基和承载梁，以代替或托换原基础。托换法按其对建筑物的支承方式又可分为下承式、补梁式、吊梁式等。广州地下铁道1号线在中山七路处，盾构在楼房下通过，需切断原桩基，就是采用下承式托换法加以保护的。

② 地基加固法。目前常用的地基加固方法有注浆、树枝桩、旋喷桩、深层搅拌桩等。经使用证明，都能取得控制地表变形、保护建筑物的良好效果。地基加固范围，应根据隧道与建筑物的相对位置、隧道覆盖层厚度以及建筑物基础结构形式而定。

③ 隔断法。在靠近已有建筑物进行盾构施工时，为避免或减少盾构施工对建筑物基础的影响，而在两者之间设置隔断墙加以保护。隔断墙可以采用钢板桩、地下连续墙、连续旋喷桩和挖孔桩等构成。它们应按承受盾构通过时的侧向土压力和地基下沉产生的负摩擦力进行验算，以确定适当的配筋和埋置深度。为防止隔断墙侧向位移，还可在墙体顶部构筑联系梁并以地锚支承。

2. 隧道沿线新建建筑物的控制

为使已建地下铁道隧道不产生有害的附加沉陷以致影响其正常运行，在地下铁道路线经宣批之后，就应对沿线控制范围内所有拟建建筑物加以控制。一般情况下不允许在此范围内任意新建建筑物和新加大于 10~20 kPa 的地面超载，以及进行有害隧道安全的一切工程活动。因此，凡需在此范围内修建建筑物时，均需经建设单位、设计单位审查同意，并选用合适的处理方法，以确保隧道和建筑物安全。对此，除应设立专门的审理档案制度外，更重要的是确定新建建筑物的控制要求。当然，这些要求适用于用其他方法修建的隧道。

（1）区间隧道建成前，新建建筑物的控制要求

① 建筑物基础不得进入隧道断面内，若为桩基应使隧道位于桩侧摩擦阻力扩散范围外。

② 建筑物基底压力不得大于设计中规定的地面超载。

③ 加强结构和基础的整体刚度和强度，以适应隧道施工所产生的沉降和不均匀沉降。若为桩基，还要考虑桩承受盾构施工所产生的附加侧压力。

（2）区间隧道建成后，拟建建筑物的控制要求

① 新建筑物在隧道顶部所产生附加应力小于天然地基的容许承载力。

② 不得在控制范围内进行明挖或降水施工（若产生的附加应力小于天然地基容许承载力，则不在控制范围之列）。

③ 不得在隧道外侧 7~10 m 范围内进行挤压成桩，包括打桩、压桩，只能采用钻孔或挖孔桩，桩尖至少应在隧道底部以下 5 m。

6.6 工程案例

1. 工程概况

南锣鼓巷站—东四站右线由盾构始发井向东至东四站西端盾构接收井为盾构法区间，盾

构为土压平衡盾构机，盾构管片环外径6 m，内径5.4 m，壁厚0.3 m，环宽1.2 m，混凝土强度等级C50，抗渗等级P10。线路里程为右K11+204.221～K12+862.303，右线长度约1 658 m。左线的盾构始发井位于右线始发井东侧35 m处，两井之间为暗挖区间，从左线盾构井向东为盾构法区间。里程范围左K11+253～K11+328为交叠段，左右线隧道成叠落状向东走向，左线在上右线在下。平面上隧道向东出发后接半径300 m曲线折向南，沿北河沿大街南行，再接半径300 m曲线折向东，与东四西大街顺行至东四站西端盾构接收井。左右线隧道逐渐分离，最终并行（见图6.6.1）。纵剖面上，随着平面上两线分离，左线逐渐降低，右线先降低后抬高，最终两线基本等高前进。左线埋深18.8～26.8 m，右线埋深13.7～26.8 m。隧道先施工位于叠落段下方的右线，后施工左线，方向均为自西向东。盾构始发完毕后开始正常掘进，在K11+300～K11+350处下穿4层、5层居民楼，拱顶与建筑物垂直距离9.31 m。居民楼与盾构隧道位置关系如图6.6.2所示。

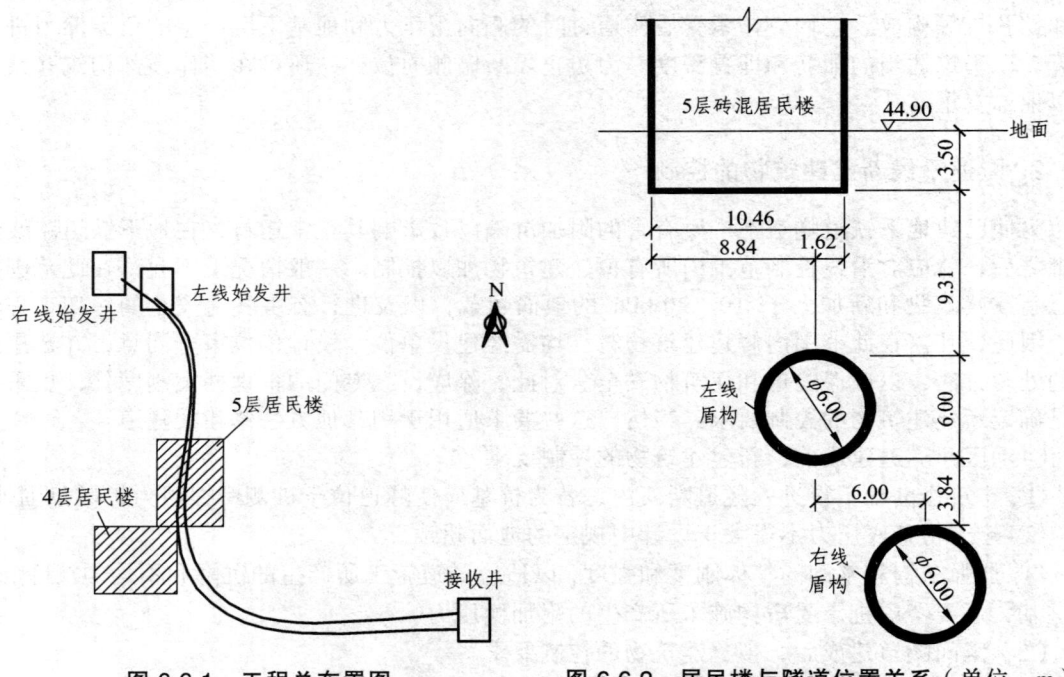

图6.6.1 工程总布置图　　图6.6.2 居民楼与隧道位置关系（单位：m）

左线隧道主要通过粉细砂和卵石层，右线隧道主要通过卵石层和粉土层。勘察50 m深度范围内，实际量测5层地下水，分别为上层滞水、潜水、层间潜水、承压水、层间水，其中层间水位于卵石层，本工程未涉及。本区间结构位于第二层潜水层以下，底板进入第三层层间潜水水位和第四层承压水静止水位0～3.5 m。左线盾构机到达居民楼，到完全离开共需要13 d的时间，盾构经过可能造成较大的地表沉降，给房子造成一定的损伤，因此下穿该居民楼是本工程的难点，施工风险较大。

2. 施工方案

盾构法施工的地铁6号线下穿既有建筑物叠落段，呈左上右下交叠状，两线最小垂直距离为3.84 m，为确保施工过程中左、右线以及既有建筑物的安全，采取如下综合技术措施：

降水、打设竖井、盾构始发井 WSS 深孔旋喷加固，分体始发进行右线正线盾构，在下穿既有建筑物叠落段采用加强型盾构管片并向上注浆加固左右线间土体。待右线盾构完毕，进行左线盾构施工，同时设置右线内台车支撑体系，采用壁后注浆技术适时补强左右线间土体和弥补地层损失，防止既有建筑物沉降过大。

思考题

6.1 国内外盾构隧道发展历史，经过了哪四个阶段？
6.2 简述盾构机组成。
6.3 简述盾构机作用原理。
6.4 盾构机掘进过程如何控制线形？

第 7 章 地铁降水与防排水技术

※学习目标※

1. 知识目标
（1）了解地铁工程施工井点降水方法。
（2）熟悉地下铁道结构防水体系。
2. 能力目标
（1）能进行地铁降水施工。
（2）能进行地铁工程防排水施工，识别地铁防水工程存在的问题，并提出处理技术。

※知识链接※

地下工程的特点之一是受地下水的影响，其不仅表现在地下工程使用过程中的防水，还表现在地下工程施工期间的降水、排水。地下铁道作为地下工程，其施工期间如果没有降排水措施或降排水措施不当，那么地下水将渗入基坑内部，使基坑涌水、流砂、边坡滑塌，直接危害基坑及建筑物稳定与安全。如果地下工程没有防水措施或防水措施不当，那么地下水也会渗入结构内部，使混凝土腐蚀、钢筋生锈、地基下沉、隧道漏水，直接引起地铁运行安全和建筑物安全。

同济大学胡群芳等学者研究了我国 2003—2011 年期间地铁施工事故，在此期间我国共发生 89 起地铁隧道施工事故。统计发现地铁施工事故类型中坍塌及坍塌导致的死亡人数占比均非常高，而地铁坍塌事故除与人的因素有关外，其均与水有关。比较典型的地铁坍塌事故有杭州地铁 1 号线湘湖站北二基坑事故，车站的风情大道沉陷 7 m，宽 40 m，长近百米，导致 17 个施工人员死亡，4 人失踪，直接经济损失 4 961 万元（见图 7.0.1）。

图 7.0.1　杭州地铁 1 号线湘湖站北二基坑事故现场

地铁工程大多处于地下水之下，渗漏现象较为常见。据统计，北京、上海、广州等地铁中，渗漏水情况已在 30%左右。渗漏水被建筑业界称为隧道工程的第一大顽疾，"十隧九漏"

的说法在隧道养护人员中也是广为流传,渗漏水堪称工程质量的"大蛀虫"。隧道渗漏水危害巨大,那么隧道渗漏水又会造成多大经济损失?同济大学学者张子新算了一笔账:隧道开挖的费用每延米(2~3)万元,但有时因地层变化,费用差异较大。以地铁隧道为例,每一处渗漏水的修复需要几千元不等,如果渗漏水处管片需要更换,直接的费用就(1.3~2)万元不等,这还不包括人工修复费用等;间接损失按国际的经验,如果渗漏水不修复,长期的维修保养费用大约要5倍,隧道漏水每年吞掉数十亿。

从以上两则例子可见,地下工程施工必须要采取必要的降水、排水和防水技术,做好地下工程的降水、防排水是地下工程设计与施工的重要课题。

7.1 地铁工程施工降水技术

在深基坑和地下构筑物的开挖过程中往往会遇到地下水位高于施工作业面的情况,地下水的涌入及流砂的产生等会影响施工进度和质量,甚至无法施工。人工降低地下水位的常用方法可分为基坑明排和井点降水两类。具有一定规模的地下构筑物或深基础工程在地下水位以下的含水层施工时,如果采用大开口开挖施工,基坑明沟排水,常会遇到大量地下水渗入或出现较严重的边坡滑塌和流砂问题,使基坑或地下构筑物无法施工,甚至影响邻近建筑物的安全。遇此情况,一般须采用井点(垂直)和水平井点(包括辐射井)降水法进行降水。井点(垂直)常沿基坑外围布设,水平井点则尚可穿越于基坑底部,井点深度大于基坑深度,通过井点抽水降低地下水位,保证工程顺利施工。

7.1.1 基坑明排

基坑明排即明沟排水法,或称集水明排法,常应用于一般工程中,其设备费和保养费均较井点排水为低,同时也能适合于各种土层,然而这种方法由于集水井通常设置在基坑内部以吸取流向基坑的各种水流(如边坡和坑底渗出的水,雨水等),最后将导致细粒土边坡面被冲刷而塌方。但尽管如此,如能仔细施工以及采用支撑系统,所抽水量能及时排除基坑内的表面水,明沟排水未尝不是一种经济的方法。明沟排水适用于密砂、粗砂、级配砂、硬的裂隙岩石和表面径流来自黏土时较好。但若在松散、软黏质土、软岩石时,则将遇到边坡稳定问题。

明沟排水法是在开挖基坑时,在坑底设置集水井,并沿坑底周围或中央挖掘排水沟,使水流入集水井中,然后用水泵排至坑外(见图 7.1.1)。在挖掘基坑过程中,要随挖土的深度,不断加深排水沟和集水井,使坑底标高保持高于排水沟中水位 0.5 m。明沟排水法可根据排水沟和集水井的设置不同分为普通明沟法、分层明沟排水法、深沟排水法、板桩支撑集水井排水法及综合降水法等。在工程实际中,可根据具体情况选择确定排水沟和集水井的设置。

开挖基坑时,可根据现场地形状况,在基坑四周挖掘截水沟和构筑防水堤,以防止降水时地表水流入基坑。场地的排水应尽量利用原有的沟渠排泄,施工用水和废水要用临时排水管泄水。基坑附近的灰池和防洪疏水等贮水构筑物不得有漏水。一般各种设施与基坑之间要有一定的安全距离。同时,在基坑内要设置集水沟,并保证水流通畅,以便定时将积水排出。

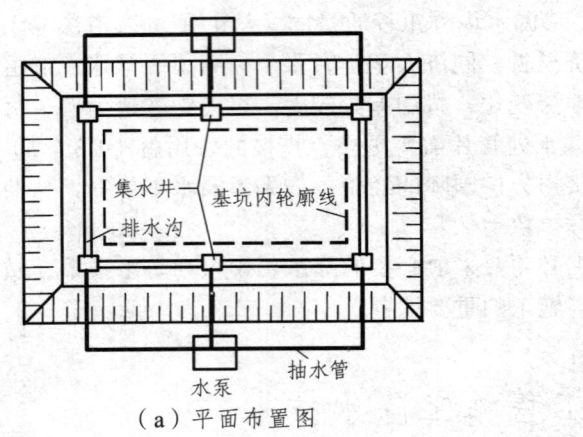
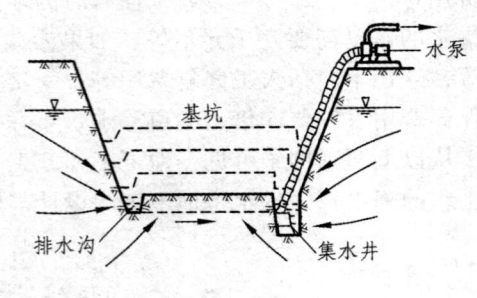

（a）平面布置图　　　　　　　　　　　（b）剖面图

图 7.1.1　集水明排法示意图

① 四周排水沟和集水井应设置在拟建地下构筑物边缘以外净距 0.4 m 处，并设在地下水走向的上游。根据地下水量大小、基坑平面形状及水泵能力，集水井每隔 30～40 m 设置一个。

② 排水沟深为 0.3～0.4 m，沟底宽度不小于 0.3 m，坡度为 0.1%～0.5%。排水沟边缘层离开边坡坡脚不小于 0.3 m。

③ 集水井的容积须保证水泵停转 10～15 min 时集水不至溢出，井距构筑物边线的距离必须大于井的深度。为防止井壁塌落，可用挡土板加固或用砖干砌加固。集水井的深度随着挖土的加深而加深，要经常低于挖土面 0.7～1.0 m。当基坑挖到设计标高后，井底应低于坑底 1～2 m，并铺设 30 cm 碎石作反滤层，以免在抽水时将泥砂抽出，并防止坑底的土被搅动。

④ 当基础较深且地下水位较高，以及多层土中上部有渗水性较强的土层时，可在基坑边坡上设置多层明沟，分层排除上部土中的地下水，以避免上层地下水流出冲刷土的边坡造成塌方。

⑤ 沟、井截面根据排水量确定。

常用于排水的水泵有离心泵和潜水泵，水泵的总排水量一般为基坑总涌水量的 1.5～2.0 倍，当涌水量小于 20 m³/h 时，可用隔膜式泵、潜水泵；涌水量为 20～60 m³/h 时，可用隔膜式泵、离心泵、潜水泵；涌水量大于 60 m³/h 时，用离心泵。

7.1.2　井点降水

1. 井点降水方法类型及适用范围

在深基坑和地下构筑物的施工中，几乎每年都有因流砂、管涌、坑底失稳、坑壁坍塌而引起的工程事故，造成周围地下管线和建筑物不同程度的损坏。采用井点降水可以防范这类工程事故，井点降水是目前地下工程开挖施工的一项重要辅助措施。井点降水作为一种必要的工程措施，在避免流砂、管涌和底鼓，保持干燥的施工环境，提高土体强度与基坑边坡稳定性方面都有着显著的效果，在实际工程中被广泛采用。

井点降水法是指井点降低地下水位，是将在拟建工程基坑周围埋设许多一定深度的吸水井点管，在地面安装吸水总管及抽水设备而构成一套抽水系统。井点降水方法有轻型井点、喷射井点、管井井点、电渗井点和深井井点等方法。各种井点的适用范围如表 7.1.1 所示。

施工中要根据土层的渗透系数、降低水位的深度、现场的施工条件等选用不同方法。

表 7.1.1　各类井点的适用范围

井点类型	渗透系数/(m·d^{-1})	降低水位深度/m	适用岩(土)性
一级轻型井点	0.1~80	3~6	轻亚黏土、细砂、中砂和粗砂
二级轻型井点	0.1~80	6~9	轻亚黏土、细砂、中砂和粗砂
喷射井点	0.1~50	8~20	轻亚黏土、细砂、中砂和粗砂
管井井点	20~200	3~5	黏土、亚黏土、粗砂、砾石、卵石
电渗井点	<0.1	5~6	黏土、亚黏土、粗砂、砾石、卵石
深井井点	10~80	>15	中、粗砂、砾石

2. 井点降水方法

(1) 管井井点

管井降水即利用钻孔成井，多采用单井单泵(潜水泵或深井井点)抽取地下水的降水方法。当管井深度大于 15 m 时，也称为深井井点降水。

管井井点直径较大，出水量大，适用于中、强透水含水层。如砂砾、砂卵石、基岩裂隙等含水层，可满足大降深、大面积降水要求。

管井的结构如图 7.1.2 所示。管井的孔径一般为 400~800 mm，管径为 200~500 mm，当井深较浅、地层水量较大时，孔径可为 800~1 200 mm，管径为 500~800 mm。井管一般采用钢管、铸铁管、水泥管、塑料管或竹木管等，滤水管有穿孔管和钢筋骨架管外缠铁丝或包尼龙网或金属网的，也有水泥砾石滤水管，目前用于降水的管井点多采用后者。

(2) 轻型井点

轻型井点是沿基坑的四周或一侧将直径较细的井点管沉入深于坑底的含水层内，井点管上部与总管连接，通过总管利用抽水设备由于真空作用将地下水从井点管内不断抽出，使原有的地下水位降低到坑底以下。轻型井点系统由井点管、连接管、集水总管及抽水设备等组成。轻型井点降低地下水位全貌如图 7.1.3 所示。

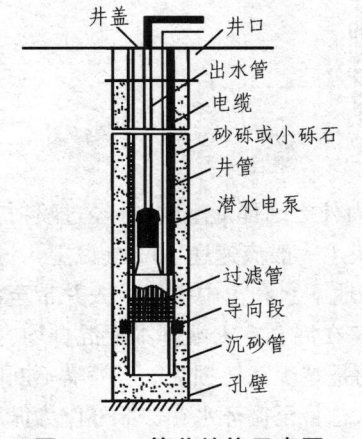

图 7.1.2　管井结构示意图

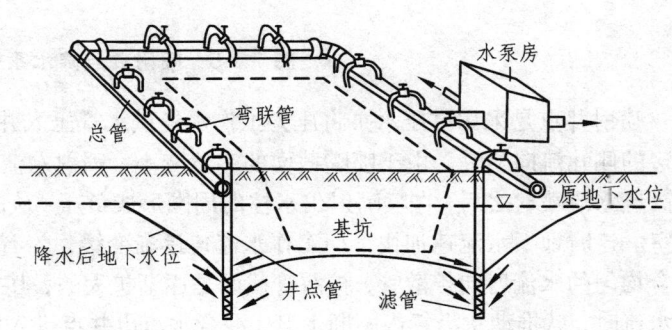

图 7.1.3　轻型井点降水示意图

轻型井点适用于渗透系数为 0.10~80.0 m/d 的土层，而对土层中含有大量的细砂和粉砂层特别有效，可以防止流砂现象和增加土坡稳定，且便于施工，如土壁采用临时支撑还可减少作用在其上的侧向土压力。

采用轻型井点降水，其井点间的间距小，能有效地拦截地下水流入基坑内，尽可能地减少残留滞水层厚度，对保持边坡和桩间的稳定比较有利，因此降水效果较好。其缺点是：占用场地大、设备多、投资大，特别是对于狭窄的施工场地，其占地和施工费用一般使建设和施工单位难以接受，在较长的降水过程中，对供电、抽水设备的要求高，维护管理费用复杂等。图 7.1.4 为轻型井点在基坑降水中的施工图。

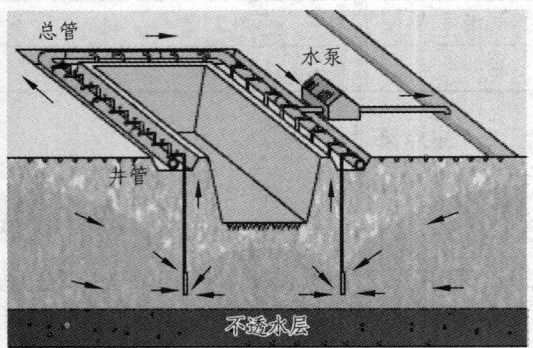

图 7.1.4　轻型井点在基坑降水中的施工图

（3）喷射井点

喷射井点由高压水泵、供水总管、井点管、喷射器、排水总管及循环水箱组成，如图 7.1.5 所示。

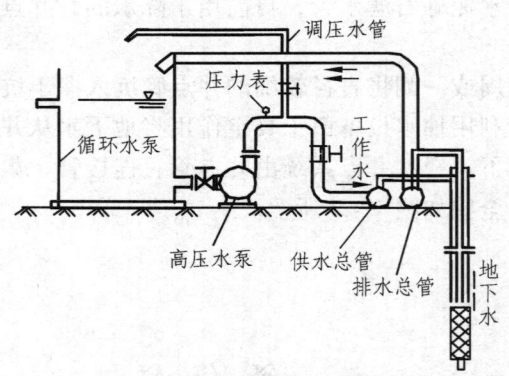

图 7.1.5　喷射井点降水系统

喷射井点是采用高压水泵将压力工作水经供水管压入井点内外之间环形空间，并经过喷射器两边的侧孔流向喷嘴。由于喷嘴截面的突然变小，喷射水流加快（一般流速达 30 m/s 以上），这股高速水流喷射之后，在喷嘴射出水柱的周围形成负压，从而将地下水和土中空气吸入并带至混合室。这时地下水流速加快，而工作水流速逐渐变缓，二者流速在混合室末端基本上混合均匀。混合均匀的水流射向扩散管，扩散管截面是逐渐扩大的，其目的是减少摩擦损失。当喷嘴不断喷射水流时，就推动水沿管内不断上升，混合水流由井点进入回水总管至循环水箱。部分作为循环水用，多余部分（地下水）溢流排至现场之外，如此循环，以达到深层降水的目的。

喷射井点主要适用于渗透系数较小的含水层和降水深度较大（8~20 m）的降水工程。其主要优点是降水深度大，但由于需要双层井点管，喷射器设在井孔底部，有两根总管与各井点管相连，地面管网敷设复杂，工作效率低，成本高，管理困难。

（4）电渗井点

电渗井点降水是利用轻型井点和喷射井点的井点作为阴极，另埋设金属棒（钢筋或钢管）作为阳极，在电动势的作用下构成电渗井点抽水系统，如图7.1.6所示。

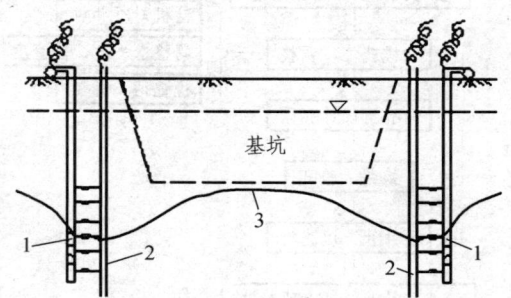

图7.1.6 电渗井点降水示意图
1—井点管；2—金属棒；3—地下水降落曲线

当接通电流在电势的作用下，使带正电荷的孔隙水向阴极方向流动，使带负电荷的黏土颗粒向阳极方向移动，通过电渗和真空抽吸的双重作用，强制黏土中的水向井点管汇集，并由井点管吸取排出，使地下水位逐渐下降，达到疏干含水层的目的。

电渗井点一般只适用于含水层渗透系数较小（<0.1 m/d）的饱和黏土，特别是在淤泥和淤泥质黏土之中的降水。由于黏性土的颗粒较小，地下水流动十分困难，其中仅自由水在孔隙中流动，其他部分地下水则处于被毛细管吸附的约束状态，不能在压力水头作用下参与流动，当向土中通以直流电流后，不仅自由水、而且被毛细管约束的黏滞水也能参与流动，增加了孔隙水流动的有效断面，其渗透系数提高数倍，从而缩短降水时间，提高降水效果。

电渗井点工程在与轻型井点或喷射井点结合降水时，将井点管沿基坑周围1~2 m布设，另外以直径38~50 mm的钢管或直径不小于20 mm的钢筋作阳极，埋设在井点管排的内侧，与井点管保持垂直平行，但不能与井点管相接触，上部露出地面0.2~0.3 m，下部应比井点管深0.5 m左右。井点管的间距和深度与采用轻型井点或喷射井点降水时相同，在非降水段或渗透性能稍大的地层中无须电渗时，可在这些部位给电极上涂上绝缘材料，使之与地面隔绝，以节省电能。井点管（阴极）与阳极平行排列，其数量应相等，必要时阳极数量可多于阴极。将阴、阳级分别用电线或钢筋连接成通路，并接到直流发电机的相应电极上。井点管与阳极的间距一般为：采用轻型井点时0.8~1.0 m；采用喷射井点时1.2~1.5 m。

以上井点降水方法中，以管井和轻型井点采用较为普遍，下面将重点介绍管井和轻型井点降水技术。

3. 井点降水施工工艺

（1）管井井点降水工艺流程

管井井点降水工艺流程：放线、定井位—挖泥浆坑—挖探坑—钻机就位、凿井—换浆—吊放井管—填滤料—黏土封井、砌保护井衬—洗井—水泵安装、架设电缆—铺设排水总管及沉砂池—抽水—水位观测—封井。其主要流程如图7.1.7所示。

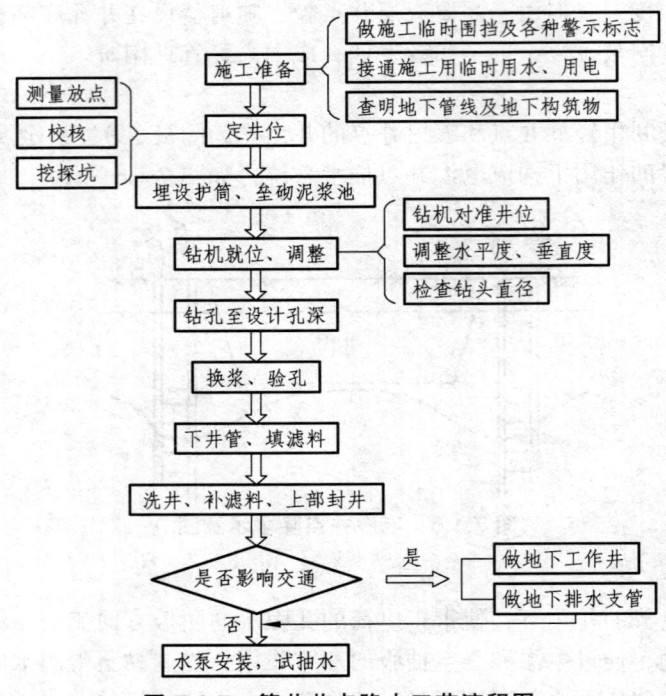

图7.1.7 管井井点降水工艺流程图

（2）轻型井点降水工艺流程

放线、定井位—铺设总管—冲孔—安装井点管—填砂砾滤料、上部填黏土密封—用弯联管将井点管与总管接通—安装抽水设备与总管连通—安装集水箱和排水管—试抽—抽水—水位观测。

4. 施工方法

（1）管井井点降水

① 抽降管井布置：抽降管井一般沿基坑周围距基坑外缘 1~2 m 布置，如场地宽敞或采用垂直边坡或有锚杆和土钉护坡等条件下，应尽量距离基坑边缘远一点，可用 3~5 m；当基坑边部设置围护结构及止水帷幕的条件下，可在基坑内布置管井，采用坑内降水方法。管井的间距和深度应根据场地水文地质条件、降水范围和降水深度确定。其间距一般为 10~20 m。井点深度要大于设计井中的降水深度或进入非含水层中 3~5 m，井中的降水深度由基坑降水深度、降水范围等计算确定。

② 挖泥浆坑：泥浆池位置的选定宜根据现场条件确定。可多井一池，其大小根据井深、井数、排浆量综合确定。泥浆池的选定与开挖应注意地下管网，必要时采用砖砌泥浆池。

③ 钻机就位、凿井：根据设计降水平面布置图，测量定出每个管井准确位置，钻机按井点位置就位。钻机就位平稳，管井埋设可采用泥浆护壁冲击钻成孔或泥浆护壁钻孔方法成孔。钻进时一般采用地层自造泥浆护壁。孔口设长 1.5 m、φ900 钢护筒，钢护筒埋设高出地面 ±(0.3~0.4) m，外围封填堵塞，设溢浆孔和进浆管，并保证孔内液面高出地下水位。井径宜

大于井管外径 200 mm 以上，且井管外径不宜小于 200 mm，井管内径宜大于水泵外径 50 mm。井孔应保持圆正垂直，钻孔底部应比滤水井管深 200 mm 以上。井管下沉前应进行清洗滤井，冲除沉渣，可灌入稀泥浆用吸水泵抽出置换或用空压机洗井法，将泥渣清出井外，并保持滤网的畅通，然后下管。滤水井管应置于孔中心，下端用圆木堵塞管口，井管与孔壁之间用 3～15 mm 砾石填充作过滤层，地面下 0.5 m 内用黏土填充夯实。水泵的设置标高根据要求的降水深度和所选用的水泵最大真空吸水高度而定，一般为 5～7 m。

④ 下设井管：井管采用无砂混凝土管，在预制混凝土井上放置井管同时水位以下包缠 1 层尼龙网，缓缓下放，当管口与井口相差 200 mm 时，接上节井管，接头处用尼龙网裹严，以免挤入泥砂淤塞井管，竖向用 2～4 条 30 mm 宽、长 2～3 m 的竹条固定井管。为防止上下节错位，在下管前将井管依井方向立直。吊放井管要垂直，并保持在井孔中心，为防止雨水泥砂或异物流入井中，井管高出地面不小于 200 mm，并加盖临时保护。

⑤ 填砾料：井管放入井内后，及时在井管与孔壁间填充粒径为 1～3 cm 的细砾石滤料。滤料必须符合级配要求，将设计砂砾规格上、下限以外的颗粒筛除，合格率要大于 90%，杂质含量不大于 3%，用铁锹下料，以防止分层不均匀和冲击井管，填滤料要一次连续完成，从底填到井口下 1 m 左右，上部采用不含砂石的黏土分层回填并夯压封口。

⑥ 洗井：洗井的主要目的在于清除停留在孔内和透水层中的泥浆与孔壁的泥浆，疏通透水层，并在井周围形成良好的反滤层。采用压力为 0.8 MPa，排气量为 9 m^3/min 的空压机及潜水泵联合洗井，直至抽出清水为止。洗井前后两次抽水涌水量相差小于 15%，且洗井后井内沉渣不上升或基本不上升。

⑦ 下放水泵：潜水泵在安装前应对水泵本身和控制系统作一次全面细致的检查，并用绳索将潜水泵吊入滤水层部位。

⑧ 铺设排水管网及沉淀池：排水管网采用钢管、硬塑料管做为排水主管路，排水管直径应满足基坑总出水量的要求，必要时可采用多向排水。在排水管线转角连接处、每边中部、排水管网进入市政管线接口处设置沉淀池，沉淀池采用砌砖池，须做防水处理。排水管网向水流方向的倾斜以 1‰ 为宜。

⑨ 管井使用时，应经试抽水，检查出水是否正常，有无淤塞等现象，如情况异常，应检修好后方可转入正常使用。抽水过程中应经常对抽水设备的电动机、传动机械、电流、电压等进行检查，并对井内水位下降和流量进行观测和记录。

⑩ 井管使用完毕，井管可用人字桅杆借助钢丝绳、倒链、绞磨或卷扬机将井管徐徐拔出，将滤水井管洗去泥砂后储存备用，所留孔洞用砂砾填实，上部 50 cm 深用黏性土填充夯实。

（2）轻型井点降水

① 井点布置：轻型井点系统的平面布置由基坑的平面形状、大小、要求降水深度，地下水流向和地基岩性等因素决定，可布置成环形、U 形或线形等，一般沿基坑周围 1.0～1.5 m 布置，井点系统可设置多级。在地下铁道施工过程中，对于区间部分，其降水一般是沿线路两侧布置井点；对于车站部分，常采用 U 形或环形封闭式井点布置。当降水深度在 6 m 以内时，采用单级井点降水，当降水深度较大时，可采用下卧降水设备或多级井点降水。一般情况下，降水深度不大于 8 m 时，采用下卧降水设备较好，即先挖土 1～2 m 后再布置井点；降水深度大于 8 m 时，采用多级井点降水，每级以阶梯状接力抽水来降低地下水位，每级井点的降水深度可按照 4.5～5.0 m 设计。

②井点管埋设：井点管埋设程序为：总管排放—井点管埋设—弯连管连接—抽水设备安装。其中井点管埋设一般采用水冲法，包括冲孔和埋管两个过程。

③试抽：井点使用前，应进行试抽水，检查各部分是否正常。无漏水、漏气等异常现象为合格，否则应及时检修。

④井点管系统运行：先开动真空泵排气，再开动离心泵抽水，井点降水系统运行后，井点管系统运行，应保证连续抽水，并准备双电源，正常出水规律为"先大后小，先浑后清"。

⑤水位观测：井点降水时，应对水位降低区域内的建筑物及管线进行沉降观测，发现沉陷或水平位移过大时，应及时采取防护技术措施。抽水初期每天观测2次以上，水位稳定后应每天观测1次。

⑥井点管拆除：地下建、构筑物竣工并进行回填土后，方可拆除井点系统，井点管拆除一般多借助于倒链、起重机、挖机等，所留孔洞用土或砂填塞，对地基有防渗要求时，地面以下2m应用黏土填实。

7.1.3 降水对邻近建筑物的影响与预防措施

1. 基坑开挖与降水对邻近建筑物的危害

基坑开挖与降水必须考虑邻近建筑物的安全，特别是在细颗粒的软弱土层中，必须认真对待。在软弱土层中降水，由于地下水位下降，土层中含水率减小，浮托力减小，等于增加了附加荷重，使土产生固结、压缩，使建筑物基础和地面发生不均匀沉降，其沉降量应控制在建筑物允许限度以内，不得超出。

在粉土和粉细砂层中降水，井点钻探施工，应防止塌孔、涌砂、过滤器设计加工不应产生涌砂，松动土层，防止构筑物基础局部下沉，影响安全。

2. 防止降水对建筑物影响的措施

（1）防止土颗粒带出的措施

①加长井点管的长度，减慢降水速度，使降水曲线较为平缓，使邻近建筑物均匀沉降，以防裂缝产生；

②合理设计加工井点过滤器，防止抽水涌砂；

③控制抽水量，减缓抽降速度。

（2）在建筑物沿基坑一侧采用防护措施

①采用旋喷柱，混凝土桩、钢板桩形成阻水帷幕；

②采用回灌井技术，即在建筑物沿基坑一侧钻探一排回灌井，在基坑降水的同时，向回灌井点注入一定水量，形成一道阻渗水幕，使基坑降水的影响范围，不超过回灌井点排的范围阻止地下水向降水区的流失，保持已有建筑物所在地原有的地下水位，土压力仍处于原有平衡状态，从而有效地防止降水的影响，使建筑物的沉降达到最小。

如果建筑物离基坑稍远，且为较均匀的透水层，中间无隔水层，则可采用最简单的回灌沟的方法进行回灌，这较为经济易行，如图7.1.8所示。如果建筑物离基坑近，且为弱透水层或透水层中间夹有弱透水层和隔水层时，则须用回灌井点进行回灌，如图7.1.9所示。

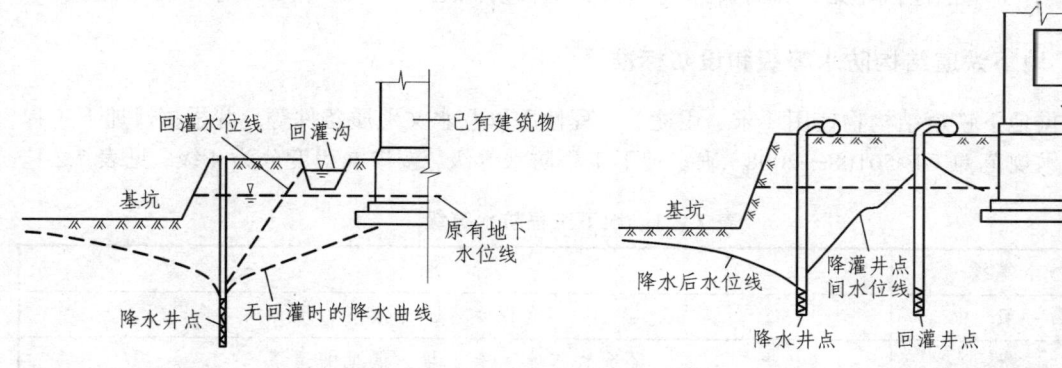

图 7.1.8　井点降水与回灌沟回水示意图　　图 7.1.9　井点降水与井点回灌示意图

回灌井点的结构应有利于注入的水向降水深度内渗流，回灌井点的滤水管工作部分的长度应大于抽水井点，最好从自然水位以下直至井点管底部均为过滤器。回灌井点的施工技术要求与降水井点相同。

回灌井点与抽水井点之间应保持一定的距离，一般不宜少于 5 m。回灌井点的埋设深度根据透水层的深度而定，以确保基坑施工安全和回灌效果为准。回灌水量应根据实际地水位的变化及时调节，保持抽、灌平衡，既要防止回灌水量过大而渗入基坑影响施工，又要防止回灌水量过小，使地下水位失控影响回灌效果，因此要求在其附近设置必要数量的水位观测孔和沉降观测点，定时进行观测和分析，以便及时调整回灌水量。

7.2　地铁工程防排水技术

7.2.1　结构防水的设计原则、等级和设防标准

地下铁道若修建在含水地层或透水地层中，则将受到地下水的有害作用，并受到地面水的影响。如果没有可靠的防水措施，地下水就会侵入，乃至危害运营和影响结构物使用寿命。因此，地下铁道结构物的防水措施应根据场地的水文地质情况、地形条件、施工方法、结构形式、防水标准、使用要求和技术经济指标等综合考虑确定。

1. 地下铁道结构防水原则

地下铁道结构防水设计与施工的原则：
① "以防为主、防排结合、多道防线、刚柔结合、综合治理"；
② 坚持以混凝土结构自防水为主，柔性附加防水为辅；
③ 结构自防水为根本，采取措施控制混凝土结构裂缝的产生，增强混凝土的抗渗性能；
④ 以变形缝、施工缝、穿墙管等特殊部位的接缝防水为重点；
⑤ 选择具有良好的物理和化学性能、抗渗性和无毒性、耐刺穿性的防水材料，防水材料的寿命应尽量与结构混凝土寿命相匹配；

⑥ 对于明挖地铁车站，搞好降水与堵水，确保防水层（必须）在无明水条件下施做。

2. 地下铁道结构防水等级和设防标准

根据地下铁道结构物使用要求、用途、工程性质以及水文地质条件等，并根据《地下工程防水技术规范》（GB 50108—2008）确定地下工程防水等级，按渗漏程度分为4级，见表7.2.1。

表 7.2.1 地下工程防水等级

防水等级	标 准
一级	不允许渗水，无湿渍
二级	不允许渗水，有少量、偶见的湿渍
三级	有少量漏水点，不得有线流和泥流，漏水量<0.5 L/（m²·d）
四级	有流水量，不得有线流和漏泥沙，漏水量<2.0 L/（m²·d）

地下铁道结构防水等级：
① 地下铁道车站及机电设备集中地段，防水等级为一级；
② 地下铁道区间隧道及附属工程，防水等级为二级或三级。

7.2.2 地下铁道结构防水体系

1. 地下铁道结构防水措施

地下铁道结构防水根据不同的工程部位，其采取的防水措施也不同，见表 7.2.2。如图 7.2.1 和图 7.2.2 分别为主体结构和变形缝的防水措施。

表 7.2.2 地下铁道结构防水措施表

工程部位	主 体			后浇带	施工缝	变形缝
防水措施	防水混凝土（P8）	防水卷材（侧墙、底板、顶板）	防水涂料（顶板、侧墙）	中埋式止水带+外贴式止水带	中埋式止水带+外贴式止水带	中埋式橡胶止水带、防水嵌缝材料、外贴式止水带

图 7.2.1 底板附加防水层施工

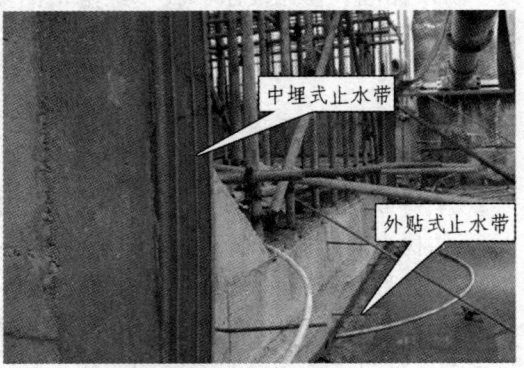

图 7.2.2 变形缝防水

2. 结构自防水

结构防水"以防为主,防排结合,多道防线,刚柔相济,综合治理"的原则中,以防为主,是指结构自防水,即混凝土或钢筋混凝土结构的自防水能力。其能力体现为混凝土具有一定的抗渗能力,《地铁设计规范》对防水混凝土抗渗等级如表 7.2.3 所示。结合地下铁道工程,结构自防水还应具备如下要求:

表 7.2.3　防水混凝土设计抗渗等级

结构埋置深度/m	设计抗渗等级	
	现浇混凝土结构	装配式钢筋混凝土结构
$h<20$	P8	P10
$20 \leqslant h<30$	P10	P10
$30 \leqslant h<40$	P12	P12

① 地下结构应尽可能应用高性能防水混凝土。a. 混凝土强度等级不应低于 C30,确定水胶比不高于 0.45,较低的入模坍落度 $\leqslant(12\pm 2)$ cm;b. 防水混凝土抗渗等级可按照底板埋深 20 m 以内采用 PS8,20 m 以上采用 P10 选用;c. 处于侵蚀介质中的防水混凝土的耐侵蚀系数不应小于 0.8。

② 防水混凝土结构,应符合下列规定:a. 结构厚度不应小于 250 mm;b. 防水混凝土结构最大裂缝宽度、钢筋保护层最小厚度应符合表 7.2.4 和表 7.2.5 的规定。

表 7.2.4　最大计算裂缝宽度允许值

结构部位	允许值	附注
水中环境、土中缺氧环境	0.3 mm	
洞内干燥环境或洞内潮湿环境	0.3 mm	环境相对湿度为 45%~80%
迎土面地表附近干湿交替环境	0.2 mm	

表 7.2.5　受力钢筋的混凝土保护层最小厚度　　　　单位:mm

结构类型	地下连续墙		灌注桩	车站主体结构				
	外侧	内侧		顶板		中楼板	底板	
				外侧	内侧		外侧	内侧
保护层厚度	70	50	70	50	40	30	50	40

注:1. 车站内的楼梯及站台板等内部构件的主筋的保护层可采用 25 mm;
　　2. 箍筋、分布筋和构造筋的混凝土保护层厚度不得小于 20 mm。

③ 防水混凝土原材料要求:a. 宜选用低水化热、低含碱量的硅酸盐水泥、普通硅酸盐水泥;并避免使用早强水泥和高 CA 含量水泥,水泥的强度等级不得低于 32.5;不得使用过期或受潮结块的水泥,并不得将不同品种或强度等级的水泥混合使用。b. 采用质地坚固、级配良好的骨料;粗骨料宜采用 5~25 mm 的石子。防水混凝土所用石子的最大粒径不宜大于 40 mm,泵送时其最大粒径应为输送管径的 1/4;吸水率不应大于 1.5%;不得使用碱活性骨料。c. 防水混凝土可掺入一定数量的粉煤灰(粉煤灰性能应优于二级,掺量不宜大于 20%)和高效减水剂(减水率>20%的缓凝型)及具有补偿收缩功能的膨胀防水剂。

④ 在车站顶板的大尺寸开孔段应采用钢纤维混凝土抗裂。钢纤维用量约为 60 kg/m³。

⑤ 混凝土养护和保护层厚度应符合《混凝土结构工程施工质量验收规范》(GB 50204)的质量控制与质量保证措施。防水混凝土应采取保温保湿养护。控制混凝土入模温度不超过28 °C，混凝土中心温度与表面温度的差值不应大于 25 °C，且在夏季尽量采用夜间浇筑，对顶板尽量采用跳段施工。蓄水养护时间不应少于14 d，尽可能养护至顶板附加防水层施工前。

2. 附加防水层

在结构迎水面一侧用防水卷材、防水涂料或防水砂浆等做成。防水能力应能抗地下水的实际水头，且不应小于 30 m 的水头。

① 附加防水层有卷材防水层、涂料防水层等，附加防水层应设置在主体结构迎水面或复合结构之间。

② 卷材防水层应根据施工环境条件、结构构造形式、工程防水等级要求选择材料品种和设置方式，并应符合下列要求：

a. 卷材防水层宜为 1~2 层。高聚物改性沥青防水卷材单层使用时，厚度不应小于 4 mm，双层使用时，总厚度不应小于 6 mm；高聚物改性沥青自黏卷材和合成高分子防水卷材单层使用时，厚度不应小于 1.5 mm，双层使用时，总厚度不应小于 2.4 mm；塑料树脂类防水卷材厚度宜为 1.2~2 mm。卷材及其胶黏剂应具有良好的耐水性、耐久性、耐刺穿性、耐腐蚀性和耐菌性。

b. 卷材防水层主要物理性能除应满足设计要求外，尚应符合国家现行的有关强制性标准的规定。

c. 阴阳角应做成圆弧或 45 °C 折角，其尺寸依据卷材品种和强度确定，在转角处、阴阳角和特殊部位，应增贴 1~2 层相同的卷材，宽度宜不小于 500 mm。

③ 涂料防水层应根据工程所在地区环境、气候条件、施工方法、结构构造形式、工程防水等级要求选择防水涂料品种；防水涂料采用外防外涂法施工。并应符合下列规定：

a. 潮湿基层宜选用与潮湿基面黏结力大的水泥基渗透结晶型防水材料、聚合物改性水泥基等无机涂料或有机防水涂料，或采用先涂水泥基类无机涂料而后涂有机涂料的复合涂层。

b. 有腐蚀性的地下环境宜选用耐腐蚀性较好的反应型、聚合物水泥涂料。

c. 涂层防水所选用的涂料应具有良好的耐水性、耐久性、耐腐蚀性，并且是无毒、难燃、低污染；无机防水涂料应具有较好的湿干黏结性、耐磨性；有机防水涂料应具有较好的延伸性及适应基层变形的能力。

d. 无机防水涂料厚度宜为 0.8~3 mm，有机防水涂料厚度宜为 1~2 mm，其中反应型涂料宜不小于 1.5 mm。

7.2.3 地下铁道结构防水施工

根据不同的施工方法，其防水措施及防水施工也不尽相同，以下将根据不同的施工方法进行结构防水介绍。

1. 明挖法结构防水

采用明挖法的结构防水，一般由结构自防水和附加防水层所组成。附加防水层可以用卷材、涂料或防水砂浆等做成。通常防水层都设在主体结构外侧（迎水面），且要求与结构的表面黏结良好。明挖法修建的地下铁道结构防水措施如表 7.2.6 所示。

表 7.2.6 明挖法修建的地下铁道结构防水措施

工程部位		主体					施工缝							后浇带					变形缝				
防水措施		防水混凝土	防水砂浆	防水卷材	防水涂料	膨润土防水材料	外贴式止水带	中埋式止水带	泥基渗透结晶型防水材料	外涂防水涂料	外贴防水卷材	预埋注浆管	微膨胀混凝土	外贴式止水带	预埋注浆管	遇水膨胀止水条	防水密封材料	中埋式止水带	可卸式止水带	外贴防水卷材	外涂防水涂料	遇水膨胀止水条
防水等级	一级	应选	应选一至二种				应选二种						应选	应选二种				应选	应选二至三种			
	二级	应选	应选一种				应选一至二种						应选	应选一至二种				应选	应选一至二种			

（1）主体结构防水层施工

① 卷材防水。

根据基坑护坡方法，如敞口护坡、桩柱法、地下连续墙法等所提供的防水层施作条件，可选择"外防外贴"和"外防内贴"法，而底板及侧墙下部则均采用外贴法。明挖结构外贴式防水层的构造如图 7.2.3 所示。

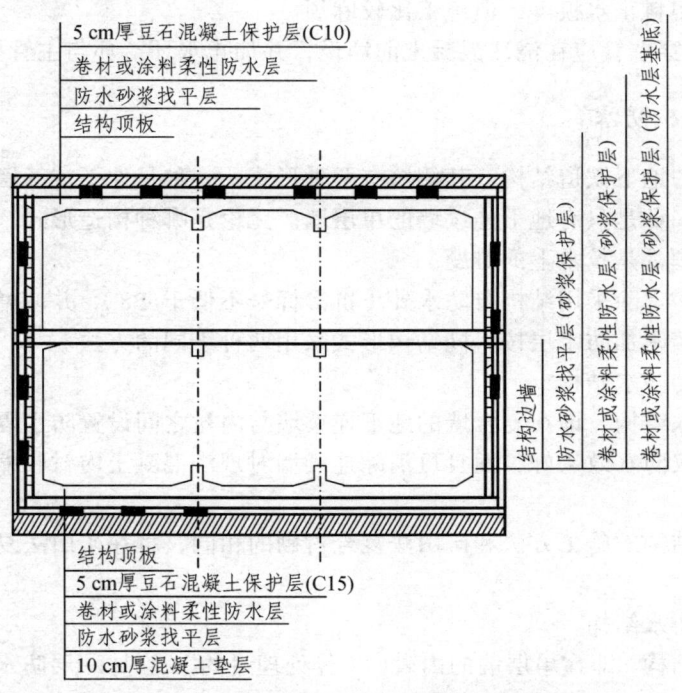

图 7.2.3 明挖结构外贴防水层结构示意图

"外防外贴法"主要用于敞口放坡明挖法施工的结构，它是先在垫层上铺贴底层卷材，四周留出接头，待底板混凝土和立面混凝土浇筑完毕，将立面卷材防水层直接铺设在防水结构的外墙外表面。"外防内贴法"主要用于桩支护明挖顺作法施工的结构，它是先浇筑混凝土垫层，在垫层上将永久性保护墙全部砌好，抹水泥砂浆找平层，将卷材防水层直接铺贴在垫层和永久性保护墙上的一种卷材施工方法。

② 涂料防水。

在明挖结构中也可采用大面积的涂料防水，但要注意保证涂料防水厚度的均匀一致。在基面复杂的部位，因卷材不易施工，采用涂料防水则较为方便。

涂料应选用防水、抗菌、无毒或低毒、刺激性小的涂料，目前比较适用的是焦油聚氨酯涂料；涂料的施工基面应平整、清洁、无浮浆，可溶剂型涂料时含水率小于 9%；涂刷时必须保证涂料厚度一致，第二层涂料与前一层涂料的涂刷方向相垂直；当与玻璃布、玻璃毡片、土工布等材料复合使用时，布材铺贴不得皱折。

（2）明挖结构变形缝等防水构造和施工要求

① 变形缝：变形缝防水构造形式和材料应根据工程特点、地基和主体结构变形情况以及水压、水质和防水等级等因素确定。缝宽一般为 20~30 mm，水压较大的变形缝通常均采用埋入式橡胶止水带。

② 后浇缝：后浇缝应在其两侧结构混凝土的龄期达 6 周以后再施工；施工前应将接缝处的混凝土凿毛，清洗干净，保持润湿并刷水泥浆，或凿毛清洗后等其干燥，在其结构断面中部附近安放遇水膨胀腻子条；用补偿混凝土将后浇缝注满，其强度等级和抗渗等级均不低于两侧主体结构混凝土；养护时间不小于 28 d。

③ 施工缝：凿毛清洗干净后，在结构断面中部附近放置遇水膨胀腻子条，可靠、经济。也可采用橡胶或塑料止水板等，但施工比较麻烦。

④ 穿墙管：穿墙管应在浇注混凝土前埋设，并加止水环，环与主管要满焊。

2. 盖挖法结构防水

盖挖法修建的地下铁道结构，其侧墙有两种形式：一种是地下连续墙或桩墙和内衬所组成的复合墙；另一种是只有地下连续墙的单层墙。无论是哪种构造形式，侧墙以及侧墙和板接缝处的防水问题都是技术上的难题。

盖挖法结构防水除采用结构自防水外（抗渗标号不低于 P8），并应增设附加防水层组成多道防线，连续墙附加防水层按不同结构形式采用两种不同的方法。

（1）夹层式的防水结构

夹层式的防水结构，即在复合墙的地下连续墙与内衬之间设置防水隔离层。实践证明，这种防水结构不仅防水效果好，而且可消除连续墙对现浇混凝土内衬收缩的约束作用，减少内衬的收缩裂缝。

夹层式防水结构的施工方法和矿山法复合衬砌的相同，将在矿山法复合式衬砌防水中给予介绍。

（2）涂抹式防水结构

涂抹式防水结构，即在单层墙的内表面（经处理过的），涂抹一层防水砂浆或其他防水涂料的刚性防水层。防水砂浆可以是用普通硅酸盐水泥为基料，也可以用膨胀水泥为基料配制成。防水涂料种类很多，其中以高效渗透型水泥密封剂效果较好，因为这种涂料在一定时间内可渗入混凝土表面下 50 mm，并在混凝土的孔隙中产生一种不溶解的结晶，堵塞毛细水的渗漏通道。涂抹式防水的施工步骤如下：

① 在做防水层前应将连续墙墙体段接缝部位的疏松杂物等进行凿毛、凿除处理，并用水冲洗干净。用掺膨胀剂的 1∶2 水泥砂浆嵌实找平后，再对连续墙接头部位两侧各 20 cm 范围内喷或涂刷厚不小于 2 mm 的高弹性聚合物防水层，并抹防水砂浆进行保护。

② 连续墙墙体与结构板之间的连接面（接缝面）在凿毛用水冲洗湿润后，涂刷二道高效渗透型防水剂，然后浇筑主体结构。

③ 在处理好的连续墙表面，采用机械喷射或人工涂抹防水砂浆或其他防水涂料。采用人工抹涂防水砂浆时（通常称为防水抹面），砂浆中应加入某种外加剂，如防水剂、膨胀剂、聚合物等，以提高水泥砂浆的密实性或改善砂浆的抗裂性。

3. 矿山法复合式衬砌夹层防水

（1）复合式衬砌防水系统

复合式衬砌防水系统由三道防水防线构成：① 初期支护结构（钢筋格栅＋喷射混凝土）；② 防水层（柔性外包防水）；③ 二次衬砌结构（钢筋骨架＋模筑防水混凝土）。三者相辅相成，同时加上施工缝、变形缝等防水，共同形成了矿山法复合式衬砌防水体系。矿山法修建的地下铁道结构防水措施如表 7.2.7 所示。

表 7.2.7　矿山法修建的地下铁道结构防水措施

工程部位	主体				内衬施工缝						内衬变形缝				
防水措施	防水混凝土	塑料防水板	防水卷材	膨润土防水材料	遇水膨胀防水条	外贴式止水带	中埋式止水带	基透晶防水材料	防水涂料	预埋注浆管	中埋式止水带	外贴式止水带	可卸式止水带	防水嵌缝材料	遇水膨胀止水条
防水等级 一级	应选	应选一至二种			应选二种						应选	应选二种			
防水等级 二级	应选	应选一种			应选一至二种						应选	应选一至二种			

（2）夹层防水层（柔性外包防水）设计

① 柔性外包防水层的作用。

柔性外包防水层，作为地下车站结构的"辅助防水层"，设置在初期支护结构内表面，包裹在二次衬砌结构的外表面。

柔性外包防水层不仅起到防水作用，而且对初期支护喷射混凝土和二次衬砌的模筑混凝土来说，起到隔离和润滑作用；可以改善模筑混凝土的施工条件，有利于保证模筑混凝土的施工质量；可以避免或减缓混凝土硬化过程中的应力效应，减少防水混凝土产生裂缝的概率；可以保护和发挥二次衬砌结构的防水作用，有利于延长二次衬砌结构的使用寿命。

② 夹层防水的设计。

复合式衬砌的柔性外包防水设计一般为：在初支混凝土表面铺设缓冲层（土工布或聚乙烯泡沫塑料卷材）和导水的垫层，再采用无钉孔铺设法施作防水板（橡胶沥青类、合成橡胶类、塑料类等防水隔离层材料）。夹层防水构造通用图如图7.2.4所示。

（3）夹层防水的施工

经监控量测确认围岩及初期支护基本稳定后，即施作柔性外包防水层。

柔性材料外包防水施工工艺流程为：基面处理—铺设土工布缓冲层—铺设防水卷材并检查检验—钢筋绑扎与安装—模板安装—混凝土浇筑。

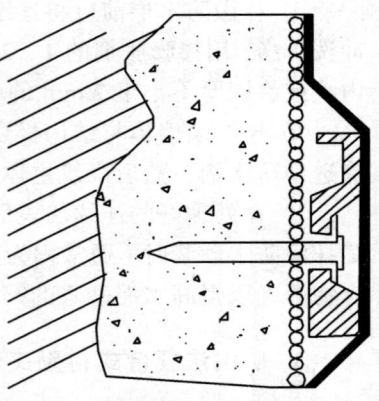

图7.2.4　夹层防水构造通用图

① 基面处理：基面要求平整，其凹凸度边墙和底面小于1/6，拱部小于1/8。其中，D为喷混凝土相邻两凸面间凹进去的深度；L为喷混凝土相邻两凸面间的水平距离；不得有钢筋等尖锐突出物；基面变化或转弯处的阴角应抹成$R \geqslant 10$ cm的圆弧，阳角抹成$R \geqslant 2$ cm圆弧。

② 铺设土工布缓冲层：用射钉枪和热塑性塑料圆垫片，将土工布固定在初期支护的喷射混凝土基面上。固定点呈梅花形布置，应尽可能选择基面较低处；固定点间距，拱部为50~80 cm、侧墙80~100 cm、底板为100~150 cm。缓冲层搭接宽度≥5 cm，搭接缝可采用热风焊枪点粘焊或射钉固定，固定间距30~50 cm。

③ 防水隔离层铺设：防水隔离层的铺设顺序一般与垫层相同，但必须划线以便定位。防水隔离层必须与垫层密贴，但又不能拉得太紧，要有一定的余量。接缝用自动走行式热合机焊接，接缝为双焊缝。

④ 防水板质量检查：防水板的铺设应平顺无隆起、无折皱、无漏缝、无假缝，焊缝连接牢固；防水隔离层铺设好后，应进行焊缝充气试验，在0.1 MPa的气压下，保持2 min不漏气。发现漏气处应进行修补。试验时注意不要扎透防水层。

⑤ 防水隔离层的保护：仰拱防水隔离层应用细石混凝土保护层保护；边墙拱圈绑扎钢筋时不得破坏防水层；焊接钢筋时要用不燃物（如石棉板）遮挡，以免火花烧坏防水隔离层。

4. 盾构法结构防水

盾构法结构防水要求是在一定的水压作用下，除了管片必须具有防水抗渗能力外，更应满足管片环纵缝在预定张开量下的防水能力。其防水施工的内容主要包括：管片自防水、管片外防水涂层、管片接缝防水（弹性密封垫防水、嵌缝防水）、螺栓孔防水、渗漏处理（盾尾充填注浆等）。盾构法修建的地下铁道结构防水措施见表7.2.8。

表 7.2.8 盾构法修建的地下铁道结构防水措施

措施选择	高精度管片	接缝防水				混凝土内衬或其他内衬	外防水涂料
		密封垫	嵌缝	注入密封剂	螺孔密封圈		
防水等级一级	必选	必选	全隧道或部分区段应选	可选	必选	宜选	宜选
防水等级二级	必选	必选	部分区段宜选	可选	必选	局部宜选	对混凝土有中等以二腐蚀的地层宜选

（1）管片结构的自防水

管片结构自防水是防水的根本，只有衬砌管片混凝土满足自防水的要求，隧道的防水才有了基本保证。因此，管片结构的自防水是盾构法隧道防水的首要措施，在设计和施工中，主要通过满足管片混凝土的抗渗要求和管片预制精度要求来实现。盾构法隧道衬砌管片多用外加剂防水混凝土，抗渗可达 P12 以上，渗透系数 $K<10^{-11}$ cm/s。管片的自防水应在管片制作中解决，其主要要求与措施应是：

① 保证强度；

② 生产时不允许产生裂缝；

③ 限制水泥用量，控制水灰比、坍落度，控制砂石含泥量，添加高效减水剂和活性填桃磨细粉煤灰、高炉矿渣粉或硅粉）等外掺剂；

④ 管片采用蒸汽养护或浸水养护等，混凝土衬砌的自防水应在衬砌制作中解决。

（2）管片外防水涂层

管片外防水涂层需根据管片材质而定，凡有较深裂纹的管片一般都要增加外防水涂层。对钢筋混凝土管片而言，一般要求是：

① 涂层应能在盾尾密封钢丝刷与钢板的挤压磨损条件下保持完好，不损伤、抗渗水；

② 当管片弧面的裂缝宽度达 0.3 mm 时，仍能抗 0.8 MPa 的水压，长期不渗漏；

③ 涂层应具有防迷流的功能，其体积电阻率、表面电阻率要高；

④ 涂层应具有良好的抗化学腐蚀、抗微生物侵蚀能力和足够的耐久性，且无毒或低毒；

⑤ 涂层要有良好的施工季节适应性，施工简便，成本低廉。

管片外防水涂层，除应涂抹于管片背面外，还应涂抹在环、纵面橡胶密封条外侧的混凝土上。但应指出，若管片制作质量高，采用抗侵蚀水泥，不做外防水层也是可以的。

（2）管片接缝防水

管片接缝防水是盾构法隧道防水的核心，而管片接缝防水的关键是接缝面防水密封材料的采用及其设置。管片接缝防水分为密封、嵌缝和螺栓孔防水 3 种，根据使用目的不同，有时只采用密封，有时 3 种措施同时采用。

① 密封防水。

密封防水是在管片接头表面进行喷涂或粘贴胶条的方法，胶条一般是橡胶止水带。橡胶止水带通常有遇水膨胀型和弹性密封型及两者结合型三种。水膨胀橡胶带是由可遇水膨胀的树脂与合成橡胶混合而成，止水带与水接触后膨胀，填满管片间隙，并压紧管片，从而密封止水。弹性密封型止水带则是利用氯丁橡胶及三元乙丙等硬质橡胶制成,依靠本身的弹性密封止水。

② 接缝嵌缝防水。

对管片接缝部位施作嵌缝,特别是在止水条失效的部位施作嵌缝,是盾构法施工隧道防水有效而实用的一种办法。嵌缝防水指预先在管片的内侧边缘留有嵌缝槽,以后用嵌缝材料填塞。

嵌缝槽的形状要考虑拱顶嵌缝时,不致使填料堕落、流淌,其通常深度为 20 mm、宽度为 12 mm。嵌缝材料应具有良好的水密性、耐侵蚀性、收缩复原性、硬化时间短、收缩小、便于施工等特性。满足上述要求的材料有以环氧类、聚硫橡胶类、尿素树脂类为主的材料。

③ 螺栓孔与压浆孔防水。

螺栓与螺栓孔或压浆孔之间的装配间隙是渗水的重要通道,所采取的防水措施就是用塑性(合成树脂类、石棉沥青或铅)和弹性(橡胶或聚氨酯水膨胀橡胶等)密封圈垫在螺栓和螺孔口之间,在拧紧螺栓时,密封圈受挤压变形充填在孔壁之间,达到止水效果。

另一种防水方法是采用塑料螺栓孔套管,浇注在混凝土预埋管片内,与密封圈结合起来使用,防水效果更佳,见图 7.2.5。

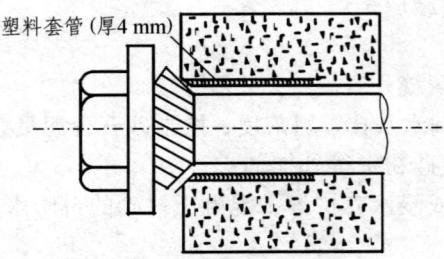

图 7.2.5 螺栓孔合压浆孔防水

密封圈应具有良好的伸缩性、水密性、耐螺栓拧紧力、耐老化等。为了提高防水效果,螺丝孔口可做成喇叭状。由于螺栓垫圈会产生蠕变而松弛,为了提高止水效果,有必要对螺栓进行二次拧紧。

施工时螺栓位置偏于一边的现象是经常会发生的,但应充分注意,必要时也可对螺栓孔进行注浆。

7.1 简述地下铁道工程施工井点降水方法。
7.2 简述地下铁道结构防水的设计原则、等级和设防标准。
7.3 简述地下铁道结构防水体系和不同施工方法的结构防水措施。

第8章 地铁监控量测及质量检测技术

※学习目标※

1. 知识目标
(1) 熟悉地铁施工监测项目内容。
(2) 掌握地铁监控量测必测项目内容。
(3) 熟悉地铁工程质量检测。
2. 能力目标
(1) 能进行地铁工程施工监控量测工作及独立撰写监控量测方案。
(2) 能进行地铁工程质量检测及独立撰写质量检测方案。

※知识链接※

地下施工基本目的是在各类地质体中修建长期稳定的洞室结构体系,这个结构体系是周围地质体和各种支护结构构成的。形成过程如图8.0.1所示,与之相应的力学过程如图8.0.2所示。

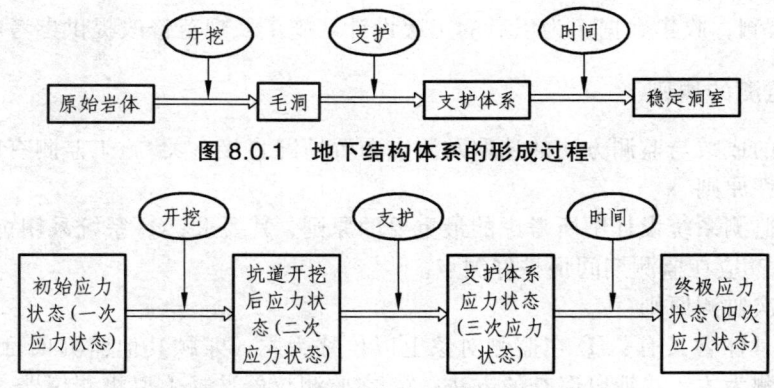

图 8.0.1 地下结构体系的形成过程

图 8.0.2 地下结构体系的形成力学过程

地下结构由开挖,到支护,经过一定的时间效应后再到稳定洞室,其力学状态也在发生变化,要随时掌握地下结构的稳定性,了解其力学状态的桥梁就是监控量测。对隧道在施工过程中进行监控量测,具有重大的经济意义和实用价值。因为通过现场监控量测,将迅速、准确地获得第一手数据资料,将数据资料和现场量测资料进行分析,并将分析结果及时反馈给设计、施工单位、监理和业主,直接服务于隧道施工;并能及时预报和预测施工过程中出现的险情,对可能出现的事故进行防范和处理。可以避免由于缺乏隧道施工监控量测数据和结果分析而造成施工与支护等工作安排的盲目性,尽量降低工程造价,争取时间,保证在计划工期内圆满地完成隧道施工任务。总之,监控是量测的目的,而量测是监控的手段。

8.1 地铁工程监控量测技术

8.1.1 施工监测的意义、目的、原则与工艺流程

1. 施工监测的意义

在岩土中修建地下工程,地下工程设计理论分析牵涉问题较多,如:① 岩土的复杂性,② 施工方法难以模拟性,③ 围岩与结构——支护(围护)相互作用的复杂性。同时考虑城市地下工程的特点,地质条件差、周围环境一般比较复杂,因此有必要通过信息化施工,及时了解施工过程中围岩与支护结构的状态,并及时反馈到设计与施工中去,以确保地下工程施工和周围建(构)筑物安全。作为信息化施工的最基础工作,施工监测显得非常重要。

2. 施工监测的目的

施工过程中必须采取相应的监控保护措施,监测的目的主要有:
① 通过监测了解地层在施工过程中的动态变化,明确工程施工对地层的影响程度及可能产生失稳的薄弱环节。
② 通过监测了解支护结构及周边建(构)筑物的变形及受力状况,并对其安全稳定性进行评价。
③ 通过监测了解施工方法的实际效果,并对其进行适用性评价。及时反馈信息,调整相应的开挖、支护参数。
④ 通过监测,收集数据,为以后的工程设计、施工及规范修改提供参考和积累经验。

3. 施工监测的原则

施工监测的成败与监测方法的选取及测点布置情况直接有关。施工监测有以下五条原则:
(1) 可靠性原则

该原则是监测系统设计中所考虑的最重要的原则,其要求:① 系统采用可靠的监测仪器与监测方法;② 应在监测期间保护好测点。

(2) 多层次监测原则

该原则的具体含义有:① 在监测对象上以位移为主,兼顾其他监测项目;② 在监测方法上以仪器监测为主,并辅以巡查的方法;③ 在监测仪器选择上以机测仪器为主,辅以电测仪器;④ 考虑分别在地表、临近建筑物与地下管线上布点,以形成具有一定测点覆盖率的监测网;⑤ 为确保提供可靠、连续的监测资料,各监测项目之间应相互印证、补充、校验,以利于数值计算、故障分析和状态研究。

(3) 重点监测关键区原则

在具有不同的地质条件、水文地质条件、周围建筑物及地下管线段,其稳定的标准是不同的。稳定性差的地段应重点进行监测,以保证建筑物和地下管线的安全。

(4) 方便实用原则

为减少监测与施工之间的干扰,监测系统的安装和测量应尽量做到方便实用。

(5) 经济合理原则

系统设计时考虑实用的仪器,不过分追求仪器的先进性,以降低监测费用。

4. 施工监测的工艺流程

施工监测工艺流程如图 8.1.1 所示。

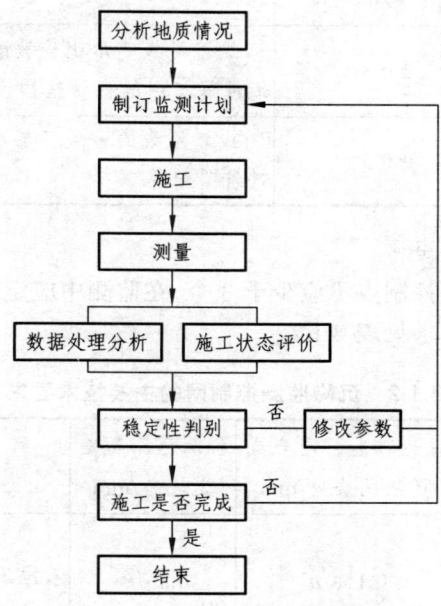

图 8.1.1　施工监测工艺流程图

8.1.2　地铁施工监控量测的基本技术要求

《地铁工程监控量测技术规程》（DB 11/490—2007）规定：采用浅埋暗挖法、盾构法、明挖法或盖挖法等工法进行设计和施工的地铁工程，必须将现场监控量测纳入工程设计文件和施工组织设计文件中。

1. 沉降监测基本要求

沉降监测测量点可分为控制点和观测点（或测点）。控制点包括基准点、工作基点等。基准点的数量应不少于 3 个，使用时应做稳定性检查或检验。

（1）沉降监测的等级划分、精度要求和适用范围

沉降监测的等级划分、精度要求和适用范围见表 8.1.1。

表 8.1.1　沉降监测的等级划分、精度要求和适用范围

监测等级	观测点的高程中误差/mm	相邻观测点高差中误差/mm	适用范围
I	±0.3	±0.1	线路沿线变形特别敏感的超高层、高耸建筑、精密工程设施、重要古建筑物、重要桥梁、管线和运营中结构、轨道、道床等

续表

监测等级	观测点的高程中误差/mm	相邻观测点高差中误差/mm	适用范围
Ⅱ	±0.5	±0.3	线路沿线变形比较敏感的高层建筑物、桥梁、管线；地铁施工中的支护结构、隧道拱顶下沉等
Ⅲ	±1.0	±0.5	线路沿线的一般多层建筑物、桥梁、地表、管线、基坑隆起等

（2）沉降监测控制网的布设

垂直沉降监测控制网高程控制点不应少于3个，在监测中应定期对高程控制点进行检测。沉降监测控制网的主要技术要求见表8.1.2。

表8.1.2 沉降监测控制网的主要技术要求

等级	相邻基准点高差中误差/mm	每站高差中误差/mm	往返较差，附合或环线闭合差/mm	检测已测高差之较差/mm	使用仪器、观测方法及主要技术要求
Ⅰ	±0.3	±0.07	$0.15\sqrt{n}$	$0.2\sqrt{n}$	采用DS05水准仪，按国家一等水准测量技术要求作业，其观测限差宜按上述规定的1/2要求
Ⅱ	±0.5	±0.15	$0.30\sqrt{n}$	$0.5\sqrt{n}$	采用DS05水准仪，按国家一等水准测量技术要求作业
Ⅲ	±1.0	±0.30	$0.60\sqrt{n}$	$0.8\sqrt{n}$	采用DS1水准仪，按国家二等水准测量技术要求作业

注：n为测站数。

（3）沉降监测的技术要求和测量方法

沉降监测的技术要求和测量方法见表8.1.3。

表8.1.3 沉降监测的技术要求和测量方法

等级	高程中误差/mm	相邻观测点高差中误差/mm	往返较差，附合或环线闭合差/mm	使用仪器、观测方法及主要技术要求
Ⅰ	±0.3	±0.1	$0.15\sqrt{n}$	采用DS05水准仪，按国家一等水准测量技术要求作业，其观测限差宜按上述规定的1/2要求
Ⅱ	±0.5	±0.3	$0.30\sqrt{n}$	采用DS05水准仪，按国家一等水准测量技术要求作业
Ⅲ	±1.0	±0.5	$0.60\sqrt{n}$	采用DS1水准仪，按国家二等水准测量技术要求作业

注：n为测站数。

2. 地铁穿越工程监测基本要求

地铁穿越工程指地铁施工时需上穿、下穿或侧穿地铁既有线、铁路隧道、铁道线路、立交桥梁、人行天桥、房屋、地下管线、城市道路、河流或其他城市建（构）筑物等的穿越工程。

对于穿越重要建（构）筑物的地铁工程，除应对地铁本身进行施工监测外，还应对所穿越工程进行穿越施工期间24小时不间断监测；在穿越一般建（构）筑物时应按要求进行较高频率的监测。

8.1.3 施工监控量测项目

1. 监控量测项目分类

① 从考虑地下工程结构稳定及施工对环境影响出发，地下工程主要监测项目可以分成三类：第一类是支护结构的变形和应力、应变监测；第二类是支护结构与周围地层（围岩与结构）相互作用监测；第三类是与结构相邻的周边环境的安全监测。

② 施工监测项目，应根据支护结构的重要性、周围环境的复杂性和施工的要求而定，分为"必测项目"和"选测项目"两类。一般来说，大型工程、位于闹市区的大中型工程监测项目选项应多一些。

2. 施工监控量测项目及要求

地下铁道工程施工多数采用明挖法、浅埋暗挖法和盾构法这三类方法。不同的施工方法，其监测项目不尽相同，先给予分别介绍。

（1）地铁明（盖）挖法及竖井施工监控量测项目及要求

地铁明挖基坑工程现场监测的内容分为两大部分，即支护结构本身和相邻环境的监测。支护结构中包括围护墙、支撑、立柱、坑内土层五部分；相邻环境包括相邻地层、地下管线、相邻房屋建筑、地下水四部分。其施工监测项目如表8.1.4所示。

表 8.1.4 地铁明挖法工程主要监测项目

序号	监测项目 对象	监测项目 目的	监测元件与仪器	测点布置	监测必要性
1	围护结构 围护桩墙	桩墙顶水平位移与沉降	经纬仪、水准仪	沿基坑周边布置，测点距离不大于20 m，且每边不少于3个测点	必测
		桩墙深层挠曲	测斜仪、测斜管	预埋测斜管，与围护墙深度相同，观测点间距20~30 m，基坑每边都保证有测点	必测
		桩墙内力	钢筋应力传感器、频率仪	必要时进行	选测
		桩墙水土压力	压力盒、孔隙水压力探头、频率仪	车站纵向每侧布置2个，同一孔竖向间距2~3 m	选测

续表

序号	监测项目		监测元件与仪器	测点布置	监测必要性
	对象	目的			
2	水平支撑	轴力	钢筋应力传感器、频率仪、位移仪	沿基坑纵向每2个开挖段（约50 m）一组，端头井斜撑轴力加密	必测
3	围护结构 圈梁、围檩	内力	钢筋应力传感器、频率仪	必要时进行	选测
		水平位移	经纬仪	1~3个断面	选测
4	立柱	垂直沉降	水准仪	布置在立柱上	选测
5	坑底土层	垂直隆起	水准仪	测孔布设在测斜的主断面上，埋设深度为基坑开挖深度2倍	选测
6	坑内地下水	水位	观测井、孔隙水压力探头、频率仪	坑内观测井数量不少于3个，沿基坑长边至少布置2个	选测
7	相邻地层	分层沉降	分层沉降仪、频率仪	每一个开挖段布置一个断面	选测
		水平沉降	经纬仪		选测
8	相邻环境 地下管线	垂直沉降	水准仪	基坑周围40 m范围内，布设在煤气、上水管等处，测点间距20~30 m，每边不少于3点	必测
		水平位移	经纬仪		必测
9	相邻建筑	垂直沉降	水准仪	施工影响范围内（2倍基坑开挖深度）的建筑物上，布设在建筑物的角点、中点，间距5~15 m	必测
		倾斜	经纬仪		必测
		裂缝	裂缝观测仪		必测
10	坑外地下水	水位	观测井、孔隙水压力探头、频率仪	布设1~3个观测井	必测
		分层水压	孔隙水压力探头、频率仪		选测

明挖基坑工程各监测项目的监测频率按以下原则进行：
① 施工前完成相应点孔的埋设，并至少测量2次初值。
② 围护结构施工期间每2 d测试一次。
③ 地基加固期间每7 d测试一次。
④ 基坑降水期间每7 d测试一次（坑内外水位每天测试一次）。
⑤ 开挖0~5 m期间每2 d测试一次，视围护结构的变形情况可加密监测频率。
⑥ 基坑开挖5~10 m期间每天测试一次，视围护结构的变形情况可加密监测频率。
⑦ 开挖超过10 m直至浇垫层期间每天监测两次,视围护体的变形情况可加密监测频率。
⑧ 浇好垫层至浇底板期间，每天监测一次。
⑨ 浇好底板后7~30 d内，每两天监测一次。
⑩ 浇好底板30~180 d内，每周监测一次。

具体实施时针对现场的施工步骤,尤其在基坑开挖期间,根据开挖段区分重点监测区和非重点监测区,重点监测区按上述原则确定监测频率,非重点监测区在上述原则的基础上适当减少监测频率。

(2) 浅埋暗挖法施工监控量测项目及要求

地铁浅埋暗挖法工程主要监测项目如表8.1.5所示。

表8.1.5 地铁浅埋挖法工程主要监测项目

序号	监测项目	测试元件与仪器	测点布置	监测频率	监测必要性
1	围岩与支护结构状态	地质素描及拱架支护状态观察	每一开挖环	开挖面距监测断面前后<2d时1~2次/d 开挖面距监测断面前后<5d时1次/2d 开挖面距监测断面前后>5d时1次/周	必测
2	地表、地表建筑、地下管线及结构物沉降	水准仪和水准尺	每10~50m一个断面		
3	拱顶下沉	水准仪和水准尺计	每5~30m一个断面,每断面1~3个测点		
4	周边净空收敛	收敛计	每5~100m一个断面,每断面2~3个测点		
5	岩体爆破地表质点振动速度和噪声	声波仪及测振仪	质点振动速度根据结构要求设点,噪声根据规定的测距设置	随爆破随时进行	选测
6	围岩与结构内部位移	多点位移计、测斜仪等	选择代表性地段设监测断面,每断面2~3个测孔	开挖面距监测断面前后<2d时1~2次/d 开挖面距监测断面前后<5d时1次/2d 开挖面距监测断面前后>5d时1次/周	
7	围岩与支护结构间压力	压力传感器	选择代表性地段设监测断面,每断面10~20个测点		
8	钢筋格栅拱架内力	支柱压力或其他测力计	选择代表性地段设监测断面,每断面10~20个测点		
9	初期支护、二次衬砌内力及表面应力	混凝土内的应变计或应力计	每取代表性地段设监测断面,每断面10~20个测点		
10	锚杆内力、抗拔力及表面应力	锚杆测力计及拉拔器	必要时进行		

(3) 盾构法施工监控量测项目及要求

地铁盾构法工程主要监测项目如表8.1.6所示。

表 8.1.6　地铁盾构法工程主要监测项目

序号	监测对象	监测类型	监测项目	测试元件与仪器	监测必要性
1	隧道结构	结构变形	隧道结构内部收敛	收敛计、伸长杆尺	选测
			隧道、衬砌环沉降	水准仪	选测
			管片接缝张开度	测微计	选测
2		结构外力	隧道外侧土压力	空隙水压力、频率计	选测
			轴向力、弯矩	钢筋应力传感器、环向应变仪、频率计	选测
3		结构内力	螺栓锚固力、管片接缝法向接触力	钢筋应力传感器、频率计、锚杆轴力计	选测
4	地层	沉降	地表沉降	水准仪	必测
			土体沉降	分层沉降仪、频率计	选测
			盾构底部土体回弹	深层回弹桩、水准仪	选测
45		水平位移	地表水平位移	经纬仪	必测
			土体深层水平位移	测斜管、测斜仪	选测
6		水土压力	水土压力（侧、前面）	土压力盒、频率仪	选测
			地下水位	水位管、水位计	选测
			孔隙水压	渗压计、频率计	选测
7	相邻环境、周围建（构）筑物、地下管线、铁路、道路		沉降	水准仪	必测
			水平位移	水准仪	必测
			倾斜	经纬仪	必测

8.1.4　监测控制基准的确定

1. 控制基准确定原则

① 监测控制基准值应在监测工作实施前，由建设、设计、监理、施工、市政、监测等相关部门共同确定，列入监测方案。

② 有关结构安全的监测控制基准值应满足设计计算中对强度和刚度的要求，一般应小于或等于设计值。

③ 有关环境保护的控制基准值，应考虑被保护对象（如建筑物、地下工程、管线等）主管部门所提出的确保其安全和正常使用的要求。

④ 监测控制基准值的确定应具有工程施工可行性，在满足安全的前提下，应考虑提高施工速度和减少施工费用。

⑤ 监测控制基准值应满足现行的相关设计、施工法规、规范和规程的要求。

⑥ 对一些目前尚未明确规定控制基准值的监测项目,可参照国内外类似工程的监测资料确定。

在监测实施过程中,当某一监测值超过控制基准值时,除了及时报警外,还应与有关部门共同研究分析,必要时可对控制基准值进行调整。

2. 地表沉降控制基准确定方法

通常地表沉降控制基准值应综合考虑地表建筑物、地下管线及地层和结构稳定等因素,分别确定其允许地表沉降值,并取其中最小值作为控制基准值。

① 按环境保护要求确定最大允许地表沉降值;
② 从考虑地下管线的安全角度确定最大允许地表沉降值;
③ 从考虑地层及支护结构稳定角度确定最大允许地表沉降值。

3. 地下工程支护结构(围岩)稳定控制基准确定方法

① 根据支护结构的稳定性确定;
② 根据地表沉降控制要求确定;
③ 利用现场监测结果和工程经验对预先确定的位移值进行修正。

4. 国内外主要监测项目控制基准值

(1) 明挖基坑工程监测控制基准确定

根据招、投标文件,相关设计图纸,有关规范和类似工程经验等确定地铁明挖基坑工程监测各项目的控制标准及预警值,参考值见表 8.1.7。

表 8.1.7 明挖基坑工程监测控制基准

监测项目	控制标准	预警值	备注
墙顶水平位移	30 mm	20 mm	
墙身水平位移	40 mm	30 mm	
地表沉降	60 mm	40 mm	
	25 mm	20 mm	
支撑轴力	设计值的 80%	设计值的 70%	
管线垂直位移	±8 mm	±5 mm	
坑外地下水位	1 000 mm	800 mm	
各类建筑物允许倾沉值	参照建筑地基基础设计规范		

(2) 暗挖隧道主要监测项目控制基准值

我国铁路隧道采用允许相对位移值的方法。隧道周边任意点的实测相对位移值或用回归分析推算的最终位移值均应小于《锚杆喷射混凝土支护技术规范》(GB 50086—2001)规定值,即表 8.1.8 所列的数值。

表 8.1.8　隧道初期支护实测相对位移 U_0　　　　　单位：%

围岩级别	覆土厚度					
	<50 m		50～300 m		>300 m	
	单线	双线	单线	双线	单线	双线
V	0.3～1.0	0.2～0.5	0.8～3.5	0.4～2.0	3.0～5.0	1.8～3.0
IV	0.2～0.7	0.1～0.3	0.5～2.6	0.2～0.8	2.4～3.5	0.7～1.2
III	0.1～0.5	0.03～0.1	0.4～1.0	0.08～0.4	0.6～1.5	0.3～0.6
II	—	—	0.01～0.03	0.2～0.6	0.01～0.08

日本"新奥法（NATM）设计施工指南"提出按测得的总位移量值，或根据已测值预计的最终位移值，给出围岩的级别，然后确定与围岩相应的支护系统。表 8.1.9 给出了隧道施工中各类围岩容许收敛值。

表 8.1.9　隧道施工中各类围岩容许收敛值　　　　　单位：mm

围岩级别	单　线	双　线
III～V	>75	>150
II～III	25～75	50～150
I～II	<25	<50

我国北京、广州根据地区经验，提出地铁工程施工相应的监测控制基准，见表 8.1.10～表 8.1.12。

表 8.1.10　北京地铁浅埋暗挖法施工监测控制基准值

监测项目		基准值/mm	位移平均和最大速度控制值/(mm·d^{-1})
地表沉降	区间	30	平均：2
	车站	60	最大：5
拱底隆起	区间	10	
	车站	10	
拱顶下沉	区间	60	平均：2
	车站	120	最大：5
水平收敛	区间	20	平均：1 最大：3

表 8.1.11　北京地铁盾构法施工监测控制基准值

监测项目	基准值/mm	位移平均和最大速度控制值/(mm·d^{-1})
地表沉降	20	平均：1 最大：3
拱顶下沉	20	平均：1 最大：3

表 8.1.12　广州地铁施工监测控制基准

监测项目	控制范围	控制基准
地表沉降	Ⅰ、Ⅱ级围岩	19 mm
	Ⅲ、Ⅳ级围岩	30 mm
拱顶下沉	Ⅰ级围岩	19 mm
	Ⅱ级围岩	30 mm
	Ⅲ、Ⅳ级围岩	50 mm
变形速度	Ⅰ、Ⅱ级围岩	3 mm/d
	Ⅲ、Ⅳ级围岩	5 mm/d
建筑物倾斜	全线	3‰

8.1.5　监测资料的分析、处理和信息反馈

施工中，根据工程进度情况，按照监测设计图，及时埋设监测测点和元器件，并按规定测试频率进行测试，取得各种监测资料后，及时进行处理，排除仪器、读数等操作过程中的失误，剔除和识别各种误差，避免漏测和错测，保证监测数据的可靠性和完整性，采用计算机进行监控量测资料的整理和分析工作。

1. 监测数据的管理基准

根据城市地铁施工监测的经验，采用《铁路隧道喷锚构筑法技术规则》(TBJ 108—92) 的Ⅲ级监测管理并配合位移速率作为监测管理基准，见表8.1.13，即将允许值的2/3作为警告值，允许值的1/3作为基准值，将警告值和允许值之间称为警告范围。实测值落在此范围，应提出警告，说明需商讨和采取施工对策，预防最终位移值超限。警告值和基准值之间称为注意范围，实测值落在基准值以下，说明地下结构或基坑围护结构及周边土体是稳定的。

表 8.1.13　监测管理等级

管理登记	管理位移	施工状态
Ⅲ	$U_0 < U_n/3$	正常施工
Ⅱ	$U_n/3 \leq U_0 < 2U_n/3$	加强监测
Ⅰ	$U_0 > 2U_n/3$	加强监测并采取相应工程措施

注：U_0——实测位移值；U_n——允许位移值。

在现场监测期间，可根据监测结果所处的管理阶段来选择监测频率：一般Ⅲ级管理阶段监测频率可放宽；Ⅱ级管理阶段则注意加密监测次数；Ⅰ级管理阶段则应加强监测，通常监测频率为 1~2 次/d 或更多。

2. 监测数据的分析和预测

取得监测数据后，要及时进行整理，绘制位移随时间或空间的变化曲线图。取得足够的数据后，还应根据离散图的数据分布状况，选择合适的函数，对监测结果进行回归分析，以预测该测点可能出现的最终位移值，预测结构和建筑物的安全性，并据此确定需要采取的工程技术措施等。

数据处理常用的回归分析方法有：一元线性回归分析和非线性回归分析。地下工程监测数据分析中常用的回归函数有：

（1）位移历时回归方程

对地表沉降、拱顶下沉、净空收敛等变形的历时曲线一般采用如下函数进行回归：

① 指数模型：

$$y = ae^{-\frac{b}{t}} \tag{8.1.1}$$

② 对数模型：

$$y = a\lg(1+t) \tag{8.1.2}$$

③ 双曲线模型：

$$y = \frac{t}{a+bt} \tag{8.1.3}$$

式中　t——监测时间（d）；

　　　y——t 时间对应的位移值；

　　　a，b——回归系数。

（2）沉降历时回归方程

由于地下工程开挖过程中地表纵向沉降、拱顶下沉及净空收敛等位移受掌子面的时空效应的影响，采用单个曲线进行回归时不能全面反映沉降历程，通常采用以变弯点为对称的两条分段指数函数式或指数函数进行近似回归分析。

$$\left.\begin{array}{l} S = A[1-e^{-B(x-x_0)}] + u_0 \cdots (x > x_0) \\ S = -A[1-e^{-B(x-x_0)}] + u_0 \cdots (x \leq x_0) \end{array}\right\} \text{或} \ S = A(1-e^{-Bx}) \cdots (x \geq 0) \tag{8.1.4}$$

式中 A,B——回归参数;

x——距开挖面的距离;

S——距开挖面 x 处的地表沉降;

x_0,u_0——变弯点 x_0 处的沉降值 u_0。

3. 信息反馈

目前,地下工程,尤其是浅埋地下工程,除了在施工前的预设计阶段必须进行地质勘查和试验外,还应在施工全过程中进行监控量测,即用人工观察和各种仪器测试围岩、地面的变化,支护的外观与力学变化,并将实测资料和数据加工处理成为一定的信息,及时反馈到设计和施工中去,以评定围岩的稳定程度和支护结构的可靠度,以便调整施工方法和支护参数。必须时还应采取相应的辅助工法,以确保施工的绝对安全和工程经济合理。信息化设计与施工流程如图 8.1.2 所示。

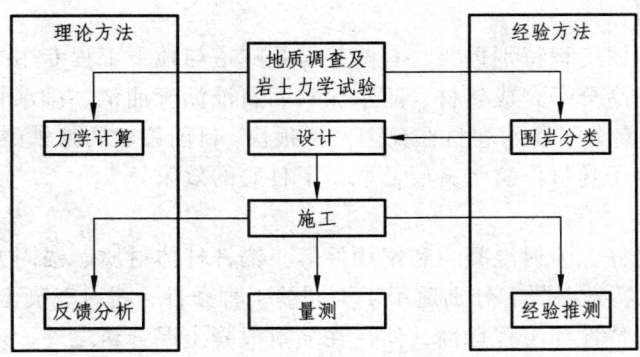

图 8.1.2 信息化设计与施工流程图

对设计、施工的反馈内容如下:

① 对设计的反馈内容:修正设计用围岩物理力学参数;修正设计用基本荷载;修正设计用变形控制基准、安全监测方法和监控判据指标;信息化设计。

② 对施工的反馈内容:监测数据较小时,可简化施工方案以减少施工程序,加快施工进度,较低工程造价;监控数据较大时,应调整施工方案直至增加辅助施工措施,以确保工程及周边环境的安全。

信息化施工要求以监测结果评价施工方法,确定工程技术措施。对每一测点的监测结果要根据管理基准和位移变化速率(mm/d)等综合判断结构和建筑物的安全状况,并编写周、月汇总报表,及时反馈指导设计与施工,调整设计与施工参数,达到安全、快速、高效施工之目的。

8.2 地铁工程质量检测技术

8.2.1 地铁工程质量检测体系

由于施工方法的不同,地铁工程,特别是区间隧道(暗挖法隧道、盾构法隧道)在检测内容与方法上差别很大。不管哪种施工方法，其检测内容主要包括材料检测和施工质量检测两大部分，地铁工程质量检测体系如图 8.2.1 所示。

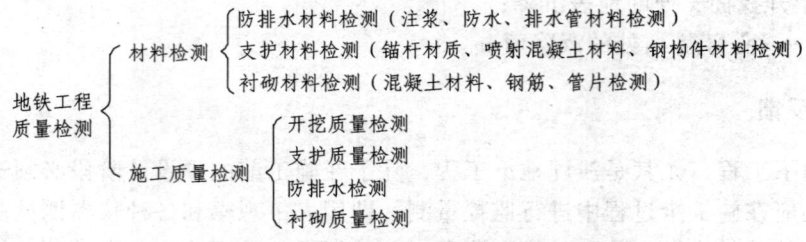

图 8.2.1　地铁工程质量检测体系

1．材料检测

只有用合格的原材料才能修建出合格的地铁工程。

（1）防排水材料

防排水材料对地铁工程特别重要，有些甚至是隧道与地下工程专用的材料。隧道防水材料包括：注浆材料、高分子合成卷材、防水涂料、石油沥青油毡、排水管和防水混凝土等。值得指出的是，合成高分子防水卷材在我国发展很快。目前修建的地铁隧道都采用不同性能、不同规格的合成高分子卷材作防水夹层，取得了良好的效果。

（2）支护材料

支护材料包括锚杆、喷射混凝土和钢构件等。锚杆杆体材质、锚固方式、杆体结构和托板形式等种类繁多，特性各异，分别适用于不同的工程条件；喷射混凝土有干喷、湿喷之分，为了获取较好的力学特性和工程特性，往往在喷射混凝土混合料之外，还添加各种外加剂。因此锚喷材料的检测内容繁多。

（3）衬砌材料

衬砌材料有混凝土材料、钢筋和管片（盾构隧道）。

材料检测技术在公路、铁路等山岭隧道应用广泛，且地铁工程材料检测技术也基本相同，8.2.2 节将重点介绍盾构隧道管片质量检测技术。

2．施工质量检测

地铁工程上出现的种种质量问题绝大部分都是在施工过程中埋下了质量隐患，如渗漏水、衬砌开裂等，因此必须对施工过程进行质量检测。其主要内容包括：开挖、支护（包括锚喷）、防排水和衬砌混凝土质量检测。由于地铁隧道较少采用爆破法施工，因此此处的开挖质量检测就不介绍了。

① 支护质量主要指锚杆安装质量、喷射混凝土质量和钢构件质量。对于锚杆，施工质量检测的内容有锚杆的间排距、锚杆的长度、锚杆的方向、注浆式锚杆的注满度、锚杆的抗拔力等。对于喷射混凝土，施工中应主要检测其强度、厚度和平整度。对于钢构件，则要检测构件的规格与节间连接、架间距、构件与围岩的接触情况以及与锚杆的连接。

② 防排水系统的施工方法目前尚在研究与发展之中，对施工质量的检测也处于探索阶段。防排水系统的检测也主要针对防水材料检测和排水系统施工质量检测。

③ 衬砌混凝土质量检测包括衬砌的几何尺寸、衬砌混凝土强度、混凝土的完整性、混凝土裂缝等的检测。其中外观尺寸容易用直尺量测，混凝土强度及其完整性则需用无损探测技术完成，混凝土裂缝可用塞尺等简单方法检测。

地下铁道工程主要修建于地层岩石（土）中的特殊构筑物，存在大量的隐蔽工程。地铁工程混凝土衬砌是地下结构重要的支护措施，衬砌结构质量的好坏对地下结构的稳定、使用功能的正常发挥有很大的影响。因此 8.2.3 节将重点介绍地铁工程衬砌结构质量检测。

8.2.2 盾构隧道管片质量检测

盾构隧道管片质量检测项目包括：强度检测、外观检测、尺寸检测、水平拼装检测、渗漏检测、抗弯性能检测、抗拔性能检测，对钢管片还包括焊缝检测和涂层检测。由于混凝土管片使用广泛，本节只介绍混凝土管片检测技术。

1. 强度检测

管片强度检测应采用回弹法或钻芯法对混凝土管片的混凝土强度进行抽样检测。回弹法可采用回弹仪进行检测，如图 8.2.2 所示。回弹仪法是利用混凝土的强度与表面硬度间存在的相关关系，用检测混凝土表面硬度的方法来间接检验或推定混凝土强度。钻芯法是利用专用钻机，从结构混凝土中钻取芯样以检测混凝土强度或观察混凝土内部质量的方法。由于它对结构混凝土造成局部损伤，因此是一种半破损的现场检测手段。

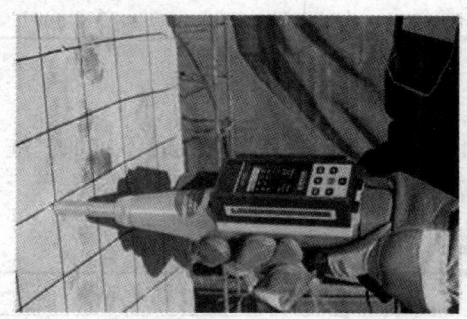
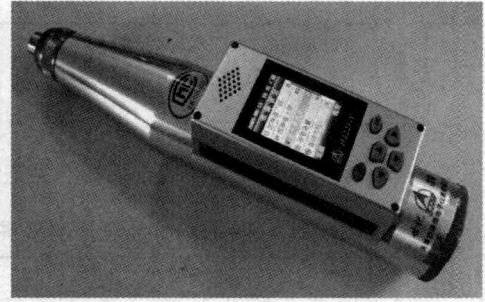

图 8.2.2　数显回弹仪

混凝土管片的混凝土强度等级不应小于 C50，且应符合设计要求。

2. 外观检测

混凝土管片外观的检测一般采用目测，发现裂缝时，裂缝的最大宽度采用显微镜或裂缝宽度检测仪量测，混凝土管片外观的检测项目和质量要求应按表 8.2.1 确定。

表 8.2.1　混凝土管片外观检测项目和质量要求

序号	项目性质	检测项目	质量要求
1	主控项目	贯穿裂缝	不允许
2		内、外弧面露筋	不允许

续表

序号	项目性质	检测项目	质量要求
3	主控项目	孔洞	不允许
4		疏松、夹渣	不允许
5		蜂窝	不允许
6		非贯穿性裂缝	裂缝宽度允许范围 0~0.1 mm
7	一般项目	拼接面裂缝	拼接面方向长度不超过密封槽,裂缝宽度允许氛围 0~0.2 mm
8		麻面、粘皮	表面麻面、粘皮总面积不大于表面积的 5%
9		缺棱掉角、飞边	应补修
10		环、纵向螺栓孔	畅通、内圆面平整,不应有塌孔

3. 尺寸检测

管片尺寸检测采用游标卡尺、靠尺或塞尺测量。混凝土管片尺寸的检测项目和允许偏差应按表 8.2.2 确定

表 8.2.2 混凝土管片尺寸的检测项目和允许偏差

序号	项目性质	检测项目	允许偏差/mm
1	主控项目	宽度	±1
2		厚度	±3、-1
3	一般项目	钢筋保护层厚度	±5

4. 水平拼装检测

盾构隧道管片水平拼装检测时,可采用二环拼装或三环拼装,拼装时不应加衬垫。盾构隧道管片水平拼装尺寸的检测项目和允许偏差应符合表 8.2.3 的规定。

表 8.2.3 盾构隧道管片水平拼装尺寸的检测项目和允许偏差

序号	检测项目	允许偏差/mm
1	成环后内径	±2
2	成环后外径	±6、-2
3	环向缝间隙	0~2
4	纵向缝间隙	0~2

混凝土管片渗漏检测、抗弯性能检测、抗拔性能检测可参考《盾构隧道管片质量检测技术标准》(CJJ/T 164—2011)进行检测,本书就不予介绍了。

8.2.3 地铁工程衬砌结构质量检测

地下工程混凝土衬砌常见的质量问题有:衬砌厚度不足或内部存在缺陷、背后存在空洞、混凝土开裂、混凝土强度不足等。地下工程衬砌质量检测早在 20 世纪 80 年代初就引起了人

们的重视。目前国内外一般采用无损检测技术进行衬砌结构质量检测，其方法一般有两种：地质雷达法和声波法。地质雷达因其连续测线和较高的精度而作为衬砌质量的主要检测手段普遍采用，已形成了比较规范的检测标准。本节主要介绍以地质雷达为代表的地下工程施工质量检测的有关技术。

1. 地质雷达检测地下工程衬砌质量的原理

（1）检测原理

地质雷达（GPR）是一种利用高频脉冲电磁波探测地下介质分布形态的一种无损伤检测方法。地质雷达由一体化主机、天线及配套软件等部分组成，通过发射和接收电磁信号，分析相位及回波能量、波形的变化。高频电磁波在介质中传播时，其路径、电磁场强度与波形将随所通过介质的电性特性及几何形态而变化。故通过对时域波形的采集、处理和分析，可确定地下界面或地质体的空间位置及结构，以达到识别隐蔽目标物的目的。地质雷达工作原理如图 8.2.3 所示。

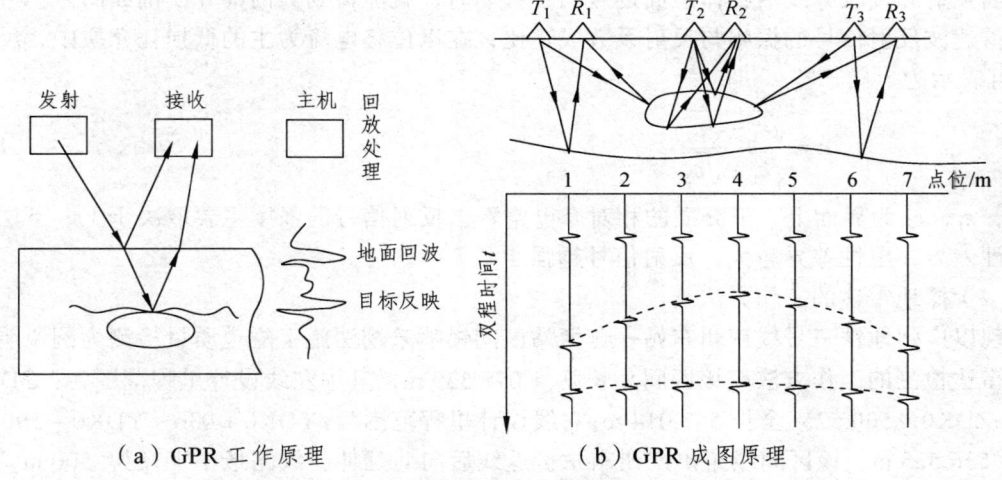

（a）GPR 工作原理　　　　　（b）GPR 成图原理

图 8.2.3　地质雷达工作原理示意图

由图 8.2.3 知雷达从发射天线发射到接收天线接收，其行程时间及电磁波速率见公式（8.2.1）和公式（8.2.2）：

$$t=\frac{\sqrt{4h^2+x^2}}{v} \tag{8.2.1}$$

$$v=c/\sqrt{\varepsilon_r} \tag{8.2.2}$$

式中　t——行程时间；

　　　h——反射界面埋深；

　　　x——收发距；

　　　v——电磁波在介质中的传播速度；

　　　c——电磁波在空气中传播的速度，约为 3×10^8 m/s；

　　　ε_r——介电常数，是表征物质的介电性质或极化能力的无量纲的物理参数，可查有关参数或测定取得，常见媒质的物性差异见表 8.2.4。

表 8.2.4 常见媒质的物性差异

介质	相对介电常数	电导率/(ms·m^{-1})	电磁波波速/(m·ns^{-1})
空气	1	0	0.3
水	80	0.5	0.033
砂岩	6	0.04	0.07
泥岩	5~15	1~100	0.09
灰岩	4~8	0.5~2	0.12
花岗岩	4~6	0.01~1	0.13
黏土	5~40	2~1000	0.06
混凝土	5~12	1~100	15.45
金属	300	10^{10}	0.017

当发射和接收天线沿物体表面逐点同步移动时,就能得到其内部介质剖面图像。

雷达波反射信号的振幅与反射系数成正比,在以位移电流为主的低损耗介质中,反射系数 r 可表示为

$$r = \frac{\sqrt{\varepsilon_1} - \sqrt{\varepsilon_2}}{\sqrt{\varepsilon_1} + \sqrt{\varepsilon_2}} \quad (8.2.3)$$

式中,ε_1、ε_2 为界面上、下介质的相对介电常数。反射信号的强度主要取决于上、下层介质的电性差异,电性差异越大,反射信号越强。

(2)探地雷达的工作方法

现以广州地铁三号线广州东站—燕塘站区间锚喷暗挖法施工隧道质量检测为例说明探地地质雷达检测的工作方法。该区间总长度 1 079.539 m,其中左线设计里程范围为:ZDK0+036~ZDK0-500.525,全长 543.014 m;右线设计里程范围为:YDK0+036~YDK0-500.525,全长 536.525 m。该区间线路出广州东站折返线后向北延伸,线路最小半径为 500 m,埋深 24.78~139.1 m。沿线地面条件复杂,经过的建筑物主要有地下军事设施、城市交通主干道、高架桥、建筑物等,车流量大,人员密集,建筑稠密,地面高程 26.67~103.07 m,高差 76.40 m。

现场地质雷达检测时,应首先收集相关的被检测隧道的基本资料(如隧道的工程地质、水文地质情况)以及隧道的设计参数(如衬砌厚度、钢筋网布置、钢支撑间距等),并做好前期准备工作(如搭设检测台车、标注里程等)。隧道施工过程的质量检测以纵向布线为主、横向布线为辅,一般情况下在隧道内沿隧道轴向即在拱顶、左右拱腰以及左右边墙布置 5 条测线,如图 8.2.4 所示。必要时可在仰拱或隧底布设测线。

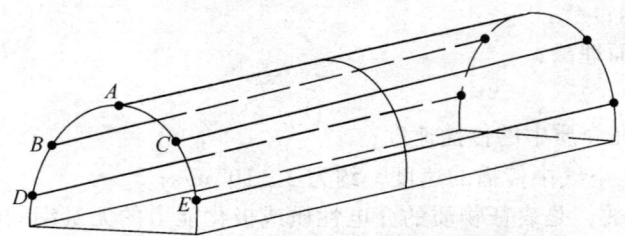

图 8.2.4 隧道衬砌质量检测测线布置示意图

可选用的地质雷达有多种，其中进口的有美国产的 SIR 型、加拿大产的 puteEKKO 型、瑞典产的 RAMAC/GPR 型、意大利的 RIS 系列、国产的 CBS 型及 LTD 系列等，如图 8.2.5 所示。根据拟探测的深度来选定天线的频率，频率高的天线发射雷达波主频高、分辨率高，但穿透距离小；频率低的天线发射雷达主频低、分辨率低，但穿透深度大。若选用 400~500 MHz 天线，它的波长一般为 20~30 cm，检测 20~30 cm 的衬砌厚度有足够的分辨率，并可达到 2 cm 左右的探测精度，探测深度约 2.5 m。

（a）SIR-3000 型地质雷达（美国产）

（b）RAMAC/GPR 型地质雷达（瑞典产）

图 8.2.5 常用的地质雷达

检测前应对混凝土的介电常数或电磁波速做现场标定，且每座隧道不少于 1 处，实测不少于 3 次，取平均值为该隧道的介电常数或电磁波速。广州东站—燕塘站区间隧道采用美国劳雷公司 SIR-20 型地质雷达对隧道进行检测，并采用 400 MHz 工作天线，检测前对衬砌混凝土的介电常数或电磁波速做现场标定，其现场标定雷达波形如图 8.2.6 所示。

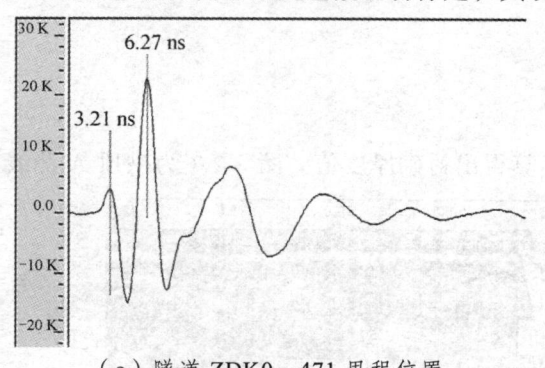
（a）隧道 ZDK0-471 里程位置

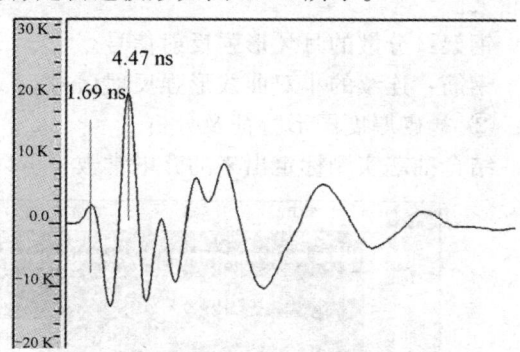
（b）隧道 YDK0-400 里程位置

图 8.2.6 隧道左右线现场标定雷达波形图

隧道左线 ZDK0-471 里程位置现场标定的混凝土电磁波波速为

$$v = 2d/(t'-t_0) = 2\times 0.14/(6.27-3.21) = 0.092 \text{ m/ns} \qquad (8.2.4)$$

衬砌混凝土的相对介电常数为

$$\varepsilon_r = (c/v)^2 = (0.3/0.092)^2 = 10.8 \qquad (8.2.5)$$

同理，隧道右线 YDK0-400 里程位置现场标定的混凝土电磁波波速为 0.10 m/ns；衬砌混凝土的相对介电常数为 8.9。

为保证工效,天线沿测线以 5 km/h 左右的速度滑动,在卡车车厢上或铁路平板上用钢管搭架并铺木板制成工作平台。雷达每秒发射 20~30 个脉冲,若检测时天线的行走速度为 1 m/s,则每米有测点 20~30 个。雷达时间剖面上各测点的位置要和隧道里程相联系。为保证点位的准确,在隧道壁上每隔 5 m 作一标志,标上里程。内业整理资料时,根据标记和记录的首、末标及工作中间核查的里程,在雷达的实践剖面图上标明里程。

（3）检测成果解释与评价

探地雷达数据处理包括预处理（标记和桩号校正,添加标题、标识等）和处理分析,其目的在于压制规则和随机干扰,以尽可能高的分辨率在探地雷达图像剖面上显示反射波,突出有用的异常信息（包括电磁波速度、振幅和波形等）来帮助解释。

雷达天线可沿所测测线连续滑动,所测的每个测点的时间曲线可以汇成时间剖面图像。从一个测点的反射波时间曲线上去判别哪一个波反映什么是困难的,但多个测点资料汇成的时间剖面,各测点接收到的同一反射面的反射波汇成一定图像,就能直观地反映出各种不同的反射面。如：一个与测量平面近乎平行的反射面,如衬砌的外缘面,在时间剖面上就是与时间 0 基线近乎平行的线;衬砌与岩体交界面的起伏（反映了衬砌厚薄变化）表现为有起伏的图像;钢拱架的反映图像可能是一双曲线,在彩色或黑白灰度的图上也可能呈现一个个圆点;突入衬砌中的小块岩石、衬砌背后的空洞、两层衬砌间的孔隙则多呈现曲线图像。

① 雷达探查的典型图像。

为了更准确地了解并分析以下典型雷达扫描图,有必要了解地质雷达典型波形特征。

混凝土密实：信号幅度较弱,甚至没有界面反射信号。

混凝土不密实：衬砌界面的强反射信号同相轴呈绕射弧形,且不连续,较分散。

空洞：衬砌界面反射信号强,振相明显,在其下部仍有强反射界面信号,两组信号时程差较大。

钢架：分散的月牙形强反射信号。

钢筋：连续的小双曲线形强反射信号。

② 衬砌厚度图形特征及分析。

结合抽芯实测标定出来的介电常数,可以计算得出衬砌厚度值。图 8.2.7 为拱顶 A 测线

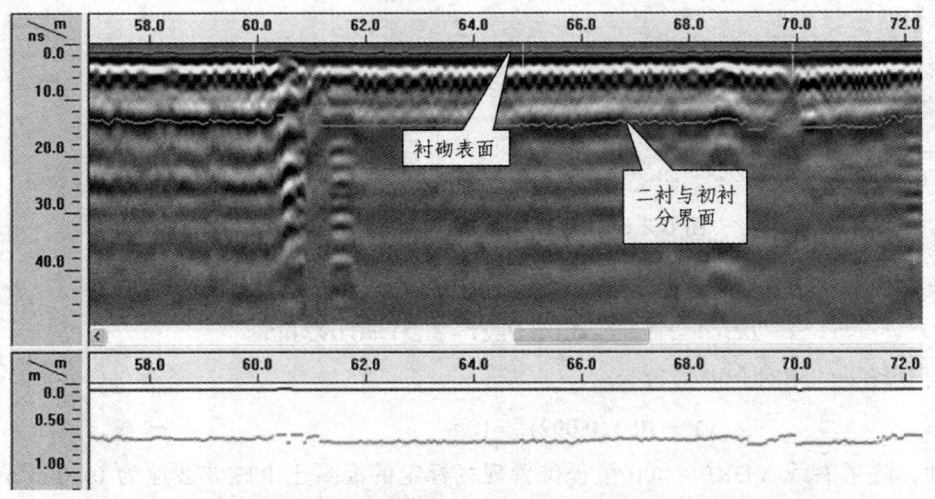

图 8.2.7　拱顶 A 测线隧道衬砌厚度雷达检测剖面（二衬设计厚度为 0.50 m）

隧道 ZDK0-72~ZDK0-58 雷达图像的衬砌厚度，检测出混凝土厚度出尖点，为波浪线，厚度在 0.50 m 左右。考虑到测线较长，为简明扼要地呈现厚度检测结果，取测线上 10 m 长度衬砌厚度的平均值作为厚度代表值。隧道各区段的衬砌混凝土的厚度代表值如图 8.2.8 所示。《铁路隧道衬砌质量无损检测规程》（TB10223—2004，J341—2004）中规定：混凝土厚度偏差相对值在 15% 以内为合格的判定标准。ZDK0-220~ZDK0-00 检测范围内暗挖隧道二衬厚度合格率为 100%。

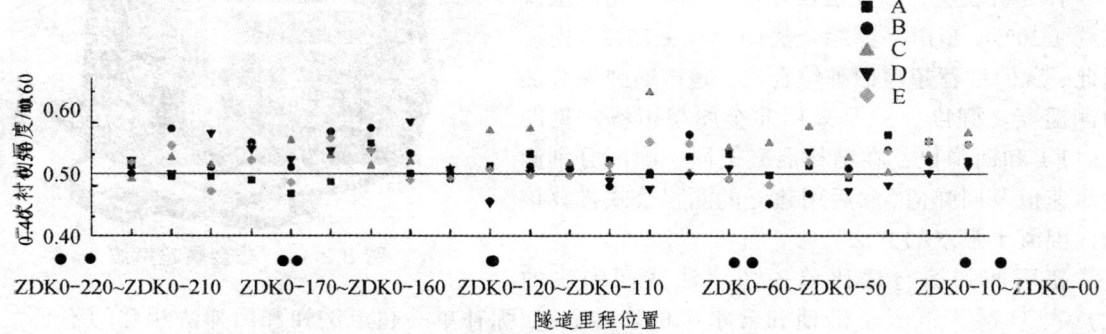

图 8.2.8　ZDK0-220~ZDK0-00 衬砌混凝土的厚度代表值（二衬设计厚度为 0.50 m）

③ 衬砌缺陷图形特征及分析。

衬砌不密实波场特征：YDK0-368~YDK0-380 拱脚 D 测线可以看出，在雷达剖面上表现为反射波较多、规模小、不连续、反射能量强弱变化较大，整个剖面较为杂乱，混凝土与岩石介电常数相差较大，此处为不密实，如图 8.2.9 所示。

衬砌脱空波场特征：YDK0-62~YDK0-76 拱腰 C 测线，雷达剖面上反应明显、反射能量强、反射波呈弧状，说明介电常数差异较大，电磁波在混凝土与空气或水之间产生强反射信号，也可根据雷达波在洞内走时及介电常数算出空洞大小，根据水平距离确定空洞的范围，同时当衬砌背后出现明显的空隙或空洞，衬砌界面反射信号增强，如图 8.2.10 所示。

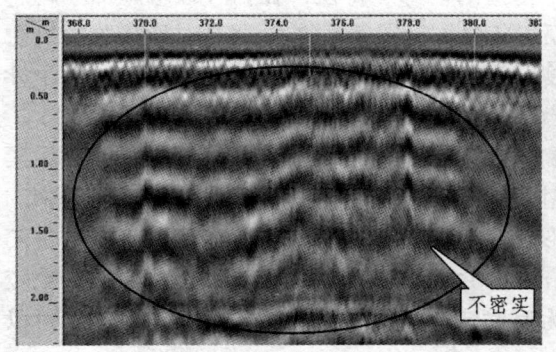

图 8.2.9　隧道后面的不密实层

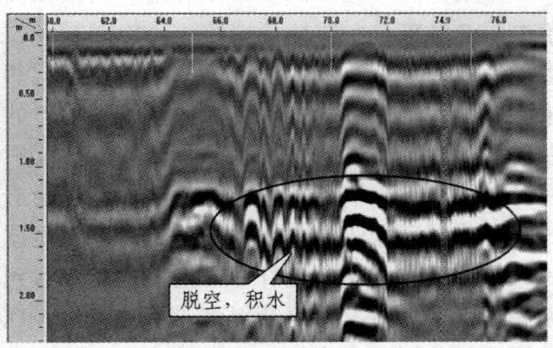

图 8.2.10　脱空、积水

2. 衬砌混凝土强度的检测

隧道混凝土衬砌强度是混凝土施工质量检测的重要内容，这是雷达检测不能完成的任务。强度无损检测方法中最常用的是回弹法和超声回弹综合法。

超声法和回弹法是根据混凝土的两个不同性质来检测混凝土强度的，前者是依据混凝土的密度，后者我们在之前已经介绍过，其依据混凝土的表面硬度。回弹法的特点是：仪器构造简单，方法易于掌握，检测效率高，费用低廉，因而得到广泛的应用，但其只反映混凝土的表层情况。超声法的特点是：超声测强有专用的校正曲线、地区曲线、统一曲线，具有检测混凝土质地均匀性的功能，有利于测强测缺的结合，合理评定混凝土强度。

有资料表明，回弹法误差约±25%，超声法误差约±20%，超声回弹综合法误差在±15%以内。因此，我们推荐超声回弹综合法。超声回弹综合法检测混凝土强度，就是采用非金属超声波（见图8.2.11）和回弹仪，在结构混凝土同一测区分别测量声速值及回弹值，然后用建立的测强公式推算该测区混凝土强度的方法。

图 8.2.11 非金属超声波

超声回弹综合法比单一超声法或回弹法的优点：① 减少混凝土龄期和含水率的影响；② 弥补单一超声法和和回弹法相互的不足；③ 提高测试精度。

3. 锚杆长度和砂浆饱满度检测

锚杆的施工质量对隧道衬砌结构有很大的影响，工程锚杆有锚固型、摩擦型及全长黏结型锚杆三种，全长黏结型目前在公路、铁路、地铁等隧道工程中应用最多。根据有关规范要求，对锚固型和摩擦型锚杆必须进行一定数量的原位拉拔试验，以检验锚杆的拉拔力；对全长黏结型锚杆应检查锚杆的长度和砂浆密实度，且注浆密度大于75%为合格。锚杆砂浆饱满度主要针对全长黏结型锚杆。

（1）检测原理与方法

砂浆饱和度检测的基本原理是利用波在杆中传播的动力学特性：在锚杆顶端施加一瞬态激振力，由布设在锚杆顶端的一个传感器接收反射信号（见图8.2.12），通过对所接收的反射信号进行时域、频域分析，以判断砂浆的饱和度，进而对锚杆的锚固质量进行评价。对于砂浆饱和度问题，理论上认为从锚杆顶部发射的声频应力波经杆体向四周传播（见图8.2.13），在锚杆与砂浆、砂浆与围岩的界面会发生反射和透射。当锚杆、砂浆和围岩三者之间接触紧密时，由于波阻抗差异不大，大部分能量会透射到围岩体中去，只有小部分能量反射回来。此时传感器所接收到的回波信号的特征应是波形较简单、能量相对较弱；当砂浆浇灌不密实时，各种导波会集中在杆中传播而很难辐射到杆外的介质中去，此时波在杆中的传播现象较之灌浆密实的情况要复杂得多，在记录上表现为反射波能量很强且波形很复杂。由此，可以根据反射波振幅大小判定水泥砂浆的饱满程度。

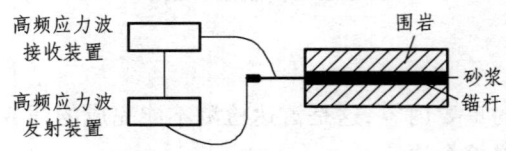

图 8.2.12 锚杆检测方法示意图

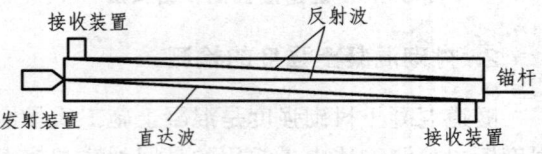

8.2.13 锚杆波速的测定

锚杆质量检测仪由采集仪、发射震源、检波器和分析处理软件组成,如图 8.2.14 所示。仪器可以显示锚杆的长度、振幅值和砂浆密实度、级别。锚杆体系由钢筋、砂浆和围岩组成。反射回波信号与介质波阻抗变化有关。当锚杆、砂浆和围岩浇筑均匀、密实时,由于三者之间的波阻抗差异不大,因此有大部分能量透射出去,只有少部分能量反射回来;当砂浆浇灌不均匀、不密实时,则在砂浆中的空隙处呈现出强的波阻抗差异,表现为在原有的信号波形上叠加了一个反射波信号,反射波能量大大增强。通过分析反射波与入射波之间的能量关系,可以判断出锚杆、锚固体系的密实度。通过寻找反射回波异常点,可以判断出锚杆长度和缺陷位置。

(2)锚杆长度和砂浆饱满度检测典型图例

砂浆饱满度检测分类评价见表 8.2.5。

图 8.2.14　锚杆质量检测仪

表 8.2.5　砂浆饱满度检测分类评价表

锚固质量分类	波形特征	锚固状态	典型图例
优（Ⅰ类）	波形规则,只有较微弱的底部反射波或没有底部反射波（图a）	密实（砂浆密实度90%以上）	图a
良好（Ⅱ类）	波形较规则,有底部反射波和局部有较弱的反射波（图b）	局部欠密实（砂浆密实度75%以上）	图b
一般（Ⅲ类）	波形欠规则,有底部反射波或局部有较强的反射波（图c）	局部不密实或空浆（砂浆密实度75%以下）	图c
差（Ⅳ类）	波形不规则,底部有较强的反射波或底部反射波提前（锚杆欠长）,或有多处较强的反射波（图d）	多处不密实或空浆（砂浆密实度75%以下）	图d

锚杆的检测过程基本类似基桩检测,但由于砂浆饱满度检测目前处于定性-半定量阶段,现场检测过程中必须进行验证对比。施工现场按照设计参数,对不同类型的围岩,依据锚杆

长度的不同各设 1 组标准锚杆，每组 3 根。把标准锚杆的检测值（平均值）作为标准值来进行判断。

8.3 工程案例与项目实训

8.3.1 广州地铁一号线杨体区间隧道工程监控量测实例

1. 工程概况

该区间隧道工程位于广州市中山路东端南侧，周边环境复杂，天河自来水厂和天河村密集居民区，隧道穿越Ⅲ~Ⅴ级围岩，主要为强中风化带岩层及残积土层，地下水丰富。区间内有极易液化的流砂层，穿越常年流水的杨淇涌。为广州地铁一号线地层最复杂，施工难度最大的区间之一。

隧道埋深 12.2~18.5 m，左右线双洞隧道，左右隧道中线间距为 13.3~16.2 m，隧道断面为鹅卵形，采用浅埋暗挖法施工，采用复合式衬砌支护结构，即初期支护为喷锚支护，永久衬砌为 C30 防水混凝土。

2. 监测项目及控制基准

（1）监测项目

本工程的监测项目见表 8.3.1 所示。

表 8.3.1 本工程的监测项目

序号	监测项目	监测仪器	监测目的	监测频率
1	地表沉降	水准仪和水准尺	了解施工过程中地表沉降情况	开挖面距监测断面前后<$2B$时 1~2 次/d
2	地表建筑沉降与倾斜	水准仪和水准尺	了解施工过程中建筑物沉降与倾斜情况，评估建筑物是否安全	
3	拱顶下沉	水准仪和水准尺计	了解施工过程中初期支护结构变形情况	
4	周边净空收敛	收敛计	了解施工过程中初期支护结构变形情况	
5	地中土体垂直位移	NC-50 型分层沉降仪，沉降管	了解施工过程中地层不同深度的垂直变形情况	开挖面距监测断面前后<$5B$时 1 次/2 d
6	地中土体水平位移	SINCO 测斜仪、测斜管等	了解施工过程中地层不同深度的水平变形情况	
7	围岩压力	压力传感器	了解施工过程中初期支护结构的荷载分布情况	开挖面距监测断面前后>$5B$时 1 次/周
8	钢筋格栅拱架应力	支柱压力或其他测力计	了解施工过程中初期支护结构的内力分布情况	
9	地下水位	水位计、水位管等	了解施工对地下水位影响	
10	爆破震动速度	声波仪及测振仪	了解爆破引起地表及建筑物的震动情况	随爆破随时进行

（2）控制基准

见本章 8.1.4 节的表 8.1.12。

3. 监测结果分析

（1）地表沉降

① 地表纵向沉降规律。

从图 8.3.1 可以看出，地表沉降的变化过程可分为四个阶段。

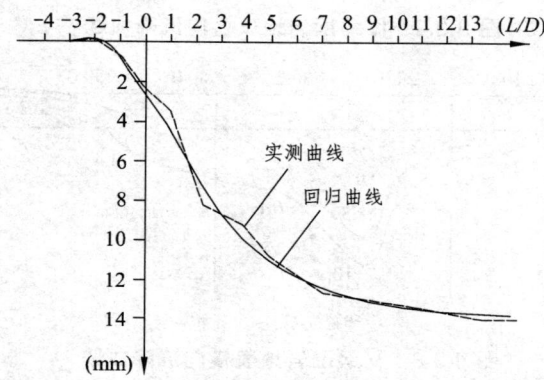

图 8.3.1　地表测点沉降历程曲线图

a. 微小沉降阶段：当掌子面开挖到与测点距离 -2.0D ~ -1.0D 时，开始对地表产生一定的影响，沉降值占总沉降值的 10% ~ 15%。主要是由于隧道开挖引起前方地层应力场发生变化，以及地下水的流失而引起的微小沉降。

b. 沉降急剧增大阶段：随着掌子面向前推进，距测点在 -1.0D ~ 3.0D 时，地表沉降速率加速增长，沉降值急剧增大，此阶段沉降值占总沉降值的 60% ~ 70%。该阶段沉降主要是由于隧道的开挖而造成边界条件发生改变，对覆盖土体产生扰动，引起应力场的重分布，产生卸载效应，为施工过程中主要沉降阶段。

c. 缓慢沉降阶段：当掌子面向前开挖超过测点 3.0D 以后，沉降速率开始减小，沉降值缓慢增加，沉降曲线开始收敛，一直延续到 5.0D，此阶段沉降值占总沉降值的 10% ~ 15%。

d. 沉降基本稳定阶段：当掌子面距测点 5.0D 后，沉降增长缓慢，直至延续时 8.0D，地层趋向稳定状态，此阶段沉降值约占沉降值的 5%。

采用非线性最小二乘法进行回归分析，得到 Ⅳ、Ⅴ 级围岩的地表沉降曲线的回归方程如下：

Ⅳ级：$\begin{cases} S = 17.26[1-e^{-0.59(x-0.77)}]+9.94 & (x \geq 0.7D) \\ S = -17.26[1-e^{0.59(x-0.77)}]+9.94 & (x < 0.7D) \end{cases}$

Ⅴ级：$\begin{cases} S = 8.16[1-e^{-0.68(x-0.60)}]+4.68 & (x \geq 0.6D) \\ S = 8.16[1-e^{-0.68(x-0.60)}]+4.68 & (x < 0.6D) \end{cases}$

② 横向地表沉降。

Ⅳ、Ⅴ 级围岩地表横向沉降实测曲线如图 8.3.2、图 8.3.3 所示。

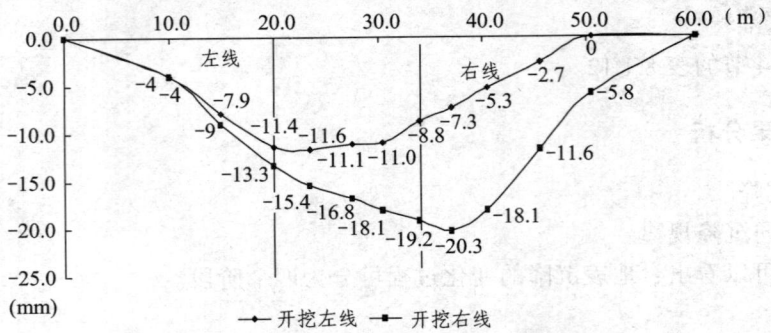

图 8.3.2　Ⅳ级围岩地表横向沉降曲线

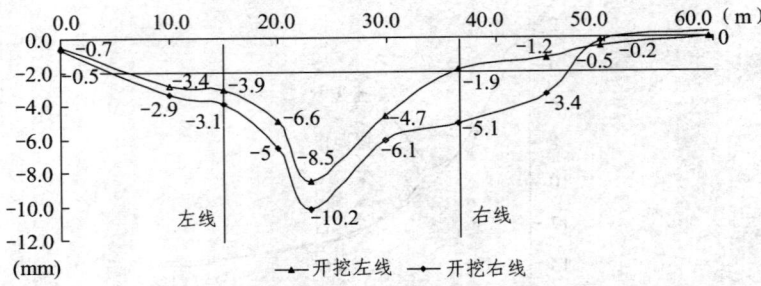

图 8.3.3　Ⅴ级围岩地表横向沉降曲线

采用 Peck 公式法对实测数据进行横向地表沉降规律分析,得到各类围岩横向地表沉降曲线参数见表 8.3.2。

表 8.3.2　本工程的 Peck 公式法对实测数据

围岩级别	δ	i	横向影响范围/m
Ⅳ	16.8	9.52	50
Ⅲ	12.8	10.51	50
Ⅱ	4.7	4.85	19

(2) 拱顶下沉

① 实测拱顶下沉统计值。

各围岩级别的实测拱顶下沉统计值见表 8.3.3。

表 8.3.3　实测拱顶下沉统计值

围岩级别	平均沉降值/mm	最大沉降值/mm
Ⅴ级	13.0	24.1
Ⅳ级（一般地段）	19.1	40.8
Ⅳ级（人工填土段）	48.5	93.3
Ⅲ级	4.1	24.9
Ⅱ级	1.5	6.5

② 回归方程。

根据监测数据,得Ⅱ~Ⅴ级围岩拱顶下沉的回归方程如下:

Ⅴ级: $S = 39.02(1-e^{0.69x})(x \geq 0)$

Ⅳ级: $S = 22.4(1-e^{-0.87x})(x \geq 0)$

Ⅲ级: $S = 21.06(1-e^{-0.49x})(x \geq 0)$

Ⅱ级: $S = 6.21(1-e^{-0.38x})(x \geq 0)$

③ 沉降历时分析。

沉降历时曲线如图 8.3.4 所示。

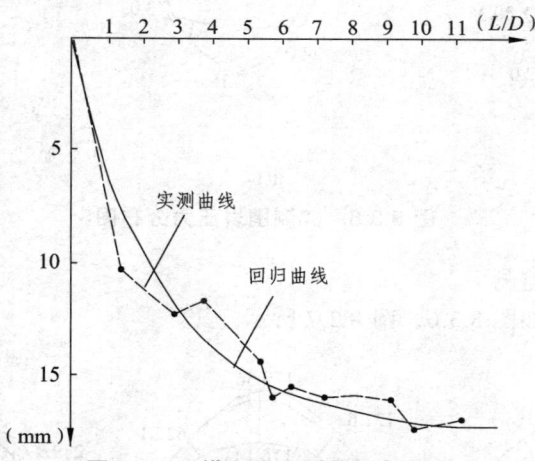

图 8.3.4　拱顶下沉历程回归曲线

a. 除个别测点外,拱顶下沉值一般小于 50 mm,说明支护结构是安全的。

b. 上半断面开挖引起的下沉值占总下沉的 60% 左右,因此,监测时测点应紧跟工作面埋设。

c. 纵向影响范围一般为下半断面通过后的 2~3 倍洞径。

d. 初期拱顶下沉速度较大,1 倍洞径范围内为快速沉降区,其下沉值一般占总下沉值的 70%~75%。

e. 1~2 倍洞径范围内,下沉速度开始减缓,该段属于缓慢下沉阶段,下沉值一般占总下沉值的 20%~25%。

f. 测点距掌子面超过 2 倍洞径,下沉开始收敛,该段属于下沉基本稳定阶段,下沉值一般占总下沉值的 5%~10%。

(3)净空收敛

收敛监测结果统计分析如表 8.3.4 所示。

表 8.3.4　各围岩级别的收敛监测结果统计

围岩级别	平均收敛值/mm	最大收敛值/mm
Ⅴ级	1.07	3.18
Ⅳ级	2.74	7.68
Ⅲ级	0.85	1.12
Ⅱ级	0.50	0.83

（4）围岩压力

各围岩级别的实测围岩压力分布如图 8.3.5 所示。

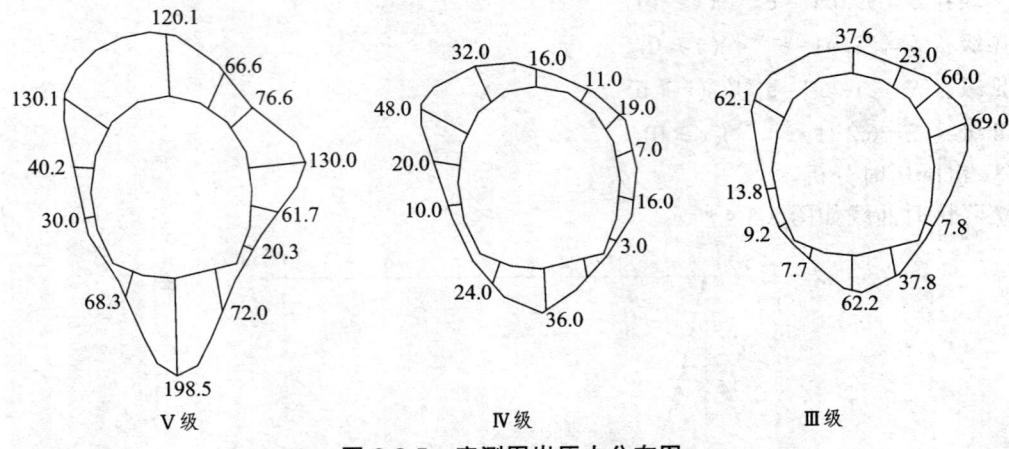

图 8.3.5 实测围岩压力分布图

（5）初期支护应力监测

实测拱架内力分布如图 8.3.6、图 8.3.7 所示。

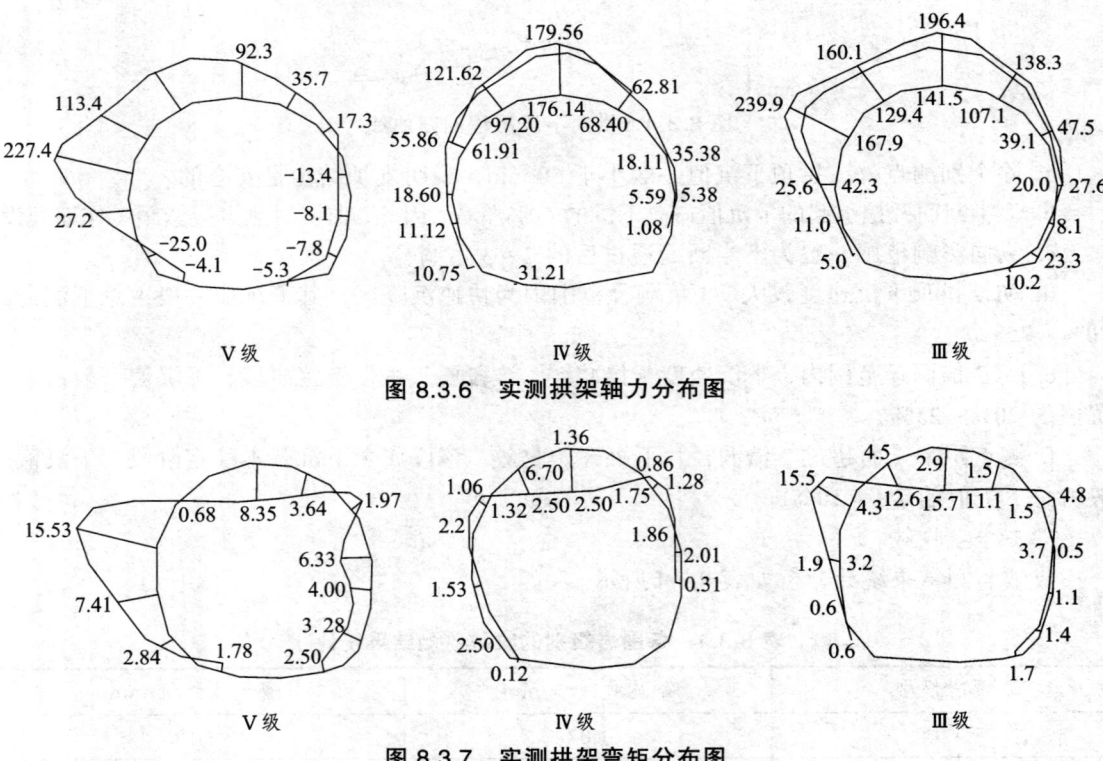

图 8.3.6 实测拱架轴力分布图

图 8.3.7 实测拱架弯矩分布图

（6）爆破震动速度监测

采用萨道夫斯基经验公式对爆破震动速度监测结果进行回归，求得萨道夫斯基经验公式

中地震波衰减系数 $K = 110$，$\alpha = 2.0$，为后续钻爆设计提供了依据，确保了微振爆破的实施。本区间爆破震动监测结果见表 8.3.5。

表 8.3.5　爆破震动监测结果

监测对象	最大振动速度
一般地段	0.80 cm/s
天河村地表房屋	1.21 cm/s
立交桥	1.84 cm/s
水厂蓄水池	1.31 cm/s
支护结构（小于一倍洞径）	6.2 cm/s
支护结构（大于一倍洞径）	4.8 cm/s

8.3.2　实训：监控量测方案的编制

监控量测方案是指导监控量测的主要技术文件。主要包括监测目的、监测项目、监测仪器布置及安装、数据采集方法、数据分析及施工信息反馈。在工程施工前，应组织专业技术人员在认真研究工程项目的规模，工程的技术重点、难点及周边环境条件的基础上进行编写。

请同学们根据以上的广州地铁一号线杨体区间隧道工程监控量测实例，或根据老师提供的其他工程案例资料、本章的知识及有关资料，编写该工程的监控量测方案，并按照以下内容和要求进行编制。

（1）监测项目的确定

监测项目的选择应考虑以下因素：

① 工程地质条件与水文地质条件；

② 工程规模与施工技术难点；

③ 工程的周边环境条件，主要是所处位置、周围建（构）筑物的结构形式、形状尺寸及与地下工程的关系等。

（2）方案的编制步骤

① 收集编制监测方案所需的基础资料；

② 现场踏勘，了解周围环境；

③ 编制监测方案初稿；

④ 完善监测方案；

⑤ 监测方案报批。

（3）方案的主要内容

① 工程概况；

② 监测目的与意义；

③ 监测内容、测点数量和监测仪器设备的选用；

④ 各类测点布置平面图、布置剖面图；

⑤ 各项目监测周期和频率的确定；

⑥ 监测人员的配备；
⑦ 各类监测项目控制基准值的确定；
⑧ 监测报告送达对象和时限；
⑨ 监测注意事项。

思考题

8.1 简述地铁隧道监控量测的目的和意义。
8.2 简述地铁暗挖法监控量测的必测内容。
8.3 简述地下工程衬砌施工质量检测的重要性。
8.4 简述地质雷达检测的原理及其应用范围，并说明成果图判释应注意的一些问题。

第9章 地铁工程施工组织与管理

※学习目标※

1. 知识目标
（1）掌握地下工程施工组织设计的分类、主要内容以及编制原则。
（2）熟悉地下铁道工程施工组织流程、施工进度计划安排。
（3）了解施工现场平面设计流程。
（4）了解地下铁道工程施工管理工作。
2. 能力目标
（1）能独立完成地铁施工组织等文件的编写工作。
（2）能进行地下铁道工程施工管理工作。

※知识链接※

施工组织设计是施工企业指导一个拟建工程进行的准备组织实施的基本分析，是对施工实施过程中所耗用的劳动力、材料、机械费用以及工期等在合理组织的条件下通过技术经济分析，从中选择切实可行、最优的施工工艺和方法。对于某些施工难点和关键分部、分项工程，常常也要编制专门的施工方案。现对施工组织设计和施工方案的联系和区别加以分析。

1. 两者之间的联系

（1）整体与局部的关系

施工组织设计是整体，施工方案是局部；施工方案是工程项目施工组织设计中必不可少的一部分，脱离了施工组织设计的施工方案是没有任何指导意义的，是无法指导施工的。

（2）指导与被指导的关系

施工方案的编制必须在施工组织设计的总体规划和全局部署下进行；施工方案始终是在施工组织设计的指导下进行编制和实施的。

2. 两者之间的区别

（1）编制目的不同

施工组织设计是对施工中人力、物力的选用方法，时间与空间布置等各方面进行周密安排，根据各方面的要求来明确施工方案；施工方案是编制某一部分的具体施工工艺和方法，以保证质量要求和安全文明施工要求。

（2）编制内容不同

施工组织设计编制的对象是工程整体。它涉及工程施工各个方面的内容，包括项目机构的划分、施工方案的选择、施工顺序、优化配置和节约所使用的各生产要素等；施工方案编制的对象通常是分部、分项工程。编制内容包括工程概念、施工中的难点重点、施工方法的选择和具体的施工方法等。

（3）侧重点不同

施工组织设计侧重计划，施工方案侧重实施。

（4）出发点不同

施工组织设计是从项目决策管理层的角度出发，施工方案是从项目实施层的角度出发。

3. 两者编制的主要内容

（1）施工组织编制的主要内容

施工组织是施工工作的中心环节，也是指导现场施工必不可少的重要文件，其内容包括施工准备、施工组织设计、施工方案、施工进度计划和施工平面图设计等。

（2）施工方案编制的主要内容

根据《建设工程项目管理规范》（GB/T 50362—2001）的规定，施工方案应包括下列内容：① 施工流向和施工顺序；② 施工阶段划分；③ 施工方法和施工机械选择；④ 安全施工设计；⑤ 环境保护内容及方法。

通常讲，对于一个分项工程单独编制的施工方案应包括以下主要内容：① 编制依据；② 分项概括及施工条件；③ 施工总体安排；④ 施工方法、工艺流程、施工顺序；⑤ 质量标准；⑥ 质量控制要点；⑦ 安全、文明及环保措施等。

9.1 施工组织

地下铁道工程施工组织与管理是施工过程中十分重要和复杂的工作，它的目的是要保证工程按设计要求的质量、计划规定的进度和低于设计预算或合同价格的成本，安全顺利地完成施工任务。它贯穿于工程从准备阶段、施工阶段到竣工验收阶段整个过程。

9.1.1 施工准备

施工准备是整个工程建设的序幕和整个工程按预期开工的重要保证。施工准备一般是分阶段进行的，在开工前的准备工作比较集中，开工以后随着工程施工的进展，各工种施工之前也都有相应的准备工作。因此施工准备工作又是经常性的，需要适应施工中经常变化的客观因素的影响。

地下铁道工程项目施工准备工作按其性质及内容通常包括技术准备、物资准备、劳动组织准备、施工现场准备和施工场外准备。

1. 技术准备

技术准备是施工准备最重要的内容。任何技术的差错或隐患都可能危及人身安全和引起质量事故，造成巨大的损失。认真地做好技术准备工作，是工程顺利进行的保证，具体有以下内容：

① 熟悉、审查施工图纸及有关设计资料。

a. 了解设计意图，对工程性质，平、纵布置，结构形式都要认真研究并掌握。

b. 相关设计文件及说明是否符合国家有关的技术规范；设计图纸及说明是否完整，图中的尺寸是否准确，图纸之间是否有矛盾。

c. 对工程作业难易程度做出判断，明确工程的工期要求。

d. 工程使用的材料、配件、构件等采购供应是否有问题，能否满足设计要求。

② 调查工程所在地区的自然条件（地形、地质、水文、气象等）的勘察资料和施工技术资料。

a. 自然条件调查。地形情况调查包括地形地貌、河流、交通、工程区域附近建筑物的情况。地质调查包括地层地质构造、性质、围岩类别和抗震级别；水文地质调查包括地下水的质量、含水层厚度、流向、流量、流速、最高及最低水位等；气象资料调查包括气温情况、季节风情况、雨量、积雪、冻结深度、雨季及冬季的期限；地下障碍物调查包括各种地下管线、地下防空洞、附近建筑基础、文物等。

b. 技术经济条件调查。工地附近可能利用的场地，需要拆迁的建筑，可以租用的民房等，当地可利用的地方材料和供应量；交通运输能力及当地可能提供的交通运输工具，以及修建为施工服务的临时运输道路、桥涵、码头等的可能性与条件；水、电、通信情况，当地可能支援的劳动力的数量及技术水平，以及医疗卫生、文化教育、消防治安等机构的供应和支持能力。

③ 根据获得的工程控制测量的基准资料，进行复测和校核，确定工程的测量网。

④ 在调查获得的新的资料基础上确定施工方案，补充和修改施工设计。

⑤ 编制施工图预算和施工预算，以预算来安排施工资金。按照确定的施工方案和修改的施工图设计，根据有关的定额和标准，编制工程造价的经济文件。施工预算是按照施工图预算，根据施工组织设计和施工定额进行编制。

2. 物质准备

地下铁道工程施工的物质准备工作，主要包括现场的基本条件和所需的建筑材料。

开工前必须准备的基本条件有：施工道路，施工所用的水、电、气、通信设施；施工场地的平整和布置；修建施工的临时用房（机械修理房、木材加工房、材料库房、炸药库房、生活用房、办公室、会计室、调度室等）；搭建工程用房（压缩空气房、配电房、水泥搅拌房、材料检测房等）。

物资准备主要有：建筑材料、构件加工设备、工程施工设备（施工机具和设备、运输车辆）、安装设备等。

根据施工设计、施工预算和施工进度的计划，按各阶段施工需求量，计划组织货源和安排。

3. 劳动组织

（1）工程项目的组织机构

根据工程项目的规模、结构特点和复杂程度，按照因事设职、因职选人、合理分工、密切协作相结合的原则，组建工程项目的组织机构。

（2）工程项目的施工队伍

施工队伍的组建应根据该工程的劳动力需要量计划，考虑专业、工种的合理搭配，强化技术骨干的主导作用，技工、普工的比例要满足合理的劳动组织，符合流水施工组织方式的要求。

（3）建立健全各项管理制度

建立、健全工地的各项管理制度，是工程顺利进行的保证。内容一般有：工程质量检查与验收制度、工程技术档案管理制度、建筑材料（构件、配件、制品）的检查验收制度、技术责任制度、施工图纸学习与会审制度、技术交底制度、工地及班组经济核算制度、材料出入库制度、安全操作制度、劳动制度和机具使用保养制度等。

4. 施工现场准备和施工场外准备

施工现场准备就是开创工作面前的现场准备，包括三通一平（水通、电通、路通和场地平整）、征地拆迁等。

施工场外准备包括场外道路及各相关方的施工配合等。

施工准备从施工进场开始，到每一项单位工程开工报告被监理审批完成。施工准备的各项工作相互关联，互为补充和配合。要保证施工准备工作的质量，加快速度，应加强与业主、设计单位和当地政府的协调工作，健全施工准备工作的责任和检查制度，在施工全过程中，有组织、有计划地进行。

9.1.2 施工组织设计

基本建设的程序分为规划、设计和施工3个阶段。规划阶段是确定拟建工程的性质、规模和建设期限；设计阶段是编制实施建设项目的技术经济文件，把建设项目的内容、建设方法和投产后的建设效果具体化；施工阶段是制订实施方案，施工阶段中的投资一般占基本建设总投资的60%以上，远高于规划和设计阶段投资的总和，因此是基本建设中最重要的阶段。可见编制好施工组织设计是保证施工顺利进行、实现预期效果的重要一环。

施工组织设计是组织施工的基本文件。它是根据建设单位的要求、工程的性质、现场具体条件、施工的技术装备和施工力量等技术经济因素编制的。通过施工组织设计确定合理的施工方案，对整个工程施工过程做出全面的、科学的规划和布置，并制订出工程所需的投资、材料、机具、设备、劳动力等的供应计划，从而使施工有条不紊地顺利进行。

1. 施工组织设计的分类

施工组织设计按编制对象范围、使用时间和编制内容程度的不同，有以下分类：

（1）按编制对象范围分类

按编制对象范围的不同可分为施工组织总设计、单位工程施工组织设计、分部分项工程施工组织设计3种。

① 施工组织总设计。

施工组织总设计是以地下建筑群或一个建设项目为编制对象，用以指导整个地下建筑群或建设项目施工全过程的各项施工活动的综合性文件。一般在初步或扩大初步设计被批准之后,在企业的总工程师领导下进行编制。

② 单位工程施工组织设计。

单位工程施工组织设计是以一个单位工程(一个地下建筑物)为编制对象,指导其施工全过程的各项施工活动的综合性文件。一般在施工图设计完成后,工程开工之前,在工程处的技术负责人领导下进行编制。

③ 分部分项工程施工组织设计。

分部分项工程施工组织设计是以分部分项工程为编制对象,具体实施施工全过程的各项施工活动的综合性文件。一般是同单位工程施工组织设计的编制同时进行,并由单位工程的技术人员负责编制。

施工组织总设计是对整个建设项目的全局性战略部署,其内容和范围比较概括;单位工程施工组织设计是在施工组织总设计的控制下,以施工组织总设计和企业施工计划为依据编制的,针对具体的单位工程,把施工组织总设计的内容具体化;分部分项工程施工组织设计是以施工组织总设计、单位工程施工组织设计和企业施工计划为依据编制的,针对具体的分部分项工程,把单位工程施工组织设计进一步具体化,它是专业工程具体的组织施工的设计。

(2)按使用时间分类

在地下铁道工程的施工准备阶段及施工阶段,应编制相应的施工组织设计文件。施工准备阶段编制的施工组织文件,称为指导性施工组织设计;施工阶段编制的施工组织设计文件,称为实施性施工组织设计。

① 指导性施工组织设计。

施工单位在参加施工投标时,根据工程招投标文件的要求,结合本单位的具体条件,编制施工组织文件。中标以后,在施工开始之前,施工单位还必须进一步重新审查、修订或重新编制施工组织计划,这个阶段的施工组织设计称为指导性施工组织设计。

② 实施性施工组织设计。

实施性施工组织设计是施工单位在施工过程中,根据各项分部工程、各工序及施工队或班组的人力、机具等配备情况,分期、分部、分项实施的指导性施工组织设计。对于地下铁道工程来讲,由于众多不可预见的因素,常常还需要根据实际情况制定特殊地段施工的组织设计,如突然遇到大塌方等情况,就要制定特殊处理措施。

实施性施工组织设计的内容与指导性施工组织设计相似,但它更具体、更详细,它一般按指导性施工组织设计所规定的施工方法、施工工期及资源供应条件等进行编制,如果客观情况与原计划有出入时,不应机械地执行原计划,而应修订和调整原计划,实施施工组织动态管理,其目的是经济、安全、保质、保量、按期或提前完成施工任务。

(3)按编制内容程度分类

施工组织设计按编制内容程度可分为完整的施工组织设计和简单的施工组织设计2种。

① 完整的施工组织设计。对于规模大、结构复杂、技术要求高,采用新结构、新技术、新材料和新工艺的新建工程项目,必须编制内容详尽的完整施工组织设计。

② 简单的施工组织设计。对于工程规模小、结构简单、技术要求和工艺方法不复杂的拟建工程项目,可以编制仅包括施工方案、施工进度计划和施工总平面布置图等简单的施工组织设计。

2. 地下铁道工程施工组织设计的内容

（1）地下铁道工程施工组织总设计的主要内容
① 编制的依据和原则；
② 建设项目工程概况（项目用途、工期、经费来源、自然条件、环境条件、勘探资料）；
③ 施工计划及主要施工方案（正常施工、特殊施工）；
④ 施工准备工作计划（任务划分、工序安排、劳动力组织、经济安排、临时设施）；
⑤ 施工总进度和季（月）计划；
⑥ 资源需要量计划（材料、水、电、气、设备、人员）；
⑦ 施工总平面图设计；
⑧ 主要施工技术措施（包括采用新技术、新工艺）；
⑨ 质量、安全、节约的技术措施；
⑩ 技术经济指标。

（2）施工组织设计主要图表
① 施工工序图、施工网络图、施工组织进度图；
② 工班劳动力的组织循环图及劳动力需求表；
③ 年度材料需求计划表；
④ 人员组织机构图；
⑤ 施工场地布置详图；
⑥ 给水、排水、电力、通信设计图；
⑦ 通风设计图；
⑧ 交通运输图；
⑨ 弃渣平面图；
⑩ 钻爆施工图。

3. 施工组织设计的编制

施工组织设计分投标的施工组织设计（指导性施工组织设计）和施工阶段的实施性施工组织设计。

投标施工组织设计（指导性施工组织设计）是由施工单位依据招标文件、设计图纸及各种规范，由施工单位的经营部门根据本单位的施工水平进行编制的，其主要用途是用来投标。

实施性施工组织设计由施工项目部组织编制，编制的依据是合同书要求条款、设计文件、业主和施工会议确定的有关文件要求，特别是现场调查和施工单位的项目施工经验；对结构复杂、条件差、施工难度大或采用新工艺、新技术的项目，要进行专业性研究，通过专家审定，报业主审批后采用。其用途是真正的施工组织依据，须监理根据具体情况严格审批、并在施工中予以实施。

编制施工组织设计可按下述步骤进行：
① 调查分析工程地质、水文地质及工程施工设计等基本资料，掌握工程特性和施工条件，做好设计基础工作；
② 根据建设单位规定的工程总工期或合理工期，按照经验或本单位实际情况与施工方案初定实际工期；

③ 根据工程总布置要求，选择确定工作面数量；

④ 确定洞口或基坑的数量及布置、辅助工程、对外交通、风水电及混凝土系统的布置及工程量；

⑤ 在此基础上核算各工作面的开挖、衬砌、锚喷、清理等主要工程工期，合计总工期，分析是否满足计划工期要求；若不满足，必须重新确定施工方案或工作面数量，直到满足为止；

⑥ 计算材料、施工设备、劳动力和工程费用及工期等；

⑦ 选择各工作面的开挖与衬砌支护的施工方法及临时支护结构；

⑧ 编制开挖作业循环图和衬砌作业流程图；

⑨ 编制工程施工进度计划和工程量、材料、设备、劳动力计划；

⑩ 编制施工平面图；

⑪ 编制设计报告。

整个设计编制程序见图 9.1.1。

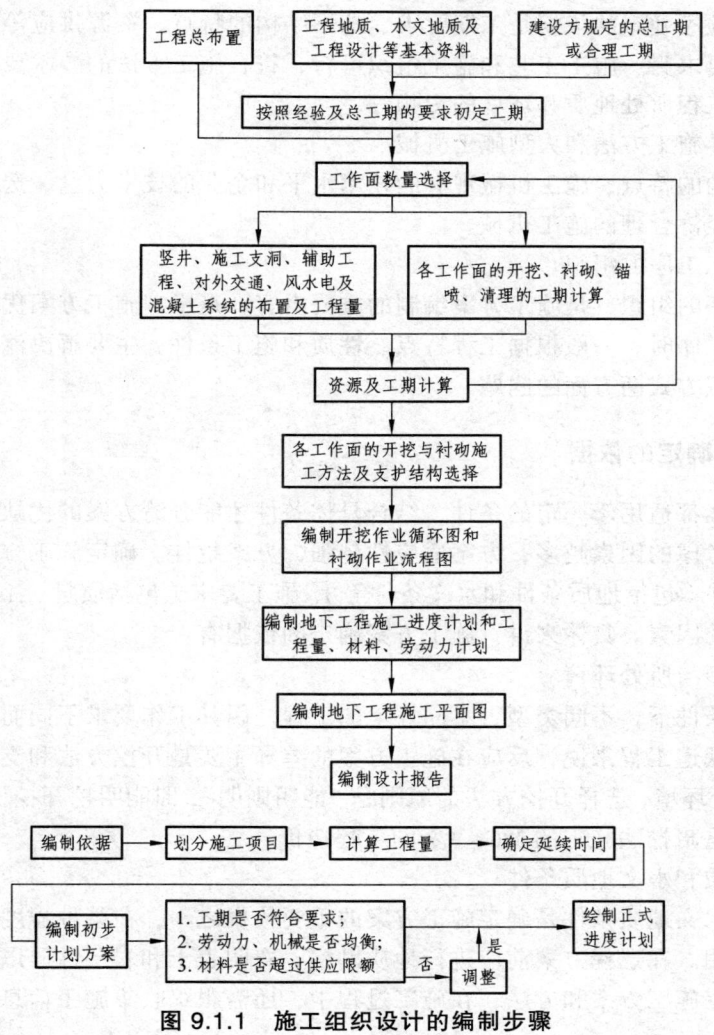

图 9.1.1 施工组织设计的编制步骤

在编制过程中，要充分发挥各职能部门的作用，共同来编制施工组织设计。特别要注意的是遵守合同条款要求，保证工程质量和施工的安全；做到统筹计划、科学合理、经济实用。

9.1.3 施工方案

施工方案的选择是施工组织设计的核心，施工方案是指带有全局性的、关键的施工技术和施工措施组织的问题，其合理性将直接影响工程的施工效率、质量、工期和技术经济效果。

施工方案编制的依据一般有：施工图，施工现场勘察调查得到的资料和信息、施工验收规范、质量检查验收标准、安全操作规程、施工及机械性能手册，新技术、新设备、新工艺的技术报告。要依靠组织设计人员的施工经验、技术素质及创造能力来完成。

1. 施工方案中研究的问题

（1）工程的施工顺序

工程的施工顺序确定的依据是工期要求、地下结构的特点、资源供应等情况。确定工程施工顺序的一般要求为：施工工艺和施工组织可行，符合施工方法的技术要求，满足工程质量、安全、考虑工程所处地质和环境的影响等。

（2）选择主导施工方法和大型施工机械

根据地下结构的特点、施工机械现有的技术水平和企业的技术力量，选择技术可靠和成熟的施工方法和经济合理的施工机械。

（3）工程施工工序的组织

工程施工工序的组织，是施工方案编制的重要内容，是影响施工方案优劣程度的基本因素，在确定施工工序时，一般根据工程特点、性质和施工条件，主要解决流水段的划分和流水施工工序的组织方式两方面的问题。

2. 施工方案确定的依据

每个施工方案都适用于一定的条件，结合具体条件才能分清方案的优缺点，以便取舍。在确定方案时，考虑的因素越多，方案适应性越强，方案越佳。确定施工方案，主要考虑工程类型、施工条件（包括地质条件和水文条件等）、施工要求（包括质量、工期或进度、工程费用等）等方面的因素。具体来讲，施工方案确定的依据有：

（1）工程类型与所处环境

在相同地质条件下，不同类型、不同环境的工程，因其工作要求不同而需选择不同的施工方案，对地下铁道工程来说，反应在施工方案的差异主要是开挖方法和支护衬砌方案的不同。根据工程所处环境，选择开挖方法的原则是"能明则明"，即能明挖开挖尽量用明挖开挖，明挖法施工大致是暗挖法施工的 1/6～1/3 的工程造价。

（2）工程地质和水文地质条件

工程地质和水文地质条件是确定施工方案的重要依据之一，在某种程度上对施工方法的选择起决定性作用。在选择方案前应进行地质勘察，查明表土和岩层性质以及水文情况，并结合其他条件确定施工方案和方法；在施工过程中，还需跟踪收集施工信息，并做好超前地质预报工作，根据变化的工程地质和水文地质情况对施工方案随时作出调整。

（3）工程规模与掘进断面

一般来说，工程规模越大，投入的设备越大，机械化程度越高，技术性越强，因而确定施工方案的难点越大，有时需要靠现代管理科学理论与方法和计算机来帮组。掘进断面同样是选择的重要依据之一，不同的断面，其开挖方法、支护方法及选用设备不尽相同，施工组织也有差异。

（4）工程工期、质量要求和造价情况

对于承包工程，确定施工方案首先要满足工期与质量要求，由工期和质量来确定进度指标，进而来确定施工方法，选用设备与材料。工程总工期的确定一般由设计单位进行，它是根据建设单位的要求，在不超过现有最佳施工能力前提下确定的，施工单位确定的施工工期不应超过该总工期。质量标准（设计方提出特殊质量标准除外）一般由国家或各部门制定。所以，确定施工方案与方法应将工期和质量作为重要依据。

工程造价对选择施工方案与施工方法也有一定影响，因为确定方案的原则之一是经济合理。在激烈的市场竞争中，当造价过低时，不得不考虑采用特殊措施，如加快施工进度、精简施工人员或设备，采用先进工艺和设备等。

（5）施工能力

对于确定施工方案，若把上述因素看作外部因素，施工能力则可看成内部因素，确定施工方案时应以施工能力为基础。要充分考虑施工队伍的特点、状态、技术能力、装备状况、施工经验，以便有针对性地选用施工方案。

另外，国内外的施工能力、工程竞争情况、竞争对手情况、工程承担的风险、建设单位的资金情况等都是确定施工方案时必须考虑的因素。

3. 施工方案的主要内容

地下铁道工程施工方案的主要内容一般包括：主导施工过程的施工方法、施工中所使用的大型机械设备、施工顺序、施工工序及作业组织、施工方案的技术经济评价等。

（1）施工方法的选择

施工方法的选择，即选择主要考虑主导施工过程的施工方法。所谓主导施工过程一般是指工程量大、在施工中占重要地位的施工过程，施工技术复杂或采用新技术、新工艺、新结构以及对工程质量起关键作用的施工过程，如地下铁道工程施工的地下连续墙支撑，土方开挖工程施工，地下管道施工的盾构、顶管工程的施工等。还应满足施工技术、工期、质量、成本和安全的要求，提高机械化施工的程度，充分发挥机械效率，减少繁重的人工操作。考虑先进、合理、可行、经济的因素，选择施工方法时，施工单位技术水平也是重要的内容。

地铁或公共隧道，在其初步设计阶段首先要根据当地的工程地质和水文地质条件、地形条件、施工力量和技术要求等，确定采用浅埋明挖施工，或是深埋盾构法（或其他暗挖法）施工，这是首先要解决和确定的问题，总的施工方案确定以后才能着手进行建筑结构设计。

在岩层中修建地下铁道工程，采用钻爆法或掘进机开挖法；在土层中修建地下铁道工程，可根据具体技术条件不同，选择基坑开挖、沉井法、地下连续墙法、盾构法和顶进法等。

（2）施工机械的选择

施工方法的选择必然要涉及施工机械的选择，尤其在机械化施工作为实现建筑工业化的重要因素的情况下，施工机械的选择将成为施工方法选择的中心环节。

选择主导施工过程的施工机械，应根据工程的特点，决定其最适宜的机械类型。如暗挖法和明挖法施工选择的机械是不同的。

选择与主导施工过程施工机械配套的各种辅助机械和运输机具，为了充分发挥主导施工机械的效益，在选择配套机械时，应使它们的生产能力相互协调一致，并且能够保证有效地利用主导施工机械。如在土方工程中，汽车运土应保证挖土机械连续工作等。应充分利用施工企业现有的机械，并在同一工地贯彻一机多用的原则，提高机械化和自动化程度，尽量减少手工操作。

（3）确定施工顺序

确定施工方案、编制施工进度计划时首先应该考虑选择合理的施工顺序，对于施工组织能否顺利进行，保证工程的进度、工程的质量，都起着十分重要的作用。

对于地下铁道工程，在决定施工顺序时，要根据具体情况来确定地表工程和地下工程的关系，并对单项工程做出详细的施工顺序。如地下连续墙施工顺序为：场地平整—施工道路—导墙施工—泥浆系统—成槽施工—清基—锁口管吊放—钢筋笼吊放—下导管—浇注水下混凝土。

（4）确定施工作业方式

施工作业方式指工程在时间和空间上的作业组织安排形式，包括安排作业面和组织实施。

① 施工过程空间组织的任务。

施工过程的空间组织主要解决如何设置项目管理和生产机构，以及这些机构及其机械、设备在施工过程中的空间布置问题。具体包括：

a. 组建项目管理机构。

b. 建立生产作业单位。一般设置是按工艺原则安排专业相较强的作业单位，按对象原则安排具体项目作业单位。

c. 合理布置生产设备、生活及服务设施的平面及空间位置，绘制施工总平面图，保证生产及服务过程安全畅通。

d. 合理布设临时辅助设置。切实安排各工序及其工艺过程的操作空间和作业面，保证施工安全和施工过程的流畅性和连续性。

② 施工过程时间组织的任务与时间组织类型。

a. 时间组织的主要任务。合理选择作业方式，科学安排施工顺序，编制并优化进度计划，其目的是为了保证质量、缩短工期、减少成本。

b. 时间组织类型：分单作业面多工序、多作业面多工序及混合性三种类型。

（5）工程施工工序的组织

① 流水段的划分。

正确合理划分施工流水段，是组织流水施工的关键，它直接影响到流水施工的方式、工程进度、劳动力及物资的供应等。

② 流水施工工序的组织方式。

在组织流水施工时，应根据工程特点、性质和施工条件组织全等节拍、成倍节拍和分别流水等施工方式。

（6）施工方案的技术经济评价

提高施工的经济效益、降低成本和提高工程质量，在施工组织设计中对施工方案的技术经济分析评价是十分重要的。施工方案的技术经济分析一般是进行定性和定量分析，评价施工方案的优劣,从而选取技术先进可行、质量可靠、经济合理的最佳方案。

① 定性分析。

定性技术经济分析是对一般优缺点的分析和比较,例如:

a. 施工操作的难易程度和安全可靠性;

b. 为后续工程提供有利施工条件的可能性;

c. 对不同季节施工带来的困难;

d. 能否为现场文明施工创造有利条件。

② 定量分析。

定量的技术经济分析一般是计算出不同施工方案的工期指标、劳动生产率指标、工程质量指标、安全指标、降低成本率、主要工程工种机械化程度及三大材料节约指标等来进行比较。具体分析比较的内容有:

a. 工期指标:工期是从施工准备工作开始至工程完毕所经历的时间。为反映工期要求和当地的生产力水平,应将该工程计划完成的工期与国家规定的工期或该地区建设同类型建筑物的平均工期进行比较。

b. 劳动生产率指标:劳动生产率标志着一个单位在单位时间内平均每人所完成的产品数量或价值的能力,反映一个单位的生产技术水平和管理水平,分实物数量法和货币价值法两种表达形式。

实物数量法:

$$全员劳动生产率 = \frac{折合全年自行完成建筑面积总数}{折合全年在职人员平均人数} [m^2/(人 \cdot 年)] \quad (9.1.1)$$

货币价值法:

$$全员劳动生产率 = \frac{折合全年自行完成建筑投资总数}{折合全年在职人员平均人数} [元/(人 \cdot 年)] \quad (9.1.2)$$

c. 施工机械化程度。

施工机械化程度是工程全部实物工程量中机械施工完成的比重。其程度的高低是衡量两种施工方案优劣的重要指标之一。

$$施工机械化程度 = \frac{机械完成实物量}{全部实物量} \times 100\% \quad (9.1.3)$$

d. 降低成本率。

降低成本率的高低可反映采用不同的施工方案产生的不同经济效果。

$$降低成本率 = \frac{预算成本 - 计划成本}{预算成本} \times 100\% \quad (9.1.4)$$

其中预算成本是指根据施工图纸按预算价格计算的成本,计划成本是按采用的施工方案所确定的施工成本。

e. 主要材料节约指标。

主要材料节约指标根据工程不同而定,靠材料节约措施实现。

可分别计算主要材料节约量、节约额和节约率。

$$节约量 = 技术组织措施节约量 = \frac{节约量}{预算用量} \times 100\% = \frac{节约额}{预算金额} \times 100\% \quad (9.1.5)$$

$$节约额 = 预算用量 - 计划用量 \quad (9.1.6)$$

f. 单位面积劳动消耗量。

单位面积劳动消耗量是指完成单位合格产品所消耗的劳动力数量的多少。它从一个方面反映出施工企业的生产效率和管理水平，以及采用不同的施工方案对劳动量的需求。可由下式计算：

$$单位面积劳动消耗量 = \frac{完成该工程全部劳动工数}{该工程建筑面积} \quad (9.1.7)$$

9.1.4 施工进度计划

施工进度计划是在确定了施工方案的基础上，对工程的施工顺序，各个项目的延续时间及项目之间的搭接关系，工程的开工时间、竣工时间及总工期等做出安排，在这个基础上设计和编制劳动力、材料供应、成品和半成品、机械设备需用量计划等。

施工进度计划主要包括两个方面：① 研究科学组织施工，合理加快施工速度的基本途径；② 施工进度计划的表现形式，通常按照流水作业的原理来进行编制。

1. 流水作业原理

施工作业的组织，是对整个施工进程的计划、安排和协调，施工进程一般包括施工准备、主体施工、特殊施工、辅助施工、附属施工、服务施工等。施工作业组织就是将它们进行系统地考虑，合理安排和协调，高效经济地完成施工的目标。

施工作业组织一般包括三个内容：一是施工作业技术人员和工人的配置；二是工程材料和设备的配置；三是施工作业方式和施工工序的排序。只有将三者进行科学合理的搭配，才是优秀的施工作业组织。

以上内容中不同的施工队伍和工程对象不同，其组织方式是不同的，具有共同点的是施工作业方式。目前，在地下铁道工程施工作业方式一般有三种不同类型：顺序作业、平行作业和流水作业。

（1）顺序作业

顺序作业就是根据工艺流程和施工程序（步骤），按先后顺序进行施工操作，如隧道修建的施工顺序：放样—打眼—装药—爆破—通信—处理危石—出渣—支护为一个循环。顺序作业按这一施工技术规律来组织。施工顺序作业受工艺和组织的制约，一旦施工方案确定后，顺序也就确定了。不同的工程项目，有着其固有的施工技术规律和合理的顺序关系，其缺点为：整个工期长；专业队施工不连续，易形成窝工；大部分施工段（工作面）空闲，工作面未充分利用。

（2）平行作业

平行作业就是线型工程的作业面很长，根据工程或技术的需要，可分为几段（或几个点）分别同时按程序施工，即同时开工、齐头并进，同时完成。这种作业方式与顺序作业相比可缩短工期，也可充分利用工作面，但配置的设备和施工人员多。

（3）流水作业

流水作业就是将拟建的工程对象划分为若干施工段，某一工种的工作队（组）先在第一施工段完成第一道工序，再转移到第二段完成同一道工序；同样，另一工种的工作队（组）紧跟其后，依次在各施工段完成下一道工序。以此类推，像流水一样前进，直到完成全部工作为止。流水作业法是一种科学组织生产的方法。它确立在分工、协作和大批量生产的基础上，其可保证工程施工的连续性和均衡性，而生产的连续性和均衡性势必使各种材料可以均衡使用，消除了工作组的施工间歇，因而可以大大缩短工期，一般可缩短 1/3~1/2。

流水作业的优点是：各工作队可以实行专业化施工，因而为工人提高技术熟练程度以及改进操作方法和生产工具创造了有利条件，可充分提高劳动生产率。劳动生产率得到提高，相应可以减少工人人数和临时设施数量，从而可以节约投资，降低成本；同时专业化施工，有助于保证工程质量。

2. 施工进度计划的程序

编制工程施工进度计划是依据施工总工期和目标计划、施工方案、施工预算、预算定额、施工定额、资源供应状况、工期的要求、合同约定等来进行设计的。目的是统筹全局，抓住关键，合理布置人力、财力和物力，并指导整个生产活动。施工进度计划的设计编制顺序如图 9.1.2 所示。

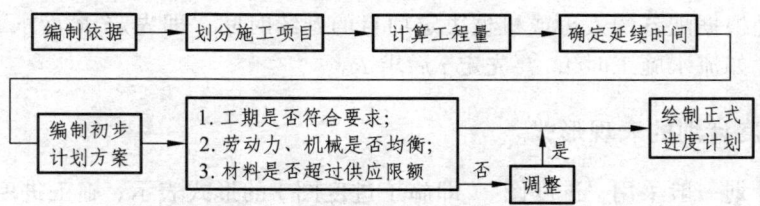

图 9.1.2 施工进度计划的设计编制顺序

（1）施工项目划分

施工项目是进度计划的基本组成单元。项目内容的多少、划分的粗细程度，应根据计划的需要来决定。一般来说，单位工程进度计划的项目应明确到分项工程或更具体，以满足指导施工作业的要求。通常划分项目应按顺序列成表格，编排序号，查对是否遗漏或重复。凡是与工程对象施工直接有关的内容均应列入。非直接施工辅助性项目和服务性项目则不必列入。划分项目应与施工方案一致。大型工程常编制控制性进度计划，其项目较粗。在这种情况下，还必须编制详细的实施性计划，不能以"控制"代替"实施"。

（2）计算工程量和项目延续时间

计算工程量是对划分的每一个项目进行必要的分段，一般套用施工预算的工程量或加工整理，也可以由编制者根据图纸并按施工方案安排自行计算。

项目的延续时间按正常情况确定。待设计出初始计划并经过计算再结合实际情况作必要的调整。按照实际施工条件来估算项目的持续时间是较为简便的办法，现在一般也多采用这种办法，具体计算方法有以下 2 种：

① 经验估计法。即根据过去的施工经验进行估计。这种方法多用于采用新工艺、新方法、新材料等而无定额可循的工程。在经验估计法中，有时为了提高其准确程度，往往采用"三

时估计法"，即先估计出该项目的最长、最短和最可能的 3 种持续时间，然后据以求出期望的延续时间作为该项目的延续时间。

② 定额计算法。其计算公式是

$$t = Q/RS = P/R \tag{9.1.8}$$

式中　t ——项目持续时间，按进度计划可采用时、日、周等表示；
　　　Q ——项目的工程量，可用实物量单位表示；
　　　R ——拟配备的人力或机械的数量，以人数或台数表示；
　　　S ——产量定额，即单位工日或台班完成的工作量；
　　　P ——劳动量（工日）或机械台班量（台班）。

公式中的 S 应是本施工单位的实际水平，也可以参照施工定额水平，如果项目是综合性的，它也应是综合的，计算公式是

$$S = \frac{\sum_{i=1}^{n} Q_i}{\frac{Q_1}{S_1} + \frac{Q_2}{S_2} + \cdots + \frac{Q_n}{S_n}} \tag{9.1.9}$$

式中　$Q_1, Q_2, \cdots, Q_n$ ——同一性质的各分项工程的工程量；
　　　$S_1, S_2, \cdots, S_n$ ——同一性质的各分项工程的产量定额。

上述公式是根据配备的人力或机械决定项目的延续时间，即先定 R 后求 t，但有时根据组织计划需要（如流水施工时），要先定 t 后求 R。

3. 施工进度计划的表现形式

施工进度计划一般采用"进度图"（即施工进度图）的形式表示，施工进度图又有横道图法、垂直图法和网络图法等表现形式。各种表现形式有不同的用途。

（1）横道图

横道图是以图示的方式通过活动列表和时间刻度形象地表示出任何特定项目的活动顺序与持续时间，如图 9.1.3 为地铁车站施工横道图。横道图表示方法，适用于绘制集中性的工程进度图、材料供应计划图，或作为辅助性的图示，附在说明书中向地铁施工单位下达任务。横道图的优点：简单、直观。

序号	工程项目	施工工期/月																					
		1	2	3	4	5	6	7	8	9	10	11	12	13	14	15	16	17	18	19	20	21	22	23
1	施工准备及管线改移																							
2	围护结构施工																							
3	土石方及主体工程施工																							
4	主体防水层施工																							
5	回填覆土及恢复路面																							
6	附属结构施工																							

图 9.1.3　地铁车站施工横道图

（2）垂直图

垂直图是用坐标图的形式绘制。以横坐标表示隧道长度（以百米标表示里程），以纵坐标

表示施工年月（日）。用各种不同的线型代表各项不同的工序。每一条斜线都反映某一工序的计划进度情况：开工计划日期和完工计划日期，某一具体日期进行到哪一里程位置上以及计划的施工速度（月进度）。各斜线的水平方向间隔表示各工序的距离，其竖直方向间隔表示各工序的拉开时间。各工序均衡推进表示在进度图上为各斜线之相互平行。垂直图可用于隧道工程进度分析和控制，工程分析情况和施工日期一目了然。

垂直图的优点：表示整座隧道的施工过程、各工序关系、施工的紧凑程度和施工进度都十分清楚；工程的分布情况和施工日期一目了然。

（3）网络图

图 9.1.4 为隧道施工一个作业循环的网络图表示形式。从图中可看出，在每一循环中，各项工作的平行作业，且图中工程主次清晰，可一目了然地找出交接准备到放炮与通风除尘的关键线路，便于保证主要关键线路的人力和物力供应。同时，对次要线路上的工作也能掌握，避免导致因未完成而影响关键线路上的作业进程。整个循环作业过程有条不紊，完成各作业项目的工期准备，以保证整个循环作业顺利进行。

采用网络图形式进行隧道施工工序分析，网络图既能反映施工进度，又有反映各工序和各施工项目相互关联相互制约的生产和协作关系。可采用网络图表示隧道施工中集中性工程或线型工程的进度，还可以通过计算机对施工计划进行优化。它是一种较先进的工程进度图的表示形式。

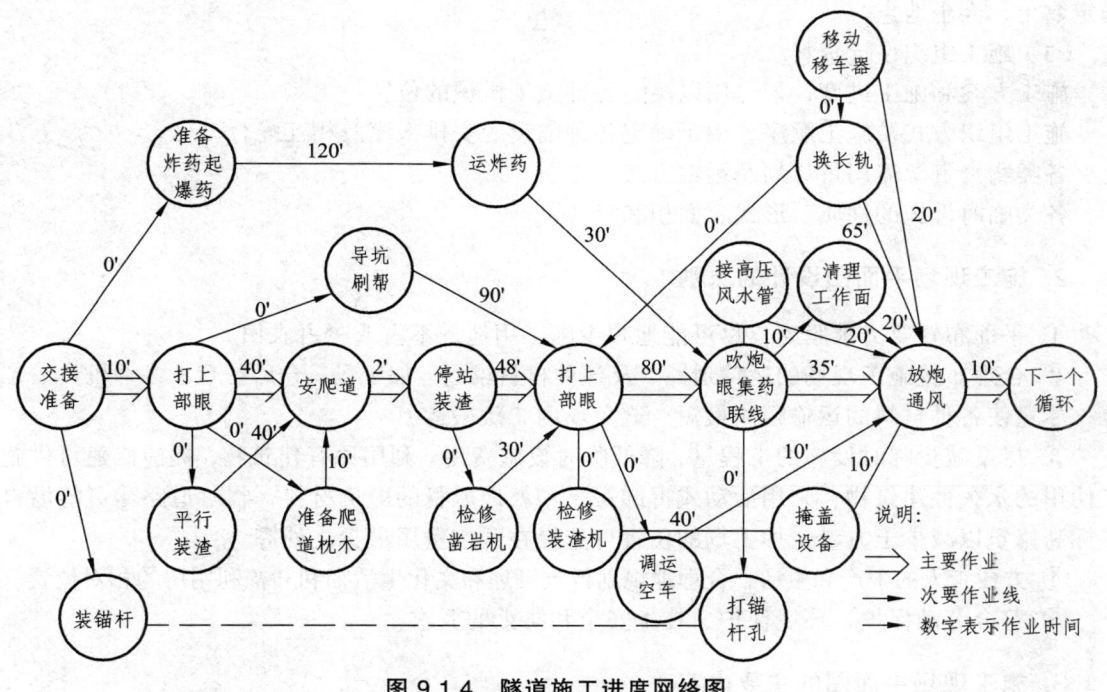

图 9.1.4　隧道施工进度网络图

网络图的优点：能清楚地反映出各个工序之间的相互关系，从而可以通过计算机进行优化。

9.1.5 施工现场场地布置

工程施工平面图是对一个拟建工程的施工现场的平面规划和空间布置。一般根据工程规模、特点和施工现场的条件，按照一定的设计规则，来解决施工期间所需的各种临时工程和服务设施等。工程施工平面图的绘制比例一般为 1：200～1：500。

1. 施工现场平面图的设计依据

认真研究施工方案、施工方法、施工现场及周围环境和条件，主要依据有以下 3 个方面：
（1）自然条件及技术经济资料
自然条件：如地形、水文、工程地质及气象资料等。
技术经济条件：如交通运输、水源、电源、物资资源、生产和生活基地状况等。
（2）设计资料
建筑总平面图：用于决定临时房屋和其他设施的位置，以及修建工地运输的道路和解决给排水等。
一切已有和拟建的地上、地下的管道位置和技术参数，用以决定原有管道的利用和拆除，以及新管线的敷设与其他工程的关系。
建筑工程区域的竖向设计资料和土方平衡图，用以布置水、电管线，安排土方的挖填及确定取土、弃土地点。
（3）施工组织设计资料
施工方案和施工进度计划，用以决定各种施工机械的位置。
施工组织方式及施工顺序，用于确定各种临设的安排次序及相互配合。
各类物资资源需用量计划及运输方式。
各类临时设施的性质、形式、面积和尺寸。

2. 施工现场平面图设计的原则

① 平面布置要力求紧凑，尽可能地减少施工用地，不占或少占农田。
② 合理布置施工现场的运输道路，及各种材料堆场、加工场、仓库位置、各种机具的位置；尽量使各种材料的运输距离最短，避免场内二次搬运。
③ 尽量减少临时设施的工程量，降低临时设施费用。利用原有建筑物，提前修建可供施工使用的永久性建筑物；采用活动式拆卸房屋和就地取材的廉价材料；临时道路尽可能沿自然标高修筑以减少土方量，加工场的位置可选择在开拓费用最少之处等。
④ 方便工人的生产和生活，合理地规划行政管理和文化生活福利和福利用房的相对位置。
⑤ 符合劳动保护、环境保护、技术安全和防火的要求。

3. 施工现场平面图的主要内容

① 建筑平面上已建和拟建的一切房屋、构筑物及其他设施的位置和尺寸。
② 拟建工程施工所需的工程机械与运输机械、搅拌机等布置位置及其主要尺寸，工程机械的开行路线和方向等。
③ 地形等高线，测量放线标桩的位置和取弃土的地点。

④ 为施工服务的一切临时设施的布置和面积。
⑤ 各种材料（包括水暖电卫材料）、半成品、构件及工业设备等的仓库和堆场。
⑥ 施工运输道路的布置及宽度尺寸，现场出入口、铁路及港口位置等。
⑦ 临时给水排水管线、供电线路、热源气源等管道布置和通信线路等。
⑧ 一切安全及防火设施的位置。

4. 施工现场场地设计

（1）施工平面图设计步骤

施工场地设计的一般步骤是：决定大型机械行走线路（施工道路的布置）—布置材料和构件的堆场—布置运输道路—布置各种临时设施—布置水电管网—布置安全消防设施。

（2）搅拌站、加工棚、仓库及材料堆场

① 搅拌站的布置。地下铁道工程一般要设砂浆和混凝土搅拌站，搅拌机所采用的型号、规格、数量等在选择施工方案和施工方法时确定。

② 加工棚。木材、钢筋、水电等加工棚宜设置在建筑物四周稍远处，并有相应的材料及堆场。

③ 材料及堆场。

大宗材料的存放地点应考虑材料运进工地方便、易于卸车，并靠近使用地点。现场仓库按其储存材料的性质和重要程度，可采用露天堆场、半封闭式（棚）和封闭式（仓库）三种形式。

（3）运输道路

施工运输道路应按材料构件和工程运输的需要来布置，运输道路的布置原则和要求有：主要道路应尽可能利用已有道路或规划的永久性道路的路基，根据建筑总平面图上的永久性道路位置，先修筑路基，作为临时道路，工程结束后再修筑路面；最好是环形布置，并与场外道路相接，保证车辆行驶畅通；距离装卸区越近越好；满足机械施工的需要；考虑消防的要求，使道路靠近建筑物、木料场等易燃地方，以便车辆直接开到消火栓处；道路路面应高于施工现场地面标高 $0.1 \sim 0.2$ m，两旁应有排水沟，一般沟深与底宽均不小于 0.4 m，以便排除路面积水，保证运输。

（4）临时设施

施工现场的临时设施是为生产和生活服务的，分为生产性和生活性临时设施。由于是临时性的，即工程完成后要拆除，因此力求节省临时设施的费用。

临时设施的一般布置原则是：生产性和生活性临时设施的布置应有所区分，以避免互相干扰；力求使用方便、有利施工、保证安全；尽可能采用活动式、装拆式结构或就地取材设置；工人休息室应设在施工地点附近；办公室应靠近施工现场。

9.2 施工管理与控制

9.2.1 施工管理系统

施工管理系统施工单位内部管理系统、建设管理系统、政府管理系统及社会各相关方管理系统。

1. 施工单位内部管理系统是施工单位本身的管理设置

按层次分可分为决策层（项目经理、副经理、总工程师等）、管理层（项目各部室负责人）、执行层（各部室成员）等。

按职能分可分为技术管理体系、质量管理体系、安全管理体系、计划及进度管理体系、财务及成本管理体系、物质管理体系、设备管理体系等。不同的项目部会根据工程具体情况设置个职能体系。

2. 建设管理体系

一般工程的建设管理体系包括建设方、监理方、设计方和施工方。对于地下铁道施工由于涉及面较多、技术复杂、管理难度大，建设管理系统会根据工程的具体情况增加建设咨询方、设计咨询方和第三方监控等。

3. 政府管理系统

政府管理系统包括项目投资部门、项目主管部门、项目批准部门、项目规划部门以及政府质量安全监管部门等。

4. 社会各相关方管理系统

对于地下铁道工程，社会各相关方一般包括劳动安全管理部门、消防管理部门、环境保护管理部门、卫生防疫部门、人防管理部门、供电管理部门、交通管理部门等。各部门根据自己的管辖职责和权限对项目提供监督、验收、提供服务的相关工作。若涉及其他相关事务，比如征地拆迁、机械社会管理等项目业务，社会各相关管理部门一并参与管理。管理方有时通过合同形式提供管理。

9.2.2 目标管理与控制

目标管理是施工的主要管理方式。对于施工组织都是围绕施工目标展开、设计和控制的。

地下铁道工程施工通常有6个方面的目标，分别是安全目标、质量目标、工期目标、成本目标、环保目标及科技创新目标，俗称"六位一体"。

1. 安全目标管理与控制

安全包括施工安全和产品安全。项目施工必须贯穿"安全第一、预防为主、综合治理"的方针。

地铁施工涉及的安全涵盖面广，主要包括施工生产安全，人员安全，大型设备、特种设备安全，交通运输安全，消防安全，塌方安全，建筑安全等，我们在施工前要根据具体安全类别确定相应的安全目标，作为项目安全管理的总要求。

（1）安全管理制度

安全管理制度分社会制度及项目内制度。

社会制度主要指《安全生产法》《建筑法》《建筑工程安全生产管理条例》等法律法规及地方

性、行业性法律法规规定的相关安全制度。主要的有《安全生产许可证制度》《三类人员考核任职制度》《拆除工程备案制度》《特种设备管理制度》《大型设备管理制度》《特种工管理制度》等。

项目内制度包括建设方出台的安全管理制度及施工单位项目部制定的安全管理制度。基本的项目管理制度主要有：《安全技术交底制度》《安全培训制度》《安全生产检查奖罚制度》《安全生产责任制度》《特种作业人员管理制度》《持证上岗制度》《特种设备管理制度》《安全生产管理办法》《劳动安全管理办法》以及各类应急预案等。

（2）安全管理组织机构

建设单位、监理单位及施工单位全部设置安全管理机构。

安全管理一般是由安委会或安全领导小组牵头管理，并直接与项目负责人直接挂钩。因此，安全管理是以项目负责人为中心的安委会或安全领导小组为主导，在项目安全总监领导下，以安全部为主要管理机构，全员参与的项目安全管理组织。若设有分项目部或施工队伍，其中都必须设有专门的安全管理科室。施工现场设安全员。

（3）安全管理保证体系

安全管理保证体系通常包括组织保障、制度保障和工作保障三方面，通过严格的全员、全方位、全过程来保证项目的安全目标的实现。

（4）主要管理措施

项目管理的安全管理措施一般包括技术措施、经济措施、组织措施等类型，常见的主要有：签订安全责任状、安全专项检查和定期检查、安全评比与奖罚、安全培训与考核、全员安全管理等。

2. 质量管理与控制

质量是合格产品的保证，质量方针是满足顾客的需求。

施工中主要贯彻工前检查和过程质量管理的原理，通过对进场材料、设备、人员、队伍的检查验收，通过每一道工序的检查，用合格的检验批保证合格的分项工程、合格的分项工程保证合格的分部工程、合格的分部工程保证合格的单位工程、合格的单位工程保证合格的单项工程和合格的建设项目。

质量目标一般内容包括：① 有无质量责任事故；② 有无重大不合格项，分项工程、分部工程、单位工程一次验收合格率达到多少等；③ 是否创建各级别的优质工程。

（1）质量管理制度

质量管理制度也分社会管理制度及项目管理制度。

项目质量管理制度繁多，主要有《测量复核制度》《施工图审核制度》《技术交底制度》《开工报告申请制度》《劳动用工制度》《质量教育培训制度》《材料、设备、购备件进场检查验收及存贮管理制度》《质量检查管理制度》《检验批、分项、分部、单位工程质量检查、申报、签认制度》《质量"三检"制度》《隐蔽工程及关键部位质量预检、复检和验收制度》《重要部位或危险性较大的作业管理制度》《成品、半成品保护》《关键岗位培训、持证上岗》《质量事故报告、调查和处理》《施工组织设计编制及审批制度》《施工方案编制审批制度》《资料管理制度》《工程竣工验收制度》《工程分包质量管理制度》《施工试验检测管理制度》《质量奖罚制度》等。

（2）安全管理组织

项目建设单位及项目施工单位全部设置安全管理机构。质量监理是监理单位的主要工作。

质量管理一般是由质量领导小组牵头管理，领导小组一般以项目经理或项目总工程师为组长，组成以质量部为主要管理机构、全员参与的项目质量管理组织。若设有分项目部或施工队伍，其中都必须设有专门的质量管理科室。施工现场设质量员。

（3）质量管理保证体系

质量管理保证体系通常包括组织保障、制度保障和工作保障三方面，通过严格的全员、全方位、全过程来保证项目的安全目标的实现。

（4）主要管理措施

项目管理的质量管理措施一般包括技术措施、经济措施、组织措施等类型，常见的主要有：签订质量责任状、质量专项检查和定期检查、质量评比与奖罚、质量培训与考核、全员质量管理等。

3. 工期管理与控制

工期是建设项目顺利投产运营的保证。

地铁项目工种多、施工类型多，工期的控制主要通过节点工期来保证总工期的实现。工期目标就是保证项目按合同工期、节点工期完成。

（1）工期管理制度

工期主要管理制度较少，一般包括项目计划制度及工期奖罚制度。

（2）工期管理机构

在项目建设单位、项目施工单位一般设有对口的计划财务部门，同时监理有负责审核的计量与计价工程师及项目总监，共同负责进度任务下达、进度目标考核、计量与计价及进度资金提供等。

进度实施由施工单位项目部组织实施。项目实施组织一般包括项目经理、主管生产的副经理、项目分部、各专业队伍及劳务队伍等。

（3）工期管理保证体系及工期管理主要工作内容

工期管理保证体系通常包括组织保障和工作保障两方面。项目工期的主要管理内容包括：

① 有合同工期确定及业主要求确定计划工期。

② 根据项目具体情况确定接口工期及节点工期。

③ 项目任务分解。

④ 项目队伍设置。

⑤ 人员、材料、设备的配备。

⑥ 各项目施工进度指标分析。

⑦ 形象进度计划确定。

⑧ 工程实施。

⑨ 进度检查及调整。

⑩ 计量与计价。

⑪ 倒排工期。

⑫ 其他进度工作。

（4）主要进度管理措施

项目管理的质量管理措施一般包括技术措施、经济措施、组织措施等类型，常见的主要有:签订质量责任状、进度定期检查及节点工期检查、进度评比与奖罚、形象进度管理图控制、网络进度管理控制、斜线进度管理图控制、倒排工期等。

4. 成本管理与控制

成本控制是投资管理的重点。包括施工单位的项目成本控制和建设单位的成本控制。通常所指施工单位成本控制。成本管理对象主要以施工过程及施工现场为主,同时包括项目经营、项目管理及办公费用等

(1)成本管理控制目标的确定

成本管理控制目标一般为施工单位内部目标,可分为公司成本目标及项目部成本目标。

公司成本目标有施工单位总公司根据本单位类似项目成本情况,依据公司施工定额,经过成本核算部门现场调研和核算确定成本。此成本可作为项目上交公司利润的依据。

项目部成本目标是项目部计划财务牵头,技术、材料、设备等部门共同参与,根据项目实际情况、项目生产要素的匹配情况、项目队伍设置情况,经过具体核算,确定出本项目部的成本控制目标,并分配到各管理科室及施工队伍,作为项目成本管理与控制的依据。

(2)成本管理具体工作

① 成本目标的确定。

② 成本项目的分解及成本责任的划分。

③ 制定成本流程。

④ 生产要素流通成本的管理与控制。

⑤ 过程成本核算和调整、竣工成本核算及责任追究。

(3)成本管理控制机构

一般以项目总会计师或总经济师牵头,计划、财务、技术、物质、设备、行政、办公室等各部门共同参与,形成项目内部的成本管理机构。

(4)成本管理措施

公司成本控制采用项目领导考核方式管理和控制。由公司核算办确定成本指标,由公司负责人与项目主要负责人(项目经理、常务副经理、项目三总师)签订责任合同,根据成本年度完成情况对项目主要负责人进行兑现和奖罚。

项目部的成本控制通常实行责任成本管理方式。即把成本责任分解、分配到各科室或各管理人员,在一个管理周期或核算周期内进行成本核查,核查结果与管理人员的工资挂钩。

5. 环境保护目标管理与控制

环境保护是地铁施工必不可少的一项控制目标。其目标为满足法律法规的环保要求。

(1)环保的相关法律法规及项目制度

相关法律法规主要有《环境保护法》《环境噪声污染防治法》《固体废物污染环境防治法》等。

项目制度通常包括《环境保护管理办法》《地下水保持管理办法》等。

(2)管理机构体系

环保通常有社会管理机构、建设监理管理人员及项目施工单位三方参与管理。

施工单位项目部设管理科室进行环境保护管理,有时与安全管理部门合并管控。

（3）管理方式及措施

环保管理包括施工前的教育、培训和考核,施工中的各项措施到位及实施,施工后的评比和奖罚。

同时在项目实施阶段,随时接受社会相关环保机构、建设方、监理方的检查。

（4）地铁环保管理重点

拆迁造成的污染,施工粉尘污染,施工废水、废气、生活垃圾、生产垃圾污染,噪声污染,地下水流失,地表下沉等。

6. 创新目标管理

地铁工程作为一种地下工程,地层和周边构筑物非常复杂,技术复杂,容易促生新技术、新材料、新设备的诞生;同时项目施工过程中的工序多、交叉多、干扰多、难度大,容易促生工艺创新、管理创新、理念创新。因此地铁施工是创新的金矿。

地铁施工通常会根据具体项目情况提出创新目标。

（1）创新目标分类及产生

创新目标通常可分为组织创新、管理创新、技术创新。

建设单位通常管理创新目标、技术创新目标、组织创新目标并重,设计单位注重技术创新目标,施工单位注重管理创新目标、技术创新目标。

（2）创新目标的实现

根据具体创新目标的不同,创新产生不同的创新主体,实施不同的创新过程。

一般创新实施须经历创新目标的确定、创新可行性调查、创新方案制订、创新经费的落实、创新实施与调整、创新完成及创新成果申报验收等。

值得注意的是,六种项目管理目标不是分离的、互不相干的,而是可以融合成一个整体的,项目实施的过程就是目标管理控制及实现的过程,因此在议题中落实目标,实施整体管控是当前地铁施工的重要管理方式。

9.2.3 生产要素管理

1. 劳动力管理

施工现场生产的三要素是劳动者、施工机具和工程对象。其中劳动者是主体,决定着其他要素的性质;施工工具的创造、使用和改进,工程任务的完成都要通过工人的劳动来实现。因此在现场管理中,首先应考虑劳动力的安排与使用。只有合理安排、使用劳动力才能发挥现场各种资源的作用。

现场劳动力管理包括现场有关劳动力和劳动活动的计划与决策、组织与指挥、控制与协调、教育与激励等项工作的总和。施工单位根据工程建设项目施工现场客观规律的要求,合理配备和使用劳动力,并按工程进度的需要不断调整劳动量、劳动组织及劳动协作关系,在保证现场生产计划顺利完成的前提下,提高劳动生产率,达到以最小的劳动消耗取得最大的社会效益和经济效益的目的。

（1）现场劳动力管理的特点

① 劳动力管理的具体性。

施工现场根据劳动力计划完成各项劳动经济技术指标以及一切与劳动力管理有关的问题都是实实在在的具体问题。

② 劳动力管理的细致性。

在现场每一项工作、每一个具体问题都要通过劳动者的劳动来完成，必须认真、仔细、周密、妥善地考虑，稍有马虎就会带来困难和损失。因此现场的管理要严把每一道关。

③ 劳动力管理的全面性。

现场劳动管理的内容相当广泛，涉及劳动者的方方面面，不仅要考虑其工作状况，还要考虑其学习、生活和文化娱乐；不仅要考虑现场劳动者，还要考虑对离退休职工的关心照顾。

（2）施工现场劳动力管理的内容

从现场劳动力管理的过程和因素来看现场劳动力管理的内容主要有以下几个方面：

① 劳动力的招收、培训、录用和调配（对于劳务单位）；劳务单位和专业单位的选择和招标（对于总承包单位）。

② 科学合理地组织劳动力，节约使用劳动力。

③ 制定、实施、完善、稳定劳动定额和定员。

④ 改善劳动条件，保证职工在生产中的安全与健康。

⑤ 加强劳动纪律，开展劳动竞赛。

⑥ 劳动者的考核、晋升和奖罚。

（3）现场劳动力组织的形式

① 专业施工队。

按施工工艺由同一专业工种的工人组成的作业队，并根据需要配备一定数量的辅助工，其优点是生产任务专一，有利于工人提高技术水平，积累生产经验。这种专业施工队适用于专业技术要求较高或专业工程量较集中的工程项目。比如混凝土施工队、钢筋加工施工队等。

② 综合施工队。

按劳动对象所需的相互联系的工种工人组织在一起形成的施工队。其优点是便于统一指挥，协调生产和工种间的搭接配合，有利于提高工程质量，有利于培养一专多能的多面手；但其组织工作要求严密，管理要得力，否则会产生干扰和窝工现象。比如地下连续墙施工队、盾构施工队等。

施工队的规模一般应依工程任务的大小而定，而具体采取哪种形式，则应在有利于节约劳动力、提高劳动生产率的前提下，按照实际情况而定。

同时劳动力组织要服从施工生产的需要，在保持一定稳定性的情况下，要随现场施工不断调整。

（4）现场劳动力管理的方法

为保证工程项目的工期、质量、安全，必须对劳动力的管理方法进行分析和研究，从劳动力计划的编制和管理、对劳动力的要求和培训、过程管理、动态管理和劳动力资源的优化等方面进行研究，达到人尽其用、物尽其效的目的。

① 劳动力计划管理。

施工现场劳动力计划管理就是为完成生产任务，履行施工合同，按有关定额指标，根据工程项目的数量、质量、工期的需要，合理安排劳动力的数量和质量，做到科学合理而不盲目，具体方法和步骤包括劳动力使用计划的编制、劳动力资源的落实及调整，落实和调整本着全局性原则、互补性原则、动态性原则三个原则。

② 人员的培训和持证上岗。

培训应因地制宜，因人制宜，讲求实效，根据各企业自身的不同特点和现场实际情况，以及不同工种、不同业务的工作需要，采取多种形式。

a. 按办学方式分为企业自办、几个单位联合举办或委托培训等形式。

b. 按脱产程度不同分为业余培训、半脱产培训和全脱产培训，还可采取岗位练兵、师带徒等形式。

c. 按培训时间分为长期培训和短期培训。

③ 劳动过程的管理。

a. 加强劳动纪律和协作管理，建立各项规章制度。

b. 制定并考核施工任务单。施工任务单是现场向施工班组或工人下达的劳动量消耗任务书，是现场劳动管理的重要依据，是贯彻按劳分配、调动职工劳动积极性的重要手段。

c. 做好劳动保护和安全卫生工作。

（d）劳动力组织管理的优化。

优化的主要标志为数量合适、结构合理、素质匹配、协调一致、效益提高。

劳动组织优化的原则：精干高效的原则、竞争择优的原则、双向选择的原则、治懒汰劣的原则。

（5）劳动定额的管理

施工项目的精细化管理主要来自于劳动定额管理。

① 劳动定额的制定。通常由施工企业专门组织制定。

② 劳动定额的实施：

a. 学习定额，并在劳动中执行定额，纠正施工中争工、挑工、浪费材料和工时等不良现象。

b. 认真做好现场施工任务单的签发、验收和结算，把劳动定额贯彻到现场施工中的全过程。

c. 建立健全原始记录和统计报表制度，作为分析劳动消耗和修订劳动定额的依据。

d. 把贯彻劳动定额与开展技术革新，组织劳动竞赛，改进劳动组织和搞好按劳分配结合起来。

2. 机械设备管理

地铁施工机械设备种类繁多，大型机械设备管理对施工影响极大。

（1）编制机械使用计划

① 中标工程总体使用计划，见表9.2.1。

表9.2.1 中标工程总体使用计划

工程名称		所在省市		总工程量	
工程		主体工程内容			
序号	机械名称	规格	计划使用日期	来源	计划台数

② 季度机械使用计划表，见表9.2.2。

表 9.2.2　季度机械使用计划表

序号	机械名称	规格	施工计划			需要数量/台				调配/台			备注
			作业名称	数量	计划台班	季均需要量	月	月	月	现有	调入	调出	

（2）施工机械的前期管理

施工机械前期管理，主要针对大型新购机械设备，比如盾构机及相应配套设备。前期管理是从选购或更新设备而做的调研开始，对机械设备的规划、设计、制造（或选购）、安装、调试、直到投产使用这一阶段的管理。

施工机械的前期管理是实现关于企业设备管理的一个重要环节。施工机械的前期管理、使用管理是不可分割的一个管理体系，要做好施工机械的使用管理，必须具备前期管理的良好基础。

（3）重点施工机械管理要点

对那些在施工机械生产中占重要地位和起重要作用的机械，应列为重点机械，对其实行重点管理，以确保施工生产。

① 重点施工机械的选定。

重点施工机械的选定依据可参考表9.2.3。其选定方法通常有经验判定法和分项评分法两种。

表 9.2.3　重点施工机械的选定

影响关系	选 定 依 据
生产方面	（1）关键施工工序中必不可少而又无替换的机械； （2）利用率高并对均衡生产影响大的机械； （3）出故障后影响生产面大的机械； （4）故障频繁，经常影响生产的机械
质量方面	（1）施工质量关键工序上无代用的机械； （2）发生故障即影响施工
成本方面	（1）购置价格高的高性能、高效率机械； （2）耗能大的机械； （3）修理停机对产量、产值影响大的机械
安全方面	（1）出现故障或损坏时可能发生事故的机械； （2）对环境保护及作业有严重影响的机械
维修方面	（1）结构复杂、精密、损坏后不易修复的机械； （2）停修期长的机械； （3）配件供应困难的机械

② 重点施工机械的管理。

建立重点机械台账及技术档案，内容必须齐全，并有专人管理。

重点机械上应有明显标志，可以编号前加符号。

重点设备的操作人员必须严格选拔，能正确操作和做好维护保养，人机要相对稳定。

明确专职维修人员，逐台落实定期定点检（保养）内容。

对重点机械优先采用监测诊断技术，组织好重点机械的故障分析和管理。

重点机械的配件应优先储备。对重点机械的各项考核指标与奖惩金额应适当提高。

对重点机械尽可能实行集中管理，采取租赁和单机核算，力求提高经济效益。

重点机械的修理、改造、更新等计划，要优先安排，认真落实。

加强对重点机械的操作和维修人员的技术培训。

（4）施工机械的使用管理

① 机械的合理选用。

a. 编制机械使用计划。

根据施工组织设计编制机械使用计划，计算机械施工的工程量和施工进度，作为选择调配机械类型、台数的依据；以尽量避免"大机小用，早要迟到"的不良现象，既要保证施工需要，又不使机械停置，或不能充分发挥其效率。

b. 通过经济分析选用机械。

在满足施工生产要求的前提下，对不同类型的机械施工方案，从经济性进行分析比较。

c. 机械的合理组合。

机械施工是多台机械的联合作业，合理的组合和配套，才能最大限度地发挥每台机械的效能。

② 机械的工作参数：工作容量、生产率、动力等。

③ 施工机械需要量的计算。

施工机械需要数量是根据工程量、计划时段内的台班数、机械的利用率和生产率来确定。

④ 施工机械的正确使用。

正确使用机械是机械使用管理的基本要求，它包括技术合理和经济合理两个方面的内容：

技术合理，就是按照机械性能、使用说明书、操作规程以及正确使用机械的各项技术要求使用机械。

经济合理，就是在机械性能允许范围内，能充分发挥机械的效能，以较低的消耗，获得较高的经济效益。机械的正确使用主要应达到以下三个标志：高效率、经济性、机械非正常损耗防护。

⑤ 施工机械的维护保养。

在编制施工生产计划的同时，要按规定安排机械保养时间，保证机械按时保养。机械使用中发生故障，要及时排除，严禁带病运行和只使用不保养的做法。

（5）施工机械使用管理的基本制度

① "三定"责任制。

"三定"责任制是指在机械设备使用中定人、定机、定岗位责任的制度。"三定"责任制的主要内容包括坚持人机固定的原则、实行机长负责制和贯彻岗位责任制。

人机固定就是把每台机械设备和它的操作者相对固定下来，无特殊情况不得随意变动。

当机械设备在企业内部调拨时，原则上人随机走。

② 监督检查制度。

公司设备处、质检处（或委派的监督检查人员）及项目设备部门、质监部门，在综合考评检查及其他检查中，检查机械管理制度和各项技术规定的贯彻执行情况，以保证机械设备的正确使用、安全运行。

（6）施工机械安全管理

施工机械安全管理包括：机械安全管理（包括安全生产责任制、安全施工技术措施、机械安全教育等）；机械事故的预防及处理（事故调查、分析、处理方法等）。

3. 材料管理

（1）施工材料管理的任务

① 保证供应：材料管理的首要任务是根据施工生产的要求，按时、按质、按量供应生产所需的各种材料，经常保持供需平衡，既不短缺导致停工待料，也不超储积压造成浪费和资金周转失灵。

② 降低消耗：合理、节约地使用各种材料，提高它们的利用率。为此，要制定合理的材料消耗定额，严格按定额计划平衡材料、供应材料、考核材料消耗情况，在保证供应时监督材料的合理使用、节约使用。

③ 加速周转：缩短材料的流通时间，加速材料周转，这也意味着加快资金的周转。为此，要统筹安排供应计划，搞好供需衔接；要合理选择运输方式和运输工具，尽量就近组织供应，力争直达直拨供应，减少二次搬运；要合理设置和科学地确定库存储备量，保证及时供应，加快周转。

④ 节约费用：全面实行经济核算，不断降低材料管理费用，以最少的资金占用、最低的材料成本，完成最多的生产任务。为此，在材料供应管理工作中，必须明确经济责任，加强经济核算，提高经济效益。

（2）现场材料管理的要求

做好材料的堆放和工地临时仓库的建造；按施工组织设计计划分期分批组织材料进场；坚持现场领发制度；加强材料耗用核算工作，避免超耗无法挽回；合理地选择和确定施工材料，并对进场的材料进行严格的检查和验收；经常清理现场，回收整理余料，做到工完清场。

（3）现场材料管理的主要内容

凡项目所需的各类材料，自进入施工现场至施工结束清理现场为止的全过程所进行的材料管理，均属施工现场材料管理的范围。

① 材料计划管理。项目开工前，向企业材料部门提出一次性计划，作为供应备料依据；根据施工图纸、施工进度，在加工周期允许时间内提出加工制品计划，作为供应部门组织加工和向现场送货的依据；根据施工平面图对现场设施的设计，按使用期提出施工设施用料计划，报供应部门作为送料的依据；按月对材料计划的执行情况进行检查，不断改进材料供应。

② 材料进场验收。为了把住质量和数量关，在材料进场时必须根据进料计划、送料凭证、质量保证书或产品合格证，进行材料的数量和质量验收；验收工作按质量验收规范和计量检测规定进行；验收内容包括品种、规格、型号、质量、数量、证件等；验收要做好记录、办理验收手续；对不符合计划要求或质量不合格的材料应拒绝验收。

③ 材料的储存与保管。进库的材料应验收入库,建立台账;现场的材料必须防火、防盗、防雨、防变质、防损坏;施工现场材料的放置要按平面布置图实施,做到位置正确、保管处置得当、合乎堆放保管制度;要日清、月结、定期盘点、账实相符。

④ 材料的领发。凡有定额的工程用料,凭限额领料单领发材料;施工设施用料也实行定额发料制度,以设施用料计划进行总控制;超限额的用料,用料前应办理手续,填制限额领料单,注明超耗原因,经签发批准后实施;建立领发料台账,记录领发状况和节超状况。

9.3 工程案例与项目实训

9.3.1 广东省佛山市城市轨道交通 2 号线(一期)TJ2 标工程施工

1. 工程概况

广东省佛山市城市轨道交通 2 号线 TJ2 标工程,施工范围石湾站—番村站盾构区间、番村站主体及出入口、风亭风道等附属结构。

(1)石湾站—番村站区间

石湾站—番村站区间西北起于石湾站、东南止于番村站,区间线路沿镇中路敷设,然后弯入魁奇西路,大体上呈西北—东南走向。

本区间起讫里程:

左线起讫里程 ZCK31+806.450~ZCK33+096.000,全长为 1 279.849 m(短链 9.701 m)。

右线起讫里程 YCK31+763.150~YCK33+096.000,全长为 1 332.850 m。

区间采用盾构法施工。区间最小平面半径 650 m,最大纵坡 26.15‰,盾构段隧道覆土厚度为 10.02~25.52 m。区间穿越地层为〈4N-2〉粉质黏土层、〈5N-2〉粉质黏土层、〈6〉全风化泥岩、砂质泥岩层、〈7-2-2〉强风化砂岩层、〈7-2-1〉强风化泥质砂岩层、〈7-1〉强风化泥岩、砂质泥岩层、〈8-1〉中风化泥岩、砂质泥岩层。隧道内径为 5 400 mm,衬砌为厚度 300 mm,宽度 1 500 mm 的钢筋混凝土管片。每环管片由 6 块管片组成,分别为:3 块标准块、2 块邻接块、1 块封顶块。

本区间包括左、右线隧道及联络通道、泵房等附属结构。

(2)番村站

番村站为佛山市城市轨道交通 2 号线工程中间站,设于魁奇西路与雾岗路交叉口处,车站沿魁奇西路设置,呈东南至西北走向。车站小里程端往石湾站方向与盾构区间相连,并于车站端头设置盾构始发井;车站大里程端往魁奇路站方向与盾构区间相连,并于端头设置盾构吊出井。

番村站为地下两层单柱双跨结构(局部为双柱三跨),岛式车站,标准段车站宽约 19.7 m,底板底埋深约 16.2 m;车站设置配线段,配线段为地下一层结构;车站起讫里程为 ZCK33+96.000~ZCK33+557.012,车站总长度 460 m,共设置 A、B、C、D 四个出入口,1 号和 2 号两组风亭;A 出入口与 1 号风亭布设于车站西端头井,B 出入口布设于新岗路东侧,C、D 出入口分别布设于雾岗路两侧华艺装饰材料物流城前停车场内,2 号风亭布设于燃气站西侧。本车站主体及附属内部结构均采用钢筋混凝土矩形框架结构,车站主体及风亭、出入口均采用明挖顺筑法施工，围护结构采用厚0.8 m地下连续墙加内支撑支护。

2. 工程地质及水文地质

（1）岩土分层及特性

〈1〉填土层（Q_4^{ml}）

〈1-1〉素填土（Q_4^{ml}）：松散～稍密。主要由黏性土及砂土、碎石土组成，层厚0.7～6.2 m。广泛分布于全线地表，多为道路路面混凝土下方的基底换填土，处于自然固结沉降中。

〈1-2〉杂填土（Q_4^{ml}）：松散～稍密，稍湿～饱和状态，主要由黏性土、砂土、碎石混合砖块、混凝土块等建筑垃圾和少量生活垃圾组成，层厚0.7～6.5 m。无规律地分布于沿线地表，在出入场线地表近期堆填土中见较多建筑垃圾。

〈2〉海陆交互相沉积层（Q_4^{mc}）

〈2-1A〉淤泥（Q_4^{mc}）：流塑状，以黏粒为主，含较多腐殖质，有腥臭味。

〈2-1B〉淤泥质土（Q_4^{mc}）：淤泥质黏土、淤泥质粉质黏土和淤泥质粉土，含少量有机质，具腥臭味。广泛分布，发育深度2～29.5 m。

〈2-2〉淤泥质粉细砂（Q_4^{mc}）：主要为淤泥质粉砂，产出不均匀，常夹薄层淤泥质黏性土或局部与淤泥质黏性土呈薄层状互层，含少量有机质，具腥臭味。

〈2-4-1〉软塑状黏性土（Q_4^{mc}）：软塑状，以粉质黏土为主，土质较不均匀，局部夹薄层粉细砂，干强度、韧性中等，含少量腐殖质。该层零星分布于南庄至莲塘段，一般分布于地表人工填土下部，偶呈薄层透镜状分布于基岩面上。

〈2-4-2〉可塑状黏性土（Q_4^{mc}）：以粉粒、黏粒为主，土质较不均匀，干强度中等，韧性中等，局部夹少量粉细砂，含少量腐殖质。

〈2-4-3〉硬塑状黏性土（Q_4^{mc}）：主要为粉质黏土，局部夹少量粉细砂，土质多不均匀，局部黏性较好。呈透镜状零星分布于少量钻孔中。

〈5〉残积土层（Q_4^{el}）：包含可塑状黏性土、硬塑状黏性土，埋深1.3～13.1 m，厚3.1～6.7 m，无规律。零星分布于石湾站区间（YCK29+700～YCK31+700）。

〈6〉全风化红层碎屑岩（E_2^{h-by}）

〈7〉强风化红层碎屑岩（E_2^{h-by}）

〈8〉中等风化红层碎屑岩（E_2^{h-by}）

（2）水文地质条件

① 线路附近河网密集，地表河水发育，水量丰富。

线路附近地下水主要为松散岩类孔隙水、层状岩类裂隙水两类。

② 场区地处亚热带海洋季风性气候区，雨水丰富，降雨量大于蒸发量，大气降雨是本区地下水的主要补给来源；受降雨作用的影响，每年4—9月份是地下水的补给期，10月至次年3月为地下水的消耗期和排泄期。

场区总体地势较低洼平坦，且其周围河网密集，故丰水季节第四系松散岩类孔隙水含水层也接受周围河水的补给，区内地下水动态变化具季节性，每年6—9月处于高水位期，9月以后随着降雨减少而缓慢下降，常在1月份出现水位低谷。

3. 主要施工技术方案

（1）明挖车站施工

番村站设于魁奇西路与雾岗路交叉口处，车站沿魁奇西路设置，呈东南至西北走向。车站设计起点里程 ZCK33+96.000，设计终点里程 ZCK33+557.012，车站总长度 460 m。

番村站为地下两层单柱双跨结构（局部为双柱三跨），标准段车站宽约 19.7 m，底板底埋深约 16.2 m；车站设置配线段，配线段为地下一层结构；共设置 A、B、C、D 四个出入口，1 号和 2 号两组风亭。

车站主体及附属结构均采用地下连续墙加内支撑围护体系。车站主体地下连续墙厚度采用 800 mm，内支撑竖向设置三道支撑：第一道标准段采用钢筋混凝土 800 mm×800 mm 米字撑，水平间距 9 m；第二道标准段采用钢筋混凝土米字撑，水平间距 9 m；第三道采用 $\phi 609$（$t=16$）单拼钢支撑，水平间距 3 m；车站大里程段局部地层揭示地质情况较好，大里程段第二道支撑采用钢管支撑。主体结构：顶板，采用 800 mm 厚 C35、P8 混凝土；顶板纵梁采用 1 000 mm×2 000 mm C35、P8 混凝土；中板采用 400 mm 厚 C35 混凝土；中板纵梁采用 900 mm×1 000 mm、C35 混凝土；底板采用 900 mm 厚 C35、P8 混凝土；底纵梁采用 1 200 mm×2 400 mm C35、P8 混凝土；中柱采用 700 mm×1 300 mm C50 混凝土；侧墙采用 700 mm 厚 C35、P8 混凝土。

附属结构（出入口及风亭）均采用明挖顺筑法施工；出入口及风道埋深均为 10 m，基坑支护均采用地下连续墙。其中风亭基坑异形采用 800 mm 地下连续墙，通道采用 600 mm 厚地下连续墙。通道支撑第一道采用混凝土支撑，第二道采用 $\phi 609$（$t=16$）钢支撑。风亭第一第二道均采用混凝土支撑。附属主体结构均采用矩形现浇钢筋混凝土框架结构。出入口：顶、底板厚 600 mm，侧墙厚 500 mm；1 号风亭、2 号风亭：顶、底板厚 700 mm，侧墙厚 500~600 mm。

（2）土压盾构施工

根据盾构施工特点及施工总体筹划，本区间共采用 2 台盾构机施工，采用德国海瑞克复合式土压平衡盾构机，先后在番村站西端盾构井下井、组装、始发、掘进，施工石番盾构区间，最终到达石湾站后，解体、吊出。

石湾站—番村站盾构区间最小平面半径 650 m，最大纵坡 26.15‰，盾构段隧道覆土厚度为 10.02~25.52 m。区间穿越地层为〈4N-2〉粉质黏土层、〈5N-2〉粉质黏土层、〈6〉全风化泥岩、砂质泥岩层、〈7-2-2〉强风化砂岩层、〈7-2-1〉强风化泥质砂岩层、〈7-1〉强风化泥岩、砂质泥岩层、〈8-1〉中风化泥岩、砂质泥岩层。区间设置一个联络通道、一个联络通道兼废水泵房。

9.3.2 项目实训：编制佛山市城市轨道交通 2 号线（一期）TJ2 标工程施工方案和施工进度计划

依据本章内容及以上工程案例编制佛山市城市轨道交通 2 号线（一期）TJ2 标工程施工方案和施工进度计划。

1. 实训任务及说明

（1）编制说明

包括编制依据、编制说明等。

（2）工程概况

包括项目简介、工程地质条件与水文地质条件、社会条件、主要工程量、主要技术标准等。

（3）施工总平面布置

① 总平面布置图及说明；

② 内外交通组织。

（4）主要施工方案

① 车站明挖施工；

② 区间土压盾构施工。

（5）施工进度计划

包括施工总工期、施工进度计划表，施工进度横道图。

（6）施工管理措施

包括安全、环保、职业健康管理措施，质量管理措施。

2. 实训提交成果

（1）封面、目录、任务书

（2）正　文

第一章　编制说明

第二章　工程概况

第三章　施工总平面布置

　　　　一、总平面布置图及说明

　　　　二、内外交通组织

第四章　主要施工方案

　　　　一、车站明挖施工

　　　　二、区间土压盾构施工

第五章　施工进度计划

　　　　一、施工总工期

　　　　二、施工进度计划表

　　　　三、施工进度横道图

第六章　施工管理措施

　　　　一、安全、环保、职业健康管理措施

　　　　二、质量管理措施

思考题

9.1　简述地下铁道工程施工组织设计的分类及主要内容。

9.2　简述施工方案设计主要考虑的因素。

9.3　简述地下工程施工现场平面设计的原则及主要内容。

9.4　简述地铁工程实施性施工组织设计文件组成及内容。

9.5　简述隧道施工进度图的表示方式。

参考文献

[1] 朱永全，宋香玉. 地下铁道[M]. 北京：中国铁道出版社，2006.
[2] 高波，王英学. 地下铁道[M]. 北京：高等教育出版社，2013.
[3] 周晓军，周佳媚. 城市地下铁道于轻轨交通[M]. 成都：西南交通大学出版社，2008.
[4] 杨其新，关宝树. 地下铁道话题[M]. 成都：西南交通大学出版社，2007.
[5] 杨其新，王明年. 地下工程施工与管理[M]. 成都：西南交通大学出版社，2009.
[6] 彭立敏，刘小兵. 隧道工程[M]. 长沙：中南大学出版社，2009.
[7] 王运周，曲劲松. 隧道及地下工程技术[M]. 北京：人民交通出版社，2014.
[8] 施仲衡. 地下铁道设计与施工[M]. 西安：陕西科学技术出版社，1997.
[9] 中华人民共和国住房与城乡建设部. GB 50157—2013 地铁设计规范[S]. 北京：中国计划出版社，2014.
[10] 中华人民共和国住房与城乡建设部. GB 50307—2012 城市轨道交通岩土工程勘察规范[S]. 北京：中国计划出版社，2012.
[11] 中华人民共和国住房与城乡建设部. CJJT 164—2011 盾构隧道管片质量检测技术标准[S]. 北京：中国建筑工业出版社，2012.
[12] 北京市建设委员会. DB 11/490—2007 地铁工程监控量测技术规程[S]. 北京：中国标准出版社，2007.
[13] 刘泽. 中洞法在北京地铁蒲黄榆车站施工中的应用[J]. 市政技术，2006（2）.
[14] 张进联，李国强，杨玉娴，等. 城市地铁车站防水设计与施工[J]. 施工技术，2015，36（1）.
[15] 胡群芳，秦家宝. 2003—2011年地铁隧道施工事故统计分析[J]. 地下空间与工程学报，2013（3）.
[16] 中华人民共和国铁道部. TBJ 10003—2005 铁路隧道设计规范[S]. 北京：中国铁道出版社，2005.
[17] 毛红梅. 地下铁道[M]. 北京：人民交通出版社，2008.
[18] 张厚美. 盾构隧道的理论研究与施工实践[M]. 北京：中国建筑工业出版社，2010.
[19] 梁波，洪开荣，梁庆国. 城市地下工程施工技术在我国的现状、分类和发展[J]. 现代隧道技术，2008（S1）.
[20] 周顺华. 我国城市轨道交通地下工程的施工技术现状与发展[J]. 城市轨道交通研究，2004（2）.